Michael Lang / Reinhard Wagner • Das Change Management Workbook

Ihr Plus – digitale Zusatzinhalte!

Auf unserem Download-Portal finden Sie zu diesem Titel kostenloses Zusatzmaterial. Geben Sie dazu einfach diesen Code ein:

```
plus-yd9f3-jkp7b
```

plus.hanser-fachbuch.de

Michael Lang / Reinhard Wagner

Das Change Management Workbook

Veränderungen im Unternehmen erfolgreich gestalten

2., aktualisierte Auflage

HANSER

Bibliografische Information der Deutschen Nationalbibliothek:
Die Deutsche Nationalbibliothek verzeichnet diese Publikation in der Deutschen Nationalbibliografie; detaillierte bibliografische Daten sind im Internet über *http://dnb.d-nb.de* abrufbar.

Print-ISBN 978-3-446-47263-1
E-Book-ISBN 978-3-446-47441-3

Die Wiedergabe von Gebrauchsnamen, Handelsnamen, Warenbezeichnungen usw. in diesem Werk berechtigt auch ohne besondere Kennzeichnung nicht zu der Annahme, dass solche Namen im Sinne der Warenzeichen- und Markenschutzgesetzgebung als frei zu betrachten wären und daher von jedermann benutzt werden dürften. Alle in diesem Buch enthaltenen Verfahren bzw. Daten wurden nach bestem Wissen dargestellt. Dennoch sind Fehler nicht ganz auszuschließen.

Aus diesem Grund sind die in diesem Buch enthaltenen Darstellungen und Daten mit keiner Verpflichtung oder Garantie irgendeiner Art verbunden. Autoren und Verlag übernehmen infolgedessen keine Verantwortung und werden keine daraus folgende oder sonstige Haftung übernehmen, die auf irgendeine Art aus der Benutzung dieser Darstellungen oder Daten oder Teilen davon entsteht.

Dieses Werk ist urheberrechtlich geschützt.

Alle Rechte, auch die der Übersetzung, des Nachdruckes und der Vervielfältigung des Buches oder Teilen daraus, vorbehalten. Kein Teil des Werkes darf ohne schriftliche Einwilligung des Verlages in irgendeiner Form (Fotokopie, Mikrofilm oder einem anderen Verfahren), auch nicht für Zwecke der Unterrichtsgestaltung – mit Ausnahme der in den §§ 53, 54 URG genannten Sonderfälle –, reproduziert oder unter Verwendung elektronischer Systeme verarbeitet, vervielfältigt oder verbreitet werden.

© 2022 Carl Hanser Verlag München
www.hanser-fachbuch.de

Lektorat: Lisa Hoffmann-Bäuml
Herstellung: Carolin Benedix
Satz: Eberl & Kœsel Studio GmbH, Altusried-Krugzell
Coverrealisierung: Claudia Alt und Max Kostopoulos
Titelmotiv: © shutterstock.com/inamar
Druck und Bindung: Hubert & Co. GmbH und Co. KG BuchPartner, Göttingen

Printed in Germany

Vorwort

Unternehmen stehen heute vor gravierenden Herausforderungen: digitale Transformation, zunehmende Komplexität der Leistungserbringung und disruptive Veränderungen, um nur einige aktuelle Beispiele zu nennen. Nur die Unternehmen werden auf Dauer erfolgreich sein, die sich diesen Herausforderungen stellen und sich durch professionelles Veränderungs- bzw. Change Management den neuen Rahmenbedingungen anpassen.

Den Entscheidungsträgern in Unternehmen kommt dabei eine zentrale Rolle zu, gilt es einerseits eine klare Orientierung zu geben und andererseits aktiver Wegbegleiter im Change zu sein.

Doch wie können Sie Veränderungen im Unternehmen erfolgreich gestalten?

Die Antwort auf diese Frage – und viele weiterführende hilfreiche Impulse und Best Practices – erhalten Sie in diesem Buch.

Wir freuen uns, dass dazu 22 ausgewiesene Experten als Autorinnen und Autoren an diesem Buch mitgewirkt haben und Ihnen die relevanten Aspekte zur Gestaltung von Veränderungen im Unternehmen beschreiben.

Wir wünschen Ihnen viel Spaß beim Lesen des Buches und viel Erfolg beim Umsetzen der dabei gewonnenen Erkenntnisse!

Ihre Herausgeber
Reinhard Wagner und Michael Lang

Dieses Buch wendet sich ausdrücklich an alle Geschlechter und Menschen jeglicher Geschlechtsidentität. Dennoch verzichten wir auf Formulierungen wie »Projektleitende«, »Auftraggebende«, »Projektleiter*innen«, »Projektmitarbeiter*innen«, »Auftraggeber*innen« oder Vergleichbares. Denn sie erschweren nach unserer Auffassung die gute Lesbarkeit der Texte, die uns am Herzen liegt.

Inhalt

Vorwort VI

1 Die Zukunft des Change Managements. Was es zu verändern aber auch zu bewahren gilt. 1
    1.1   Einleitung 1
    1.2   Change ist nicht gleich Change – unterschiedliche Typen der Veränderung 2
    1.3   Die Grundannahmen des »klassischen Change Management« erweitern 6
    1.4   Denken in Spannungsfeldern und Dualitäten – das Mindset eines modernen Change Management 10
    1.5   Fazit 13
    1.6   Literatur 14

2 Change und Change Management – Grundlagen und Erfolgsfaktoren 16
    2.1   Abgrenzung von Transformation und Change Management 17
    2.2   Change Management als strategische Unternehmensdisziplin 20
    2.3   Erfolgsfaktoren im Change 22
        2.3.1   Richtig und ständig kommunizieren 22
        2.3.2   Change Management als Führungskompetenz aufbauen 23
        2.3.3   Sich der eigenen Rolle bewusst sein 24
        2.3.4   Unterstützung durch aktiven und sichtbaren Sponsor sichern 25
        2.3.5   Mit Widerständen umgehen 26
    2.4   Vorgehen im Change Management ... 29
    2.5   Literatur 34

3 Vier zentrale Führungsaspekte ... 36
3.1 Grundannahmen hinterfragen und Ist-Zustand definieren ... 37
3.2 Aktuelles Führungsverhalten analysieren und für den Change notwendiges Verhalten ableiten ... 43
3.3 Eigene Lernziele definieren ... 48
3.4 Anforderungen und Ansprüche in Einklang bringen ... 52
3.5 Literatur ... 57

4 Rolle und Haltung des Change Managers – eine fast wahre Geschichte ... 60
4.1 Intern besetzen, Neueinstellung oder Beraterleistung? ... 61
4.2 Eigenschaften, Haltung und Kompetenzen ... 64
4.3 Literatur ... 77

5 Fünf Schlüsselkonzepte für zeitgemäße Veränderungsarbeit ... 78
5.1 Konzept 1: Change ist keine Reise, es ist »ständig flippen« ... 79
5.2 Konzept 2: Widerstand gegen Veränderung gibt es nicht – nur intelligente Reaktion auf blöde Methode ... 81
5.3 Konzept 3: Das Problem liegt im System – praktisch immer ... 83
5.4 Konzept 4: Organisationaler Wandel braucht soziale Dichte – Technik ist (fast) trivial ... 85
5.5 Konzept 5: Es gibt keinen großen Change – aber alles ist Intervention ... 86
5.6 Literatur ... 90

6 Transformation integral-agil gestalten ... 92
6.1 Einleitung ... 94
6.2 WARUM? ... 95
6.3 WIE? ... 96
6.3.1 Unterschiede zum »klassischen« Vorgehen ... 96
6.3.2 Überblick Vorgehen ... 99
6.3.3 Agile Change Navigation – die personenbezogene Seite der Transformation ... 104

		6.3.4	Integrale Landkarte und vier Quadranten 106
		6.3.5	Entwicklungsstufen und Change-Modell 110
	6.4	WAS? 112	
		6.4.1	Bewusstseins- und Persönlichkeitsentwicklung 114
		6.4.2	Leadership Development .. 115
		6.4.3	Kultur-, Mindset-Entfaltung und Teamentwicklung 117
		6.4.4	Organisationsentwicklung – Strukturen und Prozesse ... 118
	6.5	Summary: Integral-agile Transformationsgestaltung 120	
	6.6	Literatur 124	
7	**Zwei Seiten einer Medaille: Change und Projekte** 126		
	7.1	Einleitung 127	
	7.2	Change – mithilfe von Projekten realisiert 128	
		7.2.1	Realisierung von Change durch Projekte 128
		7.2.2	Change mit Projektmanagement zum Erfolg führen ... 131
		7.2.3	Anforderungen an Beteiligte und Organisationen 132
	7.3	Projekte – mithilfe von Change realisiert 133	
		7.3.1	Realisierung von Projekten mit Change-Anteil 135
		7.3.2	Projekte mit Change Management zum Erfolg führen ... 136
		7.3.3	Anforderungen an Beteiligte und Organisationen 138
	7.4	Literatur 139	
8	**Unternehmenskultur beeinflussen und gezielt entwickeln** 142		
	8.1	Kultur als Voraussetzung für Veränderung 143	
	8.2	Anlässe für Kulturentwicklung ... 146	
	8.3	Elemente und Sinn von Kultur 148	
		8.3.1	Kultur als Faktor der Arbeitgeberattraktivität ... 150
		8.3.2	Analogien zum Begriff »Kultur« 152

8.3.3	Lernende Organisationen	155
8.4	Kulturentwicklung	155
8.5	Der Kulturentwicklungsprozess	158
8.5.1	Die Ist-Kultur analysieren	159
8.5.2	Den unternehmerischen Veränderungsbedarf definieren	162
8.5.3	Den Kulturkern bewahren	164
8.5.4	Die Soll-Kulturmerkmale finden	166
8.5.5	Die Soll-Kultur verankern	168
8.6	Methoden der Kulturentwicklung	170
8.7	Glaubwürdigkeit: Währung der Kultur	172
8.8	Literatur	174

9 Das Change Management Office 176
- 9.1 Einleitung 178
- 9.2 Definition 178
- 9.3 Der Nutzen eines CMO 179
- 9.4 Die Aufgaben des CMO 181
  - 9.4.1 Operativ-unterstützende Aufgaben 181
  - 9.4.2 Projektportfolioaufgaben 182
  - 9.4.3 Aufgaben in der Unternehmensentwicklung 183
- 9.5 Einbindung des CMO in Organisation und Projekt 184
  - 9.5.1 Set-up in verteilten Unternehmensstrukturen 184
  - 9.5.2 Einbindung in die lokale funktionale Organisation 186
  - 9.5.3 Operative Einbindung in Veränderungsprojekte 187
- 9.6 Befugnisse und Rollen im CMO 188
- 9.7 Abgrenzung zum PMO 191
- 9.8 Aufbau und Weiterentwicklung eines CMO 194
- 9.9 Literatur 198

10 Die erfolgreiche Kommunikation im Change 200
- 10.1 Einleitung 201

10.2 Projektrisiko fehlende oder falsche Kommunikation 202	12.3 Herausforderung Führungskultur 260
10.3 Das Verständnis von Kommunikation 204	12.4 Herausforderung Innovationskultur 261
10.4 Der Umgang mit den Stakeholdern 206	12.5 Herausforderung Kommunikationskultur 263
10.5 Entwurf eines Kommunikationsdesigns 212	12.6 Herausforderung Nachhaltigkeitskultur 266
10.6 Literatur 222	12.7 Literatur 268
11 Unternehmen NEU denken und gestalten 224	**13 Personalentwicklung und Talentmanagement bei Veränderungen** 270
11.1 Grenzen des funktionalen Denkrahmens 226	13.1 Die Rolle der PE/OE in Veränderungsprozessen 272
11.2 Vom Kunden her denken 228	13.2 Begleitung von Veränderungsprojekten 273
11.3 Organisation als System begreifen und cross-funktional modellieren 235	13.3 Veränderungskompetenz als wichtiger Bestandteil der Personalentwicklungsinstrumente 276
11.4 Literatur 246	13.4 Gezielte Förderung neuer Skills im Rahmen von Veränderungsprojekten 279
12 Fünf zentrale Handlungsfelder der Veränderung 248	13.5 Veränderungskompetenz: Aufbau und Verankerung 281
12.1 Veränderte Anforderungen 250	
12.2 Herausforderung Unternehmenszweck 257	

- 13.5.1 Veränderungsbedarf erkennen und einordnen .. 281
- 13.5.2 Veränderungsziele erarbeiten 284
- 13.5.3 Veränderungsprozesse gestalten 287
- 13.5.4 Veränderungsergebnis sichern und weiter verbessern 288
- 13.6 Literatur 291

14 Die Rolle von Strategie für eine erfolgreiche Veränderung 292

- 14.1 Strategie und Veränderung: Eine symbiotische Beziehung 293
- 14.2 Elemente der Strategie im modernen Unternehmenskontext 295
  - 14.2.1 Woher wir kommen: Geschichte 295
  - 14.2.2 Wer wir sind: Werte, Kompetenz und Beitrag 296
  - 14.2.3 Wohin wir gehen: Vision und Mission 300
  - 14.2.4 Wie wir unser Ziel erreichen werden: Strategischer Plan und Ziele 301
- 14.3 Umgang mit disruptiven Veränderungen 305
  - 14.3.1 Strategieanpassung im Kontext von Veränderung .. 305
  - 14.3.2 Kommunikation 306
  - 14.3.3 Strategieumsetzung im Kontext von Veränderung .. 308
  - 14.3.4 Die Ungleichzeitigkeit des vermeintlich Gleichzeitigen 309
- 14.4 Taktische Veränderungen innerhalb der bestehenden Strategie ... 310
- 14.5 Kontinuierliche Veränderungen in abgeschlossenen Systemen 314
- 14.6 Literatur 317

15 Auslöser, Ansätze und Anwendungen zum Change 318

- 15.1 Auslöser und Bezug zu Strategien 319
- 15.2 Vom Maschinenmodell der Organisation zum »sozialen System« 323

15.3 Auf die richtigen Hebel und Handlungsfelder setzen 330
    15.3.1 Die Standortbestimmung anhand eines Beispiels 330
    15.3.2 Die Zielbestimmung 331
    15.3.3 Erster Realitäts-Check 333
    15.3.4 Die Hebel und Handlungsfelder 337
15.4 Change-Architektur mit wirksamen Prozessen und Rollen 339
15.5 Fortschritt monitoren und Dynamik verstetigen 345
15.6 Literatur 347

16 Key Performance Indicators 350
16.1 Enterprise Systems Failure 352
16.2 Move to Agile, Did Not Achieve the Intended Impact 353
16.3 Key Performance Indicators 354
    16.3.1 Organizational Performance 356
    16.3.2 Individual Performance ... 358
    16.3.3 Change Management Performance 360

17 Agile Skalierung braucht Change Management 362
17.1 Einleitung 363
17.2 Drei Ansätze zur Skalierung 365
17.3 Herausforderungen im Change bei einer Skalierung 368
17.4 Lösungsansätze für erfolgreiches Change Management bei Agiler Skalierung 371
17.5 Readiness Check 373
17.6 Literatur 377

18 Zur Psychologie der Veränderung – eine Streitschrift für Praktiker und Entscheider 378
18.1 Einleitung 380
18.2 Sinn und Grenzen von Methoden 383
18.3 Was ist Psychologie? 387
18.4 Psychologische Rahmenbedingungen für Veränderungen 388

18.5 Neurowissenschaftliche
    Erkenntnisse 392
18.6 Fehleranfälliges individuelles
    Einschätzungsvermögen 395
18.7 Fehleranfälliges kollektives
    Einschätzungsvermögen 397
18.8 Erfolgsfaktoren und Problem-
    bereiche 399
18.9 Prinzipien der systemischen
    Organisationsberatung 408
18.10 Literatur 414

19 Index 418

20 Die Herausgeber und Autoren 424
    Die Herausgeber 425
    Die Autoren 426

01

Die Zukunft des Change Managements. Was es zu verändern aber auch zu bewahren gilt.

HANS-JOACHIM GERGS

Um das Jahr 500 v. Chr. stellte der griechische Philosoph Heraklit fest, dass man nicht zweimal in denselben Fluss steigen kann, denn das Wasser fließt ständig weiter. Er vertrat die Ansicht, dass alles fließt und nichts von Dauer ist – alles bewegt sich, nichts bleibt gleich. Heraklit war damit einer der ersten abendländischen Philosophen, der die Vorstellung in Worte fasste, dass sich das Universum in einem Zustand ständigen Entstehens und Vergehens befindet. Dies gilt insbesondere in der heutigen Zeit, in der sich Wirtschaft und Gesellschaft mit zunehmender Geschwindigkeit verändern. In diesen turbulenten Zeiten werden nur diejenigen Unternehmen langfristig erfolgreich bleiben, die es schaffen, sich kontinuierlich zu erneuern.

In diesem Beitrag erfahren Sie, warum je nach Branche, Unternehmensgröße, Kultur etc. unterschiedliche Ansätze des Change Management erforderlich sind, warum wir uns endgültig von der Formel »one size fits all« verabschieden müssen und heute ein Denken im »Sowohl-als-auch« notwendig ist.

1.1 Einleitung

Wandel und Wechsel liebt, wer lebt.

Richard Wagner, in „Rheingold"

Mit Wandel umzugehen ist seit jeher eine zentrale Herausforderung der Unternehmensführung. Wir erleben gerade in vielen Branchen disruptive Umbrüche, deren Ausgang heute noch nicht absehbar ist. Die Corona-Krise hat diese Entwicklung weiter befeuert. Kulturwandel, Reorganisation, innovative Geschäftsmodelle, neue IT-Systeme, Kostensenkung – Veränderungen sind allgegenwärtig. Veränderung wird zum »New Normal«. Vor dem Hintergrund dieser Entwicklung gilt die Fähigkeit von Unternehmen, sich schnell auf sich verändernde Umweltbedingungen einzustellen, als der zentrale Erfolgsfaktor. Unter den wichtigsten Vertretern der Managementforschung herrscht Einigkeit: »Change-Ability« wird zu einer Kernkompetenz von Unternehmen.

Führungskräfte stehen dabei vor der Frage, den richtigen Ansatz und den besten Weg zu finden, um Veränderungsprozesse erfolgreich zu gestalten. So geht es z. B. um die Fragen »Sollte man einen Veränderungsprozess einheitlich über die gesamte Organisation angehen oder doch maßgeschneidert für die einzelnen Unternehmensbereiche?« oder »Setzt man auf die breite Mitwirkung aller Beteiligten oder auf klare Ansagen aus dem Management?«.

Die Antwort ist: Es kommt darauf an! Führungskräfte und Beschäftigte sind in »Zeiten der Disruption« mit vielen Spannungsfeldern und komplexen Handlungssituationen konfrontiert (vgl. dazu ausführlich Claßen 2021). Das angemessene Vorgehen hängt wesentlich vom jeweiligen Kontext ab. Es sind je nach Branche, Unternehmensgröße, Qualifikation der Beschäftigten etc. unterschiedliche Ansätze des Change Management erforderlich, um die Veränderungen in den jeweiligen Unternehmen erfolgreich zu begleiten. Auch der kulturelle Kontext spielt eine wichtige Rolle. Das bedeutet, dass wir uns im Change Management endgültig von Eindeutigkeiten und der Formel »one size fits all« verabschieden müssen. Führungskräfte müssen situativ zwischen unterschiedlichen Change-Strategien wechseln können und über ein hohes Maß an Flexibilität in der Methodenanwendung verfügen.

1.2 Change ist nicht gleich Change – unterschiedliche Typen der Veränderung

Anhand einer Vier-Felder-Matrix lassen sich vier unterschiedliche Typen des Wandels unterscheiden, die jeweils unterschiedliche Strategien des Change Management erfordern. Basis der Matrix bilden erstens die von Paul Watzlawick, John Weakland und Richard Fisch (1992) eingeführte Differenzierung von Wandel erster und zweiter Ordnung und zweitens die Unterscheidung von episodischem und kontinuierlichem Wandel (Porras/Silvers 1991).

Wandel erster und zweiter Ordnung

Von Wandel erster Ordnung sprechen Watzlawick, Weakland und Fisch (1992) dann, wenn sich eine Veränderung von einem internen Zustand zu einem anderen innerhalb eines selbst invariant bleibenden Systems vollzieht. Beim Wandel erster Ordnung bleiben die grundsätzlichen Weltsichten, Orientierungen und Normen einer Organisation unangetastet. Veränderung findet also nur innerhalb dieses konstant gehaltenen Referenzrahmens statt, der selbst unverändert bleibt. Die grundsätzlichen Weltsichten, Orientierungen und Normen einer Organisation bleiben unangetastet. Es geht um Verbesserung, Effizienzsteigerung und Perfektionierung des Bestehenden. Wandel zweiter Ordnung bedeutet dagegen eine einschneidende paradigmatische Änderung der Gesamtorganisation bzw. grundlegender organisationaler Sinnstrukturen. Der Referenzrahmen selbst wird verändert. Es geht dabei nicht um eine Verbesserung des Bestehenden, sondern vielmehr um eine Transformation der Organisation und damit auch deren Identität (siehe hierzu auch Watzlawick/Weakland/Fisch 1992, S. 30).

Wandel erster Ordnung	Wandel zweiter Ordnung
• ohne Paradigmenwechsel	• mit Paradigmenwechsel
• beschränkt auf einzelne Dimensionen und Ebenen der Organisation	• betrifft mehrere Dimensionen und Ebenen der Organisation
• quantitativer Wandel	• qualitativer Wandel

Bild 1.1 Merkmale des Wandels erster und zweiter Ordnung

Episodischer und kontinuierlicher Wandel

Der Begriff episodischer Wandel beschreibt Veränderungsprozesse, die eher selten, zeitlich begrenzt und geplant sind. Episodischer Wandel wird zumeist durch externe Veränderungen ausgelöst, z. B. durch Veränderungen im Umfeld, sinkende Gewinne, Veränderungen im Topmanagement bzw. der Organisationsstruktur und der Strategie. Der Veränderungsprozess ist eine zeitlich begrenzte Unterbrechung eines Gleichgewichtszustands der Organisation. Episodischer Wandel hat einen definierten Anfangs- und Endpunkt, d. h., er ist in der Regel zeitlich begrenzt und wird vom Management initiiert. Im Gegensatz dazu beschreibt kontinuierlicher Wandel Veränderungen, die sich entwickeln und kumulativ sind. Kontinuierlicher Wandel kann aber nicht nur inkrementelle Veränderungen auslösen, sondern er kann sich auch gewissermaßen zu tiefgreifendem Wandel kontinuierlich »aufschaukeln«. Es gibt für kontinuierlichen Wandel zumeist keine externe Notwendigkeit. Dies hat u. a. zur Folge, dass das Management eine andere Rolle im Veränderungsprozess einnimmt als bei episodischem Wandel. Das Management ist nicht der Treiber des Veränderungsprozesses. Der Grad der Beteiligung der Beschäftigten ist meist hoch.

Episodischer Wandel	Kontinuierlicher Wandel
• Wandel als klar umrissene Periode (Trennungsmodell)	• Wandel in die Systemprozesse integriert (Integrationsmodell)
• Wandel als Ausnahme von der Regel (Sonderstatus)	• Wandel in den Systemprozessen normalisiert (Regelstatus)

Bild 1.2 Merkmale episodischen und kontinuierlichen Wandels

Auf der Grundlage dieser Matrix lassen sich vier Idealtypen von Veränderungsprozessen unterscheiden:

1. Im Veränderungstypus der »Optimierung« werden die bisherigen Vorgehensweisen, Strukturen und Strategien nicht grundsätzlich infrage gestellt. Die »Not« zur Veränderung ist in diesem Typus der Veränderung gering. Kaizen, TQM oder Qualitätszirkel sind Beispiele für diesen Veränderungstypus.
2. Der Veränderungstypus »Operatives Krisenmanagement« findet sich immer dann, wenn eine Organisation ein akutes Problem zu lösen hat, das jedoch nicht so tiefgreifend ist, dass dadurch die Identität der Organisation bedroht wird. Es geht darum, schnell wirksame Maßnahmen zu ergreifen. Beispiele sind Kostensenkungsprogramme, Kurzarbeit oder Qualitätsoffensiven.
3. Vom Veränderungstypus »Radikale Transformation« sprechen wir dann, wenn eine Organisation in eine existenzbedrohende Krise gerät. Dabei kann es sich um Sanierungen und Turnarounds handeln. Oder, wenn noch Zeit und Geld vorhanden ist, um Restrukturierungsprojekte. Das Zeitfenster für diese Art der Veränderung ist zumeist sehr eng.
4. Beim Veränderungstypus »Kontinuierliche Selbsterneuerung« ist, wie beim Typus »Optimierung«, Wandel in die Organisationsprozesse fest integriert. Der Fokus liegt jedoch nicht auf der Optimierung des Bestehenden, sondern auf der kontinuierlichen Erneuerung des Geschäftsmodells bzw. der Identität der Organisation. Es handelt sich um einen Wandel zweiter Ordnung, der jedoch nicht durch eine Krise ausgelöst, sondern von Akteuren im Unternehmen vorausschauend initiiert wird.

Bild 1.3 Die vier Typen von Veränderung

1.3 Die Grundannahmen des »klassischen Change Management« erweitern

Wenn wir davon ausgehen, dass im Change Management endgültig die Zeiten von Eindeutigkeiten und der Formel »one size fits all« vorbei sind, erfordert dies ein Umdenken im Change Management: Change the Change Management! Hierzu müssen wir uns von vier Annahmen des klassischen Change Management verabschieden. Es sind vier zentrale Annahmen des klassischen Change Management mit denen wir uns auseinandersetzen müssen.

Annahme 1: Grundlegende Veränderungsprozesse können nur dann erfolgreich sein, wenn sich das Unternehmen mit einem äußeren Handlungsdruck oder gar einer Krise konfrontiert sieht.

Annahme 2: Grundlegende Veränderungsprozesse müssen schnell und mit radikalen Einschnitten in die Organisation verfolgt werden. Tiefgreifende Veränderungen in einem kontinuierlichen Prozess sind nicht möglich.

Annahme 3: Grundlegende Veränderungsprozesse müssen immer von der Spitze der Organisation angestoßen und getrieben werden.

Annahme 4: Erfolgreiche Veränderungsprozesse müssen zentral geplant und gemanagt werden.

Annahme 1: Zwischen Leidensdruck und attraktivem Zukunftsbild

Folgt man den »Klassikern« des Change Management, dann sind Unternehmen nur dann zu grundlegenden Veränderungen in der Lage, wenn es eine Notwendigkeit zur Veränderung oder einen »case for action« gibt: sei es ein neuer Branchentrend, unzufriedene Kunden, neue Wettbewerber etc. John Kotter weist in seinem millionenfach verkauften Buch *Das Prinzip Dringlichkeit* auf die zentrale Bedeutung der Defizitanalyse zu Beginn eines tiefgreifenden Veränderungsprozesses hin. Die Unternehmensführung muss, so Kotter, eine externe Bedrohung identifizieren und als potenzielle Gefahr für das Unternehmen interpretieren. Gelingt dem Management dies nicht, sind Veränderungsprozesse zum Scheitern verurteilt. Keine Änderung ohne Leidensdruck lautet die dahinterstehende Annahme.

Ist also Wandel ohne Leidensdruck oder gar ohne eine Krise überhaupt möglich? Bereits in den 60er-Jahren haben die Organisationsforscher Richard Cyert und James March in ihrem 1963 erschienenen Grundlagenwerk *A Behavioral Theory of the Firm* verdeutlicht, dass es nicht nur akute Probleme und Krisen sind, die Veränderungen in Organisationen anstoßen. In wirtschaftlich erfolgreichen Zeiten, so die beiden Organisationsforscher, können Organisationen »organisational slack« aufbauen, der Innovationen in Organisationen fördert. Eigene Untersuchungsergebnisse (Gergs 2016; Gergs/Lakeit 2020) bestätigen diese Annahme, dass tiefgreifender Wandel nicht nur durch Krise und Not ausgelöst werden kann. Im Unterschied zur Defizitorientierung, die wir nach wie vor in der Mehrzahl der Unternehmen vorfinden, herrscht in erneuerungsfähigen Unternehmen eine starke Orientierung an Zukunftschancen und den Potenzialen des eigenen Unternehmens vor. Damit ist beides möglich: Change durch Leidensdruck oder durch ein attraktives Zukunftsbild.

Annahme 2: Zwischen episodischem und kontinuierlichem Wandel

Die meisten Theorien und Konzepte des klassischen Change Management basieren auf der Idee des episodischen Wandels und Kurt Lewins Drei-Phasen-Modell von »unfreeze, change, refreeze«. Grundannahme all dieser Konzepte ist es, dass sich Organisationen in einem Gleichgewichtszustand befinden, der unterbrochen werden muss, damit sich diese Organisationen verändern. Die Managementpraxis hat dieses episodische Modell des Wandels bereitwillig aufgenommen. Es gehört heutzutage zum guten Ton, dass jeder neue CEO sein eigenes Change-Programm auflegt. Die in regelmäßigen Abständen vom Topmanagement angestoßenen Change-Projekte vermögen die Organisation jedoch meist nur kurzfristig zu irritieren, langfristig aber überfordert diese »stop-and-go policy« die meisten Unternehmen. Die Welt um uns herum ist ständig in Bewegung, und ein einmal gefundenes Optimum verschiebt sich schnell wieder. Unternehmen, die die Fähigkeit der kontinuierlichen Erneuerung nicht besitzen, laufen Gefahr, in eine bestandsbedrohende Situation zu geraten, wie Kathleen Eisenhardt und James Martin (2000) mit ihren Forschungen in der IT-Branche belegen. Sie kommen zu der Schlussfolgerung: »The ability to engage in rapid relentless continual change is a crucial capability for survival.« Ihre Forschungsergebnisse belegen, dass Unternehmen in dynamischen und disruptiven Marktumfeldern nur dann überleben, wenn sie ein hohes Maß an Umweltsensibilität und Bereitschaft zur vorausschauenden Veränderung auszeichnen. Die dadurch angeregte »kreative Unruhe« ist die Basis für kontinuierliche Erneuerung. Auch hier gilt: Je nach Kontext ist beides möglich – Change als Episode oder als Kontinuum.

Annahme 3: Zwischen »Top-down«- und »Activist-out«-Prozessen der Veränderung
Im Sturm muss der Kapitän auf die Brücke! In unsicheren Zeiten werden von Führungskräften Mut und Entschlossenheit gefordert. Teils getrieben durch ihr Umfeld, teils getrieben durch das eigene Ego übernimmt das Management die Verantwortung für Veränderungen selbst. Die Grundannahme des klassischen Change Managements lautet: Veränderungsprojekte müssen immer an der Spitze der Organisation beginnen! Dies heißt überspitzt formuliert, dass nur Führungskräfte das Recht, die Kompetenzen und die Macht haben, Veränderungsprozesse anzustoßen. In der Realität lässt sich jedoch Folgendes beobachten: Es ist häufig das Topmanagement, das als Letzter Veränderung innerhalb und im Umfeld der Organisation wahrnimmt. Abgeschottet durch eine Vielzahl von Führungsebenen wird es oft mit einer geschönten Wirklichkeit konfrontiert. Die Vielfalt und Dynamik der technischen Entwicklung macht es den oberen Führungskräften zudem unmöglich, alle Veränderungen im Auge zu behalten. Dies ist ein wesentlicher Grund dafür, dass Change-Programme oft zu spät angestoßen und zu schlecht umgesetzt werden.

Aber können grundlegende Veränderungsprozesse mit kleinen Schritten beginnen und von »unten« angestoßen werden? Ja, das können sie: Denken Sie nur an die amerikanische Revolution, die von der Boston Tea Party, einer Grassroots-Bewegung, ausging. Oder denken Sie einen Moment daran, wie sich Ihr Leben durch das Internet verändert hat. Keine einzelne Person und auch kein einzelnes Unternehmen hat das Netz erfunden. Es entwickelte sich selbstorganisiert durch viele unabhängige Akteure zu einer Plattform, auf der sich Menschen weltweit vernetzen können. Wenn wir Change-Programme wie den Bau einer komplexen Maschine planen, begrenzen wir den Spielraum, in dem Neues entstehen kann. Demgegenüber eröffnen Change-Plattformen allen Mitarbeitern im Unternehmen die Möglichkeit, sich an der Erneuerung der Organisation zu beteiligen. Die Frage »Wer managt Veränderungsprozesse?« erhält damit eine erweiterte Antwort: Nicht ausschließlich das Management, sondern auch die Beschäftigten. Hierzu bedarf es eines Umbaus traditioneller Organisationsstrukturen. Der Veränderungstyp der kontinuierlichen Erneuerung braucht z. B. eine andere Infrastruktur für den Wandel. »Build a change platform, not a change program« heißt hier die Devise. Dies geht einher mit einem völlig andersartigen Führungskonzept, das man mit den Schlagworten vom »Top-down«- zum »Activist-out«-Ansatz beschreiben könnte. Auch für diese Annahmen gilt: Beides kann sinnvoll sein, je nach Kontext. »Activist-out« klingt zunächst sehr attraktiv, aber denken Sie nur an eine Krisensituation, wie wir sie derzeit in der Pandemie erleben. Hier sind schnelle Entscheidungen »top-down« erforderlich.

Annahme 4: Zwischen linear geplantem und zyklisch organischem Wandel
Aus sozialwissenschaftlicher Perspektive überraschend ist der in Wirtschaft und Gesellschaft immer noch verbreitete Glauben an die klare Steuerbarkeit von Veränderungsprozessen. Bereits die Bezeichnung Change Management suggeriert, dass Wandel von Organisationen »gemanagt« werden kann, wie z. B. ein Bau- oder IT-Projekt. Die großen Unternehmensberatungen nähren diesen Glauben an die Steuerbarkeit von Veränderungen mit ihren regelmäßigen Studien zu den Erfolgsfaktoren des Wandels: Change wird immer wichtiger, und er wird nach wie vor schlecht gemanagt, so die überraschungsfreien Ergebnisse dieser Studien. Dem stehen viele Forschungsbefunde aus den Sozialwissenschaften gegenüber, die die Vorstellung der Planbarkeit des Wandels sozialer Systeme bereits seit den 70er-Jahren tiefgreifend erschüttert haben. Sozialer Wandel folgt in der Regel nie eindeutig intendierten Zielen und Plänen der beteiligten Akteure. Zwar verfügen Unternehmen über zentrale Steuerungsmechanismen, die der Leitung

eine gezieltere und wirkungsmächtigere Einflussnahme erlauben. Trotzdem: Auch das Management hat bei Veränderungsprozessen nur begrenzte Steuerungsmacht. Die vielen gescheiterten Veränderungsprojekte sind ein Beweis dafür. Wenn ein Veränderungsprozess tiefgreifend ist, dann betritt eine Organisation in diesem Prozess Neuland, und Neuland muss bekanntermaßen erst vermessen werden, bevor es berechenbar wird. Wir müssen uns daher mit zunehmender Komplexität eines Veränderungsprozesses von einem linearen Planungsansatz verabschieden. Statt umfangreicher (Vorab-)Planungen wird das unmittelbare Feedback auf Experimente und kleine Veränderungsschritte, die dann wiederum der Ausgangspunkt für weitere Schritte sind, immer wichtiger. Während im linear-kausalen Modell des klassischen Change Management strikt zwischen Denken (analysieren, entscheiden, planen) und Handeln (Pläne umsetzen) getrennt wird, wechseln erneuerungsfähige Organisationen ständig zwischen Denken und Handeln. Aber auch hier gilt der Grundsatz: Es hängt davon ab! Je nach Komplexität des Veränderungsvorhabens kann die Planung nach dem »Wasserfallprinzip« angemessen sein oder eben auch nicht.

1.4 Denken in Spannungsfeldern und Dualitäten – das Mindset eines modernen Change Management

Bereits vor gut 20 Jahren hat der Managementforscher Charles Handy in einem seiner bekanntesten Bücher *Die Fortschrittsfalle* (1995) selbstkritisch eingeräumt: »Ich selbst habe Bücher geschrieben, in denen ich behauptete, es muss eine richtige Methode zur Führung von Organisationen und unserem Leben geben, auch wenn wir noch nicht so genau wissen, wie diese auszusehen hat. Ich war fasziniert vom Mythos der Wissenschaft, von der Vorstellung, dass man theoretisch alles verstehen, vorhersagen und daher auch in den Griff bekommen kann. Heute glaube ich nicht mehr an eine ›Theory of Everything‹ oder an die Möglichkeit der absoluten Perfektion. Ich verstehe Paradoxie heute als unvermeidlich, allgegenwärtig und nie endend. Je turbulenter die Zeiten und je komplexer die Welt, mit desto mehr Paradoxien haben wir es zu tun« (Handy 1995, S. 24). Der Managementvordenker Roger Martin argumentiert in die gleiche Richtung. In seinem Buch *The Opposable Mind* (2009) schreibt er, dass innovative Führungskräfte zukünftig mehr über die Fähigkeit verfügen müssten, zwei diametral entgegengesetzte Ideen zur gleichen Zeit zu denken. Sie sagen also nicht »entweder oder«, sondern »sowohl als auch« und sehen Widersprüche und Spannungen als Quelle für Inspiration. Erfolgreiche Führungskräfte, sagt Martin, »begrüßen die Mehrdeutigkeit und betrachten Komplexität als eine zuverlässige Quelle kreativer Möglichkeiten«. Der Organisationsberater Martin Claßen (2021) hat sich in seinem erst jüngst erschienenen Buch ausführlich mit diesen Spannungsfeldern im Change Management beschäftigt.

Die Überschriften zu den vier Grundannahmen des Change Management haben verdeutlicht, dass es hinsichtlich der Gestaltung von Veränderungsprozessen keine einfachen Antworten mehr gibt. Führungskräfte sind insbesondere in »Zeiten der Disruption« mit einer Situation voller Paradoxien und Spannungsfelder konfrontiert, für die es keine eindeutigen Rezepte gibt und die ein neues Denken in Dualitäten, d. h. im »Sowohl-als-auch«, erfordern. Angesichts sehr unterschiedlicher und sich rasch verändernder Kontextbedingungen kann man z. B. nicht mehr genau sagen, wie viel Beteiligung der Mitarbeiter sinnvoll ist, welche Form der Change-Kommunikation erfolgreich ist oder wie viel Eigenständigkeit der Bereiche in einem Transformationsprozess zugelassen werden sollte. Für alle diese Fragen gilt: Es hängt davon ab!

Veränderung braucht Stabilität – eine zentrale Dualität

Diese Idee der Dualität gilt auch für den Zusammenhang von Wandel und Stabilität. So zeigen neuere empirische Studien, dass »chronisch« instabile Organisationen zu Desintegration und damit zu einem Rückgang ihrer Leistungsfähigkeit tendieren. Interessant in diesem Zusammenhang ist die Studie von Christian Stadler und Philip Wältermann (2012), die sogenannte Jahrhundert-Champions untersucht haben, d.h. Unternehmen, die es geschafft haben, über mehr als 100 Jahre hinweg wirtschaftlich erfolgreich zu bleiben. Ihren Ergebnissen zufolge scheint die Innovationsfähigkeit nicht der zentrale erklärende Faktor für das lange Überleben dieser Unternehmen zu sein. Die beiden Forscher kommen zu dem Befund: »Auch die Jahrhundert-Champions in unserer Studie sind innovativ. Dies trifft jedoch auch für eine Reihe der Vergleichsunternehmen zu. Was die Spitzenunternehmen von den Vergleichsunternehmen hingegen unterscheidet, ist ihre Fähigkeit, intelligent konservativ zu agieren, d. h. bei aller Anpassung die Kultur und Identität des Unternehmens zu wahren bzw. evolutionär zu verändern.« Zu einem ähnlichen Befund kommt Rita McGrath (2013) von der Universität Stanford. Langfristig erfolgreiche Unternehmen sind ihren Untersuchungsbefunden zufolge sowohl »rapid adopters« als auch »champions in stability«. Vor dem Hintergrund dieser Forschungsbefunde müssen wir das Verhältnis von Stabilität und Agilität aus einer neuen Perspektive betrachten. Unternehmen stehen nicht nur vor dem Problem der ständigen Anpassung an sich verändernde Umweltanforderungen, sondern müssen parallel hierzu auch die soziale Integration der Organisation sichern. Das Management muss daher gleichzeitig stabilitäts- und veränderungsorientiert handeln. Stabilität und Agilität sind also zwei voneinander abhängige Phänomene und stehen in einem dialektischen Verhältnis zueinander. Stabilität schränkt Wandel einerseits zwar ein, ist aber andererseits auch die Grundlage von Wandel und ermöglicht ihn erst. So wie gute Bremsen es erst ermöglichen, schnelle Autos zu bauen, so ermöglicht erst die innere Stabilität eine hohe Wandlungsfähigkeit des Unternehmens.

1.5 Fazit

Die bewährten Verfahren von heute werden zu einem Großteil morgen nicht mehr erfolgreich sein. Aus diesem Grund müssen Unternehmen kontinuierlich, vorausschauend und offensiv an ihrer Zukunft arbeiten, statt ihre Vergangenheit zu verteidigen. Das soll aber kein Aufruf zur Revolution des Change Management sein, sondern ist eher als ein Aufruf zu einem offenen Diskurs und zur kontinuierlichen Erneuerung des Change Management zu verstehen.

Change Management muss situativ gestaltet werden: Wir müssen zukünftig für unterschiedliche Kontextbedingungen unterschiedliche Konzepte des Change Management entwickeln. In Zeiten steigender Komplexität müssen wir uns im Change Management von eindeutigen Antworten und Rezepten verabschieden. So werden die Methoden und Konzepte des klassischen Change Management für Unternehmen, die in einem relativ stabilen Umfeld agieren, nach wie vor von Bedeutung bleiben, während wir für Unternehmen, die sich in einem volatilen Umfeld bewegen, neue Methoden eines Change Management 4.0 benötigen. Wir müssen also immer stärker den Kontext von Veränderungen berücksichtigen. Dies ist kein grundsätzlich neuer Gedanke. So gehören kontext- und situationsbezogene Ansätze der Führung und Organisation heute schon zum Standardrepertoire in der Führungsforschung. Wir brauchen dringend einen solchen kontextbezogenen Ansatz auch für das Change Management.

Change Management muss Konzepte aus anderen Kulturen berücksichtigen: Die Klassiker des Change Management wurden mit Blick auf den westlichen Kulturkreis entwickelt. Die Untersuchung von Unternehmen insbesondere in östlichen Kulturen, wo z. B. die Idee der kontinuierlichen Veränderung viel stärker etabliert ist, könnte ganz neue Einsichten eröffnen. Die Idee des ständigen und zyklischen Wandels ist die zentrale Grundlage der taoistischen und konfuzianischen Philosophie. Die Untersuchungen von Trompenaars und Paud'Homme (2007) geben einen Hinweis darauf, dass Change Management in asiatischen Kulturen einer anderen Logik folgt als in westlichen Kulturen, und es stellt sich sogleich die Frage, was wir von diesen Kulturen lernen können.

Als zentrale Schlussfolgerung können wir damit festhalten: Es werden je nach Branche, Unternehmensgröße, Kultur etc. unterschiedliche Ansätze des Change Management erforderlich sein, um die Veränderungen in den jeweiligen Unternehmen erfolgreich zu begleiten. Das bedeutet, dass wir uns im Change Management endgültig von der Formel »one size fits all« verabschieden müssen. Genauso wenig wie es in einer dynamischen und komplexen Welt die einzige erfolgreiche Organisationsform oder das erfolgreiche Managementmodell gibt, genauso wenig gibt es das erfolgreiche Change-Management-Modell. Aus diesem Grunde müssen Führungskräfte und Berater erstens ihr methodisches und konzeptionelles Repertoire kontinuierlich überprüfen und erweitern und zweitens die Fähigkeit entwickeln, dieses erweiterte Change-Management-Wissen flexibel auf die unterschiedlichen Rahmenbedingungen anzuwenden. Change Leader müssen für ihre Organisationen einen Pfad durch den Dschungel der Veränderung finden. Das erfordert einen geländegängigen Umgang mit Paradoxien und Spannungsfeldern: ein Denken im »Sowohl-als-auch«.

1.6 Literatur

Claßen, Martin: *Spannungsfelder im Change Management. Veränderungen situativ gestalten*. Handelsblatt Fachmedien, Düsseldorf 2021

Cyert, Richard M.; March, James G.: *A Behavioral Theory of the Firm*. Prentice Hall, Boston 1963

Eisenhardt, Kathleen M.; Martin, James A: Dynamic capabilities: What are they? In: *Strategic Management Journal*, 2000, Vol. 21, pp. 1105–1121

Gergs, Hans-Joachim: *Die Kunst der kontinuierlichen Erneuerung. Acht Prinzipien für ein neues Change Management*. Beltz Verlag, Weinheim 2016

Gergs, Hans-Joachim; Lakeit, Arne: *Agilität braucht Stabilität. Mit Ambidextrie Neues schaffen und Bewährtes bewahren*. Schäffer-Poeschel Verlag, Stuttgart 2020

Handy, Charles: *Die Fortschrittsfalle. Der Zukunft neuen Sinn geben*. Gabler Verlag, Wiesbaden 1995

Kotter, John P.: *Das Prinzip Dringlichkeit. Schnell und konsequent handeln im Management*. Campus, Frankfurt/New York 2008

Martin, Roger: *The opposable mind. Winning through integrative thinking*. Harvard Business Press, Boston 2009

McGrath, Rita G.: *The End of Competitive Advantage. How to Keep Your Strategy Moving as Fast as Your Business*. Harvard Business Press, Boston 2013

Porras, Jerry I.; Silvers, Robert C.: »Organizational development and transformation«. *Annual Review of Psychology* 42, 1991, S. 51–78

Trompenaars, Fons; Paud'Homme, Paul: *Managing change across corporate cultures*. Capstone Publishing, Oxford 2004

Stadler, Christian; Wältermann, Philip: »Die Jahrhundert-Champions. Das Geheimnis langfristig erfolgreicher Unternehmen«. *Zeitschrift für Führung und Organisation* 81, 2012, Heft 3, S. 156–160

Watzlawick, Paul; Weakland, John H.; Fisch, Richard: *Lösungen. Zur Theorie und Praxis menschlichen Wandels*. Verlag Hans Huber, Bern, Göttingen, Toronto 1992

02 Change und Change Management – Grundlagen und Erfolgsfaktoren

BETTINA ALMBERGER

Bereits heute sind Change-Projekte in vielen Branchen und Bereichen nicht die Ausnahme, sondern die Regel. Und die Häufigkeit solcher Projekte wird aller Wahrscheinlichkeit nach in Zukunft weiter zunehmen. Change Management muss daher als Unternehmensdisziplin verankert und die Umsetzungsfähigkeit als zentrale Führungskompetenz definiert werden.

In diesem Beitrag erfahren Sie,

- was sich hinter dem schillernden Begriff des »Change« verbirgt,
- was die Begriffe »Change« »Transformation« und »Change Management« bedeuten,
- was das Besondere an Change ist und warum Management-Attention nötig ist,
- was mit Change Management gemeint ist,
- welche (Miss-)Erfolgsfaktoren für die praktische Anwendung gelten,
- welche Bedeutung Führungskräfte für den Erfolg im Change haben und
- wieso Widerstand gemanagt werden sollte.

2.1 Abgrenzung von Transformation und Change Management

Wenn Beteiligte das Gleiche unterschiedlich verstehen, dann sind Missverständnisse vorprogrammiert. Transformation und Change Management sind klar voneinander abzugrenzende Begriffe. Diese Abgrenzung bringt auch mehr Klarheit in die Komplexität.

Changes werden typischerweise angestoßen aufgrund bestimmter Missstände oder Verbesserungsnotwendigkeiten im Unternehmen oder in Unternehmensbereichen. Meist geht es um Kosten- und Prozessoptimierung, Umsatzsteigerung,

Minimierung von Durchlaufzeit oder die Verringerung von Mitarbeiterfluktuation etc.

Typische Changes, die im Unternehmen aufgesetzt werden, sind
- Optimierung des Produktionsprozesses,
- Einführung einer digitalen Collaboration-Plattform,
- Einführung von Lean Management,
- Arbeitszeitanpassung,
- organisatorischer Umbau (Mergers, Standortverlagerung, hin zur funktionalen Organisationsstruktur),
- Einführung von agilen Methoden,
- Einführung einer neuen Vertriebs-, Cloud- oder Projektmanagementsoftware,
- neues Marketing-Branding
- usw.

Die Aufgabe des Change Management ist es, sich in diesen Changes (ganze Programme oder einzelne Projekte) auf die »people side of change« zu konzentrieren.

Change Management bedeutet die Planung und Umsetzung von konkreten Maßnahmen, um das Unternehmen, Bereiche bzw. Abteilungen in einem bevorstehenden Change, einer angestrebten Veränderung, zu begleiten, d. h. das Projektziel erfolgreich umzusetzen. Im Change ist das Ziel bekannt.

Das Vorgehen an sich ist nahezu vergleichbar mit einem strukturierten Projektmanagement mit geplanten Maßnahmen, die darauf abzielen, das Verhalten der Betroffenen zu ändern, damit die neuen Strukturen funktionieren. Es braucht Budget, die Einbindung des Sponsors und des Topmanagements, Ressourcen für die Umsetzung, die Einbindung des mittleren Managements sowie verantwortliche Rollen im Change. Change Management ist damit eine essenziell wichtige Unternehmensdisziplin, um Veränderungen erfolgreich umzusetzen.

Eine Transformation hingegen zielt auf die Veränderung eines ganzen Unternehmens/eines Unternehmensbereiches ab, um als Unternehmen zukunftsfähig zu bleiben. Bei dieser Art der Veränderung ist meist auch das soziokulturelle System des Unternehmens betroffen. Veränderungen, von Altem hin zu Neuem, Neudefinition von Geschäftsmodellen, Organisationsstrukturen und Prozessen bis hin zur Neuerfindung des Unternehmens müssen **von den Mitarbeitern** mitgestaltet werden. Alle kleinen Änderungen beeinflussen sich gegenseitig. Eine der wesentlichen Aufgaben der Führungskräfte in einer Transformation ist es, die Veränderung zur Wahrnehmung, der persönlichen Einstellung und die Gefühle der Betroffenen hin zum »Neuen« positiv zu begleiten.

Damit ist es klar, dass zunächst eine Zukunftsvision für die Veränderung vom Management geschaffen werden muss. Da aber auch das Management nicht immer weiß, wo die Reise hingeht, und sich die äußeren Rahmenbedingungen durch Gesetze, Schnelllebigkeit und Marktanforderungen laufend ändern und sich diese auf die Umsetzung der Vision auswirken können, muss im Unternehmen eine grundsätzliche Change-Fähigkeit der Mitarbeiter – egal auf welcher Organisationsebene – entwickelt werden. Neben einem unternehmensweiten Change Management Know-how spielen Kreativitätsmethoden, agiles Vorgehen, Feedbackfähigkeit, eine Fehler- und Lernkultur, Empathie, systemisches Denken, Synergie, Kooperation und echtes Change Leadership eine wichtige Rolle für eine erfolgreiche Transformation.

Elemente der Transformationsreife:
- Kommunikationsfähigkeit,
- neue Art der Zusammenarbeit,
- Change Management Office im Unternehmen,
- agile und kreative Methoden,
- Change Management als Change-Projekte/-Programme,
- Change Leader Mindset,
- Change- und Innovationskultur.

Im Idealfall ist es ein nicht endender Lernprozess. Das Unternehmen kann sich immer wieder neu erfinden. Eine Transformation ermöglicht es, eine neue Innovationskultur für die Zukunft zu schaffen.

2.2 Change Management als strategische Unternehmensdisziplin

Change Management ist die essenzielle Disziplin in der Unternehmensführung für die Zukunft, um langfristig besser mit laufenden Veränderungen und einer Transformation umgehen zu können und hat in den letzten Jahren immer mehr an Bedeutung gewonnen. Laut der weltweit durchgeführten Prosci®-Studie (»Best Practices in Change Management«) erwarten die befragten Praktiker und Berater eine Zunahme der Veränderungen (**Bild 2.1**).

Eine typische Reise von der Change-Begleitung hin zur Change- und Transformationsreife erfolgt in folgenden Schritten:
1. Change Management für ein erstes Pilotprojekt.
2. Change Management für mehrere Projekte und Programme.
3. Aufbau eines Change Management Office – Entwicklung des Enterprise Change Management als strategische Disziplin im Unternehmen.

Parallele notwendige Schritte sind Führungskräfteentwicklung für Change und die Einführung von Change-, Agilitäts-, Innovations- und Kreativitätsmethoden.

In manchen Firmen wird sogar eine strategische Abteilung eingerichtet, die sich mit der

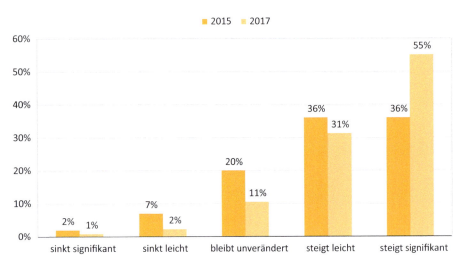

Bild 2.1 Signifikanter Anstieg der erwarteten Veränderungen zwischen 2015 und 2017 (Prosci® 2018)

Change-Fähigkeit des Unternehmens beschäftigt. Hier werden Change-Management-Vorgehen und -Standards festgelegt, notwendige Rollen im Change Management definiert und wird auch für die rollenspezifische Kompetenzentwicklung der Mitarbeiter und Führungskräfte gesorgt. Diese Abteilung stellt sowohl interne als auch extern beauftragte Change Manager zur Verfügung. Deren Aufgabe es ist, das Change-Projekt auf der menschlichen Seite zu begleiten, zu steuern und die notwendigen Maßnahmen zu koordinieren.

Ein exzellentes Change Management ermöglicht, dass Widerstände der Mitarbeiter gegen die Veränderung reduziert werden und möglichst viele Mitarbeiter möglichst schnell und möglichst effektiv die neuen Prozesse und Strukturen verinnerlichen und durch ihr neues Verhalten umsetzen. Damit zahlt sich die Investition für das Projekt aus und Umsatz-, Kosten- oder anderen Ziele sind schneller erreicht. Der Return on Investment des Projektes ist damit deutlich schneller realisiert (**Bild 2.2**).

Was macht Changeprojekte und -programme erfolgreich?

Annahmegeschwindigkeit

(speed of adoption)

Wie schnell sind die Mitarbeiter fähig und bereit, die neuen Systeme, Prozesse und Rollen anzuwenden?

Nutzungsgrad

(ultimate utilization)

Wie viele Mitarbeiter (der gesamten Belegschaft) zeigen ihren „buy-in" und nutzen die neue Lösung?

Leistungsniveau

(proficiency)

Wie gut leisten die einzelnen Mitarbeiter, verglichen mit dem Level, das beim Change Design erwartet wurde?

Bild 2.2 Menschliche Faktoren bestimmen den monetären Nutzen oder ROI (angelehnt an Prosci® Change Management Practitioner Ausbildung, www.tiba-business-school.de)

2.3 Erfolgsfaktoren im Change

2.3.1 Richtig und ständig kommunizieren

Ohne das Vertrauen der Mitarbeiter und deren Bereitschaft, sich auf Neues einzulassen, drohen Change-Prozesse zu scheitern. Für Change Manager bedeutet dies: Sie müssen die Mitarbeiter kommunikativ und fachlich auf die Veränderungen vorbereiten und den Wandel auch durch eine neue Führungskultur sichtbar machen. **Bild 2.3** zeigt, wer laut der Prosci-Studie welche Veränderungsbotschaft kommuniziert.

Veränderungen erfordern das Vertrauen aller Beteiligten. Ohne dieses sind massive Widerstände vorprogrammiert, die jeden Veränderungsprozess scheitern lassen. Vertrauen kann durch Kommunikation aufgebaut und verstärkt werden. Das macht eine wertschätzende Kommunikation über die Veränderung als Grundlage für den Change so wichtig. Dabei geht es – je nach Botschaft und Anlass – um die Kommunikation mit allen Beteiligten sowie um die individuelle Kommunikation mit einzelnen Beteiligten. Auch der Umgang mit Konflikten und Widerständen von Mitarbeitern sollte wertschätzend erfolgen.

Damit es nicht dem Zufall überlassen wird, wer wann welche Information mit welcher Botschaft erhält, sollte bereits zu Beginn des Change-Prozesses ein Kommunikationsplan, der sich an der individuellen Einstellung (z. B. nach dem ADKAR®-Status) der Mitarbeiter orientiert, erstellt werden. Dieser berücksichtigt sowohl die wichtigen Meilensteine des Veränderungsprozesses als auch die Hintergründe, die zu dem Wandel geführt haben. Je besser die Mitarbeiter nachvollziehen können, dass der geplante Wandel für alle vorteilhaft ist, umso eher werden sie sich dafür einsetzen. Persönliche Botschaften sollten vom direkten Vorgesetzten vermittelt werden, unternehmerische Entscheidungen und geschäftliche Veränderungsgründe vom Topmanagement (dem Sponsor des Projektes).

Damit die gewählten Botschaften auch die richtige Zielgruppe erreichen, werden verschiedene Medien und Kanäle gewählt. Denkbar sind hier Blogs, Diskussionsforen, Einzelgespräche, Meetings und vieles mehr. Die Inhalte sollten aufeinander aufbauen und passend zum Kom-

2.3 Erfolgsfaktoren im Change

Wer kommuniziert den Change?

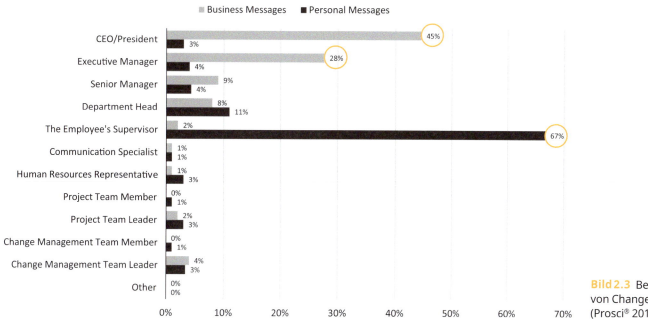

Bild 2.3 Bevorzugte Sender von Change-Nachrichten (Prosci® 2018)

munikationskanal umgesetzt werden. Zudem wird der Kommunikationsplan in regelmäßigen Abständen kritisch überprüft: Gibt es zusätzliche Themen? Stimmt der Zeitplan noch? Was sollte angepasst werden?

2.3.2 Change Management als Führungskompetenz aufbauen

Eine Veränderung betrifft in der Regel mehrere Unternehmensbereiche. Deshalb erfordern Veränderungsprozesse auch eine neue Führungskompetenz, von Konzernen gerne »Change Leadership Program« genannt. Dabei werden Prinzipien und Methoden festgelegt und kommuniziert, nach denen sich die »neuen« Change Leaders künftig richten sollen.

Um eine geplante Änderung umzusetzen, brauchen die Führungskräfte die Unterstützung ihrer Mitarbeiter. Nur gemeinsam können sie das Arbeitsumfeld und die Prozesse so verändern, dass sie von allen mitgetragen werden.

Um diesen Herausforderungen gerecht zu werden, steht oft eine Kompetenzerweiterung der Führungskräfte an. Die dazu erforderlichen Fähigkeiten in Kommunikation, Feedback, kollegialer Beratung sowie der Kompetenzentwicklung in Selbstführung, Ressourcensteuerung und Selbstmanagement, Stressmanagement und Change Management lassen sich entsprechend erlernen. Besondere Aufmerksamkeit benötigen dabei die Führungskräfte, die ihre Resilienzfähigkeit entsprechend ausbauen müssen – eventuell mit Unterstützung durch ein entsprechendes Persönlichkeitscoaching.

Konkret müssen Manager dabei neben ihrem alltäglichen Job neue Change-Aufgaben als CLARC (nach Prosci®) – also als Communicator (Kommunikator), Liaison (Verbündeter), Advocat (Fürsprecher), Resistance Manager (Widerstandsmanager) und Coach – gegenüber ihren Mitarbeitern übernehmen.

2.3.3 Sich der eigenen Rolle bewusst sein

Bei einer Veränderung sind Manager in erster Linie auch Mitarbeiter. Auch sie sind mit der Veränderung und damit einhergehenden möglichen Unsicherheiten konfrontiert. Nach der Prosci®-Best-Practice-Studie (siehe **Bild 2.3**) sind sie die bevorzugten Sender von Veränderungsbotschaften und gleichzeitig die Mitarbeiter, die am meisten Widerstand in sich tragen (siehe **Bild 2.4**).

Mehr als 50 % der Führungskräfte zeigen laut der Studie Widerstand zur Veränderung. Change Management hilft Führungskräften dabei, mit dem Rollenkonflikt umzugehen und die Rolle als Change Leader besser anzunehmen.

Wichtig dabei ist: Change Manager können nicht die Kommunikation zum Mitarbeiter und über den Change übernehmen. Dies ist und bleibt Aufgabe der Führungskräfte, die aktiv und sichtbar zum Change kommunizieren müs-

Wo gibt es die größten Widerstände?

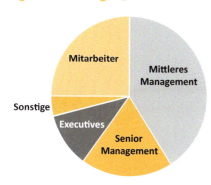

Bild 2.4 Widerstände im Unternehmen (Prosci® 2018)

sen und in der direkten Interaktion mit ihren Mitarbeitern den Change vorantreiben.

2.3.4 Unterstützung durch aktiven und sichtbaren Sponsor sichern

Zentral für den Projekterfolg ist die Unterstützung eines Sponsors oder einer Sponsorkoalition. Meistens handelt es sich hier um eine Person aus dem Kreis des Topmanagements, die das Change-Projekt tatkräftig unterstützen, Hindernisse aus dem Weg räumen und sozusagen von oben einen Schirm über das Projekt spannen sollte. Bei der Umsetzung von Change-Projekten tritt der Sponsor jedoch häufig nur beim Projektstart in Erscheinung. Aufgrund von Zeitproblemen oder plötzlicher Einbindung ins aktuelle Tagesgeschäft wird der Sponsor oft nicht genügend in den Change eingebunden und die notwendigen unterstützenden Maßnahmen bleiben aus.

Die in der Prosci®-Studie genannten typischen Fehler sind keine oder geringe Sichtbarkeit während des Projektes, die Bedeutung der menschlichen Seite bei Veränderungen wurde unterschätzt, es wurde zu wenig über die Notwendigkeit der Veränderung kommuniziert, die Sponsorenrolle wurde delegiert, der Sponsor hat nicht als Vorbild die Veränderungen in Wort und Tat umgesetzt (**Bild 2.5**).

Change Manager stehen dem Sponsor als Sparringspartner, Coach und begleitender Unterstützer zur Verfügung. Sponsoren werden in der Vorbereitung der Kommunikation, ihrer Ansprache zu ihren Mitarbeitern und in der Vorbildfunktion zum Change unterstützt. Sie machen den Sponsor sichtbar, planen die Sponsoren-Roadmap, schaffen Kommunikationsmöglichkeiten, wie z. B. Kaminabende, bereiten gemeinsam

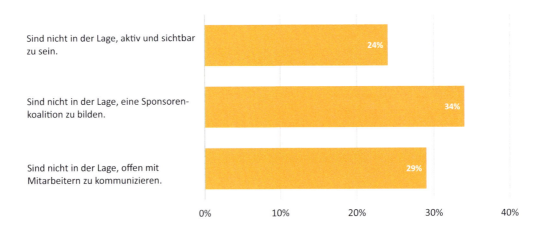

Bild 2.5 Schwierigkeiten für Manager im Change (Prosci® 2018)

mit der internen Kommunikation die angemessene Information für Mitarbeiter und Unternehmensbereiche vor.

2.3.5 Mit Widerständen umgehen

Geht es um Veränderungen in Unternehmen, konzentrieren sich die Verantwortlichen gerne auf die Inhalte. Dabei wird übersehen, dass der Erfolg des Change nicht alleine von neuen Prozessen und Strukturen abhängig ist, sondern in erster Linie von der Bereitschaft der Mitarbeiter, den Wandel mitzutragen und zu gestalten. Werden die Veränderungen intern abgelehnt, haben sie auf Dauer keine Chance.

Die Gründe für eine Ablehnung sind dabei vielfältig und beschränken sich keineswegs auf fachliche oder organisatorische Bedenken. Oft geht es um ganz persönliche Aspekte. Denn jede Art von Veränderung schafft Unsicherheit und ruft Widerstand hervor – dies ist ein natürliches

Phänomen, mit dem jedes Unternehmen zu kämpfen hat. Umso wichtiger ist die emotionale Begleitung der Widerstände, um eine neue Vertrauens- und Arbeitskultur zu schaffen.

Was viele dabei übersehen: Selbst kleinste Veränderungen können innere Widerstände erzeugen. Beispielsweise, wenn sie Abläufe betreffen, die zur täglichen Routine geworden sind. Trotz scheinbarer Zustimmung verweigern die Mitarbeiter die Umsetzung. Sie konzentrieren sich stattdessen auf Schuldzuweisungen, vermeiden lösungsorientierte Diskussionen und gehen Konflikten aus dem Weg.

Diese Widerstände haben durchaus Vorteile: Sie schützen das Unternehmen davor, sich zu überfordern, und bringen es dazu, die Veränderungen in einem angemessenen Tempo umzusetzen. Damit gewährleisten sie die Überlebensfähigkeit des Unternehmens. Zudem geben die Widerstände Aufschluss über die Bedürfnisse und Bedenken der Mitarbeiter. Dies können Führungskräfte entsprechend nutzen, um Ängste auszuräumen und Entwicklungsmöglichkeiten für Mitarbeiter anzustoßen.

Es geht aber auch darum, die Widerstände abzubauen und durch die Bereitschaft zu ersetzen, die angestrebten Veränderungen umzusetzen und die Fähigkeit, mit Wandel umzugehen, weiter auszubauen. Hierbei unterstützt Change Management das Monitoring des Change-Zustands für ein Projekt bzw. ein Veränderungsvorhaben auf der menschlichen Seite.

Dabei können Führungskräfte sukzessive die Veränderungsbereitschaft bei den Mitarbeitern fördern, indem sie sich mit den Gründen für den Widerstand auseinandersetzen. Diese könnten beispielsweise in einem mangelnden Verständnis für die Wichtigkeit des Change liegen, in mangelnder Transparenz, der fehlenden Identifikation mit den Veränderungen oder auch in der Angst vor Machtverlust. Diese Gründe gilt es zu erforschen und ihnen kommunikativ entgegenzutreten.

Jedem sollte klar sein, dass Widerstände bei Veränderungen normal sind. Daher werden im Change Management schon früh Maßnahmen geplant, um diese möglichst zu minimieren.

Jedoch braucht es für Führungskräfte auch unterstützende Taktiken (siehe **Bild 2.6**), um mit dem direkten Widerstand der Mitarbeiter umzugehen, und Wissen über persönliche psychologische Veränderungsprozesse. Auch hier unterstützt der Change Manager, bereitet schwierige Gespräche vor, überlegt Taktiken mit der Füh-

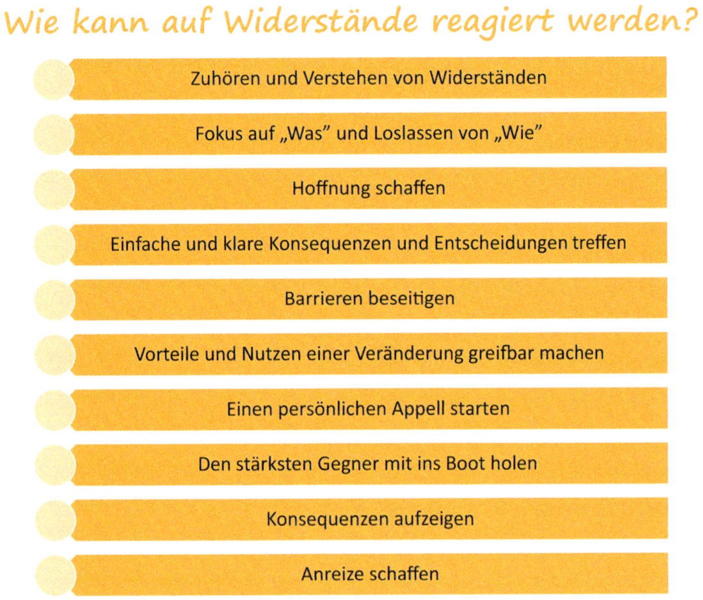

Wie kann auf Widerstände reagiert werden?

- Zuhören und Verstehen von Widerständen
- Fokus auf „Was" und Loslassen von „Wie"
- Hoffnung schaffen
- Einfache und klare Konsequenzen und Entscheidungen treffen
- Barrieren beseitigen
- Vorteile und Nutzen einer Veränderung greifbar machen
- Einen persönlichen Appell starten
- Den stärksten Gegner mit ins Boot holen
- Konsequenzen aufzeigen
- Anreize schaffen

Bild 2.6 Zehn Taktiken für Führungskräfte, um mit Widerständen umzugehen

rungskraft, um aktiv auf Widerstände einzugehen.

Change Manager setzen, um den Status der Veränderungsbereitschaft bei Mitarbeitern zu erfassen und zu begleiten, auf verschiedene Change-Statuskonzepte wie das Konzept nach Lewin, das Tal der Tränen nach Kübler-Ross, das 8-Stufen-Modell von Kotter oder das ADKAR®-Modell von Prosci®. ADKAR® steht für den individuellen Change-Zustand:

- **A**wareness: Das Bewusstsein für die Veränderungsnotwendigkeit.
- **D**esire: Der Wunsch, an der Veränderung teilzunehmen und diese zu unterstützen.
- **K**nowledge: Das erforderliche Wissen, wie der Wechsel angegangen und realisiert werden soll.
- **A**bility: Das Können sowie die benötigten Fähigkeiten und Verhaltensweisen.
- **R**einforcement: Die Verankerung, um den Änderungen Nachhaltigkeit zu verleihen.

So stehen Führungskräfte und Change Manager z. B. nach dem ADKAR®-Modell konkret vor der Aufgabe, bei allen Beteiligten zunächst das Bewusstsein für die Notwendigkeit zur Veränderung zu wecken. Dies geht mit einer entsprechenden Informationsvermittlung einher. Betroffene müssen u. a. verstehen, weshalb die Veränderung gerade jetzt notwendig ist und was es bedeuten würde, sie nicht durchzuführen. Noch wichtiger ist jedoch die Frage, was der Change für den jeweiligen Mitarbeiter bedeutet. Um hier die Notwendigkeit zur Veränderung zu verstehen, muss eine individuelle Problemwahrnehmung geschaffen werden. Dies wird nur dann gelingen, wenn die Information glaubhaft vom richtigen Sender (siehe auch **Bild 2.3**) transportiert wird. Mögliche Informationen aus zweiter oder dritter Hand müssen bei Bedarf widerlegt werden können.

Die Notwendigkeit zur Veränderung zu verstehen bedeutet noch nicht, sich auch wirklich zu verändern – ein Phänomen, das wir alle aus unserem Alltag kennen. Deshalb müssen Change Manager die Bereitschaft der Mitarbeiter aktiv unterstützen – u. a. durch entsprechende organisatorische Rahmenbedingungen und individuelle Unterstützung.

Im nächsten Schritt sollten die Mitarbeiter dazu gebracht werden, sich aktiv in den Veränderungsprozess einbringen zu wollen (**Bild 2.7**). Auch hierzu müssen die Mitarbeiter motiviert werden – beispielsweise durch eine persönliche Ansprache, durch Umfragen dazu, worauf sie bei der Veränderung bestimmter Bereiche Wert legen, und vieles mehr.

Damit die Bereitschaft, sich einzubringen, auch umgesetzt werden kann, müssen die Mitarbeiter die entsprechenden Fähigkeiten mitbringen. Dabei geht es zum einen um das Know-how, aber auch um Rahmenbedingungen (zeitliche Fähigkeiten und Ressourcen). So können ohne Budget keine Investitionen getätigt werden – als Folge können Ideen nicht umgesetzt werden und es kann zu Frustration kommen.

Sind Fähigkeiten und Rahmenbedingungen vorhanden und bringen sich die Mitarbeiter aktiv ein, müssen die Veränderungen im Unternehmen verankert werden. Dies ist – wie auch bei den persönlichen Veränderungen – vor allem durch Wiederholung und Unterstützung möglich. Eine wichtige Unterstützung ist dabei die Belohnung, die sich an den individuellen Bedürfnissen und Werten des Einzelnen orientieren sollte. Zudem sollte berücksichtigt werden, dass Change-Prozesse nicht von heute auf morgen stattfinden – sie benötigen Zeit und Vertrauen. Negative Konsequenzen bei einem zeitweiligen Rückfall in alte Gewohnheiten sind deshalb nicht der richtige Weg.

2.4 Vorgehen im Change Management

Der Impuls zur Veränderung muss vom Management ausgehen. Auch das Zielbild muss vom

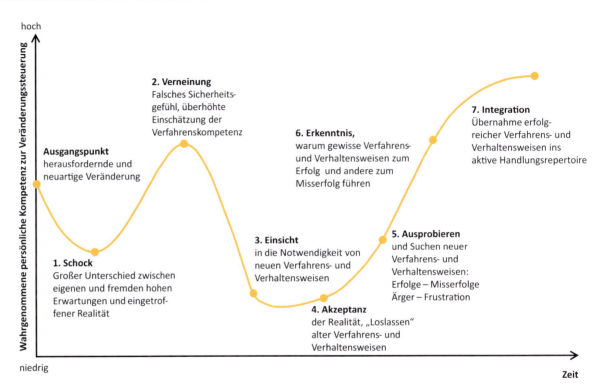

Bild 2.7 Individuelle Change-Management-Kurve nach Kübler-Ross und Streich

Management formuliert werden. Der Change Manager erarbeitet dann im möglichst frühen Stadium des Projektes gemeinsam mit dem HR-Bereich, der internen und externen Kommunikation sowie mit dem Projektsponsor und Projektleiter die notwendigen Maßnahmen.

Der Change Manager (**Bild 2.8**) koordiniert die Maßnahmen, um einzelne Mitarbeiter, Führungskräfte und die Organisation durch die Veränderung zu führen. Zusätzlich koordiniert der Change Manager Workshops, coacht und begleitet als Sparringspartner direkte Führungskräfte in der Kommunikation mit den jeweilgen Mitarbeitern. Außerdem sorgt der Change Manager in Abstimmung mit dem internen Ausbildungsbereich für die notwendige rollenspezifische Ausbildung der am Change betroffenen Führungskräfte und Mitarbeiter.

Der Change-Management-Prozess ist ein Vorgehensprozess ähnlich einem strukturierten Projektmanagement:
- Change vorbereiten,
- Change planen und managen,
- Change verstärken.

Zentral bei der Vorbereitung ist die Entwicklung einer maßgeschneiderten und skalierbaren Strategie für eine unterstützende Sponsorship- und Teamstruktur. Es wird die Change-Management-Strategie definiert, eine Impact- und Risikoanalyse durchgeführt, das Change-Manager-Team vorbereitet und gegebenenfalls auch in verschiedenen Kompetenzen geschult (siehe **Bild 2.8**) und die Sponsorenkoalition gebildet, die den Change als Führungskraft unterstützt.

Ein effektives Change Management greift auf verschiedenste Methoden und Modell zurück. So hilft z. B. eine Kompetenzanalyse, festzustellen, wie die Mitarbeiterpersönlichkeiten sind und welche versteckten Potenziale in Mitarbeitern

Kernkompetenzen
Widerstandsmanagement
CM-Methoden
Organisationale Diagnostik
Kommunikation, Präsentation, Moderation
Konfliktmanagement, Mediation
Systemisches Verständnis

Zusätzliche Kompetenzen
Workshops, Trainings
Business-Modelle
Projektmanagement (agile, klassisch …)

Change Manager Mindset
Netzwerken
Hohe Selbstreflektion
Veränderungsbereitschaft
Holistisches Business-Denken

Bild 2.8 Kompetenzen eines Change Managers

vorhanden sind. Das Dialogbild schafft im Team Klarheit über die Notwendigkeit der Veränderung der Prozesse. In der Zukunftswerkstatt erarbeitet ein Team von Change Agents von 40 Mitarbeitern ein neues Zielbild und die notwendigen Maßnahmen. Gleichzeitig wird ein hohes Maß an Umsetzungsfreude aufgebaut und entwickelt, die Change Agents werden zu Motivationsträgern und Beteiligten.

Radical Collaboration gibt den Start in eine neue Veränderungs- und Kommunikationskultur, ADKAR® stellt den individuellen Veränderungsstatus jedes Einzelnen als auch einer Abteilung dar, kollegiale Beratung unterstützt durch die Methodik, sich gegenseitig bei Problemsituationen zu unterstützen. Assessments helfen, das Risiko des Projektes einzuschätzen und die Change-Kompetenz von Führungskräften zu analysieren, um darauf aufbauend Maßnahmen zu planen.

Je nach Komplexität, Risikoeinschätzung sowie Vorerfahrung der Organisation zu Changes und einer Bedarfsanalyse werden die konkreten Maßnahmen ausgewählt. **Bild 2.9** zeigt die einzelnen Bausteine im Überblick.

 Die wichtigsten Punkte in Kürze

Change Management ist sowohl für die Organisation und deren Führungskräfte als auch für die Mitarbeiter eine Herausforderung.

Change Management ist
- Wissen darüber, warum verändert werden soll,
- Management der Widerstände gegen die Veränderung,
- Wissen über persönliche psychologische Veränderungsprozesse,
- Kommunikation und eine neue Führungskompetenz,
- eine strategische Unternehmensdisziplin.

Dies umso mehr vor dem Hintergrund, dass sich ein echter Change oft nicht planen lässt. Umso wichtiger ist es für den Erfolg der Change-Prozesse, dass Mitarbeiter auf die Veränderungen vorbereitet werden und eine entsprechende Unterstützung in Form von Qualifizierung, Lern- und Arbeitsumgebungen und Empowerment erhalten.

2.4 Vorgehen im Change Management

Methoden und Modelle im Change Management

Change Maturity		Leadership	Change Enablement	Improvement for Change Leaders	Sparring & Coaching
Change Health Check [8] Project Change Triangle [8] Risikoanalyse Why-Change Management-WS Change Bedarfsanalyse WS		Leadership	Prozesse aufbrechen [1] Momentum to Change [1] Kultur Change Workshops [2] Rollen im Change Change Vision [3]	Sponsorenkoalition Führen im Change [9] • Managerprogramm, CLARK [8] • Sponsoren-Briefing [8] • Kommunikation im Change [9] • Supportive Management [10]	Laufendes Coaching des Leaderships in der Rolle als Change Leader und Vorbildfunktion für den Change, Teambuilding [9] Kollegiale Beratung [5], Feedback [6] Persönlichkeitscoaching [9]
		Change Management	**Change vorbereiten** Impact-Analyse [8] KPIs definieren People-Competence-Analyse [4]	**Change managen [8]** Change-Kommunikation Sponsoren-Roadmap [8] Widerstandsmanagement [8] ADKAR-Analyse [8] E-learning CM, ADKAR for employees [8]	**Change verstärken [8]** Erfolge feiern Laufende flexible Anpassungen Laufende Erfolgsmessungen [7]

Eingesetzte Methoden (Beispiele)

1) Dialogbild; Die Zukunftswerkstatt
2) Radical Collaboration
3) Design Thinking, BMO
4) Insights (DISG), Key4You
5) Kollegiale Beratung
6) Feedback als Methode
7) Celkee
8) ADKAR / Prosci
9) Tiba Management Coaching
10) Tiba Supportive Management

Bild 2.9 Bausteine erfolgreicher Projekte und Programme im Change Management

2.5 Literatur

Doppler, Klaus; Lauterburg, Christoph: *Change Management. Den Unternehmenswandel gestalten.* Campus Verlag, Frankfurt am Main 2014

Hiatt, Jeffrey: *ADKAR: A Model for Change in Business, Government and Our Community* Prosci® Learning Center Publications, Fort Collins 2006

Hiatt, Jeffrey; Creasy, Timothy J.: *Change Management. The People Side of Change.* Prosci® Learning Center Publications, Fort Collins 2012

Höfler, Manfred et al.: *Aventure Change Management. Practical tips for all those who want to make a difference.* Frankfurter Allgemeine Buch, Frankfurt am Main 2018

Kotter, John P.: *Leading Change. Wie Sie Ihr Unternehmen in acht Schritten erfolgreich verändern.* Verlag Franz Vahlen, München 2011

Prosci®: *Best Practices in Change Management – 2018 Edition.* Prosci Inc., Fort Collins/USA 2018

Tamm, James W.; Luyet, Ronald J.: *Radical Collaboration. Five Essential Skills to Overcome Defensiveness and Build Successful Relationships.* HaperCollins Publishers, New York 2019

03 Vier zentrale Führungsaspekte

DAGMAR WÖTZEL

3.1 Grundannahmen hinterfragen und Ist-Zustand definieren

Die Entwicklungsgeschwindigkeit ist nie wieder so langsam wie heute.

Sven Göth

Welche Rolle spielen die Führungskräfte im Rahmen von Veränderungen? Dies wird derzeit heftig diskutiert: Manche Autoren fordern, dass Führungskräfte sich ganz raushalten sollen im Change und maximal Rahmenbedingungen setzen, andere fordern hingegen eine aktive Rolle der Führungskräfte für den Erfolg im Change.

Das Ziel dieses Kapitels ist es, Ihnen Perspektiven für Ihre Entscheidungsfindung anzubieten, welche Rolle Sie als Führungskraft in der nächsten Veränderung Ihrer Organisation übernehmen wollen.

Ohne Anpassungsfähigkeit: »You don't stand a chance!«

Dave Marquet 2012

Die Veränderungsgeschwindigkeit und Komplexität war noch nie so hoch wie heute. Durch die Globalisierung und technologische Innovation einschließlich der Digitalisierung muss jedes Unternehmen eine Flut von Informationen schnell verarbeiten und zügig gute Antworten für den Markt und seine Kunden finden. Viele der gängigen Managementparadigmen beruhen auf der pyramidalen Hierarchie, die in den letzten 100 Jahren im Wesentlichen erfolgreich war. Auch mit neuen Arbeitsformen, unter den vielen Titeln von agil bis demokratisch, zeigen sich weiterhin oft diese Grundannahmen.

Der erste Schritt sind eine Reflexion dieser Grundannahmen und die Frage: Wo steht meine Organisation heute – vor der Veränderung, für die ich meine Beteiligung definieren möchte?

Das lange Zeit etablierte und in vielen Fällen weiterhin erfolgreiche Modell der pyramidalen Hierarchie ist auf höchste Effizienz ausgelegt. Es wurde entwickelt, angefangen mit F. W. Taylor, um auf Basis exklusiver Informationen in einem kleinen Kreis von Experten und Unternehmensleitern kluge Strategien zu entwickeln, die dann durch die untergeordneten Führungskräfte und Mitarbeiter umgesetzt werden. Dieses Modell funktioniert einigermaßen erfolgreich in stabilen Märkten, in denen die Herstellung von Produkten schnell und effizient skaliert werden soll. Worauf dieses Modell nur sehr wenige Antworten hat, ist der Umgang mit der VUCA-Welt (volatil, unsicher, komplex, ambig oder mehrdeutig) (Morieux 2018).

Zusätzlich zur steigenden Komplexität und dem Anstieg der Veränderungsgeschwindigkeit hebt die Digitalisierung mit dem Zugang zu einer unglaublichen Menge an Informationen ein Grundprinzip der pyramidalen Hierarchie auf: Es gibt kaum noch exklusiven Zugang zu kritischen Informationen. Jeder, der einen PC, Tablet oder Smartphone hat und im Internet recherchiert, kann zumindest in groben Zügen Entwicklungen überall in der Welt erkennen. Und was sich so nicht erkennen lässt, kann auch durch geheime Informationen der Experten kaum vorhergesagt werden, wie z. B. die Fridays-for-Future-Aktionen oder die Entwicklungen im Handelsstreit zwischen den USA und China (im Jahr 2019). Damit entfällt für viele Themen die bislang notwendige Vorgehensweise, exklusive Information geheim zu halten, weil dadurch dem Wettbewerb gegenüber ein Vorteil entsteht.

Eine Strategie zu beraten, zu beschließen, einen Plan für die Umsetzung zu entwickeln und diesen dann durch andere in der Organisation umsetzen zu lassen, dauert heute oft zu lang im Vergleich zur Veränderungsgeschwindigkeit im Markt. Wie viele wissenschaftliche Untersuchungen gezeigt haben, kommt in einer komplexen Welt eine große Gruppe engagierter Menschen immer schneller zu besseren Ergebnissen als eine kleine Gruppe Experten (Brynjolfsson

2014). Insbesondere werden in der pyramidalen Hierarchie die Erkenntnisse der Mitarbeiter im direkten Kontakt mit den Kunden nicht ausreichend genutzt, da es wenig oder keinen direkten Kontakt der Entscheider mit diesen Mitarbeitern gibt. Auf dem Weg der Information vom Mitarbeiter zum Vorstand entstehen Flüsterposteffekte, bei denen die Vielschichtigkeit der effizienten Darstellung in PowerPoint als Entscheidungsgrundlage geopfert wird.

Wie eine zunehmende Anzahl von Beispielen zeigt, können Organisationen sich auf ein hohes Maß an Flexibilität ausrichten, wenn sie einige der Elemente einer pyramidalen Hierarchie über Bord werfen – plakativ dargestellt: die Pyramide auf den Kopf stellen (**Bild 3.1**).

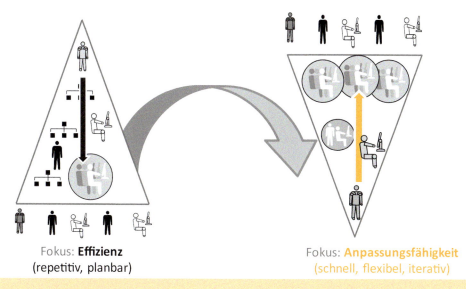

Bild 3.1 Volatile Rahmenbedingungen erfordern einen Paradigmenwechsel

In einer solchen Organisation liegt der Fokus auf der direkten Interaktion mit dem Kunden. Die Teams sind interdisziplinär zusammengesetzt und werden von den internen Teams unterstützt. Viele strategische Teilentscheidungen werden an der Kundenschnittstelle getroffen, und ein hoher Anteil der Arbeit wird selbstorganisiert durchgeführt.

Dadurch verändert sich die Rolle der Führungskräfte ganz erheblich. Statt auf Basis der exklusiven Information eine strategische Entscheidung zu treffen und zu kommunizieren sowie die Regeln in der Organisation zu definieren und durchzusetzen, ist es jetzt ihre Aufgabe, den Rahmen für die Mitarbeiter zu gestalten und die Richtung zu halten. Das ist für viele Führungskräfte wie auch die Mitarbeiter ein erheblicher Veränderungsaufwand – der sich in den meisten Fällen lohnt. Denn so schwierig die Komplexität das Geschäft macht, so viele große Chancen auf neue Geschäftsmöglichkeiten ergeben sich dadurch (Morieux 2018).

Die Menschen entwickeln ihre Arbeitsmodelle und Haltungen kontinuierlich weiter. Frederic Laloux hat die Paradigmen knapp zusammengefasst und kommt zu dem Schluss, dass sich die Organisation immer nur so weit in ihrer Weltsicht entwickeln kann, wie es das Führungsteam und der CEO können (Laloux, Pos. 4.908, Kindle Edition, 2014).

Entsprechend der Art, wie die Organisation arbeitet, werden auch Veränderungsvorhaben gestaltet. Je nachdem, welche Grundannahmen vorherrschen, liegt die Umsetzung zwischen »Diagnostic Change« und »Dialogic Change«:

- **Diagnostic:** Das Ziel wird definiert und ein Projektleiter ausgewählt, es folgt Analyse des Ist-Zustands und Definition des Soll-Zustands, Projektauftrag zur Umsetzung, regelmäßige Berichterstattung; Führungskräfte beteiligen sich über Kommunikation und treten auf großen Bühnen auf, z. B. Mitarbeiterversammlungen oder Town Hall Meetings.
- **Dialogic:** Die Veränderung wird als Prozess gesehen, der mit einem Dialog über die Situation und das Ziel startet, jeder Intervention folgen eine Reflexion und die Definition der nächsten Etappe, der Dialog findet kontinuierlich in angemessenem Umfang über alle Hierarchieebenen hinweg statt, die Führungskräfte tragen mit ihrer Perspektive und ihrem Wissen zu der Veränderung bei.

Je nach der Überzeugung und Weltsicht der Autoren liegen die Empfehlungen mehr beim Diagnostic oder mehr beim Dialogic Change. So kommen diese vielfältigen und sehr unterschiedlich geprägten Empfehlungen zustande, auf welche Art eine Führungskraft sich in die Veränderung einbringen sollte oder eben auch nicht.

Die Anzahl der Paradigmen, wie Organisationen gestaltet werden und Menschen zusammenarbeiten, steigt. Damit steigt auch die Anzahl der Annahmen und unterschiedlichen Ansichten, wie Führungskräfte sich in den Organisationen verhalten sollten, auch in Veränderungen.

Die Antwort ist nicht die Suche nach Richtig oder Falsch, sondern nach dem Verständnis für die Organisation und das Veränderungsvorhaben, um das dazu passende Führungsverhalten zu erkennen.

Es gibt kein »Richtig oder Falsch« mehr. Die Herausforderungen werden komplexer und vielschichtiger, und so entwickeln sich auch die Lösungsansätze. Eine Sowohl-als-auch-Haltung erlaubt viele Lösungsansätze für die Frage: »Was ist genau jetzt für genau dieses Team mit dieser Herausforderung hilfreich?«

Reflexionsfragen

Wo steht meine Organisation?

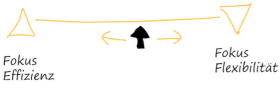

Bild 3.2 Grundparadigmen einer Organisation

Nach welchem Grundparadigma ist Ihre Organisation heute aufgebaut (**Bild 3.2**)? Gibt es eine klare Dominanz oder sind beide Paradigmen annähernd gleichwertig beobachtbar?

_____

_____

_____

Bild 3.3 Fünf wesentliche Zustände eines Marktes (Snowden und Boone 2007)

Wie »VUCA« ist Ihr Markt? Snowden und Boone beschreiben im Cynefin-Rahmen fünf wesentliche Zustände (**Bild 3.3**) – wo stehen Sie mit Ihren wesentlichen Märkten?

_____

_____

_____

3.2 Aktuelles Führungsverhalten analysieren und für den Change notwendiges Verhalten ableiten

Stacey directly challenges the dominant managerial discourse — the belief that leaders can provide visions and plans that can be executed — by describing how that narrative does not match people's actual experience …

Bushe und Marshak 2015

Die meisten Führungskräfte sind mit einem Fokus auf ihren eigenen Führungsstil in die Verantwortung hineingewachsen. Funktioniert eine Organisation nicht wie gewünscht, wird die »Maschine« (Laloux, 2014) aufgeschraubt, werden die Rädchen und Prozesse nach den Wünschen oder zur Umsetzung der Ziele der Leitung geändert, die Rädchen, auch bekannt als Mitarbeitende, anders positioniert, und dann wird die Maschine wieder zugeschraubt. Und nur wenn alle Mitarbeitenden die Regeln und ihren Auftrag wie geplant umsetzen, läuft das Geschäft perfekt.

Das hat schon bei Henry Ford nicht funktioniert, der gesagt haben soll: »Warum bekomme ich jedes Mal, wenn ich ein Paar Hände brauche, ein Paar Hände mit einem Hirn dazwischen?« Aus der heutigen Sicht wollte er vermutlich keine Mitarbeiter, sondern Roboter und KI – auch wenn er zu seiner Zeit danach noch nicht fragen konnte (Wötzel 2017).

Fords Satz drückt das Dilemma aus: Menschen müssen verstehen, warum sie welche Leistung erbringen, um ihre volle Leistungskraft und Kreativität zu entfalten. Weniger genügt nicht, um in komplexen und schnelllebigen Märkten erfolgreich zu sein, für alles andere können heute tatsächlich Roboter und KI eingesetzt werden.

In diesem Prozess des Verstehens und für sich einen Sinn und den eigenen Beitrag zu finden, spielt die Führungskraft eine wichtige Rolle. Allerdings geht es im Führungsstil nicht darum, was am besten zur Persönlichkeit des Führenden passt. Vielmehr ist es von zentraler Bedeutung, was die Mitarbeitenden in ihrer Situation an Führung brauchen, um die Leistung zu erbringen.

Eine Führungskraft vereint häufig mehrere Erwartungshaltungen an Führung in sich:
- Zuverlässige und planbare Wertschöpfung mit hoher Effizienz durchführen.
- Neue Lösungen für komplexe Probleme finden und daraus Geschäft entwickeln.
- Fürsorge für Mitarbeitende in ihrer persönlichen Lebenssituation.
- Experte in einem oder mehreren Fachgebieten: ein Könner.
- Einhaltung der Vorgaben und Regeln gemäß den Compliance-Standards.

Eine besondere Führungsrolle kommt der Unternehmensleitung zu, in jeder Organisationsform. Die Erwartungen an die CxO und deren Beitrag unterscheiden sich allerdings je nach Paradigma erheblich.

Auch hier gilt: Je schneller der Markt und je komplexer die Wertschöpfung wird, desto vielschichtiger wird die Führungsrolle.

> Der zweite Schritt ist die Reflexion, welche Aspekte von Führung heute in der Organisation präsent sind – und in meiner Führungsaufgabe – und welche die Veränderung benötigen wird (**Bild 3.4**).

Jede Organisation hat zu jeder Zeit drei Strukturen (Pfläging/Hermann 2015):
- **Informell:** Die Beziehungen, die Mitarbeitende haben; je mehr und je tragfähiger diese Beziehungen sind, desto mehr Einfluss hat die Person.
- **Formell:** Das Org.Chart mit den Positionen und Rollen, der Zuordnung der Mitarbeitenden und Verantwortung für Compliance-Rollen, wie z. B. Produktsicherheit; Einfluss und Macht hängen von der Position im Org.Chart ab.
- **Wertschöpfung:** Die Art, wie Wert für den Kunden erzeugt wird und die Ziele der Organisation erreicht werden; Einfluss hat, wer etwas kann – also wem die anderen Mitarbeitenden zutrauen, für die Herausforderung eine passende Lösung zu finden.

John Kotter beschreibt die Entwicklungszustände einer Organisation von der Gründung als Start-up – und auch unsere heutigen großen und langjährig erfolgreichen Organisationen waren mal ein Start-up – bis zur etablierten Hierarchie. Dabei stellt er fest, dass es relativ am Anfang einen Zustand gibt, in dem die Firmen höchst erfolgreich und produktiv sind: wenn das agile Netzwerk des Start-ups auf eine smarte Hierarchie trifft (Kotter 2014). Dieser Zustand führt auch zu Begriffen wie Ambidextrie, beidhändig führen oder Kotters »Dual Operating System«. Gemeint ist, dass eine Führungskraft sowohl Manager als auch Leader sein können muss, je nachdem was das Team braucht.

Das Problem ist dabei nicht die Hierarchie. Sie ist das älteste Organisationsprinzip der Welt. Schwierig wird es, wenn die Organisation einen hohen Veränderungsdruck hat und sich in der Wertschöpfung schnell anpassen muss, während der Fokus und die Macht in der formellen Struktur liegen. Dadurch entsteht die Tendenz, die Hierarchie in den Org.boxen zu zementieren. Jedes Mal, wenn Wertschöpfung sich ändern soll – egal ob durch das Entwickeln neuer Geschäftsmöglichkeiten oder das effiziente Ausschöpfen bekannter Märkte –, wird das formelle Org.Chart geändert. Das dauert erfahrungsgemäß zwölf bis 18 Monate. Hierbei geht das schnelle und co-kreative Arbeiten verloren und die Veränderung wirkt mühsam und langwierig (Wötzel 2017).

Jede Führungskraft kann alle diese Aspekte in die Führungsarbeit einbringen oder wird durch die Definition ihrer Rolle gefordert, das zu tun. Dabei entstehen zwischen den einzelnen Aspekten häufig Konflikte, die eine gute Leistung in jedem Teilaspekt unmöglich machen. Bei steigender Komplexität und Veränderungsgeschwindigkeit sind viele Führungskräfte dadurch überfordert und konzentrieren sich auf das, was sie am meisten geübt haben: das Managen von zuverlässiger Leistung über »Command and Control«.

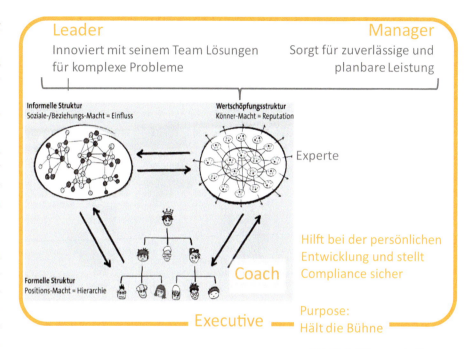

Bild 3.4 Führungskräfte müssen eine hohe Komplexität und unterschiedliche Erwartungen erfüllen

So wie in der laufenden Arbeit können sich Führungskräfte auch in Veränderungen mit jedem der beschriebenen Aspekte einbringen. Was benötigt wird, hängt vom Zustand der Organisation und des Marktes ab.

So reduziert wie die umgedrehte Pyramide zu Beginn lassen sich die Extreme oder Pole beschreiben:
- Geordnet, stabiler Markt = delegieren, Rahmen setzen und wenig direkter Beitrag (Diagnostic).
- Ungeordnet, komplex, hohe Veränderungsgeschwindigkeit = mittendrin statt nur dabei (Dialogic).

Dabei ist Führung in der Veränderung nicht notwendigerweise an die formale Führungsposition gebunden. Mitarbeitende ohne eine formale Führungsrolle können durch ihre informellen Beziehungen Einfluss nehmen oder als Könner und Experten in der Wertschöpfung eine fachliche Führungsrolle übernehmen.

> Führung in Veränderung kann
> - stabilisierend als Manager,
> - Neues erkundend als Leader,
> - fürsorglich als Coach oder
> - beitragend als Experte stattfinden.

> Dabei entsteht Führung, wenn andere folgen, was nicht unbedingt an eine formale Führungsposition gebunden ist. Welche Art der Führung zu welchem Zeitpunkt und Team passt, wird durch das Team bestimmt, nicht durch die Führungsperson.

Die informellen Führungspersonen nehmen immer Einfluss auf Veränderungsvorhaben. Die informelle Struktur kann nicht von außen gestaltet werden, da kein Mensch gezwungen werden kann, Beziehungen zu knüpfen, zu pflegen und weiterzuentwickeln. Lediglich gute Gelegenheiten kann die Organisation dafür zur Verfügung stellen, wie Treffen, Kongresse, gemischte Trainingsgruppen oder Job Shadowing, Mentoring und internes Coaching.

Informelle Führungspersonen werden in pyramidalen Hierarchien oft als Quertreiber oder anstrengend empfunden. Aus der praktischen Erfahrung stellen sie eine großartige Ressource für ein Veränderungsvorhaben dar, auch wenn es gelegentlich sehr herausfordernd ist, sie gut in den Prozess einzubinden.

Reflexionsfragen

Welche Aspekte der Führung gehören heute zu Ihren Führungsaufgaben?

_____

_____

_____

Wie viel Übung haben Sie in den verschiedenen Aspekten?

_____

_____

_____

Gibt es informelle Führungspersonen, die in Ihrer Organisation durch Beziehungen oder als anerkannte Experten in Veränderungen Führung übernehmen?

_____

_____

_____

3.3 Eigene Lernziele definieren

Im Moment sind oft die Mitarbeitenden in ihrer Entwicklung zu neuen Arbeitsformen weiter als die Führungskräfte, da sie in Projekten oder Arbeitsabläufen mit vielen modernen Organisationsmethoden wie Lean oder Agil Erfahrungen sammeln können. Insbesondere obere Führungskräfte und CxO haben oft wenig Zeit und Gelegenheit, persönlich solche Erfahrungen zu machen. Dadurch verändert sich die Kultur – die »So machen wir das hier«-Geschichten in der Organisation –, aber nicht die Art der Führung. Das führt zunehmend zu Spannungen, die im bestem Fall zu neuen Dialogen führen und im schlimmsten Fall zur Kündigung der veränderungsaffinen Mitarbeitenden. Damit verliert die Organisation wesentliche Innovationstreiber und Promotoren der Veränderung.

Der eher versteckte Teil der Entscheidung, wie eine Führungsperson sich selbst in eine Veränderung einbringt, ist die Frage nach der eigenen Weiterentwicklung. Je komplexer und tiefgreifender die Veränderung ist, desto wichtiger ist es, sich auch selbst als Person Lern- und Beteiligungsmöglichkeiten einzuräumen. Sonst passt das eigene Führungsverhalten am Ende nicht mehr zum »Neuen Normal« der Organisation. Das führt entweder dazu, dass die Mitarbeitenden frustriert werden oder die Führungskraft die Organisation verlässt.

 Der dritte Schritt ist die Reflexion, was ich selbst als Person in und durch die Veränderung lernen möchte.

Selbstorganisation eignet sich dafür gut als Beispiel. Selbstorganisation ist genau das: selbst organisiert. Auch wenn es mittlerweile viele Methoden und Ansätze gibt, geht es nicht darum, die Methode zu lernen und dann anzuwenden.

Finden Sie den Fehler in dieser Geschichte: *Eine Führungskraft setzt sich mit neuen Arbeitsformen auseinander und ist begeistert von der Leistung, die entsteht, wenn Mitarbeitende selbst organisiert arbeiten. Sie holt ein Team zusammen und sagt: »Ich habe beschlossen, dass wir in Zukunft selbst organisiert arbeiten.«*

So oder ähnlich beginnen viele Veränderungsprojekte im Moment. Viele Probleme sehen plötzlich wie ein Nagel aus, wenn jemand einen Hammer in der Hand hält – oder eben eine der angebotenen Methoden kennt oder ein Berater ein cooles Beratungsprojekt verkauft.

In einem Werk wird für ein Produkt, das wieder selbst gefertigt werden soll, eine Halle und Produktion aufgebaut. Statt mit Beratern laden die Projektleiter die zukünftigen Fertigungsmitarbeiter ein, die Fertigung gemeinsam zu gestalten. Sie legen den Wertstrom fest, suchen Maschinen aus und entscheiden selbst, wie sich die einzelnen Teams organisieren (Harms/Großjohann 2018). Und das ist für jedes Team unterschiedlich. In der effizienzgetriebenen pyramidalen Hierarchie undenkbar – in der Praxis sehr effektiv. Welchen Beitrag jedes Team zum reibungslosen Ablauf der Fertigung zu leisten hat, ist allen Beteiligten klar. Wie sich jedes Team organisiert, um seinen Beitrag pünktlich und fehlerfrei zu liefern, bleibt den Teams überlassen. Von außen betrachtet gibt es, neben anderen Varianten, ganz klassische Teams mit Teamleiter. Allerdings hatten alle Mitarbeitenden die Möglichkeit, sich in die Gestaltung einzubringen, und es gibt regelmäßig eine Reflexion, ob das Modell noch für alle passt und wie es weiterentwickelt werden kann. Was hier von außen pyramidal aussieht, ist innen selbst organisiert.

Es kommt also nicht darauf an, eine bestimmte Methode einzusetzen und Sprints zu machen oder holokratische Governance Meetings. Was echte Selbstorganisation ausmacht, sind der Prozess, wie das Team zur eigenen Organisation kommt, und die Frage, ob und wann alle gemeinsam über die Wirksamkeit reflektieren und daraus von allen getragene Anpassungen ableiten.

Halten Führungskräfte sich aus dem Veränderungsvorhaben heraus und delegieren es an ein noch so gutes Team, nehmen sie sich selbst die Möglichkeit der Reflexion und Erweiterung des eigenen Verhaltensrepertoires.

Wissenschaftlich gesehen braucht ein Mensch zwischen 18 und 254 Wiederholungen, bis ein neues Verhalten eine Gewohnheit ist und ohne nachzudenken und großen Aufwand abgerufen werden kann – ein »Neues Normal« (Guise 2013). So gelingt mit der Zeit die Veränderung vom klassischen CEO, der sich mit dem Führungsteam Reports ansieht und Entscheidungen trifft, zu einem Mitglied eines Sounding Boards für ein wichtiges Veränderungsvorhaben, in dem alle ihre spezielle Sicht auf die Situation, ihr Wissen und ihre vielschichtigen Erfahrungen einbringen und Teil eines kreativen Dialogs sind. Es gibt kein Entweder-oder, sondern ein Sowohl-als-auch: Der Executive beherrscht beide Rollen und kann sich situativ anders einbringen.

Auch hier gilt wieder: Je disruptiver die Veränderung, desto wichtiger ist die Beteiligung.

Was in einem Veränderungsprozess passiert, welches Verhalten aller Beteiligten hilfreich für ein gutes Ergebnis ist oder hinderlich, wie der Rahmen gestaltet werden kann und welche Unterstützung einen echten Unterschied macht, kann aus keinem Report gelernt werden. **Die einzige Möglichkeit ist, es selbst zu erleben.** Je komplexer die Veränderung ist, desto wichtiger ist die Teilnahme für Führungskräfte, um im »Neuen Normal« der Organisation die eigene Führungsrolle wieder kompetent ausfüllen zu können.

In Key-Note-Vorträgen reagieren Gruppen häufig mit Lachen auf den Satz »Auch Führungskräfte sind Menschen und brauchen Zeit für Veränderung, sie müssen wie alle anderen ihr Verhalten reflektieren, sich für ein neues Verhalten entscheiden und dann oft üben, bis die Verhaltensänderung das sogenannte Neue Normal wird.« So banal der Satz klingen mag, so überraschend ist es, wie viel Zeit sich formale Führungskräfte tatsächlich nehmen, um sich selbst im Rahmen einer Veränderung weiterzuentwickeln. Meist viel zu wenig.

Reflexionsfragen

In welchem Aspekt Ihrer Führung möchten Sie neue Erfahrungen sammeln und neue Arbeitsformen erleben?

_____

_____

_____

Welchen Rahmen brauchen Sie, um sich darauf einlassen zu können?

_____

_____

_____

Wer kann wie diesen Rahmen schaffen und/oder halten?

_____

_____

_____

3.4 Anforderungen und Ansprüche in Einklang bringen

A leader is there to set the stage, not to perform on it…

Blekman und Olof 2011

Mit dem vorherrschenden Organisationsparadigma, dem Veränderungsbedarf der Organisation, den Aspekten der Führung und den persönlich angestrebten Lernpunkten der Führungskräfte lassen sich im vierten Schritt die praktischen Fragen beantworten.

> Im vierten Schritt kommen alle Aspekte zusammen: Was braucht die Organisation von mir, welche Lernpunkte möchte ich mitnehmen und wie können wir beides gut organisieren?

Die systemische Organisations- und Personalentwicklung kommt über einen tief gehenden Auftragsklärungsprozess zu den konkreten Antworten. Dabei ist die Zeit in diese Auftragsklärung wohlinvestiert – sie nimmt nur weniger als 5 % der Zeit ein und ist für den Großteil des Erfolgs wesentlich. Dabei ist die Auftragsklärung ein wertschätzender Dialog, der allen Beteiligten die Möglichkeit gibt, ihre Sicht auf die Situation zu teilen, zu einem gemeinsamen Verständnis zu kommen und gemeinsam den Zweck der Veränderung und die Rahmenbedingungen zu definieren.

Die Auftragsklärung hilft auch den Führungskräften, zu verstehen, welche Art von Führung die Organisation von ihnen braucht und welche Themen sie selbst für sich weiterentwickeln wollen, um auch für die weiterentwickelte Organisation eine kompetente und erfolgreiche Führungskraft zu sein.

Je komplexer die Veränderung, desto schwieriger ist es, im Voraus zu planen. Daher passen die Methoden aus dem agilen Arbeiten für komplexe Veränderungsvorhaben sehr gut, während komplizierte Fragestellungen über die bekannten Change-Methoden bearbeitet werden können.

Der große Vorteil davon, das Veränderungsvorhaben agil durchzuführen, ist dreigeteilt:
- Alle Beteiligten inklusive der Führungskräfte erleben neue Arbeitsformen, ohne dass es

einen direkten Einfluss auf die zuverlässige Lieferung und Leistung für die Kunden jetzt gibt.
- In komplexen Situationen ist der Plan veraltet, sobald die Tinte trocken ist, weil sich laufend Veränderungen ergeben. Die Durchführung in Sprints und Iterationen spart einen hohen Planungsaufwand.
- Der erste Schritt zum Neuen Normal gibt schon einen Vorgeschmack auf das, was sein könnte, und vertieft die Dialoge, da echte Erfahrungen vorliegen und kein Wissen aus Berichten anderer.

Bild 3.5 zeigt schematisch den Ablauf einer »Agilen Organisationsentwicklung«.

Wichtig sind die Regeln im agilen Arbeiten: Während ein Team im Sprint arbeitet, wird es nicht gestört, auch wenn es neue Erkenntnisse und Informationen gibt. Dafür ist Raum während der Retrospektive, die im Beispiel alle 30 Tage stattfindet.

»Go and See« hat sich bewährt: Die Führungskräfte nehmen an den Stand-up Meetings der Teams und den Retrospektiven in deren Räumen teil, statt sich im Vorstandszimmer Bericht erstatten zu lassen.

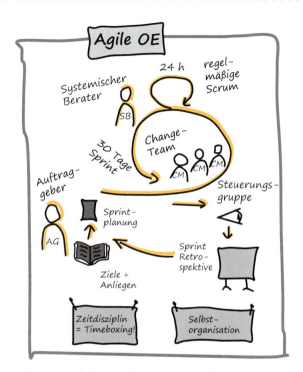

Bild 3.5 Modell der holistischen Transformation (Johannsen 2014)

Auch hier gibt es kein Richtig oder Falsch, nur mehr oder weniger wirksam oder hilfreich. Bewährt hat sich eine gute Auftragsklärung in einem offenen Dialog über das Veränderungsvorhaben und die Hoffnungen und Befürchtungen, die alle Beteiligten damit verbinden.

Je komplexer das Vorhaben ist, desto besser passt die agile Vorgehensweise für die Durchführung der Veränderung.

»You can break everything, unless it is legally required or endangering EHS.« So ein mutiger Satz des CEO, unterfüttert mit einem Rahmen für viele kleine, selbst organisierte Prototypen, schafft eine Bühne, auf der viele Beteiligte in der Organisation eingeladen sind, an der Veränderung mitzuarbeiten. Wenige Mitarbeitende fangen an, wenn es keine deutliche Einladung gibt; die meisten brauchen eine klare Aussage, dass dieser Weg und ihr Beitrag gewünscht sind.

Und dann gibt es eine Gruppe, die sich weder ohne noch mit Einladung beteiligt. Auf Basis von 30 Jahren Erfahrung ist klar, dass kaum etwas das ändern wird. Diese Gruppe wird irgendwann von begeisterten Kollegen mit guten Beispielen mitgenommen, unabhängig von den Bemühungen der Führungskräfte.

Reflexionsfragen

Ergänzend zu gutem Projektmanagement, um das Veränderungsvorhaben umzusetzen und Transparenz über die Aktivitäten und das Zusammenspiel aller Teile zu behalten, hat sich die Theatermetapher bewährt. Dabei wird Schritt für Schritt, Akt für Akt die Geschichte geschrieben, die diese Organisation gerade erlebt. Stellen Sie sich vor, Sie sind Shakespeare und sitzen vor einer weißen Wand:

Welches Stück wollen Sie aufführen?

_____

_____

_____

Wie beginnt das Stück?

_____

_____

_____

Wer spielt mit, wer schaut zu?

_____

_____

_____

Was wird auf der Bühne für alle sichtbar, was geschieht auf der Hinterbühne?

_____

_____

_____

Was ist das »Aha!«, mit dem die Menschen das Theater verlassen sollen?

_____

_____

_____

Die wichtigsten Punkte in Kürze

Es gibt kein Richtig oder Falsch als Antwort auf die Frage, wie Führungskräfte sich in Veränderungsvorhaben verhalten sollen. Daher ist die Auftragsklärung zu Beginn ein zentrales Element des Erfolgs.

Neben der Führungsleistung für die Organisation in der Veränderung beeinflusst das Bedürfnis nach der Weiterentwicklung der eigenen Fähigkeiten die Entscheidung der Führungskraft, wie sie sich in den Prozess einbringt.

Der Erfolg der Führung hängt nicht vom bevorzugten Stil der Führungskraft ab, sondern ob die Führung zu dem passt, was die Geführten brauchen.

Je mehr eigenen Gestaltungsspielraum die Mitarbeiter erhalten, desto tragfähiger wird das Ergebnis – sofern allen der Zweck der Organisation und des Veränderungsvorhabens klar ist und sie gemeinsam in der gleichen Richtung arbeiten.

The greatest danger in times of turbulence is not the turbulence – It is to act with yesterday's logic.

Peter Drucker

3.5 Literatur

Blekman, Thomas; Olof, Arthur: *Corporate effectuation. What managers should learn from entrepreneurs!* Kindle Edition. Academic Service, Den Haag 2011

Brynjolfsson, Erik; McAfee, Andrew: *The second machine age. Work, progress, and prosperity in a time of brilliant technologies*. Kindle Edition. W.W. Norton & Company, New York 2014

Bushe, G.R.; Marshak, R.J.: *Dialogic Organization Development: The Theory and Practice of Transformational Change*. Berrett-Koehler, Oakland, CA 2015

Guise, Stephen: *Mini habits. Smaller habits, bigger results*. Kindle Edition, CreateSpace Independent Publishing Platform, 2013

Harms, Robert; Großjohann, Ronny: *Gespräche zu den Erfahrungswerten beim Insourcing einer Komponente in ein Werk*. Berlin 2018

Johannsen, Jaakko: *State-of-the-Art Organisationsentwicklung. Fotoprotokoll zum Workshop mit Siemens am 25.03.2014 in München*. Herausgegeben von system worx, München 2014

Kotter, John P.: *Accelerate (»XLR8«). Building strategic agility for a faster-moving world*. Kindle Edition, Harvard Business Review Press, Boston, Mass. 2014

Laloux, Frederic: *Reinventing Organizations. A Guide to Creating Organizations Inspired by the Next Stage of Human Consciousness*. Nelson Parker, Brüssel 2014

Morieux, Yves: *Bringing Managers Back To Work*. 04.10.2018, https://www.bcg.com/de-de/publications/2018/bringing-managers-back-to-work. Abgerufen am 07.11.2021.

Pfläging, Niels; Hermann, Silke: *Komplexithoden. Clevere Wege zur (Wieder)Belebung von Unternehmen und Arbeit in Komplexität*. Kindle Edition, Redline Verlag, München 2015

Snowden, David J.; Boone, Mary E.: »A Leader's Framework for Decision Making«. *Harvard Business Review*, November 2007, https://hbr.org/2007/11/a-leaders-framework-for-decision-making. Abgerufen am 07.11.2021

Wötzel, Dagmar: *Disputation zur Doktorarbeit an der Universität Würzburg*. 2018, https://opus.bibliothek.uni-wuerzburg.de/opus4-wuerzburg/frontdoor/deliver/index/docId/17624/file/Woetzel_Dagmar_Disputation_DE.pdf. Abgerufen am 07.11.2021

Wötzel, Dagmar: *Wirksame Umsetzung strategischer Entscheidungen in profitorientierten Unternehmen*. Doktorarbeit an der Universität Würzburg, 2017, https://opus.bibliothek.uni-wuerzburg.de/frontdoor/index/index/docId/17624. Abgerufen am 07.11.2021

04 Rolle und Haltung des Change Managers – eine fast wahre Geschichte

ROSCOE ARAUJO, MICHAEL MANSS

4.1 Intern besetzen, Neueinstellung oder Beraterleistung?

 Sie haben als Führungskraft darüber nachgedacht, Change Manager einzubeziehen? Gratulation – Sie haben bereits vielen etwas voraus. Aber welche Rolle und Haltung sollten diese Personen mitbringen? Im Folgenden teilen wir aus unserer Sicht mit, worauf es ankommt: Haltung ist wichtiger als Fähigkeiten. Augenhöhe mit Entscheidern ist essenziell. Alle sind für Change Management verantwortlich.

In diesem Beitrag erfahren Sie,

- welche verschiedenen Rollen ein Change Manager im Unternehmen einnehmen kann,
- welche Kompetenzen diese Person besitzen sollte,
- welche Haltung diese Person einnehmen sollte und
- worauf Sie als Vorstand/Geschäftsführung/Führungskraft/Projektleitung achten sollten.

Alex Bauer leitet ein ca. 1000 Personen starkes Automobilzuliefererunternehmen.[1] In den letzten zehn Jahren hat es das Unternehmen mehrfach geschafft, den bisherigen Umsatz sowie Gewinn jährlich zu steigern – bis auf die letzten zwei Jahre. Umsatz und Gewinn sind nicht nur im vorletzten Jahr zum Erliegen gekommen, sondern sanken sogar leicht im letzten Jahr. Dabei ist der Markt gerade in den letzten beiden Jahren deutlich gewachsen.

Um das Unternehmen wieder auf Erfolgskurs zu bringen, hat Alex Bauer eine Unternehmensberatung beauftragt, nach einer Lösung zu suchen. Nach ein paar tiefer gehenden Analysen stellt die Beratung fest, dass der Hauptgrund für den Umsatz- und Gewinnrückgang im Verkaufsprozess bzw. im Kundenmanagement liegt. Häu-

---

1 Sowohl das Unternehmen als auch die weiteren Ausführungen sind fiktiver Natur.

fig reagiert das Unternehmen zu spät auf Kundenanfragen und verliert diese an die Konkurrenz, die wiederum in den letzten Jahren im Bereich des Kundenmanagements deutlich besser geworden ist. Eine Empfehlung der Beratung ist eine digitale Unterstützung im Kundenmanagement sowie im Verkaufsprozess – ein Customer Relationship Management (CRM) System.

Die Empfehlungen sind für Alex Bauer gut nachvollziehbar. Auch die restliche Geschäftsführung ist von dieser Idee sehr angetan. Nur hinsichtlich der Umsetzung hat Alex Bauer Bedenken – die Einführung von IT-Lösungen hat in den letzten Jahren im Unternehmen nicht so gut funktioniert. Zum einen befüllen die Mitarbeitenden die Software nicht immer mit den richtigen Daten, es werden häufig alte Excel- oder Access-Lösungen parallel verwendet. Zum anderen hat Alex Bauer auch andere Mitglieder der Geschäftsführung dabei ertappt, dass sie die alten Berichtsformate aus Excel einfordern. Insbesondere die letzte IT-Softwareeinführung hat eine Menge Geld gekostet und wird trotzdem nicht richtig genutzt. Dies erscheint nicht überraschend, schließlich gelten ca. 70 % aller Transformationen als nicht erfolgreich (vgl. Keller/Schaninger 2019).

Das hat Alex Bauer in einem Change-Leadership-Training gelernt. Es gab in diesem Training auch einige gute Hinweise, wie man es besser machen könne. Change Management sei der Schlüssel zur nachhaltigen erfolgreichen Umsetzung von Transformationen und Veränderungsprojekten. Warum also nicht das neue Veränderungsvorhaben mit Change Management begleiten? Das erscheint Alex Bauer sinnvoll – bei der Höhe der Investition für das neue CRM-System und der zu erwartenden großen Veränderung von Verhalten und Einstellung der Mitarbeitenden.

Alex Bauer entscheidet sich dafür, eine interne Ressource für das Thema Change Management aufzubauen. Zwar unterstützt die Unternehmensberatung die CRM-Einführung in die Organisation. Sie ist jedoch vor allem im analytischen und technischen Bereich sehr kompetent. Im Bereich Change Management fehlt dieser Beratung die Kompetenz. Darüber hinaus gibt es auch einige andere anstehende Veränderungen, die einer guten Change-Management-Begleitung bedürfen. Diese Aufgaben auf Dauer extern einzukaufen erscheint ökonomisch nicht sinnvoll. Daher entscheidet sich Alex Bauer dafür, eine Person für das Projekt im Bereich Change Management einzustellen.

Reflexionsfragen

Was genau wollen Sie erreichen?

_____

_____

_____

Welche Ressourcen stehen Ihnen zur Verfügung?

_____

_____

_____

Intern besetzen, Neueinstellung oder kurzfristige Beraterleistung? Was passt am besten zu Ihrem Vorhaben? Welche Vorteile und welche Nachteile sehen Sie?

_____

_____

_____

4.2 Eigenschaften, Haltung und Kompetenzen

Um eine passende Person für das Unternehmen zu finden, die sowohl die Kompetenzen als auch die richtige Haltung für die Rolle des Change Managers hat, lässt sich Alex Bauer von seiner Personalabteilung beraten. Diese hat zwar kein fertiges Kompetenzmodell für Change Management, jedoch begibt sie sich auf die Suche nach Informationen. Über den Austausch in sozialen Medien mit HR-Abteilungen anderer Unternehmen erhält die Personalabteilung eine gute Vorstellung, worauf es bei der Auswahl einer Person für das Change Management ankommt. Gemeinsam mit Alex Bauer entwickeln sie eine Stellenausschreibung. Als Anhaltspunkte dienen vor allem die folgenden, da sie sowohl die Kompetenzen und Haltung als auch Vorerfahrung eines guten Change Managers zumindest auf dem Papier abdecken:

Typische Lebenslaufelemente von Change Managern

Nicht alle Elemente müssen zu 100 % zutreffen.

- Weiterbildung in den Bereichen Coaching, Training, Mediation etc.,
- Unternehmensberatungserfahrung,
- umfassende Erfahrung in Unternehmen, d.h., versteht unternehmerische Sprache und Denkweise,
- Projektmanagementerfahrung,
- einschlägige Change-Management-Erfahrung im Unternehmen oder in der Beratung,
- (Wirtschafts-)Psychologiestudium
- …

Nach einer Vorauswahl geeigneter Personen für diese Rolle schlägt die Personalabteilung Alex Bauer u. a. Chris Köhler für ein persönliches Gespräch vor. Chris Köhler arbeitet aktuell in einer Unternehmensberatung und hat dort bereits diverse Kundenprojekte erfolgreich begleitet nach

Absolvieren eines Psychologiestudiums sowie einer Trainer- und Coaching-Ausbildung.

Alex Bauer findet das Profil sehr interessant und arrangiert ein 1,5-stündiges persönliches Gespräch. Das erste Gespräch werden die beiden zu zweit führen.

Chris Köhler kommt pünktlich und erscheint dynamisch und hellwach. Alex Bauer hat bereits den Eindruck, dass diese Person mit einer Geschäftsführung auf Augenhöhe interagieren kann. Chris Köhlers Lächeln gibt Alex Bauer ebenfalls den Eindruck, einer sympathischen Person gegenüberzusitzen. Nach kurzem Small Talk zur Anreise stellt sich Chris Köhler vor: »Mein Name ist Chris Köhler, ich bin 32 Jahre alt. Ich kann gerne gleich auf meinen Werdegang eingehen. Gerne würde ich zuvor meine drei Eigenschaften vorstellen, die mich auszeichnen. Wäre dies für Sie in Ordnung?« Alex Bauer erwidert mit einem Nicken. Chris Köhler setzt fort: »Mich kennzeichnen – wie gesagt – drei Sachen. Ich habe eine starke Fähigkeit, Personen zu begeistern – beispielsweise habe ich es in einem meiner ersten Projekte geschafft, ein aktives Netzwerk von 50 Change Managern aufzubauen, welches heute nach drei Jahren weiterhin besteht. Sicherlich hat meine zweite Eigenschaft hierzu beigetragen, dass ich ein starkes Vertrauensverhältnis zu meinem unternehmerischen Umfeld aufbauen kann – unabhängig von der Hierarchieebene. Mitarbeiter am Fließband haben sich mir anvertraut, gleichzeitig wollte die Geschäftsführung, dass ich sie auf dem Veränderungsprozess begleite und coache. Zuletzt zeichnet mich eine starke analytische Seite aus, ich liebe es, Probleme in Teile zu zerlegen und zu analysieren, um im nächsten Schritt passende Lösungen vorzuschlagen. Dies konnte ich in meiner Beratertätigkeit mehrfach unter Beweis stellen.«

Alex Bauer ist sehr positiv überrascht und freut sich auf das weitere Gespräch. Chris Köhler scheint genau die Person zu sein, die das Unternehmen gerade braucht. Anschließend stellt sich Alex Bauer vor und schildert die aktuelle Situation des Unternehmens, die Herausforderungen sowie die Idee des CRM-Systems als Lösung.

Alex Bauer fragt darauf aufbauend: »Sie kennen jetzt unsere Ausgangslage. Wie bereits bemerkt, haben wir bisher in unserem Unternehmen noch nicht so viel Erfolg mit der Implementierung von IT-Lösungen gehabt. Was könnte aus Ihrer Sicht ein Change Manager hierzu beitragen?« Darauf antwortet Chris Köhler: »Sie haben bereits richtigerweise geschildert, dass viele Veränderungsvorhaben scheitern. Dies liegt insbesondere an Folgendem: Menschen in Organisationen müssen ihr Verhalten und ihre Haltung verändern. Dies ist kein mechanischer Prozess. Vielmehr ist es ein sehr komplexes Problem, es gibt unterschiedliche, manchmal zum Teil sich widersprechende Zielsetzungen im Unternehmen, unterschiedliche Befindlichkeiten und auch ein unterschiedliches Gefühl der Dringlichkeit. Genau mit diesen Herausforderungen beschäftigt sich das Change Management. Es gibt also viele Aufgaben, die im Change Management adressiert werden sollten. Ein Change Manager sollte an erster Stelle dafür sorgen, dass die Geschäftsführung geschlossen hinter dieser Veränderung steht. Jeder kleine Riss an der Spitze resultiert in einem Krater in der Tiefe der Organisation. Mitarbeitende werden naturgemäß dazu tendieren, in verschiedene Richtungen zu ziehen. Um die Mitarbeitenden hingegen in eine Richtung zu führen, muss das Führungsteam geschlossen selbst auf die Reise gehen sowie dasselbe Zielbild verfolgen. Das ist oft bereits der erste größere Hebel für einen Change Manager.

Neben diesem gibt es drei weitere wichtige Aufgaben. Change-Architektur, Vertrauensperson und Netzwerkpflege. Die Change-Architektur und -Strategie meint: Was muss alles bei einem erfolgreichen Wandel beachtet werden? Zum Beispiel begleitende Kommunikation, Trainings, Workshops und auch die Erfolgsmessung von Change.«

Erfolg messbar machen
Völlig überrascht über den letzten Punkt springt Alex Bauer dazwischen: »Man kann den Change-Erfolg messen? Wie soll man das machen – es ist ja nicht so, dass man harte Kennzahlen dafür hat, oder? Und falls wir harte Kennzahlen heranziehen, woher wissen wir, dass die Change-Management-Maßnahmen eine Wirkung hatten und nicht irgendwelche andere Faktoren?« Chris Köhler antwortet: »Da ist zum Teil etwas Wahres dran. Wir können nicht direkt in die Köpfe der Menschen schauen und sichergehen, dass sie zu 100 % dahinterstehen. Auch können wir nicht ausschließen, dass es andere Einflussfaktoren gegeben hat. Dennoch gibt es gute Ansätze, den Erfolg von Change Management zu messen. Wenn wir eine Kombination verschiedener Indikatoren über mehrere Messzeitpunkte hinweg betrachten, können wir eine bessere Abschätzung über die Wirksamkeit des Change Management machen. Es gibt sowohl einige weiche als

auch harte Indikatoren, die uns dabei helfen. Wir können kurze Befragungen der Mitarbeitenden im monatlichen Abstand durchführen, ob sie das IT-Tool wirklich nutzen, ob ihre Vorgesetzten und anderen Mitarbeitenden das Tool nutzen, sie das Projekt insgesamt für erfolgreich halten etc. Einige Interviews können dieses Bild auch vervollständigen. Daneben kann man in diesem spezifischen Fall – der Einführung von CRM – zusätzlich härtere Kennzahlen heranziehen. Im System ist ersichtlich, wie viele Personen wie häufig das System wirklich nutzen. Gegebenenfalls könnte man auch eine Auswertung über die Qualität der eingegebenen Daten durchführen. Aus Erfahrung ist ein weiterer Indikator wertvoll, wie viele Personen noch auf die alternative Lösung zugreifen. Sie wären überrascht, wie häufig Führungskräfte auf die alten Berichtsformate bestehen und die Mitarbeitenden dazu bringen, im neuen und alten System gleichzeitig zu arbeiten. Das führt natürlich die Einführung eines neuen IT-Tools völlig ad absurdum.« Gerade der letzte Hinweis lässt Alex Bauer innerlich heftig nicken, denn die anderen Mitglieder der Geschäftsführung haben in der Vergangenheit ja auch bei der Einführung neuer IT-Tools die alten Excel-Berichtsformate eingefordert.

Alex Bauer bittet Chris Köhler, fortzufahren mit der Antwort zu den verschiedenen Aufgaben und Rollen eines Change Managers.

Chris Köhler fährt fort: »Ich halte viel von ZDF im Change Management – damit ist nicht das Zweite Deutsche Fernsehen gemeint, sondern Zahlen, Daten und Fakten. Schließlich haben wir es mit einer komplexen Organisation zu tun. Man weiß leider nie so genau, ob eine Maßnahme tatsächlich auch die beabsichtigte Wirkung haben wird, wenn insbesondere Menschen in Organisationen betroffen sind. Hierfür braucht man ein systemisches Verständnis (vgl. König/Volmer 2018; Hehn/Cornelissen/Braun 2015). Man kann sich das Ganze vereinfacht wie ein Mobile vorstellen. Wenn ich an einem Ende ziehe, gibt es viele Gegenbewegungen und Schwingungen im Mobile. Physikalisch kann man dies beim Mobile einigermaßen nachvollziehen und vorhersagen, bei menschlichen Systemen ist es leider noch ein Stück weit komplexer und unvorhersehbarer. Wenn ich eine Maßnahme umsetze, bin ich gezwungen, die Auswirkungen in Erfahrung zu bringen bzw. zu messen. Eventuelle Nebenwirkungen muss man dann adressieren und gegebenenfalls die nächsten Maßnahmen umsetzen.

Vertrauen aufbauen und Netzwerkpflege

Die nächste Aufgabe des Change Managers ist daher zentral. Die der Vertrauensperson. Es geht um die Nähe zur Organisation. Im Change Management gibt es verschiedene Workshops und Trainings, die man moderieren kann. Man fungiert hier häufig als Vertrauensperson und kann über geeignete Formate auch den Dialog zwischen Geschäftsführung und Mitarbeitenden herstellen. Interviews, Fokusgruppen und ähnliche Formate gehören zu den typischen Aufgaben. Hierbei können einfache Gespräche ausreichen, oder man nutzt z. B. Bildvorlagen, um die typischen Gründe für möglichen oder tatsächlichen Widerstand zu identifizieren (vgl. Osterchrist/Clasvogt/Hüter 2019). Auch kann es vorkommen, dass man an einigen Stellen Konfliktmanagement betreiben muss.

Die letzte Aufgabe setzt auf Netzwerkpflege. Man kann eine Veränderung in einer größeren Organisation nicht ohne die Unterstützung von Promotoren erzielen. Man spricht auch häufig vom Change-Agent-Netzwerk. Man sollte anfänglich seine Energie darauf richten, wo die Energie fließt. Denn man hat mit Personen, die wirklich wollen, eine größere Reichweite in die Organisation. Damit diese Personen mitziehen, muss man ihnen aber auch viel Wertschätzung entgegenbringen. Als Change Manager muss man auch darauf achten und gegebenenfalls die Geschäftsführung sowie die zugehörigen Führungskräfte entsprechend einbinden.«

In Summe deckt sich Chris Köhlers Antwort mit dem Rechercheergebnis der Personalabteilung, auch wenn es noch viele weitere erhellende Momente für Alex Bauer gegeben hat. Als Aufgaben und Rollen im Change Management hatte die Personalabteilung folgende Aspekte herausgefunden:

Verschiedene Rollen/Aufgaben des Change Managers
- Sparringspartner für die Geschäftsführung/Projektleitung,
- Experte für Change-Architektur und -Strategie,
- Coaching/systemische Beratung,
- Vertrauensperson,
- Moderation,
- Training,
- Kommunikation,

4.2 Eigenschaften, Haltung und Kompetenzen

- Interviews,
- Erfolgsmessung,
- Konfliktmanagement/Mediation,
- Aufbau und Pflege eines Change-Agent-Netzwerks,
- Bereichs- und Funktionsintegration.

Alex Bauer dazu: »Ich bin verblüfft, wie viele Aufgaben und Rollen es im Change Management gibt. Eine sehr anspruchsvolle Aufgabe. Welche Erfahrungen können Sie hierzu aufweisen?« Chris Köhler erzählt Alex Bauer von verschiedenen Erfahrungen der letzten Jahre und kann in allen Fällen brillieren. Um etwas tiefer zu bohren, verwendet Alex Bauer das in **Bild 4.1** darge-

Was macht eine/-n gute/-n Change Manager/-in aus?

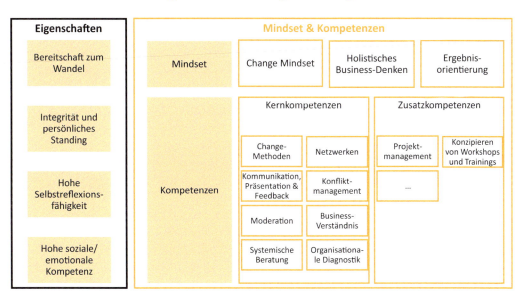

Bild 4.1 Übersicht über Eigenschaften, Haltung und Kompetenzen von Change Managern, erarbeitet von der Change Professionals Community bei thyssenkrupp

stellte Modell zu Eigenschaften, Mindset/Haltung und Kompetenzen.

Business-Verständnis aufweisen
Vor allem fällt Alex Bauer auf, dass Chris Köhler nicht nur durch starke soziale Kompetenzen besticht und eine hohe Akzeptanz bei den Kunden genießt, sondern auch ein umfangreiches Business-Verständnis aufweist. Weder sind finanzwirtschaftliche Begriffe wie Cashflow noch operative Konzepte wie Arten von Verschwendung gänzlich unbekannt. Dies würdigt Alex Bauer: »Ich bin beeindruckt, wie viel Sie über das Geschäft Ihrer Kunden wirklich verstehen. Bei all dem, was Sie bereits geleistet haben: Was gehört nicht zu den Aufgaben eines Change Managers?«

Chris Köhler antwortet verblüfft: »Das ist eine gute Frage. In der Tat hat man häufig das Gefühl, in allen möglichen Bereichen mitzumischen. Was ich ganz klar nicht gemacht habe: Ich habe nicht die Aufgaben des Betriebsrats übernommen. Ja, ich bin oft die Vertrauensperson, ich kann aber nur mit Unterstützung des Betriebsrats eine Veränderung in der Organisation voranbringen. Oft haben wir sehr früh im Veränderungsprozess Workshops mit dem Betriebsrat gemacht oder Betriebsratsmitglieder waren oft selbst Teil des Change-Agent-Netzwerks.

Auch gibt es natürlich Überlappungen mit Bereichen wie der Strategie, dem Personalwesen und der Unternehmenskommunikation. Wir sind froh, wenn wir Experten aus diesen verschiedenen Gebieten mit an Bord haben – denn auch in der Tiefe kann ich diese Aufgaben nicht immer begleiten. Und sei es, dass ich oft die Kapazität nicht habe oder die Organisation am Anfang des Vorhabens oft nicht gut genug kenne, um die am besten funktionierenden Kommunikationskanäle zu nutzen. Ich würde mich auch nicht um Personalthemen kümmern. Es gibt zwar oft Trainings im Rahmen des Veränderungsprozesses, die ich zum Teil selber durchführe. Diese sind aber anlassbezogen und nicht Teil eines systematischen Personalentwicklungsprozesses.

Führung einbinden
Wenn ich noch mal darüber nachdenke, sticht eine Sache besonders heraus, die ich nicht mache. Ich übernehme nie die Aufgaben der Führungskräfte. Ich habe bereits mehrfach erlebt, dass mich Führungskräfte einbinden und ich beispielsweise die Change Story für sie schreiben und sogar an das Team kommunizieren soll.

Wenn man es ganz genau nimmt, ist Change Management Führungsaufgabe. Ein Change Manager sollte vor allem die Führungskräfte darin befähigen und unterstützen, das eigene Team oder die Organisation in der Veränderung zu führen. Wie bereits gesagt, die größte Falle als Change Manager ist es, die Führungsaufgaben selbst zu übernehmen.«

Das erscheint weitestgehend einleuchtend für Alex Bauer. Mit Personalentwicklungsthemen, Betriebsratsaufgaben hat Alex Bauer gerechnet. Und es scheint doch selbstverständlich, dass ein Change Manager die Führungsaufgabe nicht übernehmen sollte. Aber die Change Story sollte diese Person doch der Geschäftsführung abnehmen. Schließlich geht es doch vor allem darum, wie die Botschaft verpackt wird. Und das muss ja nicht die Kernkompetenz der Geschäftsführung sein. Daher hakt Alex Bauer nach: »Das war sehr umfassend. Vielen Dank für die Darstellung. Ein Punkt verwundert mich aber. Sie sprachen davon, dass die Change Story keineswegs von Ihnen in Ihrer Change-Management-Rolle übernommen werden sollte. Was spricht denn dagegen?«

Chris Köhler schmunzelt. Mit dieser Frage war fast zu rechnen gewesen – das war nicht das erste Mal, dass eine Geschäftsführung Chris Köhler diese Frage stellt. Die Antwort geht Chris Köhler leicht von der Hand: »Die kurze Antwort vorweg. Im Grunde ist die Change Story das Nebenprodukt – man könnte fast sagen ›Abfallprodukt‹ – des Alignment-Prozesses der Geschäftsführung. Daher muss die Geschäftsführung selbst die Inhalte für die Change Story liefern und abstimmen. Ich führe dies gerne aus. Was könnte schlimmstenfalls passieren, wenn eine Person außerhalb der Geschäftsführung die Change Story schreibt? Sicherlich könnte man professionelle Texter ansetzen, eine sehr ansehnliche Change Story zu schreiben, warum es zu der Veränderung kommt, warum man es dieses Mal schaffen wird, was man von den Mitarbeitenden erwartet. Dann würde die Geschäftsführung die Change Story der Belegschaft erzählen, etwa bei einer Vollversammlung. Leider habe ich bereits die Erfahrung gemacht, dass die Change Story dann scheinbar inkonsistent zwischen den Personen der Geschäftsführung oder wenig authentisch vorgelesen wird.«

Alex Bauer unterbricht Chris Köhler: »Dann müsste man doch einfach sich mit dem Führungsteam vorher zusammensetzen und das Präsentieren der Change Story üben. Warum reicht das nicht aus?« Chris Köhler erwidert gelassen: »Das ist in der Tat ein guter Punkt. Und ich gebe Ihnen voll und ganz recht. Ich würde sogar einen Schritt weitergehen – ich würde das Führungsteam die Inhalte der Change Story gemeinsam sammeln lassen. Wenn die Geschäftsführung gemeinsam durch die Inhalte geht, hat sie die Chance, sich bei den konkreten Inhalten zu reiben. Denn es ist nicht selten der Fall, dass die Geschäftsführung ein leicht abweichendes Verständnis hat. Nehmen wir den Projekterfolg bei der Einführung eines IT-Tools. Ich habe es bereits erlebt, dass beispielsweise der CFO unter dem Projekterfolg das technische Einführen des Tools selbst verstanden hat. Der COO hingegen verstand unter dem Projekterfolg, dass die gesamte Belegschaft das neue IT-Tool nutzen sollte. Da die beiden sich vorher nicht wirklich abgesprochen hatten, kam es zu Problemen in der Umsetzung. Der CFO hatte nur Budget für die technische Umsetzungsphase eingeplant und sah das Projekt dann als abgeschlossen an. Jegliche Bemühung dieser Person zielte auf die rein technische Abwicklung ab. Der COO hielt sich eher bedeckt, wunderte sich aber, dass das neue IT-Tool nicht genutzt wurde. Gleichzeitig wies der COO an, dass das alte System abgeschaltet werden sollte, sobald die neue IT-Lösung live ging. Wie Sie sich vorstellen können, ist dies nicht sonderlich gut gelaufen. Laufende Aufgaben konnten nicht richtig bedient werden etc. Man hätte bei der Vorbereitung der Change Story diese unterschiedlichen Vorstellungen einfach aufdecken und für ein gemeinsames Verständnis sorgen können. Dann wäre das alte System nicht so frühzeitig abgeschaltet worden und vieles mehr. Um die Erkenntnis aus dieser Erfahrung zusammenzufassen: Man kann ein Führungsteam wunderbar rhetorisch vorbereiten, eine Change Story gut vorzutragen. Man wird allerdings nicht erreichen, dass sie, sobald sie die Bühne verlassen, in die gleiche Richtung ziehen. Wie ich eingangs erwähne, ein Riss an der Spitze kann im Zweifel zu einem Krater in der Organisation werden.«

Dieses Beispiel überzeugte Alex Bauer sehr. Aus eigener Erfahrung muss er leider zugeben, diesen Fehler selbst mit dem Führungsteam begangen zu haben. Es gab sogar einige Projekte, die fast genau wie im geschilderten Beispiel abliefen. Nur diese Erkenntnis war für Alex Bauer genug, um die 1,5 Stunden als gut investierte Zeit zu betrachten.

Sich mit Menschen beschäftigen und diese einbeziehen wollen

Um Chris Köhler weiterhin auf Herz und Nieren zu überprüfen, fragt Alex Bauer die klassischen Bewerbungsgesprächsfragen: Stärken, Schwächen, Gehaltsvorstellungen und einiges andere. Eine der letzten Fragen, die Alex Bauer im Gespräch stellt, ist: »Wir haben hier einige Kandidaten, die sich auf diese Stelle beworben haben. Warum sollten wir Sie nehmen?« Chris Köhler überlegt einen Moment und spricht dann: »Ich bringe bereits viel Erfahrung mit, ich habe Lust darauf, dieses Unternehmen kennenzulernen und mit Ihnen gemeinsam die anstehenden Veränderungen erfolgreich zu meistern. Ich glaube, eine Sache spricht auch für mich: Ich bringe die Grundhaltung mit, die das Change Management ausmacht. Insbesondere hiermit traue ich mir zu, jede Change-Herausforderung in Ihrem Unternehmen anzugehen.«

Die letzte Aussage hat Alex Bauers Interesse geweckt: »Was meinen Sie genau mit der Haltung?« Chris Köhler führt aus: »Die Grundhaltung ist, dass man nahezu jede Veränderung in einem Unternehmen erfolgreich gestalten kann, wenn man einige Voraussetzungen beachtet. Wenn Menschen ihr Verhalten verändern sollen, dann muss ich mich auch mit diesen Menschen beschäftigen. Das klingt vielleicht trivial, ist es aber in der Praxis oft nicht. Ich muss verstehen, was diese Menschen bewegt, was für eine Einstellung oder Haltung sie haben, welche Kontextfaktoren dazu beitragen, dass sie sich so verhalten, wie sie es gerade tun.«

Gespannt springt Alex Bauer dazwischen: »Wie können Sie dies am besten berücksichtigen?« Chris Köhler antwortet: »Ein einfacher Weg, diese Aspekte zu verstehen, ist, die betroffenen Menschen auch einzubeziehen. Frühzeitig Betroffene zu Beteiligten zu machen. Das ist eines meiner Geheimrezepte. Ich lege wie gesagt viel Wert darauf, den Betriebsrat so früh wie möglich einzubeziehen – dies widerspricht häufig der gängigen Managementpraxis. Ich habe es in Unternehmen oft erlebt, dass der Betriebsrat so spät wie möglich eingebunden wird, damit dieser das Vorhaben nicht mehr wirklich stoppen kann. Aus meiner Erfahrung heraus empfehle ich, das Gegenteil zu tun und den Betriebsrat so früh wie möglich einzubinden.

Nicht nur den Betriebsrat, sondern auch die beteiligten Mitarbeitenden sollte man so früh wie möglich einbinden. Change Management beginnt nicht erst, wenn z. B. die technische Implementierung gelungen ist. Bereits an Tag eins kann das Einbinden der Beteiligten den Unterschied zwischen einer erfolgreichen und einer weniger erfolgreichen Transformation ausmachen. Dies könnte z. B. darin bestehen, eine gemischte Auswahl von Beteiligten – über Hierarchien und Abteilungen hinweg – zu einer Fokusgruppe einzuladen und das Projekt gemeinsam auf den Prüfstand zu stellen. Hier können bereits wichtige Fallen in der Umsetzung vorausgesagt und bei der Implementierung berücksichtigt werden. Der größte Fehler, den man hier machen kann, ist, nur in einer Abteilung oder auf ein bis zwei Hierarchieebenen sich dieses Feedback zu holen. Je diverser die Ansichten, desto aufschlussreicher das Feedback. Insbesondere Personen, die wirklich tagtäglich beispielsweise mit der alten IT-Lösung arbeiten, sollten Berücksichtigung finden, auch wenn diese in der Hierarchie weit unten sind. Diese Personen können oft sehr wertvolle Einsichten teilen. Außerdem beugt das Einbeziehen dieser Personen auch Widerstand vor, weil man die Experten nach ihrer Meinung fragt. Diese Personen empfinden es als große Wertschätzung, dass sie nach ihrer Meinung gefragt werden. Das Einzige, was man jetzt noch falsch machen könnte, ist, das bisher Geleistete nicht zu würdigen oder auf die Ideen der Person nicht einzugehen.«

Irritiert erwidert Alex Bauer: »Heißt das, dass man jede Idee der Mitarbeitenden umsetzen soll? Wie soll das gehen?« Chris Köhler klärt diese Frage auf: »Das heißt nicht, dass man jede Idee umsetzen muss. Aber den Ideen Raum zu geben, diese zu würdigen und gegebenenfalls begründeterweise zu verwerfen, ist für die meisten Beteiligten ausreichend. Man sollte nur von vornherein den Entscheidungsprozess transparent machen. Die Personen können Ideen einbringen, die Entscheidung fällt aber die Geschäftsführung. Wenn die Geschäftsführung die Entscheidung begründet und signalisiert, dass sie ernsthaft die Ideen der Mitarbeitenden bedacht hat, gibt es deutlich weniger Widerstand im Veränderungsprozess.«

Beruhigt durch diese Aufklärung möchte Alex Bauer mehr von Chris Köhler lernen: »Was macht Ihre Haltung noch aus? Worauf sollte man noch achten, wenn man eine Veränderung erfolgreich gestalten möchte?«

Sinn vermitteln und Teamwork fördern

Sinnierend teilt Chris Köhler sich mit: »Noch zwei weitere Aspekte prägen meine Haltung und halte ich für wichtig, um Change erfolgreich zu gestalten. Erstens muss ich dafür sorgen, dass alle Beteiligten einen Sinn in der Veränderung sehen. Es muss sie emotional packen. Dies ist besonders wichtig, wenn die Veränderung einen großen Einschnitt in die Verhaltensweisen der beteiligten Personen bedeutet.

Zweitens ist Change Management Teamwork. Und das beginnt am Tag eins eines Transformationsprojekts. Als Change Manager muss ich nicht nur das Führungsteam, sondern alle beteiligten Projektmitglieder dazu bringen, über den Faktor Mensch in der Veränderung nachzudenken. Es nützt wenig, wenn das Projekt Change Management erst als Arbeitspaket vorsieht, wenn die konzeptionelle und technische Seite bereits fertiggestellt ist. In solchen Fällen passiert es häufig, dass Change Management aus Budgetgründen hintenüberfällt oder zu wenig Budget erhält. Damit riskiert man, Personen aus der Organisation nicht einzubeziehen. Dies wird automatisch zu einer Quelle für Widerstand im Transformationsprozess.

Alex Bauer hat ein umfassendes Bild von Chris Köhler erhalten und weiß für sich insgeheim, dass dies die richtige Person für das Unternehmen ist. Das behält Alex Bauer erst einmal für sich. Es gab auch viele Erkenntnisse, die Alex Bauer aus dem Gespräch ziehen konnte. Vor allem die Haltung eines erfolgreichen Change Managers war eine Bereicherung. Diese ist in der nachstehenden Box aufgeführt.

Haltung eines erfolgreichen Change Managers

(vgl. u. a. Hehn/Cornelissen/Braun 2015)

- »What« und »How« werden in allen Projekt-Management-Aspekten integriert: »What« meint die Strukturen, Systeme und Prozesse, »How« meint den Faktor Mensch.
- »What« und »How« werden zeitgleich und gleichermaßen adressiert: Change Management beginnt am Tag eins des Projekts.
- Change Management ist eine der primären Führungsaufgaben.
- Alle Projektmitglieder sind verantwortlich für den Faktor Mensch: Jeder ist verantwortlich dafür, die betroffenen Mitarbeiter zu berücksichtigen, nicht ein dediziertes CM-Team.
- Sinnhaftigkeit ist wichtiger Bestandteil des »How«. Es bedeutet, den Wandel mit Bedeutung für die Akteure zu gestalten sowie das eigene Handeln sinnhaft auszurichten.
- Mit der Vergangenheit konstruktiv umzugehen zahlt auch auf das »How« ein. Dazu gehört, Vergangenes wertzuschätzen, konstruktiv und lösungsorientiert vorzugehen sowie Stärken zu stärken.

- Betroffene zu Beteiligten machen: Indem die Veränderung mitgestaltet wird, schafft man die Akzeptanz der Betroffenen, dies inkludiert auch angrenzende Bereiche und Funktionen, wie Personal, Kommunikation, Strategie etc.
- Change Management bedarf eines systemischen Verständnisses. Aufgrund der Komplexität des Organisationssystems kann man nicht zweifelsfrei vorhersagen, ob eine Intervention eine beabsichtigte Wirkung erzielt ohne Nebenwirkungen. Bedarfe von Betroffenen sollten daher in Schleifen identifiziert und adressiert werden.
- Der Faktor Mensch kann systematisch und rigoros gemanagt werden: Change-Management-Maßnahmen kann man konsequent planen und überwachen, indem sie im Projektplan integriert werden.

Zum Abschluss des Gesprächs bedankt sich Alex Bauer und verabschiedet Chris Köhler. Am besten wäre es, wenn auch die anderen Personen der Geschäftsführung ein Gespräch mit Chris Köhler führen. Diese würden sicherlich noch vieles dazulernen.

Schlusswort

Wir hoffen, Sie haben einen Eindruck gewinnen können, was die Rolle und Haltung eines erfolgreichen Change Managers ausmacht. Die Inhalte basieren auf unserer Erfahrung bei thyssenkrupp und auch anderen Unternehmen. Besonders möchten wir die folgenden Aspekte hervorheben: Die Haltung ist wichtiger als die Fähigkeiten bzw. die Erfahrung. Die Augenhöhe mit Entscheidern ist eine wesentliche Voraussetzung, ebenso aber auch der Zugang zur Breite der Organisation. Und schließlich die wichtige Erkenntnis, dass alle Beteiligten, sowohl das Projektteam als auch die Führung – für den Faktor Mensch, also für das Change Management verantwortlich sind. Wir freuen uns über den Austausch zu diesen Themen – Sie können uns über LinkedIn gerne kontaktieren.

4.3 Literatur

Hehn, Svea von; Cornelissen, Nils I.; Braun, Claudia: *Kulturwandel in Organisationen. Ein Baukasten für angewandte Psychologie im Change-Management.* Springer-Verlag, Berlin, Heidelberg 2015

Keller, Scott; Schaninger, Bill: *Beyond Performance 2.0. A Proven Approach to Leading Large-Scale Change*, Wiley, Hoboken 2019

König, Eckard; Volmer, Gerda: *Handbuch Systemische Organisationsberatung.* Beltz Verlag, Weinheim, Basel 2018

Osterchrist, Renate; Clasvogt, Claus; Hüter, Michael: *Wirksame Change-Impulse. Das Playbook für alle, die wirklich etwas bewegen wollen.* Schäffer-Poeschel Verlag, Stuttgart 2019

05 Fünf Schlüsselkonzepte für zeitgemäße Veränderungsarbeit

NIELS PFLÄGING

5.1 Konzept 1: Change ist keine Reise, es ist »ständig flippen«

Change-Müdigkeit. Widerstand. Enttäuschende Veränderungserfolge. Wie wäre es, wenn man tiefgreifenden Change in jeder Organisation so inszenieren könnte, dass er schnell und mitreißend daherkäme? In diesem Beitrag geht es um fünf Schlüsselkonzepte für Veränderungsarbeit, die schwungvoll und lebendig vonstattengeht – statt schmerzhaft, zäh und widerständig. Veränderung, die gleichzeitig tiefgreifend ist und sich leichtfüßig anfühlt. Klingt unmöglich? Dann lassen Sie diese Konzepte auf sich wirken: Sie umreißen eine konstruktive, komplexitätsrobuste Alternative zum Change Management, wie Sie es kennen.

Die gängigsten Metaphern zum Thema Change bedienen sich samt und sonders des Bildes der Reise: Vom *heutigen Zustand* (oft *Status quo* genannt) zum beabsichtigten Zustand (auch: *Vision*). Der *Zielzustand* wird in dieser Metapher gerne als ein weit entfernter Ort oder als in ferner Zukunft gelegen beschrieben. Häufig auch als ein *Nordstern* – an den wohl niemals ganz herangereicht werden kann. Wir neigen dazu, zu glauben, dass jede *Veränderungsreise* lang und beschwerlich ist. Dass die Ankunft durch harte Arbeit erkämpft und der Weg gefahrvoll sein wird.

Da ist es nur konsequent, dass wir uns mit *Blueprints* und *Change-Landkarten* bewaffnet auf die Reise machen. Mit *Projektplänen* und *Gantt-Charts* gerüstet brechen wir auf in unbekanntes Terrain, wobei wir ganz sicher sind, dass der Weg *schwer* und *steinig* sein wird. Wir beginnen sofort, alle möglichen Arten von *Hindernissen* vorauszuahnen (die nicht unbedingt existieren, wie wir noch sehen werden). Aber wir sind felsenfest davon überzeugt, dass unsere selbst erfundenen Meilensteine real sind – und werden ganz nervös, wenn die nicht wie geplant am Horizont auftauchen.

Dieser Veränderungsansatz beruht auf einem Irrtum. Er idealisiert Change als »kontrollierbaren Prozess«, zusammengesetzt aus einer Abfolge konkreter Schritte oder Phasen, Stufen oder Etappen. Er verleitet uns, anzunehmen, dass wir eine Karte anfertigen müssen – vom gegenwärtigen hin zum beabsichtigten Zustand. Damit aber wird Veränderung »trivialisiert«. Wir nennen diesen Ansatz »geplanten Change«. Change Management, wie wir es kennen, ist genau hierfür gedacht und entwickelt: zur Planung und Kontrolle der Veränderungsreise.

 Tiefgreifende Veränderung dauert nie mehr als zwei Jahre – gleich ob es um eine Organisation mit 20 oder 200 000 Menschen geht.

Die Reisemetapher verführt uns dazu, die Möglichkeit auszublenden, dass beabsichtigte Veränderung *schnell, mit wenig Aufwand, jetzt und hier, mit existierenden Ressourcen und minimaler Irritation* passieren kann. Anders formuliert: Die Reisemetaphern selbst erschweren den Change! (**Bild 5.1**)

Versuchen wir eine ganz andere Metapher. Stellen Sie sich vor, was passiert, wenn Sie ein wenig Milch in eine Tasse mit heißem Kaffee gießen – und wie durch diesen winzigen Anstoß sofort ein neues Muster, eine neue Ordnung entsteht. Das neue Muster (Kaffee mit Milch) ist vollkommen anders als das vorherige (schwarzer Kaffee), und die Veränderung ist permanent: Es

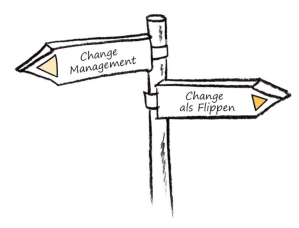

Bild 5.1 Unterschiedliche Wege der Organisationsentwicklung

5.2 Konzept 2: Widerstand gegen Veränderung gibt es nicht – nur intelligente Reaktion auf blöde Methode

gibt keinen Weg, um zum ursprünglichen Muster zurückzukehren. Dieses Bild der Entstehung von Milchkaffee entspricht Veränderung viel eher als das Bild vom Change als Reise von hier nach dort.

Change ist so, wie Milch in Kaffee zu geben.

Diese Metapher bedeutet, dass Change so etwas ist wie ein Hinüber-Flippen vom Jetzt (dem heutigen Zustand) zum Neu (dem beabsichtigten Zustand). Wichtig daran ist: Sowohl Jetzt als auch Neu befinden sich in der Gegenwart – nicht in der Zukunft! Das Neue kann hier und jetzt produziert werden. Tiefgreifende Veränderung dagegen, anders als eine einzelne Problemlösung, erfordert eine Sequenz von Flips. Oder »viele« Flips.

Tiefgreifende Veränderung bedeutet vielfaches Flippen des Systems vom Hier zum Neu – genau jetzt. Ein paar Hundert Mal.

Der Mann, der den Veränderungswiderstand erfand, war Kurt Lewin. Lewin, der brillante Pionier der Sozialpsychologie und Gründer der Organisationsentwicklung, führte den Begriff des Widerstands als ein systemisches Konzept ein. Als eine organisationale Kraft, die Manager und Mitarbeiter gleichermaßen beeinflusst. Lewins Terminologie überdauerte zwar die Zeit, nicht aber der Hintergedanke: Heute betrachten wir Widerstand als ein psychologisches, individualisiertes Problem, als ein Art Persönlichkeitsdefekt. Wir personifizieren Widerstand als »Mitarbeiter gegen Manager« oder »unten versus oben«.

In diesem mentalen Modell sind es immer die anderen: Mitarbeiter »leisten Widerstand«, das Topmanagement ist »nicht ausreichend committet«. Wir urteilen über andere, indem wir Dinge sagen wie: »Sie haben ein Interesse daran, den Status quo zu erhalten!« Das »Sie« ist dabei enorm wichtig zur Abgrenzung. Die Widerstandsunterstellung infantilisiert »den anderen« und exkulpiert uns selbst. Solange wir dieses mentale Modell verwenden, vereitelt es ein besseres Verständnis von Veränderungsdynamiken. Es erhält zudem die Dominanz von hierarchischer Weisung und technokratischer Misstrauensorganisation. Es wäre besser, wir würden auf den Begriff des Widerstands ganz verzichten – und uns hilfreicheren Vorstellungen von Veränderung zuzuwenden. Versuchen wir es doch gleich einmal:

 Menschen leisten keinen Widerstand gegen Veränderung.

Schaffen Sie es, diesen Satz in Ihrem Kopf vor sich hinzusagen? Das wäre schon ein Anfang! Aber was steckt hinter all jenen irritierenden Verhaltensweisen, die wir in Change-Bemühungen typischerweise beobachten, wenn nicht Veränderungswiderstand?

Treten Sie gedanklich einen Schritt zurück. Stellen Sie sich verschiedene Situationen vor, in denen andere Menschen innerhalb von Veränderungssituationen »auffälliges« Verhalten gezeigt haben. Sie werden bemerken, dass die Verhaltensweisen von Organisationsmitgliedern in Veränderungssituationen *überwiegend bewusst und intelligent* sind – und *sich auf andere Dinge als die Veränderung selbst* beziehen. Menschen mögen dem Verlust von Status und formeller Macht widerstehen – was für sich genommen ziemlich intelligent ist. Sie mögen Ungerechtigkeit, Idiotie und dem Versuch, sie zu verändern, widerstehen. Was ebenfalls intelligent ist. Aus Veränderung kann auch ein Bedarf an Weiterentwicklung erwachsen, der nicht angemessen adressiert wird. Es sind diese Dinge, mit denen wir es in Change wirklich zu tun haben: Machtstrukturen, Status, Ungerechtigkeit, Konsequenz, unsere eigene Idiotie, zentrale Weisung und Kontrolle, Lernen. Diese Dinge haben mit legitimen Erwartungen und Bedürfnissen von Akteuren zu tun.

 Je mehr Veränderungswiderstand Sie beobachten, desto sicherer können Sie sich sein, dass Ihre Methoden Mist sind.

Statt ständig nach Zeichen für möglichen Widerstand Ausschau zu halten, sollten wir uns besser mit üblichen Irrtümern und Fehlern in der Realisierung von Veränderung beschäftigen und professionell mit den absolut natürlichen Reaktionen auf unsere oft armseligen Interventionen umgehen.

Um es ganz deutlich zu sagen: Die Vorstellung, dass Menschen sich Veränderung widersetzen, ist durch die Sozialwissenschaften nicht aufrechtzuerhalten. Die Vorstellung von Widerstand gegen Veränderung widerspricht sogar unserem wissenschaftlichen Wissen über die menschliche Fähigkeit zur Anpassung und Veränderung. Es ist ein Mythos, dass Menschen zum Widerstand neigen. Was existiert, das sind Symptome des Ringens mit Anpassung an das Neue – die jedoch niemals mit Widerstand gegen den Change selbst verwechselt werden sollten! Es ist diese Verwechslung, die Projektion auf den Menschen als defekter Widerständiger, die das Problem erzeugt und die Veränderungsarbeit in Organisationen künstlich erschwert.

Das Ringen mit dem Neuen ist kein Widerstand gegen Veränderung!

Womit wir als Menschen uns schwertun, das ist nicht Veränderung selbst, sondern unsere Fähigkeit, uns künftige Möglichkeiten und Optionen vorzustellen. Dies ist der Grund, warum jede absichtsvolle Veränderungsinitiative sich damit beschäftigen muss, Vorstellungskraft und Visionsfähigkeit von Akteuren zu unterstützen.

5.3 Konzept 3: Das Problem liegt im System – praktisch immer

Wie wir gesehen haben, geht Widerstand gegen Change nicht von Menschen aus. Aber wenn die Organisationsmitglieder nicht die Wurzel von Widerstand sind, woher kommt er dann? William Edwards Deming lehrte uns, dass Widerstand mit größter Wahrscheinlichkeit einen anderen Ursprung hat: »94 % der Probleme im Business«, postulierte er, »sind System-getrieben, nur 6 % sind Menschen-getrieben.« Was bedeutet: Der Wurm steckt im System – fast immer!

Change sollte sich also vor allem mit *Arbeit am System* beschäftigen. Statt mit *Arbeit an Menschen*.

Ein Weg, sich aufs System zu konzentrieren statt auf die Menschen, die sich im gegebenen System verhalten, ist, Barrieren zu entfernen. Etwas wegzunehmen ist einfacher, als etwas völlig Neues einzuführen, wenn man tiefgreifende Veränderung erzeugen möchte! Es ist leichter, Existierendes abzuschaffen, als neue Werkzeuge, Rituale oder Gewohnheiten zu etablieren. Diese Grundidee macht *Organisationshygiene* so attraktiv: Nehmen Sie Dinge weg, die ausgedient haben. Regeln, Reisekostenverordnungen, Politiken, Preislisten, Budgetierung, Mitarbeiterbeurteilung, Stundenerfassung, Unterschriftenregeln, Stabsstellen, Zielsysteme, das Organigramm. Hunderte verstaubter, aber verhaltensprägender Organisationsruinen warten darauf, entmistet zu werden, um dem Geist der Mitarbeiter Platz zu machen. Auch in Ihrem Unternehmen.

Aber gleich ob Sie etwas wegnehmen, etwas Bestehendes verstärken oder Neues einführen, während sie *vom Hier zum Neu im Jetzt* flippen: Effektive Organisationsveränderung erfordert spezifisches, zielgerichtetes Handeln – nicht Schuldzuweisung. Im Klartext: Wenn vorgesehene Veränderungen zum Verlust von Status bei einigen Mitarbeitern führen sollten, dann müssen wir Vorgehensweisen für den Umgang mit Statusverlust entwickeln. Wenn Veränderung zu einem Bedarf an Lernen und Entwicklung führt, dann müssen wir uns um eben dieses Lernen kümmern. Wenn Change einen Preis hat, dann braucht es Raum für Emotionen und Trauer. Derartig schwierige, ganz reale Anpassungsprobleme in Veränderung als »Widerstand« zu etikettieren und den Mitarbeitern anzuheften, erschwert ernsthafte Veränderungsanstrengungen, löst aber keine Probleme. Widerstand wird dann zu einer sich selbst erfüllenden Prophezeiung. Anders gesagt:

 Gut gemachte Veränderung produziert keine Verlierer. Nur Konsequenzen.

Widerstand aus Eigeninteresse gibt es zwar, er ist aber äußerst selten. Häufiger liegt die Hürde für Change in der Organisationsstruktur oder, so John Kotter, in einem »Mitarbeiterbeurteilungssystem, [das] Menschen dazu zwingt, zwischen einer neuen Vision und ihrem individuellen Eigeninteresse zu wählen«. Mit anderen Worten:

Was wir als Veränderungswiderstand interpretieren, ist intelligente Erwiderung auf Inkonsistenzen zwischen Organisationsmodell und beabsichtigtem Zustand.

Change ist in diesem Sinn sukzessive Neuverhandlung des Organisationsmodells – nicht Revolution! Mitarbeiter haben gute Gründe, gegen Veränderung zu opponieren – Gründe, die wahrscheinlich im gegenwärtigen Organisationssystem ihren Ursprung haben, nicht in der verkorksten Psyche des Individuums. Nochmals: Jene mysteriösen Verhaltensmuster, die wir beobachten, sollten wir fast immer als »Mangel an Konsequenz« klassifizieren, nicht als »Widerstand gegen Veränderung«.

Im Change-als-Flippen müssen wir das System bearbeiten, nicht die Menschen. Von dieser Maxime abzuweichen führt zu Schuldzuweisung und fast unweigerlich zu selbst verursachtem Scheitern unserer Bemühungen.

5.4 Konzept 4: Organisationaler Wandel braucht soziale Dichte – Technik ist (fast) trivial

Die Idee des »emergenten« Change oder des kontinuierlichen Flippens vom Hier zum Neu berücksichtigt, dass Veränderung sich in komplexen Mustern vollzieht, die weder vorhergesehen, noch kontrolliert werden können. Wir können sie nur beobachten. Einer der Ersten, der diese Vorstellung von Change treffend beschrieben hat, war John Kotter. Sein Leading-Change-Ansatz aus den 1990er-Jahren skizziert tiefgreifenden Wandel präzise als *sozial dichte Bewegung*. Als kollektive, selbst organisierte und sich nach und nach entfaltende Kraft.

Viele Change Agents sind verliebt in ihre Methoden. Viele von uns glauben, dass diese oder jene Methode oder Instrument wundervoll, effektiv und wirkungsvoll sei. *Change als Flippen* beruht auf einer etwas anderen Annahme:

> Beziehungsdichte ist alles, Methode ist zweitrangig.

Es gibt demnach viele vernünftige und effektive Methoden. Was entscheidend ist, das ist aber nicht das Werkzeug. Sondern in Veränderung neue, wirkungsvolle Beziehungen innerhalb des Organisationssystems zu schaffen – und Beziehungen höherer Qualität. Viele Methoden können dabei helfen, dies zu erreichen. Man sollte aber hinzufügen: Je komplexer das Problem ist, desto komplexer und sozial lebendiger muss die Methode sein, die wir verwenden. Nichts ist schlimmer als kristallisierte, erstarrte Methode: »Tote« Methode, angewandt auf lebendige Probleme.

> Methode muss immer dem Problem angemessen, komplex und sozial sein.

Fragen Sie sich immer, wenn Sie es mit Change zu tun haben: Ist die Vorgehensweise, die wir einsetzen, tatsächlich der Lebendigkeit des Problems angemessen? Ist die Methode ausreichend komplexitätsrobust? Ist sie passend zur Fähigkeit des Problems, uns zu überraschen? Führt die Methode zu höherwertigen Beziehungen innerhalb der Organisation?

5.5 Konzept 5: Es gibt keinen großen Change – aber alles ist Intervention

Ich bin schuldig. Ich bekenne, dass ich gerne und häufig über Transformation und große Veränderung rede. Ich mag den Gedanken von Transformation! Ich liebe es, Dinge zu sagen wie: Organisationen sollten sich transformieren, weg vom Organisationsmodell des Industriezeitalters hin zu einem zeitgemäßen, komplexitätsrobusten Modell! Ich sage derlei Dinge, obwohl ich weiß, dass der Begriff der Transformation weder hilfreich noch besonders akkurat ist. Ich kann es einfach nicht sein lassen! Die Wahrheit über Change liegt dabei vermutlich viel näher an Sätzen wie diesem: Es gibt gar keine Transformation. Oder:

Ständiges Flippen ist das Einzige, was es in Veränderung gibt.

Dies ist stimmig mit dem alten Leitsatz der Organisationsentwicklung: »Alles ist Intervention – everything's an intervention.« Dies ist wohl einer der schönsten Sätze, der je über Change gesagt wurde. Wenn »alles Intervention ist«, heißt das aber nicht, dass jede Intervention in sich gut und sinnvoll sei. Es bedeutet nur, dass alles eine Wirkung hat und damit potenziell geeignet ist, eine Organisation von einem Zustand in den anderen zu flippen.

Statt Change Management sollten wir das Handwerk der Veränderung demzufolge als *disziplinierte Übung in konstruktiver Irritation* praktizieren. Das lehrt uns auch die Systemtheorie. Ihr zufolge ist Irritation die einzige Möglichkeit, wie wir auf ein System einwirken können. Nach der Irritation müssen wir uns darauf beschränken, die Wirkungen und Rippeleffekte zu beobachten. Um dann wieder zu irritieren. Dann zu beobachten. Und so weiter und so fort. Jede Irritation kann das System im Jetzt in einen neuen Zustand flippen. Auf alle Fälle aber gilt: Irritieren Sie erneut! Irritieren Sie überlegt, absichtsvoll, das ganze System in den Blick nehmend. Wenn Sie Glück haben, und die Irritation noch dazu clever genug angelegt war, ist der neue Jetztzustand eine Ausprägung des beabsichtigten Zustands.

Jede Organisation flippt ständig. Flippen ist nicht dazu gedacht, jemals vorüber zu sein – Change ist keine Reise! Willkommen in der Welt des, nun ja: des ewigen Flippens.

Wie funktioniert ein einzelner Flip – wie »Change-als-Flippen«?

Change-als-Flippen bedeutet, bewusst in das System der Arbeit einzugreifen und es vom pyramidenhaften Alpha-Modus hin zum dezentralisierten Beta-Modus zu katapultieren. Anders gesagt: Flippen sollte man nicht als »irgendeine Veränderung« missverstehen. Es dient nicht der Systemoptimierung, sondern der Systemüberwindung: hin zu mehr Selbstorganisation, zu verteilter Führung, zu intelligent-unternehmerischer Dezentralisierung, zu weniger interner Steuerung, Regelung und Bürokratie.

Flippen bzw. Flip-Arbeit geschieht durch sogenannte »Flips«: Das sind *einzelne, absichtsvolle Interventionen am System der Arbeit* (Bild 5.2). Ein Flip ist so etwas wie eine *Minimum Viable*

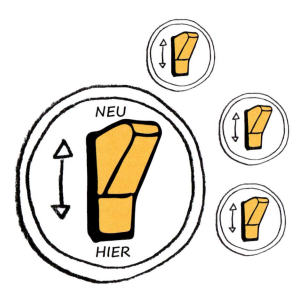

Bild 5.2 Absichtsvolles Flippen ist so, wie einen Schalter umzuschnipsen, damit Teams, Mitarbeitern, Managern ein Licht aufgeht!

Systemic Intervention – so könnte man sagen. Er beseitigt oder verstärkt Systemelemente, oder er führt ein neues Systemelement ein. Einzelne Flips können oft sehr schnell umgesetzt werden. Ein Beispiel: das Abschaffen einer internen Regelung – einer Reisekostenrichtlinie beispielsweise. Technisch gesehen ist dieser Flip ganz einfach. Jedoch: Eine Regelung dieser Art erfolgreich durch ein wirksames, neues Prinzip zu ersetzen, sagen wir: »Wir gehen sparsam mit allen unseren Ressourcen um«, das mag eine oder mehrere Interventionen erfordern, die vielleicht nicht genau so einfach und genau zügig realisierbar sind. Die Abschaffung von Budgetierung, von Budgets und schädlicher Plan-Ist-Abweichungsmessung in einer Organisation erfordert wenige Flips – und vielleicht nur wenige Tage. Die Schaffung eines besseren Berichtssystems mit »Ist-Ist«-Leistungsmessung für alle Teams dagegen erfordert vermutlich eine Vielzahl von Flips und bedarf gegebenenfalls einiger Wochen, die auch mit IT-Systemen zu tun haben.

 Organisationshygiene-Flips sind generell einfacher als solche, mit denen ganz Neues in die Organisation gebracht wird.

Wird ein System geflippt, dann darf man generell Reaktionen der Akteure innerhalb des Systems erwarten. Das muss aber nicht zwangsläufig der Fall sein. Einen Flip, der überhaupt keine Reaktion der Akteure hervorruft, könnte man wohl als »Flop« bezeichnen. Echte Flops indes dürften relativ selten sein. Denn eine Intervention am System wird immer irgendwelche Verhaltensänderungen bewirken – auch wenn es nicht unbedingt jene Verhaltensänderungen sind, die wir erwarten oder uns erhoffen mögen!

Einfache, schnell realisierbare Flips sind übrigens nicht zwangsläufig weniger wirksam als »aufwendige« Flips. Jeder einzelne Flip ist für sich genommen wirksam – die Abschaffung einer Reisekostenrichtlinie, der Budgetierung oder individueller Zielvorgaben z. B. Alle drei Flips werden vermutlich mehr Wirkung entfalten als ein einzelner.

Soll »transformationshafte Veränderungswirkung« erzeugt werden, dann können und müssen von diesen Interventionen ganz viele erfolgen – und in einem überschaubaren Zeitraum. Hunderte oder Tausende von Flips in wenigen Wochen oder Monaten – dazu braucht es viele Akteure. Wie man alle Organisationsmitglieder bzw. fast alle Organisationsmitglieder oder »alle Willigen« für das gemeinsame Flippen gewinnen kann, dafür sind Ansätze wie die Open-Source-Sozialtechnologie »OpenSpace Beta« wie geschaffen: Unter Verwendung der Großgruppenmethode Open Space lassen sich auf diese Weise viele, ja prinzipiell alle Akteure einer Organisation dazu *einladen und autorisieren*, die Veränderungsarbeit gemeinsam zu bestreiten.

> Wenn alle gemeinsam Change-als-Flippen betreiben, dann ist es wahrscheinlich, dass alle gemeinsam Verantwortung für die Organisation übernehmen werden.

Change-als-Flippen sollte daher stets mit Bewusstseinsarbeit einhergehen. Also mit der Erzeugung von Einsicht und Lernen bei den Organisationsmitgliedern. Lernmethoden und die Erzeugung konstruktiver Narrative durch absichtsvolles Storytelling – beispielsweise über die Realität von Veränderung und Change, so wie in diesem Beitrag beschrieben! – sind also von großer Bedeutung für die Flip-Arbeit und für maximale Wirksamkeit der Interventionen.

Change-als-Flippen ist Organisationsentwicklung als niemals endende Arbeit am System. Idealerweise: mit allen – für alle.

Die wichtigsten Punkte in Kürze

Tiefgreifende, schnelle Veränderungsarbeit erfordert *vielfaches Flippen des Systems vom Hier zum Neu*. Nicht in der Zukunft, sondern im Jetzt.

Es gibt keinen *Widerstand gegen Veränderung*, sondern überwiegend intelligente Reaktionen auf schlechte Methode.

Jede Form von Schuldzuweisung ist in Veränderungsarbeit hinderlich. Der Fokus muss Arbeit am System sein, nicht Arbeit am Menschen.

Effektive Organisationsentwicklung erfordert *Wollen*. Zentral ist dabei, die Dichte der Beziehungen zu erhöhen. Methoden sind zweitrangig.

Veränderungsarbeit sollten wir als *disziplinierte Übung in konstruktiver Irritation* verstehen – statt als *planbaren Change*.

Change-als-Flippen bedeutet gemeinsames Arbeit am System mit allen Willigen.

5.6 Literatur

BetaCodex Network: *Die Website der Open-Source-Bewegung zur Beta-Organisation*, www.Betacodex.org

Bridges, William; Bridges, Susan: *Managing Transitions. Erfolgreich durch Übergänge und Veränderungen führen*. Verlag Franz Vahlen, München 2018

Dent, Eric B.; Goldberg, Susan G.: »Challenging ›Resistance to Change‹«, in: *Journal of Applied Behavioral Science*, March 1999, S. 25–41

Deutschman, Alan: *Change or Die. The Three Keys to Change at Work and in Life*. Harper Business, New York 2007

Hermann, Silke; Pfläging, Niels: *Secrets of Very Fast Organizational Transformation*. BetaCodex-Network-Positionspapier Nr. 15, 2019. Unter betacodex.org/white-papers

Hermann, Silke; Pfläging, Niels: *OpenSpace Beta. Das Handbuch für organisationale Transformation in nur 90 Tagen*. Verlag Franz Vahlen, München 2020

Pfläging, Niels: *Heroes of Leadership*. BetaCodex-Network-Positionspapier Nr. 14, 2013. Unter betacodex.org/white-papers

Pfläging, Niels; Hermann, Silke: *Komplexithoden. Clevere Wege zur (Wieder)Belebung von Unternehmen und Arbeit in Komplexität*. Redline Verlag, München 2015

Weisbord, Marvin: *Productive Workplaces. Dignity, Meaning, and Community in the 21st Century, 25th Anniversary Edition*. Pfeiffer, San Francisco CA 2011

06 Transformation integral-agil gestalten

MARKUS F. WANNER

6 Transformation integral-agil gestalten

 Transformationen, die strategisch wichtigen, großen Veränderungen in Unternehmen, scheitern häufig und liefern nicht den erwarteten Nutzen. Die gravierenden Umfeldänderungen, die im Begriff »VUCA-Welt« zusammengefasst werden, kommen als Herausforderung hinzu. Wenn Ihr Unternehmen heute eine Transformation startet, lässt es sich auf eine unbekannte Reise mit Neuem, Ungewohntem ein. Dies erfordert von Ihrer Führung Mut und es bedarf Vertrauen in die Fähigkeiten, Potenziale und Kreativität Ihrer Mitarbeiter, ohne die eine Transformation nicht gelingen kann. Ein agiles Vorgehen und die integrale Landkarte können beim Navigieren durch die Transformation hilfreich sein.

In diesem Beitrag erfahren Sie,

- welche Herausforderungen die Veränderungen in der VUCA-Welt mit sich bringen,
- warum »klassisches« Vorgehen bei Transformationen wenig Aussicht auf Erfolg hat,
- welche völlig anderen, modernen Antworten es bei einer integral-agilen Transformationsgestaltung gibt, um sich mit Zuversicht auf die mit vielen Fragen versehene Reise zu begeben, und
- wie Transformationen mit den Menschen gemeinsam gestaltet werden können, um erfolgreich zu sein und damit die Betroffenen die neue Zukunft annehmen und leben.

6.1 Einleitung

 Die zentrale Frage ist: Lassen sich Ihre strategisch wichtigen Transformationen trotz aller Unsicherheiten der VUCA-Welt erfolgreich gestalten?

Wenn Ihr Unternehmen morgen noch wettbewerbsfähig agieren möchte, muss es sich heute der notwendigen Transformation stellen. Dabei beinhaltet der oft radikale Wandel von einem Ist- zu einem noch unklaren Zielzustand noch nie da gewesene Herausforderungen.

Alle Veränderungen und Transformationen sind dabei nur dann erfolgreich, wenn sich das Neue im Denken und Tun Ihrer betroffenen Mitarbeiter verankern kann und tatsächlich gelebt wird. Hierzu ist die Vision, die gemeinsame Ausrichtung auf einen Sinn, neben der Einsicht in die Notwendigkeit, entscheidend. Sinek (2014) hat mit dem Golden Circle aus seinem Bestseller *Start with Why* verdeutlicht, dass am Beginn einer jeden Erfolgsgeschichte eine einfache Frage steht: »**Warum?**« Dies gilt für die erfolgreiche Gestaltung Ihrer Transformation und es liefert die Struktur dieses Beitrages:

- WARUM?
- WIE?
- WAS?

Die Herausforderungen führen zwingend zu einem anderen Vorgehen, Ihrem »**Wie?**« der Transformation. Eine **integrale Sichtweise** erlaubt es Ihnen, alle relevanten Perspektiven zu berücksichtigen. Ein **agiles Vorgehen** ermöglicht es, sich Ihrer eigenen Vision Schritt für Schritt zu nähern und dabei für die nächsten Etappen zu lernen.

Und es betrifft die Inhalte Ihrer Transformation (Ihr »**Was?**«), mit z. B. der Gestaltung und Umsetzung von disruptiven Geschäftsmodellen, kundenorientierten Produkten und Services, einer sich stets anpassenden, wandlungsfähigen Organisation (Agilisierung) mit einem neuen Führungs- und Zusammenarbeitsmodell und dem damit verbundenen Kulturwandel.

6.2 WARUM?

Welche Veränderungen des Umfelds bestimmen heute die Rahmenbedingungen Ihrer Unternehmensführung? Die folgenden **drei Veränderungen** in Ihrem Umfeld sind für Ihre Transformationen relevant:
- VUCA-Welt: Kreativer Umgang mit Unerwartetem, Komplexität und Dynamik.
- Digitalisierung als Treiber führt zu Disruption.
- Wertewandel durch Generation Y/Z = Millennials: Sinnerfahrung ist wichtig.

Das Akronym VUCA steht für Volatility, Uncertainty, Complexity, Ambiguity. Die drei aufgeführten Treiber führen zur Notwendigkeit der Agilisierung. Die mit diesem Umfeld verbundene Nachricht für Sie ist: Ihre Welt ist nicht mehr so plan- und steuerbar wie früher. Kundenwünsche sind z. B. unklar bzw. ändern sich ständig, und es gibt Unsicherheit durch die Disruptionen, die die Digitalisierung ermöglicht.

In diesem instabilen, unsicheren, komplexen, dynamischen und mehrdeutigen Umfeld gibt es nur eine Konstante. Und das ist der Wandel, die permanente Veränderung. Um zukunftsfähig zu bleiben, ist es eine Notwendigkeit, dass Ihr Unternehmen lernt, mit diesen disruptiven Tendenzen umzugehen. Die Vision ist, dass Ihr Unternehmen anpassungs- und reaktionsfähig ist und bleibt, also sich ständig wandelt. Ein Weg dahin sind Ihre zu gestaltenden Transformationen.

Was ist das Besondere an einer Transformation in Abgrenzung zu sonstigen Veränderungsvorhaben? Eine **Veränderung** ändert nur, was Ihr Unternehmen tut. Eine **Transformation** ändert, was Ihr Unternehmen ist. Bei der Veränderung wird Ihre »doing«-Seite geändert. Bei der Transformation wird Ihre »being«-Seite verändert. Transformation impliziert einen Wandel von einer Art des Seins zu einer anderen Art des Seins. Das ist etwas GROSSES. So wie aus einer Raupe ein Schmetterling wird.

In Ihrem Unternehmen wird jede Veränderung gestartet, um aus einem gegebenen Ist-Zustand einen gewünschten Zielzustand mit verbesserten Geschäftsergebnissen zu erreichen. Das grundsätzliche Ziel jeder Transformation in Ihrem Hause ist es, einen fundamentalen Wandel – möglichst vor Ihren Wettbewerbern – zu realisieren, wie Ihr Unternehmen sein Geschäft ausführt, um es zu befähigen, mit einem geänderten, herausfordernden Marktumfeld umzugehen.

Die Änderungen bei einer Transformation sind gravierend und die Wechselwirkungen zwischen den Handlungsfeldern sind komplex. Änderungen in dem Bereich Strategie wirken sich direkt und indirekt auf die Organisation, Kultur, Führung, Verhalten und die einzelnen Mitarbeiter und umgekehrt aus.

Transformationen sind Veränderungen der 2. und 3. Ordnung (PMI 2013):

- *Veränderungen 1. Ordnung:* Es wird bei Ihnen ein Prozess geändert oder ein IT-System eingeführt. Für diese Changes passt das »klassische«, strukturierte Projekt- und Change Management.
- *Veränderungen 2. Ordnung:* Es soll Ihre Strategie geändert werden, Ihr Geschäftsmodell wird ergänzt um digitalisierte Services oder Ihre Prozesslandschaft wird neu gestaltet und mehrere IT-Systeme werden eingeführt bzw. die Transformation umfasst alle Handlungsfelder gleichzeitig.
- *Veränderungen 3. Ordnung:* Es soll in Ihrem Unternehmen ein Kulturwandel vollzogen werden mit veränderten Werten. Die Transformation soll die grundlegenden Prinzipien Ihrer Organisation modifizieren. Dies ist der schwierigste Veränderungstyp und erfordert ein Verständnis über das Verhalten, das Mindset sowie die Gefühle der Menschen.

Transformationen sind somit komplex, schwierig und mit hohen Risiken verbunden, dauern länger und sind irreversibel. Sie haben eine hohe strategische Bedeutung und liegen stets in der Verantwortung Ihres Topmanagements und sollten damit auch ihre Aufmerksamkeit haben.

6.3 WIE?

6.3.1 Unterschiede zum »klassischen« Vorgehen

Die klassische Vorgehensweise ist bei Transformationen im VUCA-Umfeld obsolet (**Bild 6.1**). Damit besteht nur geringe Aussicht auf Erfolg, da bereits bei stabilem Umfeld 70 % der strategisch wichtigen Transformationen scheiterten (Durchschnitt von verschiedenen Studien, u. a. Kotter 2015, McKinsey 2015, PMI 2013).

Ihre **Transformation ist eine Reise**, die nicht von Anfang bis Ende geplant werden kann. Bei den Herausforderungen der VUCA-Welt benötigt

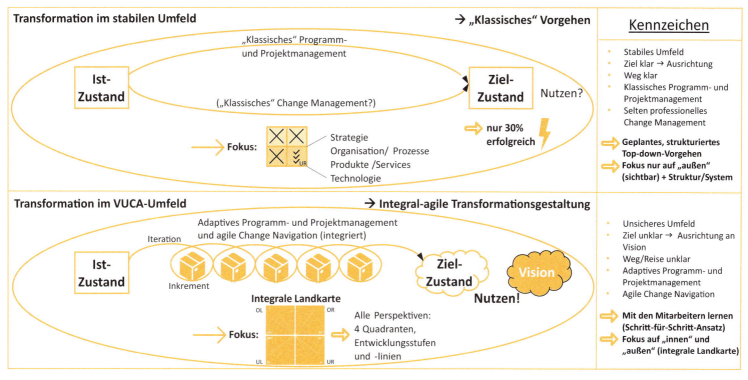

Bild 6.1 Transformation »klassisch« im stabilen Umfeld vs. integral-agil im VUCA-Umfeld

Ihr Unternehmen Rückgrat, um den ganz eigenen Weg mit vielen unbekannten Schritten zu gehen. Sammeln Sie dabei Erfahrungen und entwickeln Sie sich weiter.

Eine **ganzheitliche, integrale Sicht auf alle Gestaltungselemente** Ihres Systems Unternehmen sowie der betroffenen Mitarbeiter führt zu den Handlungsfeldern Ihrer Transformation. Die **in-**

tegral-agile Transformationsgestaltung umfasst die »inneren« Elemente wie Kultur, Werte und Haltung gleichwertig neben den »äußeren« Elementen wie Führung, Organisation, Prozesse und Technologie.

Wenn Ihr Unternehmen flexibler werden möchte, um der VUCA-Welt und zudem dem Wunsch der Mitarbeiter nach Gestaltungsfreiraum gerecht zu werden, setzt dies zwingend voraus, dass Sie auch die inneren Dimensionen ihrer Transformation mit einbeziehen. Im Außen werden Strukturen und Raum geschaffen, im Inneren Orientierung und Kompetenz aufgebaut.

Ein reiner Top-down-Ansatz mit einer von oben heruntergebrochenen Struktur und Planung ohne oder mit einem zu späten Einbeziehen Ihrer Mitarbeiter ist zum Scheitern verurteilt. In Workshops wird geklärt, was Sinn stiftet, und es werden Ihre firmenspezifischen Rahmenbedingungen für den gewünschten Zielzustand geschaffen. Egal auf welcher Ebene begonnen wird, die Erfahrung zeigt, dass nur eine Kombination von Bottom-up-Lösungsfindung und Top-down-Unterstützung zielführend ist.

Eine Transformation in Ihrem Unternehmen kann somit nur gelingen durch

- die Mitwirkung und Mitgestaltung Ihrer Mitarbeiter, bei denen das Wissen liegt und die Sie bei komplexen Problemen benötigen,
- die Beteiligung und persönliche Veränderung von allen betroffenen Führungskräften und
- die Unterstützung und das Vorleben Ihres Managements.

Es geht damit **im Kern um die Menschen** in Ihrem Unternehmen im Unterschied zu früheren Transformationsprogrammen, bei denen dies nicht realisiert wurde. Und damit leben Sie in der Transformation bereits vor, was für Ihr Gesamtsystem Unternehmen angestrebt wird.

Wenn man Ihre Organisation nicht wie früher mit einer Maschine vergleicht, sondern diese als einen lebendigen Organismus versteht, unterstreicht dies die **Bedeutung des Einzelnen**:

- Jede Transformation in Ihrer Organisation bedarf der individuellen Veränderung der Betroffenen.
- Die Dynamik und Wechselwirkung zwischen den persönlichen Veränderungen und dem Lernen im Gesamtsystem führt zu den organisatorischen Ergebnissen.

Um mit zwei weisen Menschen zu sprechen:

Jede Veränderung beginnt in uns.

Dalai Lama

Sei du selbst die Veränderung, die du dir wünschst für diese Welt.

Mahatma Gandhi

Ein **agiles/iteratives Vorgehen** prägt die Gestaltung Ihrer erfolgreichen Transformation. Ein agiles Transformationsteam, interdisziplinär aus allen Bereichen und Hierarchieebenen zusammengesetzt (keine Elite), arbeitet agil mit einem Transformations-Backlog, so wie die einzelnen agilen Projekte mit ihren Backlogs ihrer Themenfelder arbeiten. Es ist Learning by Doing angesagt, in Pilotprojekten und durch Prototyping werden Erfahrungen gesammelt, d. h., Sie lernen beim Gehen. Es wird z. B. ein radikaler, schneller Change in einem ausgewählten Bereich erprobt. Die kurzfristigen Erfolge fördern die notwendige Bereitschaft bei den Beteiligten zur Änderung der Unternehmenskultur und des Mindset durch positive Impulse, Empowerment und verbesserte Kommunikation.

Damit bereitet man den Boden für organisationale Änderungen, die mit den Mitarbeitern gemeinsam erarbeitet werden. Neues (Teil des Ziels) wird dabei durch viele kleine Umstellungen sofort erreicht. Dies ist genau das, was agiles Lernen ausmacht: Fail fast and learn. Nehmen Sie daraus Impulse für den nächsten Schritt mit – z. B., um Ihre vorhandenen Leadership-Prinzipien und Führungsprogramme auf den Prüfstand zu stellen.

6.3.2 Überblick Vorgehen

Wie begibt sich nun Ihr Unternehmen auf die Reise und gestaltet eine Transformation erfolgreich? Jeder Change in Ihrem Unternehmen sollte immer als Projekt, jede Transformation am besten als Programm mit agilen Projekten und begleitenden Maßnahmen umgesetzt werden.

Das **Vorgehen einer integral-agilen Transformationsgestaltung:** (Bild 6.2)

1. **Zuhören**, zuhören, zuhören (möglichst viele Stimmen der Stakeholder einbinden).
2. **Führungsteam »einschwören«**, gemeinsame Sicht schaffen, Dringlichkeit bezogen auf eine große Chance (Kotter 2015) wahrnehmen, gemeinsames Verständnis für den Fokus Ihrer Transformation, Aufzeigen von Perspektiven.
3. **Motivierende Vision** (Start with Why, Sinek 2014) der Transformation und des skizzierten Zielzustands (in erster Iteration, soweit möglich) unabhängig von der Ist-Situation bestimmen: Was ist die mitreißende Vision? Wo möchten Sie tatsächlich hin mit Ihrem Unternehmen?
4. **Transformation als Programm** aufsetzen, abgeleitet aus Strategie und Projektportfolio, mit einem Sponsor/Auftraggeber, Lenkungskreis (für echte nutzenbezogene Business-Entscheidungen), Programmleiter, Transformation Team plus Transformation Office zur Unterstützung.
5. Kurze **Umfeldanalyse** und **integrale, ganzheitliche Standortbestimmung** (integrale Landkarte mit vier Quadranten, Entwicklungsstufen und -linien) beteiligter Personen und Teams mit Werten, Kultur, Führungsverständnis, Verhalten, Organisation zur Integration aller Perspektiven und zur »Einsicht in die Notwendigkeit«.
6. Erstellen einer **Transformations-Roadmap** mit identifizierten Themen/Handlungsfeldern verbunden mit Hypothesen (Ihr »Was?« aus den integralen Entwicklungslinien) und ihren jeweiligen Handlungsbedarfen/Potenzialen, um eine ganzheitliche Sicht und einen klaren Fokus zu gewinnen.
7. Aufsetzen von **flankierenden, integralen Maßnahmen** zur Berücksichtigung aller Perspektiven während der Transformation: Persönlichkeits- und Bewusstseinsentwicklung, Leadership Development/Trainings, Kultur-, Mindset-Entfaltung, Organisationsentwicklung.

8. Aufsetzen von ersten **(Pilot-)Projekten mit agilen Teams** für die verschiedenen Themen/Handlungsfelder, Definieren von Use Cases als Inhalte der Iterationen und User Stories im Transformations-Backlog und gemeinsames Mindset als Basis aufbauen.
9. **Navigieren/Steuern** durch adaptives Programm- und agiles Projektmanagement der Projekte mit ihren Einzelthemen und integralen Maßnahmen und agiler Change Navigation.
10. **Realisieren in agilen Teams**
    a) Selbst organisierte Teams arbeiten in kurzen Iterationen mit Inkrementen, um kurzfristige Erfolge zu erzielen und um durch Feedbackschleifen (Retrospektiven) zu lernen.
    b) Organisation von Business Model Innovation Workshops und Design Thinking Sprints, um sich nicht sofort auf die Lösung zu stürzen, sondern um auf Basis der identifizierten Probleme die impliziten Bedürfnisse der internen/externen Kunden herauszuarbeiten.
    c) Raum zum Experimentieren geben und »Prototyping«/Testen durch MVPs (Minimum Viable Products).
    d) Implementierung erster Ergebnisse (»Quick Wins«), um den gewünschten Nutzen Schritt für Schritt zu erzielen.
11. **Lernen aus Erkenntnissen** als Input für die weitere Reise (erneut Schritte 8. bis 11.).

Agiles Vorgehen

Wie sehen ein wandlungsfähiges Programm-, Projekt- und Change Management sowie ein adaptiver Methodeneinsatz aus? Abhängig vom Umfang und der Geschwindigkeit Ihrer Transformation gewährleisten adaptives Programm- und agiles Projektmanagement sowie agile Change Navigation, dass Ihre Ziele und der Nut-

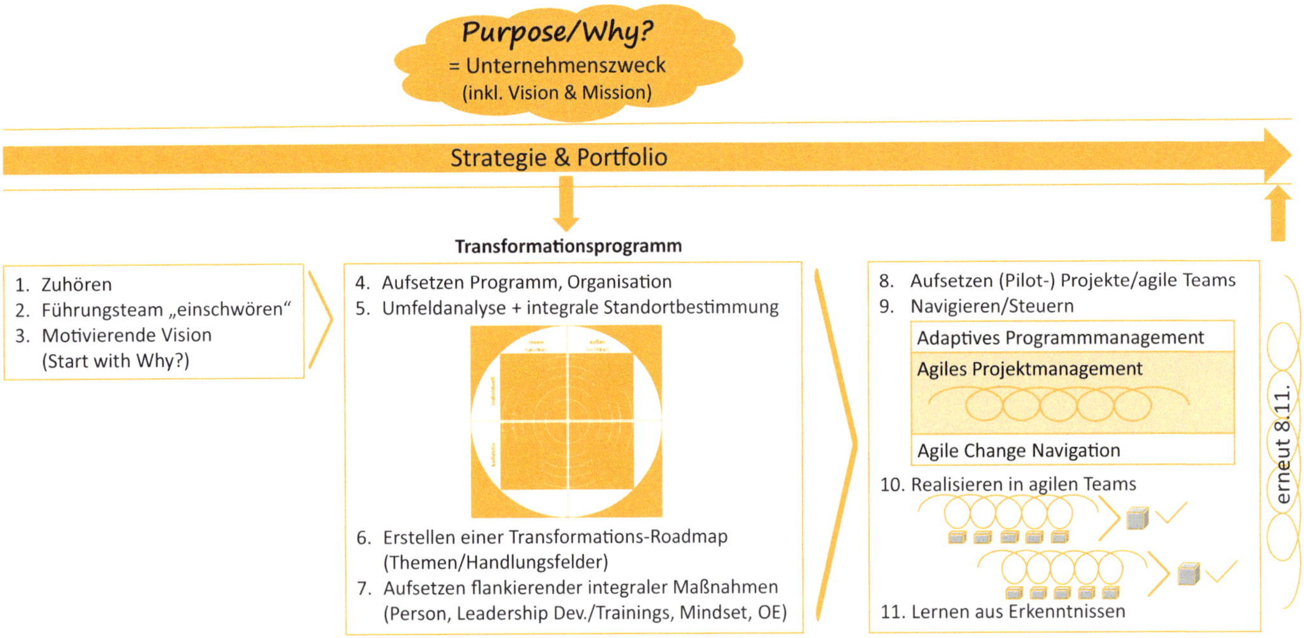

6 Transformation integral-agil gestalten

Purpose/Why?
= Unternehmenszweck
(inkl. Vision & Mission)

Strategie & Portfolio

Transformationsprogramm

1. Zuhören
2. Führungsteam „einschwören"
3. Motivierende Vision (Start with Why?)

4. Aufsetzen Programm, Organisation
5. Umfeldanalyse + integrale Standortbestimmung

6. Erstellen einer Transformations-Roadmap (Themen/Handlungsfelder)
7. Aufsetzen flankierender integraler Maßnahmen (Person, Leadership Dev./Trainings, Mindset, OE)

8. Aufsetzen (Pilot-) Projekte/agile Teams
9. Navigieren/Steuern

Adaptives Programmmanagement
Agiles Projektmanagement
Agile Change Navigation

10. Realisieren in agilen Teams

11. Lernen aus Erkenntnissen

erneut 8.11.

Bild 6.2 Vorgehen bei der integral-agilen Transformationsgestaltung

zen wirklich erreicht werden und Sie sich Ihrer Vision nähern. Für eine erfolgreiche Transformation benötigt es die fachlich-inhaltliche und die personenbezogene Seite (**Bild 6.3**).

Navigieren/Steuern Ihrer Transformation bedeutet konkret:

a) **Adaptives Programmmanagement** zur Steuerung des Programms mit seinen Iterationen und Projekten/Work Streams, um Zielbeiträge/OKRs (Objectives and Key Results), Nutzenrealisierung, Priorisierung, Abhängigkeiten etc. transparent zu machen.

b) **Agiles Projektmanagement:** Inhalte/Ergeb-

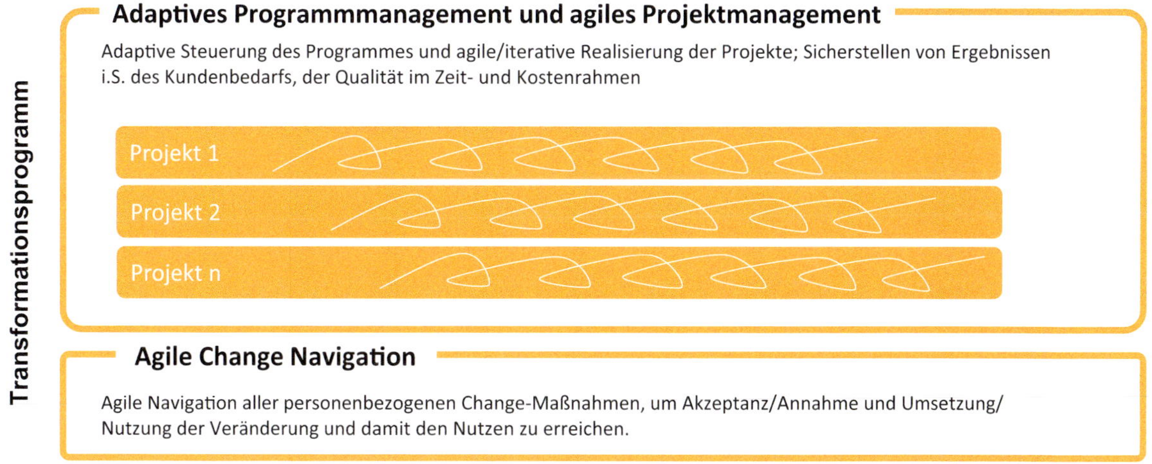

Adaptives Programmmanagement und agiles Projektmanagement

Adaptive Steuerung des Programmes und agile/iterative Realisierung der Projekte; Sicherstellen von Ergebnissen i.S. des Kundenbedarfs, der Qualität im Zeit- und Kostenrahmen

- Projekt 1
- Projekt 2
- Projekt n

Agile Change Navigation

Agile Navigation aller personenbezogenen Change-Maßnahmen, um Akzeptanz/Annahme und Umsetzung/Nutzung der Veränderung und damit den Nutzen zu erreichen.

Transformationsprogramm

Bild 6.3 Adaptives, wandlungsfähiges Programm-, Projekt- und Change Management

nisse der Einzelprojekte selbst organisiert steuern, um interne/externe Kunden intensiv einzubinden und um zügig umzusetzen.

c) **Agile Change Navigation** (passt besser als Change Management), um bei dem agilen Vorgehen durch die individuelle Veränderung zu führen, um dabei die betroffenen Menschen mitzunehmen, mit ihrem Widerstand umzugehen und die Produktivität der Mitarbeiter zu erhalten und um Akzeptanz zu erreichen, damit letztlich die Menschen das Neue begrüßen und leben.

Eine Veränderung verläuft nicht linear, Wandel ist ein Prozess – trivial und doch so wichtig. Das Projekt- und Veränderungsmanagement bei einer Transformation muss adaptiv reagieren und auf Unvorhergesehenes vorbereitet sein. Der Transformationsprozess folgt den agilen Grundsätzen Transparenz, Inspektion und Adaption. Bauen Sie Reflexionsschleifen in Ihr Vorgehen ein. Wenn der Begriff »Retrospektive« aus der agilen Welt bereits genutzt wird, verwenden Sie ihn in Ihrer Transformation. Einheitliche Sprache und gemeinsames Verständnis sind Gold wert.

Bislang bewährte Methoden und Prozesse entsprechen nicht den Anforderungen einer Transformation in der unsicheren, komplexen VUCA-Welt. Neue Methoden, wie Business Model Innovation, Lean Start-up, Design Thinking, Scrum und Kanban werden unverzichtbar. Hinzu kommen Visualisierung und dialogorientiertes Vorgehen mit Workshop-Formaten, Open Space, Appreciative Inquiry, Dynamic Facilitation, Prozessarbeit, Hosting und die Ansätze wie Presencing aus dem Theory U Lab von Otto Scharmer (2014).

6.3.3 Agile Change Navigation – die personenbezogene Seite der Transformation

Was ist »agile Change Navigation« als Teil des integral-agilen Vorgehens bei einer Transformation? Kohnke und Wieser (2019) haben Veränderungsinitiativen und ihren Zusammenhang mit Agilität betrachtet und unterscheiden drei Varianten:

- **Change without Agile:** Veränderungsprojekte, in denen Agilität keine Rolle spielt, wie M&A-Projekte oder Vorhaben mit nicht agilen Zielsetzungen wie Kostensenkung.
- **Change to Agile:** Agile Transformationsvorhaben streben eine Steigerung der Agilität an. Dies umfasst die Einführung oder stärkere Nutzung von agilen Methoden bis hin zu einer Transformation in Richtung einer agilen Organisation, die umfangreiche kulturelle Anpassungen erfordert.
- **Change within Agile:** Veränderungen finden in Organisationen statt, die bereits agil sind und sich durch hohe Flexibilität und Reaktionsgeschwindigkeit auf neue Rahmenbedingungen auszeichnen und bei denen Veränderungsprozesse kontinuierlich angestoßen werden.

Da die dritte Variante heute noch die Ausnahme darstellt, ist für unsere Betrachtung die zweite Variante wichtig. In Ergänzung zu der angeführten Differenzierung ist hierbei klar zu unterscheiden zwischen

- dem Einsatz von **agilen Methoden** in Projekten (u. a. in Transformationen) und
- der agilen/adaptiven Organisation und damit der **Agilität** eines Unternehmens.

Creasey (2017) bringt es auf den Punkt: »One is a method. We do Agile. One is a trait. We are agile.« Das eine ist eine Methode – wir arbeiten Agilität. Das andere ist eine Eigenschaft – wir sind agil.

Agile Methoden können morgen in die Praxis umgesetzt werden, solange das Team angemessen vorbereitet ist und die Beteiligten effektiv eingebunden sind. Agilität braucht in vielen Fällen Jahre, um als Teil des Gefüges der organisatorischen DNA und Kultur zu wachsen.

Während »klassisches« Change Management für Variante eins ausreicht, bedarf es für die Varianten zwei und drei sowie für alle Transformationen, die agil durchgeführt werden, eines agilen Change Managements, welches im Folgenden »agile Change Navigation« genannt wird.

Agile Change Navigation ist gekennzeichnet durch (siehe hierzu Kohnke/Wieser 2019):

- *Kurzzyklisches, iteratives Arbeiten* (z. B. im Rhythmus der Sprints bzw. der Erstellung von Prototypen/MVPs (Minimum Viable Products) erfordert schnelles Anpassen an wechselnde Rahmenbedingungen.
- *Fokus auf übergreifende Schwerpunktthemen*; Aufgabe des Change Agent besteht darin, gemeinsam mit den fachlichen Treibern der Veränderung diejenigen Themen zu identifizieren, bei denen Unterstützungsbedarf besteht.
- *Parallel laufende Interventionen*/Maßnahmen und deren Koordination.
- Coaching und Qualifizierung der Führungskräfte (Sponsorenkoalition Ihres Topmanagements und Führungskräfte der betroffenen Mitarbeiter) und Mitarbeiter für die eigenständige Übernahme von Change-Aufgaben, da agile Rollen und Methoden explizit klassische Change-Management-Themen mit abdecken (z. B. Product Owner mit Stakeholder-Einbindung).
- *Schnelle Wirksamkeit von Interventionen*, um der hohen Veränderungsgeschwindigkeit gerecht zu werden; Fokussierung auf greifbare Quick Wins bedarf eines Pragmatismus und der Bereitschaft zum Experimentieren.
- *Stärkung der Stabilität, Orientierung und Sicherheit* durch Unterstützung beim Gestalten von organisationalen Strukturen und dem Aufbau von Kompetenzen, die es agilen Unternehmen ermöglichen, den Erfolg eines permanenten Wandels sicherzustellen.
- *Digitalisierung der Change-Kommunikation und Interventionen/Tools*, z. B. zur Auswertung von Informationen.
- *Etablierung von dauerhafter Veränderungsbereitschaft und -fähigkeit*, die sich in der Unternehmenskultur verankert, da das Commitment zu Veränderungen durch partizipative Entscheidungsprozesse bereits relativ hoch ist.

6.3.4 Integrale Landkarte und vier Quadranten

Was ist integral und wie lässt sich hiermit Ihre Transformation gestalten? Integral bedeutet, dass alles miteinander verbunden ist und sich wechselseitig beeinflusst. Der **integrale Ansatz**, der insbesondere durch den amerikanischen Philosophen und interdisziplinären Denker Ken Wilber (2018) entwickelt wurde, geht über den systemischen Ansatz hinaus und inkludiert diesen im Sinne einer metasystemischen Sicht. Es werden verschiedene Perspektiven miteinander verbunden und die Auswirkungen auf andere Systemelemente berücksichtigt.

Der integrale Ansatz bringt neue Perspektiven ein, liefert Ihnen Antworten auf komplexe Fragen, sorgt für eine gemeinsame Sprache und eine Verortung in einer Landkarte. Es ist ein Instrumentarium, das Komplexität auf pragmatische Weise erfasst und auf das Wesentliche fokussiert (Kuhlmann/Horn 2020).

Die **integrale Landkarte** ist ein effektives Navigationsinstrument (**Bild 6.4**), um Ihnen zu helfen, durch das von den VUCA-Elementen geprägte Umfeld zu steuern und Ihr Unternehmen zukunftsfähig aufzustellen. Es liefert eine Metaperspektive für Ihre Unternehmensentwicklung. Mit der integralen Standortbestimmung können Sie vorhandene Stärken und Entwicklungspotenziale bei Ihren Mitarbeitern, Ihren Teams und Ihrer Organisation und zudem die Wechselwirkung zu Ihrem Marktumfeld und der Gesellschaft schnell erkennen. Integral bedeutet bei Ihrer Transformationsgestaltung, dass das Vorgehen sich nicht auf Strukturen und Prozesse beschränkt, sondern Ihre Mitarbeiter, das Verhalten Ihrer Führung sowie Ihre Kultur berücksichtigt.

Für die Transformationsgestaltung werden **drei integrale Kategorien** verwendet:
- Vier integrale Quadranten (innen und außen, individuell und kollektiv).
- Integrale Entwicklungsstufen (Wertesysteme nach Spiral Dynamics®).
- Entwicklungslinien (Themen/Handlungsfelder je Quadrant).

Die **vier integralen Quadranten** helfen Ihnen, dass beim Fokussieren und beim Vorgehen Ihrer Transformation alle Perspektiven und damit alle vier Quadranten (innen und außen, individuell und kollektiv/systemisch) bereits bei der Standortbestimmung einbezogen werden. Diese integrale Sichtweise beschränkt sich nicht nur auf die

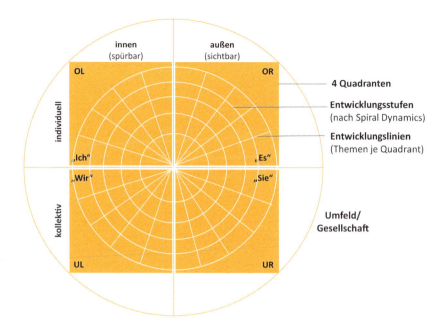

Bild 6.4 Integrale Landkarte (nach Ken Wilber) mit drei integralen Kategorien zur Transformationsgestaltung

Inhalte des unteren rechten Quadranten (UR – außen/sichtbar und kollektiv Ihres Systems Unternehmen) mit Strategie, Organisation mit Strukturen und Prozessen, Produkte und Services, Methoden und Technologie sowie Ihrer Unternehmenskommunikation.

Die Elemente des Quadranten OR (**Bild 6.5**; oben rechts) sind ebenfalls nach außen sichtbar. Es geht hierbei um die individuellen Aspekte wie Führung, Verhalten, Kompetenzen und Fähigkeiten der Mitarbeiter. Diese basieren auf der Einstellung/Haltung der einzelnen Menschen, ihrer Persönlichkeit und ihrem Bewusstsein, welches Elemente des oberen linken Quadranten (OL) sind. Die Kultur/das Mindset, das »Wir« einzelner Teams und Ihrer Gesamtorganisation sowie die Kommunikation untereinander zählen zum unteren linken Quadranten (UL – unten links).

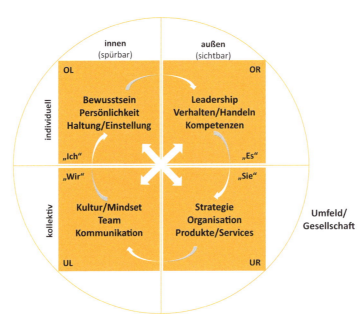

Bild 6.5 Vier integrale Quadranten mit den Perspektiven innen + außen, individuell + kollektiv

Damit werden gleichwertig zu den äußeren Perspektiven die inneren/spürbaren Anteile berücksichtigt.

Bei dieser ganzheitlichen Sicht steht **der Mensch im Mittelpunkt**, durch den sich die vier Perspektiven der vier Quadranten (OL, OR und UL, UR) eines Systems insgesamt ergeben:

- Das Individuum, der einzelne Mitarbeiter (individuell mit innen und außen, OL = Erfahrungsphänomene und OR = Verhaltensphänomene).
- Der soziale Organismus als Gruppe/Team bzw. als Bereich (kollektiv mit innen und außen, UL = kulturelle Phänomene und UR = systemische Phänomene).
- Organisation als lebendiger Organismus (kollektiv mit innen und außen, UL und UR; **Bild 6.6**).

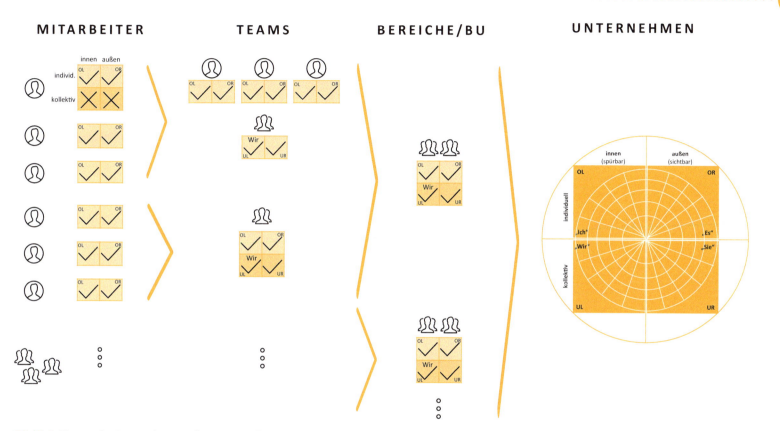

Bild 6.6 Einsatz der Integralen Landkarte/Gestaltung der Transformation auf allen Ebenen

6.3.5 Entwicklungsstufen und Change-Modell

Spiral Dynamics® ist ein Modell **von Wertesystemen/Entwicklungsstufen** von Menschen und Kulturen, das von Prof. Clare W. Graves entwickelt und von Don Beck und Christopher Cowan (2017) erweitert worden ist. Um unsere sich verändernden Lebens- und Umweltbedingungen zu verstehen und in ihnen zu navigieren, greifen wir auf jeder Werteebene auf unterschiedliche Weltbilder zurück. Dies lässt Menschen Handlungen und Wirkungszusammenhänge verschiedenartig erfahren.

Spiral Dynamics® geht davon aus, dass Menschen konkrete Entwicklungsschritte durchlaufen, die es ihnen ermöglichen, mehr und mehr Komplexität zu verarbeiten. Dabei verläuft die Entwicklung gleitend, aber auch sprunghaft mit Durchbrüchen, was zu einem zunehmenden **Maß an Komplexität** führt. Die Entwicklung wechselt zwischen Durchbrüchen auf individueller und kollektiver Ebene. Jeder Durchbruch führt zu einer erweiterten Weltsicht und neuen Fähigkeiten.

Individuen, Teams, Unternehmen und Gesellschaften durchlaufen **acht Entwicklungsstufen**.

In Organisationen steht jede Werteebene z. B. für ein spezifisches Verständnis von Führung und Zusammenarbeit. Die Entwicklungsstufen aus Spiral Dynamics® lassen sich in die vier Quadranten einfügen. Jeder Wert in der inneren Dimension drückt sich im Außen in Form von Verhalten, Strukturen und Prozessen aus. Beispiel: Ein »grünes« Führungsverständnis, geleitet von den Werten Gleichheit und Partizipation, korrespondiert mit demokratischen Entscheidungsprozessen (Breidenbach/Rollow 2019).

Das **Change-Modell von Spiral Dynamics®** (Beck/Cowan 2017) ist hervorragend geeignet, als ein Instrument für die zuvor beschriebene agile Change Navigation (**Bild 6.7**). Es verbindet die Wertesysteme/Entwicklungsstufen mit der individuellen und organisatorischen Change-Kurve. Es hilft Ihnen, die Veränderungen in Ihrer Organisation als lebendigem System besser zu verstehen und das Veränderungspotenzial Einzelner besser abschätzen zu können. Da weder die Lebensbedingungen noch die menschlichen Fähigkeiten fixiert sind, ist Wandel stets gegeben.

Unser Anpassungsvermögen an geänderte äußere Umfeldbedingungen (siehe VUCA-Welt) verdanken wir der Transaktion unserer inneren

Bild 6.7 Wertesysteme/Entwicklungsstufen nach Spiral Dynamics (Beck/Cowan, 2017)

Vorstellungen, Werte und Überzeugungen sowie der **Fähigkeit der Emergenz**. Dies ist die Kapazität des menschlichen Bewusstseins, eine bestehende Weltsicht und ein Wertesystem übersteigen zu können und eine neue Weltsicht wie auch ein verändertes Wertesystem zu formen. Dadurch überwinden wir unsere gegenwärtigen Probleme und kommen zu neuen Einsichten.

Wir entwickeln die Fähigkeiten, neue Lösungen anzustreben. Dank der Emergenz sind wir imstande, einen Sprung in eine neue Entwicklungsphase zu machen.

Probleme kann man niemals mit derselben Denkweise lösen, durch die sie entstanden sind.

Albert Einstein

6.4 WAS?

Was soll entwickelt/transformiert werden und welche Vorstellung haben Sie davon? Nachdem Sie das »WARUM?« Ihrer Transformation geklärt haben und über das »WIE?« der integral-agilen Transformationsgestaltung Ihr Programm initiiert und aufgesetzt haben (Schritte 1. bis 4. des Vorgehens), haben Sie in Schritt 5. eine integrale Standortbestimmung mit den vier Quadranten und den integralen Entwicklungsstufen durchgeführt. Mit den Schritten 6. und 7. klären Sie das »WAS?«, d. h. den Fokus und die Handlungsfelder Ihrer Transformation. Fokussierung betont die Kunst, das Wesentliche vom Unwesentlichen zu unterscheiden, sich also der Essenz Ihrer Veränderung zu widmen. Sie können nur so viel Wandel angehen, wie Ihr System verträgt.

Hierbei hilft Ihnen die dritte Methode aus dem integralen Metamodell, die **integralen Entwicklungslinien** je Quadrant und ihrer Ausprägung nach den Entwicklungsstufen. Sie erstellen Ihre **Transformations-Roadmap** (Schritt 6.) mit Ihren identifizierten Themen verbunden mit Hypothesen und Handlungsbedarfen/Potenzialen, um eine ganzheitliche Sicht und einen klaren Fokus zu haben. Führen Sie flankierend **integrale Maßnahmen** ein (Schritt 7.) mit dem Ziel, alle Perspektiven der vier Quadranten während der Transformation zu berücksichtigen und gleichzeitig Schwerpunkte zu setzen:
- Organisationsentwicklung: Strukturen und Prozesse (UR),
- Leadership Development/Trainings (OR),
- Bewusstseinsentwicklung und Persönlichkeitsentwicklung (OL),
- Kultur- und Mindset-Entfaltung und Teamentwicklung (UL) (**Bild 6.8**).

Auf diese vier inhaltlichen Aspekte der integralen Transformationsgestaltung wird in den folgenden Abschnitten vertieft eingegangen. Da

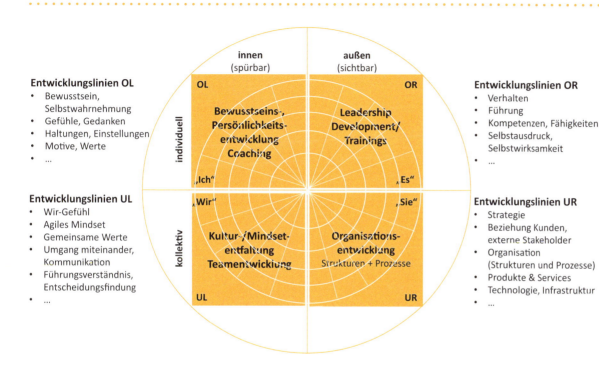

Bild 6.8 Entwicklungslinien und integrale Maßnahmen als Input für die Transformations-Roadmap

alle Perspektiven miteinander vernetzt sind, können Sie mit Entwicklungsschritten in jedem Quadranten beginnen. Idealerweise starten Sie mit dem Leadership Team und fokussieren zu Beginn die »innere« Entwicklung:

- Individuum/Mensch: Bewusstsein, Haltung, Werte (OL).
- System (Team/Organisation): Kultur, Mindset (UL).

6.4.1 Bewusstseins- und Persönlichkeitsentwicklung

Was sind Elemente der achtsamen Gestaltung der individuellen Entwicklung Ihrer einzelnen Führungskräfte und Mitarbeiter? Die eigene innere Entwicklung der Individuen ist die Voraussetzung dafür, gelingenden Wandel in Ihrer Organisation als einem sozialen System zu gestalten. Mit diesem Blick werden jene Prinzipien gestützt, die sich auf die menschliche Seite der Veränderung beziehen, Einbindung betonen und ein ganzheitliches Vorgehen vorschlagen. Integral-agile Transformationsgestaltung hat daher das Thema Achtsamkeit und Bewusstseinsentwicklung des Einzelnen als essenziellen Kern.

Die **innere Haltung/Einstellung** (OL-Quadrant, innen und individuell) der Menschen in Ihrem Unternehmen ist die Basis für ihr äußeres Verhalten (OR-Quadrant). Ideal wäre eine Stimmigkeit zwischen der Haltung und dem Verhalten. Doch wie oft sagen wir nicht, was wir denken. Und steht unser Handeln im Einklang mit unseren Gefühlen? Nehmen wir diese überhaupt wahr? Sind wir präsent im Moment und hören unserem Gegenüber wirklich zu? Wie bewusst treffen wir unsere Entscheidungen?

In seinem Buch *Von der Zukunft her führen* zeigt Otto Scharmer (2014) hierzu anhand vieler Beispiele auf, welche Folgen diese Nicht-Präsenz hat. »Im Kern schlägt der U-Prozess vor, nicht von der Herausforderung zur Handlung zu springen, sondern bewusst die Struktur der eigenen Aufmerksamkeit zu gestalten. In dieser bewussten Gestaltung der eigenen Aufmerksamkeit liegt ein Hebel, Zukunftsmöglichkeiten wahrzunehmen und aus ihnen heraus zu handeln« (Scharmer 2014).

Die **individuelle Bewusstseins- und Persönlichkeitsentwicklung** (OL) ist ein Feld, mit dem sich »klassische« Transformationen nicht beschäftigen. Für eine achtsame integral-agile Transformationsgestaltung gehört es elementar dazu. **Achtsamkeit** wird dabei nicht als Methode, sondern als Basis für alle anderen Veränderungen/Entwicklungen verstanden, dies gilt z. B. für Führung im Sinne von Mindful Leadership (Quadrant OR).

Aktuelle neurowissenschaftliche Studien bestätigen den Nutzen von Achtsamkeit für den Einzelnen und aufgrund der Mitarbeiterzufriedenheit damit auch für die Unternehmen. Tan (2015) verdeutlicht in *Search Inside Yourself*, dass Mindfulness die Basis für emotionale Intelligenz ist. Diese reicht nach Goleman (1997) von der Selbstwahrnehmung über Selbstvertrauen zur Selbstregulierung und der Kunst der Eigenmotivation. All dies ist die Basis für das eigene Verhalten und damit für die Führung von Menschen (OR).

Diese **Mindful Transformation** ist gekennzeichnet von folgenden Gestaltungselementen:
- Ganzheit (»ganzer Mensch«) mit Emotionen, Verletzlichkeit,
- Öffnen von Wahrnehmungsräumen,
- Erspüren der größten zukünftigen Möglichkeit,
- Bewusstsein, Wahrnehmung, Präsenz (Basis für auszuprägende Kompetenzen),
- Lebendigkeit, Leidenschaft, Energie,
- Offenheit, Perspektivenwechsel,
- Potenzialentfaltung.

6.4.2 Leadership Development

Was ist die Rolle Ihrer Führung während der Transformation und wie muss sich Führung ändern? Ihre Transformation beinhaltet erwünschte Verhaltensänderungen, die sich zumeist langsam vollziehen. Beim Wandel ist daher vor allem Ihre oberste Führungsebene entscheidend. Sie braucht viel Mut und Weitsicht, um eine Transformation frühzeitig genug zu starten.

Leadership bedeutet zudem, nicht nur den notwendigen Wandel zu initiieren und sich auf die inhaltlichen Themen der Transformation zu fokussieren, sondern offen zu sein für die Überraschungen, die sich dabei ergeben. Damit eine große und radikale Transformation gelingt, ist ein aktives, sichtbares Sponsorship der wichtigste Erfolgsfaktor (Prosci® 2018).

Als **Change Leader** formulieren Sponsoren aus Ihrem oberen Management Vision, Ziele und den erwarteten Nutzen. Sie stehen für die Vision und führen durch »leading by example«. Die Sponsoren werden dauerhaft in das Projekt eingebunden, um
- aktiv und sichtbar während der Transformation zu sein,
- eine Führungskoalition aufzubauen und zu pflegen und
- das Bewusstsein für die Notwendigkeit der Transformation zu schaffen und zu kommunizieren.

Ihre **Führungskräfte** sind ebenfalls Change Leader und haben die Rolle, Ihre Teams und betroffenen Mitarbeiter durch den Change zu führen. Sie sind als Mitarbeiter selbst betroffen, d. h., sie durchlaufen ihren eigenen, individuellen Veränderungsprozess. Zugleich sind sie stark verunsichert bezüglich ihrer zukünftigen Rolle. Bei mehr Selbstorganisation kommt einer geänderten Führung mit der Förderung der Mitarbeiter zu mehr Eigenverantwortung eine zentrale Bedeutung zu. Damit übernimmt jeder Führung, der Einfluss auf andere nimmt, der andere unterstützt, ihr Ziel zu erreichen, erfolgreich zu sein.

Die **Rolle und das Verständnis der Führung** ändern sich radikal in Richtung von Supportive/Servant Leadership, d. h. der Unterstützung des Teams bei der Wertschöpfung. Dies wird wenig mit dem zu tun haben, was wir heute als Führung kennen. Führungskräfte müssen offen sein für völlig neue Formen der Zusammenarbeit, die sinnvoller und wirkungsvoller sind. Diese neue Führung ist ein Element einer wandlungsfähigen Organisation, das bereits bei der Transformation benötigt wird.

Dies ist eine völlig andere Führungskultur als das traditionelle »Command and Control«: Die Führungskraft von morgen hat vor allem die Aufgabe, Sinn zu liefern und zu unterstützen, die Mitarbeiter mitzunehmen und mitgestalten zu lassen. Ohne den Sinn zu verstehen, sind diese nicht mehr bereit, etwas zu tun.

Dies bedeutet: Führungskräfte müssen lernen, loszulassen. Dies ist schwierig, wenn man vorher eine Sandwich-Position innehatte und Informationen verdichtet und weitergegeben hat. Wenn der Kundennutzen im Fokus steht, schafft z. B. ein Meeting, das der Chef nur zu seiner Information einberuft, im Sinne des Kunden keinen Mehrwert. Ihre gesamte Organisation ist auf diesen Kundennutzen auszurichten, und mit der Mitarbeiterorientierung ist die Selbstorganisation zu etablieren.

Hilfreich ist dabei die Klärung, was **Führung aus integraler Sicht** umfasst (in Anlehnung an Kuhlmann/Horn 2020):

- Die eigene »Selbstführung«: Führungspersönlichkeit entwickeln und Führungsverhalten reflektieren (Entwicklungsstufe und eigene zwei Quadranten OL + OR).
- Führung einzelner Mitarbeiter: (Entwicklungsstufe und alle vier Quadranten des Mitarbeiters bezüglich seiner Rolle im System Unternehmen, z. B. bezüglich der Motivation).
- Führung einzelner Teams (Entwicklungsstufe und zwei Quadranten UL + UR des Teams).

- Führung des Unternehmens (Entwicklungsstufe und zwei Quadranten UL + UR des Unternehmens).

Integrales Leadership ist eine Antwort auf die aufgezeigten Herausforderungen der VUCA-Welt. Sie brauchen hierfür eine geänderte Führung mit einem neuen Bewusstsein. Dieses Leadership entwickelt sich aus dem Innen und sucht nicht die Lösung im Außen, es orientiert sich an Werten/Haltungen wie Sinn, Authentizität, Integrität und Voneinander-Lernen (Götz 2014). Die Vision ist eine sich kontinuierlich entwickelnde, integral-evolutionäre Führung, die auf dem evolutionären Sinn Ihrer Organisation basiert (Christl/Scheuer 2018).

Um all dies zu erreichen, ist **Leadership Development** sowohl für die Transformation als auch für den angestrebten Zielzustand erforderlich. Inhalte mit Bezug zu allen integralen Perspektiven könnten sein:

- Führungskompetenzen, -verständnis, Anforderungen an geänderte Rolle einer Führungskraft, Rolle als Supportive Leader und als Manager,
- gemeinsame, integrale Landkarte/Sprache,
- Mindful Leadership/emotionale Intelligenz,
- Agile Leadership,
- Führen von Transformationen/Veränderungen, Rolle Sponsor,
- Beitrag zur evolutionären Kulturentfaltung,
- Beitrag zur kontinuierlichen Organisationsentwicklung einer anpassungsfähigen Organisation.

6.4.3 Kultur-, Mindset-Entfaltung und Teamentwicklung

Die Frage ist: Wie entsteht in einer integral-agilen Transformationsgestaltung ein neues Mindset, wie entfaltet sich Ihre Kultur? Transformationen, die einen Kulturwandel und ein verändertes Mindset bedingen, sind die schwierigsten Veränderungen überhaupt! Wenn Ihre Transformation nur erfolgreich ist, wenn ein Wandel der Unternehmenskultur beobachtbar ist, z. B. bei der Agilisierung von einer hierarchischen zu einer anpassungsfähigen Organisation, dann ist dieser Wandel nicht plan- und steuerbar.

Dies liegt in der Natur Ihrer **evolutionären Unternehmenskultur**: Sie ändert sich ständig. Sie zeigt nur, was heute bei Ihnen gilt, was heute bei Ihnen getan wird, und nicht, was nur angekündigt ist. Sie spiegelt immer den gelebten Zustand, das gelebte Verhalten Ihres Unternehmens wider. Oestereich und Schröder (2020) vergleichen die Kultur mit einem Schatten. Sie ist nur mittelbar beeinflussbar und das Ergebnis von konkretem Verhalten und nicht dessen Ursache. Basierend auf diesem Verständnis können Sie zwar nicht Ihre Kultur gezielt verändern, Sie können jedoch Impulse setzen für eine sich entfaltende Kultur.

In diesem Umstand liegt auch ein Vorteil. Denn damit kann die Kulturbeobachtung durch Assessments, z. B. basierend auf Spiral Dynamics®, wichtige Anstöße für Ihre Organisationsänderungen geben. Das Verständnis Ihrer Organisation und Ihrer Kultur gibt Ihnen zudem die Chance, die sozialen Gebilde und ihre Lernmöglichkeiten mit in Ihren Wandlungsprozess einzubeziehen (Wöhrle 2002).

Zu Ihrem **Kulturwandel** zählen als zukünftige Basis für sinnvolles Tun/Verhalten die Implementierung von Werten und Prinzipien, die auf eine Mindset-Änderung im Sinne der Anpassungsfähigkeit Ihrer Organisation abzielen sowie ein gemeinsames Führungsverständnis als zentraler Kern und Hebel. Was stiftet Sinn, was trägt bei zum wirklichen Unternehmenszweck oder dem »evolutionären Sinn« Ihrer Organisation, wie es Laloux (2015) nennt? Seit seinem Bestseller *Reinventing Organizations* bewegen sich immer mehr Unternehmen hin in Richtung einer »purpose-driven organization«. Wenn es Ihnen gelingt, dies bereits während der Transformation zu leben, schafft dies Orientierung.

Die **Kultur Ihrer Organisation** hat für den Erfolg des Wandels eine essenzielle Bedeutung. Sie muss Vertrauen und Verbindlichkeit fördern, sonst werden vereinbarte Veränderungen nicht umgesetzt oder ausgesessen und damit in die Wirkungslosigkeit gegeben. Die Kultur muss von der Spitze der Organisation vorgelebt werden, um sich in allen Teilen der Organisation tatsächlich entfalten zu können. Wir sprechen also nicht von hehren Leitbildsätzen an der Wand, sondern der gelebten und beobachtbaren Kohärenz von Wort und Tat als Voraussetzung für gelingenden Wandel.

6.4.4 Organisationsentwicklung – Strukturen und Prozesse

Was soll sich bei Ihnen bezüglich der Organisation und deren Subsysteme ändern? Da dies der bestimmende Fokus der »klassischen« Transformationsgestaltung ist, wird hierauf nur kurz im Sinne des Neuen eingegangen. Beim **»Warum?«** Ihrer Transformation, der Zielsetzung Ihrer Organisationsveränderung geht es darum, die passende Balance zu finden – passend für den Einzelnen, die Teams, Ihr Unternehmen mit Ihrer Kultur – zwischen

- Hierarchie und Selbstorganisation,
- Stabilität/Effizienz und Agilität/Innovation,
- Sicherheit und Veränderungsfähigkeit,
- Zugehörigkeit und autonomem Selbstausdruck (vgl. Breidenbach/Rollow 2019).

Das **»Wie?«**, die Gestaltung der Organisation, beinhaltet auf Basis des beschriebenen integralen Ansatzes eine Vernetzung der Perspektiven. Das Diskutieren von organisatorischen Modellen ist damit nicht der erste Schritt, sondern die konsequente Ableitung aus den Gestaltungselementen:

- Selbstwahrnehmung und -führung, Ganzheit der Mitarbeiter (Quadrant OL),
- Sinn/»Evolutionary Purpose« (Quadrant UL),
- zukünftige Werte/gemeinsames Verständnis für Führung und Zusammenarbeit (Quadrant UL),
- Zielkompetenzen bestimmen (Quadrant OR).

Das **Was?** beinhaltet z. B. die Organisationsentwicklung hin zur wandlungsfähigen, adaptiven Organisation, um mit den Anforderungen der VUCA-Welt umgehen zu können. Aspekte dieser Agilisierung der Organisation sind:

- Organisation als lebender Organismus, als evolutionäres, dynamisches System mit neuen sinnstiftenden Formen der Zusammenarbeit, z. B. in Richtung duales Betriebssystem (Kotter 2015),
- Selbstorganisation bei Strukturen und Prozessen bezüglich Selbstverantwortung, Entscheidungen, Konflikten, Mitarbeitereinstellung und -entwicklung,
- New Work,
- Aufbau Veränderungskompetenz, Stärkung Resilienz.

6.5 Summary: Integral-agile Transformationsgestaltung

Was heißt das nun alles zusammengefasst für Ihre Transformation? Die Einstiegsfrage dieses Beitrages lässt sich ganz eindeutig beantworten:

Ja, Ihre strategisch wichtigen Transformationen lassen sich trotz aller Unsicherheiten der VUCA-Welt erfolgreich gestalten! So einfach diese Antwort ist, umso schwerer ist es, dies zu erreichen. Um mit Ihren unternehmerischen Herausforderungen umzugehen, die durch die Treiber aus dem Umfeld geprägt sind, ist eine ganz eigene, bedarfsspezifische, adaptive Gestaltung Ihrer Transformation nötig, um erfolgreich zu sein.

Reflexionsfragen

Ist das »WARUM?« Ihrer Transformation geklärt? Sind Vision und Zielzustand erste Iteration klar formuliert?

_____

_____

_____

Ist das »WIE?« Ihrer integral-agilen Transformationsgestaltung definiert?

_____

_____

_____

Ist das Führungsteam eingeschworen, das Programm initiiert und mit entsprechender Programmorganisation sowie agilen Teams aufgesetzt?

_____

_____

_____

Wurde eine integrale Standortbestimmung mit den vier Quadranten und den integralen Entwicklungsstufen durchgeführt? Was sind die Ergebnisse?

_____

_____

_____

*Ist das **»WAS?«**, d. h. der Fokus Ihrer Transformation, geklärt?*

_____

_____

_____

Wurde eine Transformations-Roadmap mit Handlungsfeldern/Themen über die integralen Entwicklungslinien entwickelt?

_____

_____

_____

Wurden flankierende Maßnahmen aus allen vier Perspektiven (Bewusstseins- und Persönlichkeitsentwicklung, Leadership Development, Kulturentfaltung und Organisationsentwicklung) definiert?

_____

_____

_____

Gibt es ein adaptives Programm- und Projektmanagement und agile Change Navigation?

_____

_____

_____

Findet eine Realisierung in agilen Teams und kontinuierliches Lernen aus Erkenntnissen mit Retrospektiven statt? Wie schauen Sie nun integral auf sich als Team/Organisation?

_____

_____

_____

Die ganzheitliche, **integrale Landkarte** hilft Ihnen bei der Navigation bei unsicherem, komplexem Umfeld. Dabei **agil vorzugehen**, auszuprobieren, durch Retrospektiven zu lernen, mit kleinen Schritten erste Erfolge zu feiern und die Ziele iterativ zu verfeinern, ist auf jeden Fall zielführender als der zum Scheitern verurteilte Versuch einer »klassischen« Top-down-Planung über mehrere Jahre.

Bei der integral-agilen Transformationsgestaltung geht es ganz eindeutig um den **zentralen Faktor Mensch**. Um erfolgreich zu sein, benötigt es die Einbindung und die Entwicklung der Mitarbeiter von Anfang an. Bei alldem wird deutlich, welche zentrale Rolle einer geänderten **Führungskultur** mit der Förderung der Mitarbeiter zu mehr Eigenverantwortung und Selbstorganisation zukommt. Es braucht hierfür das für Ihr Unternehmen passende Leadership und die passende Kultur und Organisation.

Ihre Transformation kann durch ein **ganzheitliches, achtsames, integral-agiles Vorgehen** mit Fokus auf die Perspektiven Individuum, Führung und Kultur neben Organisation, Prozessen und Technologie gelingen. Dadurch werden die individuellen, teambezogenen und organisationalen Potenziale Ihres Unternehmens entfaltet.

Fazit

Leben Sie während Ihrer Transformation bereits genau das, was Sie erreichen wollen. Seien Sie Vorbild. Schaffen Sie Räume. Experimentieren Sie. Lernen Sie beim Gehen. Lassen Sie sich überraschen. Navigieren Sie. Und nehmen Sie nach einer Weile wahr, was sich durch Ihre Impulse entfaltet/entwickelt hat. Ihre Mitarbeiter, Ihre Führung, Ihre Kultur, Ihre Organisation haben sich definitiv verändert. Wohin? Vertrauen Sie der evolutionären Kraft des Lebens in Ihrem Unternehmen. It's magic.

6.6 Literatur

Beck, Don Edward; Cowan, Christopher C.: *Spiral Dynamics Leadership, Werte und Wandel. Eine Landkarte für Business und Gesellschaft im 21. Jahrhundert.* J. Kamphausen Mediengruppe, Bielefeld 2017

Breidenbach, Joana; Rollow, Bettina: *New Work needs Inner Work. Ein Handbuch für Unternehmen auf dem*

Weg zur Selbstorganisation. Verlag Franz Vahlen, München 2019

Christl, Anette B.; Scheuer, Angelika: »Evolutionär-integrale Führung und Change«. In: Management Akademie Weimar (Hrsg.): *Integrale Führungskunst des digitalen Wandels: Kongress für Integrale Führung 2018*. BoD – Books on Demand, Norderstedt 2018, S. 9–18

Creasey, Tim: »agile and Agile are not the same thing«. LinkedIn, 07.11.2021, https://www.linkedin.com/pulse/agile-same-thing-tim-creasey/

Goleman, Daniel: *EQ. Emotionale Intelligenz*. dtv Verlag, München 1997

Götz, Stefan: *Change Leader inside. Für Menschen, die eine neue Wirtschaftskultur leben*. tao.de in J. Kamphausen Mediengruppe, Bielefeld 2014

Kohnke, Oliver; Wieser, Doris: »Agiles Change Management: Revolution der Change Beratung?« In: *OrganisationsEntwicklung: Zeitschrift für Unternehmensentwicklung und Change Management*, Heft 01-2019, S. 80–85

Kotter, John P.: *Accelerate. Strategischen Herausforderungen schnell, agil und kreativ begegnen*. Verlag Franz Vahlen, München 2015

Kuhlmann, Heike; Horn, Sandra: *Integrale Führung. Wie Sie mit neuen Ansätzen sich selbst, Teams und Unternehmen entwickeln*. Springer Gabler Verlag, Wiesbaden 2020

Laloux, Frederic: *Reinventing Organizations. Ein Leitfaden zur Gestaltung sinnstiftender Formen der Zusammenarbeit*. Verlag Franz Vahlen, München 2015

McKinsey: »Changing Change management«. https://www.mckinsey.com/featured-insights/leadership/changing-change-management. McKinsey, Juli 2015

Oestereich, Bernd; Schröder, Claudia: *Agile Organisationsentwicklung. Handbuch zum Aufbau anpassungsfähiger Organisationen*. Verlag Franz Vahlen, München 2020

PMI (Project Management Institute): *Managing Change in Organizations: A Practice Guide*. Project Management Institute, Newtown Square 2013

Prosci®: *Best Practices in Change Management 2018 – 10th Edition*. Prosci® Inc., Fort Collins, Colo. 2018

Scharmer, Otto C.; Käufer, Katrin: *Von der Zukunft her führen. Theory U in der Praxis. Von der Egosystem- zur Ökosystem-Wirtschaft*. Carl-Auer Verlag, Heidelberg 2014

Sinek, Simon: *Frag immer erst: warum. Wie Top-Firmen und Führungskräfte zum Erfolg inspirieren*. Redline Verlag, München 2014

Tan, Chade-Meng: *Search Inside Yourself. Optimiere dein Leben durch Achtsamkeit*. Goldmann Verlag, München 2015

Wanner, Markus: »Den Wandel erfolgreich gestalten. Strategische Organisationsentwicklung«. In: Dr. Wieselhuber & Partner (Hrsg.): *Handbuch Lernende Organisation. Unternehmens- und Mitarbeiterpotentiale erfolgreich erschließen*. Gabler Verlag, Wiesbaden 1997, S. 265–273

Wilber, Ken: *The Integral Vision. A Very Short introduction*. Shambala, Boulder 2018

Wöhrle, Armin: *Change Management. Organisationen zwischen Hamsterlaufrad und Kulturwandel*. ZIEL, Augsburg 2002

07

Zwei Seiten einer Medaille: Change und Projekte

REINHARD WAGNER

7.1 Einleitung

 Change und Projekte können sich wechselseitig befruchten, jedoch gibt es auf beiden Seiten einige Vorbehalte für die Zusammenarbeit. Der vorliegende Artikel stellt beide Sichtweisen dar und hebt insbesondere die Potenziale durch ein besseres Verständnis, Kenntnisse über die jeweils andere Seite sowie entsprechenden Fähigkeiten hervor. Change und Projekte sind wie zwei Seiten einer Medaille.

In diesem Beitrag erfahren Sie,

- wie Change wirksam durch Projekte umgesetzt werden kann,
- wie sich Projekt- und Change Management gegenseitig befruchten können und
- welche Anforderungen das jeweils an die Beteiligten und Organisationen stellt.

Schon seit Jahren tobt ein Streit um die Frage, welche Beziehung »Change« und »Projekte« haben. Wie bei vielen anderen Fragen gibt es hier auch ein breites Spektrum von Antwortmöglichkeiten. Die einen sagen, dass Change ein Prozess sei, der weder einen klaren »Anfang« noch ein klares »Ende« habe und zudem nicht mit den klassischen Methoden des Projektmanagements, u. a. einer detaillierten Planung und Steuerung, realisiert werden könne. Andere meinen hingegen, Change gehe ohne Projekte und Projektmanagement gar nicht – das eine und das andere seien unmittelbar voneinander abhängig. Wie so häufig im Leben liegt die Wahrheit vermutlich irgendwo in der Mitte.

In diesem Beitrag soll herausgearbeitet werden, wie »Change« und »Projekte« tatsächlich voneinander abhängig sind und sich wechselseitig bedingen. Das Management von »Change« sowie von »Projekten« muss jedoch auf besondere Anforderungen eingehen, damit sich der Erfolg einstellt.

7.2 Change – mithilfe von Projekten realisiert

Change ist heute allgegenwärtig. Der »2019 Global CEO Outlook« von KPMG ist überschrieben mit dem Titel »Agile or irrelevant« (KPMG 2019) und schreibt, dass 2019 schon mehr als zwei Drittel der CEOs der Meinung waren, dass Agilität die neue Geschäftslogik ist – und wer nicht mithalten kann, seinen Ruin riskiert. Um die Organisation widerstandsfähiger zu machen, sei ständige Veränderung und Anpassung nötig. Franziska Gütle fordert jedoch »Schluss mit ›Lipstick Agile‹ – hin zur nachhaltigen Organisationsentwicklung«, denn »Agilität bedeutet Wandlungsfähigkeit. Der Schlüssel dazu ist die Arbeit am System: Jeder Mitarbeiter sollte dazu beitragen, Prozesse und Kultur zu verbessern, denn jeder ist Teil des Unternehmens und trägt durch sein tägliches Wirken zum Geschäftsergebnis bei …« (Gütle 2019).

Ist die Veränderung also etwas Alltägliches, etwas, das jeder (Mitarbeiter oder Führungskraft) jederzeit tut – nicht in Form eines Projektes?

7.2.1 Realisierung von Change durch Projekte

Tatsächlich hat es eine Reihe von Vorteilen, Veränderungen in Form von Projekten durchzuführen, denn
- Projekte stecken einen Zeitrahmen ab und helfen den Mitarbeitern und Führungskräften dabei, sich auf die Veränderungen zu konzentrieren, ihre Kräfte entsprechend einzuteilen und gesteckte Ziele zu erreichen,
- Projekte streben langfristige Ziele an, diese müssen nicht vorgegeben sein, sondern kommen im Idealfall aus dem Team, Ziele geben Orientierung und keiner verzettelt sich im Aktionismus,
- Projekte geben Struktur, sowohl was die zeitliche Reihenfolge von Aktivitäten als auch die Rollen und Verantwortlichkeiten angeht (vgl. König/Volmer 2008), und
- Projekte ermöglichen Kommunikation, Kooperation und Koordination aller Beteiligten, sie bilden eine soziale Struktur, die für die Erreichung einer nachhaltigen Zusammenarbeit wesentlich ist.

Jedoch sollen auch die Nachteile erwähnt werden, denn

- Change endet eben nicht am Projektende, sondern ist ein kontinuierlicher Entwicklungsprozess,
- Change wird »von oben« verordnet und ergibt sich in Abstimmung mit einer langfristigen Ausrichtung des Unternehmens auf strategische Ziele oder den Zweck,
- Change läuft häufig chaotisch, braucht zumindest genügend »Freiraum«, um sich zu entfalten, und es stellt sich die Frage, ob in Projekten dafür genügend Gestaltungsspielraum herrscht, und
- Change wirkt auf bestehende Prozesse, Strukturen und Kulturen, es ist sozusagen alles im Fluss, der Change arbeitet nicht nur am System, sondern im System und damit an sich selbst, das kann die Beteiligten gewissermaßen überfordern (Petersen 2015).

Je strategischer der Change ist, je stärker er also auf die strategische Ausrichtung des Unternehmens einzahlt und somit auch mit den strategischen Zielen abgestimmt werden muss, umso mehr spricht dafür, den Change in Form eines Projektes zu machen. Sind die Mitarbeiter gewohnt, selbständig die Veränderungen am System durchzuführen und bringen entsprechende Motivation und Fähigkeiten dafür mit, umso weniger sind die Rahmensetzung eines Projektes und die Koordination entsprechender Aktivitäten notwendig. Dennoch bietet sich auch in diesem Fall ein Projekt zur besseren Planung und Steuerung von Kommunikation und Zusammenarbeit an.

Reflexionsfragen

Wägen Sie bei der Frage, ob Change in Form von Projekten durchgeführt werden kann, die aufgeführten Punkte sorgfältig ab.

Worum geht es bei der Veränderung?

_____

_____

_____

Wie viel Abstimmung mit übergeordneten bzw. strategischen Zielen ist notwendig?

_____

_____

_____

Wie viel Zeit bleibt für die Umsetzung?

_____

_____

_____

Wie viel Gestaltungsraum ist für den Change nötig bzw. wie viel ist auf Basis der Bereitschaft und Fähigkeiten der Beteiligten möglich?

_____

_____

_____

7.2.2 Change mit Projektmanagement zum Erfolg führen

Projektmanagement scheint in den letzten Jahren etwas in »Verruf« gekommen zu sein. Häufig sind es Berater, die mit ihren agilen Methoden auf das »traditionelle Projektmanagement« schimpfen und nur noch das »moderne«, das »agile« zulassen, weil es sich angeblich besser für eine komplexe Welt eigne. Glücklicherweise setzt sich allmählich die Erkenntnis durch, dass ein Sowohl-als-auch, eine situative Entscheidung, welcher Ansatz auf welches Problem passt, unser Vorgehen bestimmen sollte.

So ist es auch beim Projektmanagement in Bezug auf Change. Change ist schwer planbar, situative Anpassungen der Ziele, Pläne und Maßnahmen stehen auf der Tagesordnung. Das Projektteam ist selbst organisiert, bestimmt also weitgehend selbst, was es tut, und findet den für sich passenden Weg zum vereinbarten Ziel. Das Projektmanagement für Change ist also eher agil (Gergs/Schatilow/Thun 2019), es wird immer wieder angepasst, mit einem hohen Freiheitsgrad für das Team und einer hohen Flexibilität, was Aktivitäten sowie Ergebnisse angeht.

Projektmanagement sollte auf die Besonderheiten von Veränderungen angepasst werden, u. a.:

- Rahmen schaffen für Selbstorganisation, statt »top-down« Ziele vorzugeben,
- Freiraum für Experimente eröffnen, statt vorgegebene Pläne zu verfolgen,

- Projektteams bei der Umsetzung unterstützen, statt abstrakte Key Performance Indicators (KPIs) zu kontrollieren,
- Kommunikation und Zusammenarbeit in den Mittelpunkt des Projektmanagements stellen, statt starren Berichtsformen und Besprechungen zu folgen sowie
- Feedbackschleifen und Reflexionen statt »Null-Fehler-Kultur«.

Projektmanagement ist eine Führungskonzeption, und das schon seit der Prägung des Projektbegriffs durch Daniel Defoe im späten 17. Jahrhundert. Er forderte drei »Tugenden« vom »Projektmacher«, nämlich den (gesunden) Menschenverstand, Ehrlichkeit und Ideenreichtum, um mit den vielfältigen Herausforderungen in Projekten fertigzuwerden (vgl. Krajewski 2004). Es ging zu der Zeit vor allem um Projekte zur Weiterentwicklung der Gesellschaft und weniger um die Realisierung komplexer Engineering-Themen, wie in den 1950ern, als das Projektmanagement bisheriger Prägung in den Vereinigten Staaten von Amerika entstanden ist (Wagner 2019). Der Begriff »Führungskonzeption« bedeutet, dass Projekte situativ organisiert werden, es steht also nicht »eine« Methodik im Raum, sondern Führung, die situativ entscheidet. Die Entscheidung zum Vorgehen wird also auf Basis der Erkenntnisse zum Kontext sowie angepasst an aktuelle Entwicklungen getroffen. Darum geht es heutzutage in Projekten, insbesondere beim Change.

7.2.3 Anforderungen an Beteiligte und Organisationen

Die Beteiligten auf beiden Seiten eines Change sollten Verständnis, Kenntnisse und Fähigkeiten über die jeweils andere Disziplin mitbringen. Einerseits geht es für die am Change beteiligten Mitarbeiter und Führungskräfte darum, die Vorteile der Projektform zu kennen und gezielt einsetzen zu können. Auf der anderen Seite sollten Mitarbeiter und Führungskräfte aufseiten des Projektmanagements Verständnis über die Anforderungen von Veränderungsprojekten sowie Kenntnisse und Fähigkeiten in Bezug auf die Führung solcher Vorhaben haben (vgl. O'Donovan 2018).

Für Organisationen bedeutet es heutzutage, eine Palette von Handlungsoptionen, Standards sowie PM-Ansätzen zur Verfügung zu stellen, aus denen die Beteiligten an Change-Projekten auswählen können. Bei Qualifizierungsmaßnahmen geht es weniger darum, die »eine« Methodik wieder und wieder zu schulen, sondern die Beteiligten darin zu befähigen, situationsgerecht die richtige Methodik zu wählen. Das kann u. a. von Phase zu Phase eine unterschiedliche Methode sein, je nachdem welche Anforderung gerade im Vordergrund steht.

Dies stellt auch Anforderungen an die Organisation insgesamt. Was hilft es, wenn sich Projekte selbst organisiert an Bedürfnisse des Change anpassen, wenn der »Chef« immer wieder reinredet? Was passiert, wenn im Change experimentiert wird, aber die Unternehmensführung eine »Null-Fehler-Kultur« propagiert? Oder wenn es der DNA des Unternehmens entspricht, auf Anweisungen »von oben« oder von erfahrenen Führungskräften zu warten, bevor etwas passiert? Diese Fragen sollten geklärt werden.

7.3 Projekte – mithilfe von Change realisiert

Ein Projekt ist dazu da, vorab definierte Ergebnisse in einem begrenzten Zeitraum und bei knappen Ressourcen zu erzielen. Projekte finden als temporäre Formen der Organisation parallel zur Routine statt und sollen relativ neuartige und komplexe Aufgabenstellungen lösen helfen. Da Menschen die Arbeit in Projekten erledigen, kann man diese auch als soziales System verstehen, bei denen es vor allem auf soziale Prozesse ankommt, die es auf das Ziel hin zu steuern gilt (Gareis/Gareis 2017). Das heißt, Change passiert schon allein dadurch, dass Menschen im Rahmen von Projekten zusammenarbeiten. Bewusst oder unbewusst hat jedes Projekt eine Wirkung auf die Menschen und prägt diese in ihrer Entwicklung. Zielt das Projekt inhaltlich auf die Entwicklung von Menschen, sozialer Systeme sowie deren Struktur, Prozesse und Kultur, dann ist die Veränderung Teil der Projektrealisierung und muss entsprechend gemanagt werden.

Nicht immer ist der Change in Projekten offensichtlich. Der Bau einer Brücke mag technisch orientiert sein und wenig soziale Aspekte abdecken, wenn aber der Zweck der Brücke ist, das Festland mit einer bislang wenig oder gar nicht besiedelten Insel zu verbinden, dann ist damit eine Reihe von Aspekten verbunden, die mit Change zu tun haben. Einerseits kann es um Menschen gehen, die schon auf der Insel leben und nun mit einer Besiedelung fertigwerden müssen. Andererseits ist die Frage, was die anderen Menschen dazu bewegen wird, nach Fertigstellung der Brücke diese auch tatsächlich zu verwenden, sich gegebenenfalls auf der Insel niederzulassen und dort den eigenen Geschäften nachzugehen.

Auch bei anderen, vordergründig eher technisch orientierten Projekten ist nicht immer klar, welche Veränderungen diese nach sich ziehen. Diese gilt es aber genauer unter die Lupe zu nehmen, denn sie fordern die volle Aufmerksamkeit des Projektmanagers, sonst können Projekte nämlich schnell in eine Schieflage geraten. Oder anders herum gesagt, nur wenn der Change im Rahmen eines Projektes auch professionell gemanagt wird, kann das Projekt erfolgreich realisiert werden.

Beispiel Einführung IT-Tool

In einem mittelständischen Unternehmen der Automobilindustrie soll ein neues IT-Tool zur Planung und Steuerung von Projekten eingeführt werden. Nach der systematischen Auswahl, Anpassung und Einführung der Software wird das Tool jedoch nur von wenigen Mitarbeitern benutzt. Die Geschäftsleitung ist sehr unzufrieden und fragt einige der Mitarbeiter, warum sie das Tool nicht verwenden. Dabei stellt sich heraus, dass die Mitarbeiter gar nicht verstehen, wozu das Tool überhaupt gut ist. Darüber hinaus hat sich niemand die Mühe gemacht, die Mitarbeiter in die Funktionalität der neuen Software einzuführen, diese zu erklären und die Mitarbeiter bei der Ausgestaltung der Software einzubeziehen. Diese verwenden nun das bisherige Tool weiter und geben das auch ganz offen zu.

Immer häufiger werden strategische Initiativen oder komplexe Vorhaben auch in Form von Programmen realisiert. Programme sind Bündel voneinander abhängiger Projekte, die eine langfristige, strategische Wirkung erzielen sollen. Dies können u. a. Programme im Kontext eines Mergers, Kostensparprogramme auf Ebene eines Konzerns oder eine strategische Transformation sein (vgl. Menz et al. 2011). In diesem Programm sind dann typischerweise auch Projekte vorgesehen, die einen Change zum Ziel haben oder sich gezielt um die Veränderungsbereitschaft der Organisation und ihrer Mitarbeiter kümmern. Diese Programme sind naturgemäß sehr komplex und stellen viel größere Anforderungen an Programm- wie auch Topmanagement (Cooke-Davies 2016).

Einer der wichtigsten Vorteile von Programmen ist, dass diese nicht mit der Erschaffung des Produktes eines Projektes (z. B. der Brücke oder der Software) enden, sondern über die Inbetriebnahme bis in die Betriebsphase gehen, wo große Veränderungen passieren. Erfolg oder Misserfolg von Projekten sowie Programmen entscheidet sich also weniger in der technischen Ausgestaltung, sondern vor allem dem Management der Veränderungen.

7.3.1 Realisierung von Projekten mit Change-Anteil

Bei Projekten geht es um innovative, neuartige Vorhaben. Dabei sind Veränderungen ganz normal. Diese beziehen sich sowohl auf die Menschen, die am Projekt unmittelbar beteiligt sind, als auch die von dem Projekt betroffenen Menschen. Dazu ist es erforderlich, eine systematische Stakeholder-Analyse (die am Projekt beteiligten, interessierten oder durch das Projekt betroffenen Menschen) durchzuführen und zu verstehen, welche Wirkungen das Projekt kurz-, mittel- und langfristig auf diese Menschen haben kann. Das für Projektmanagement verantwortliche Team muss sich gemeinsam mit dem Auftraggeber dann Gedanken dazu machen, wie sie mit den Stakeholdern umgeht. Geeignete Maßnahmen sind u. a. eine gezielte Information und Kommunikation zum Projekt, die Einbindung ausgewählter Stakeholder über den Projektverlauf hinweg sowie die gezielte Beeinflussung von Stakeholdern, die dem Projekt eher kritisch gegenüberstehen, durch solche Stakeholder, die eher positiv über das Projekt denken.

> **Beispiel Stuttgart 21**
>
> Das Projekt »Stuttgart 21« ist ein Großprojekt in und um Stuttgart herum, bei dem es auf der einen Seite um die Verlegung des Hauptbahnhofs unter die Erde geht, andererseits aber auch die Fahrzeit zwischen Ulm und Stuttgart durch bauliche Maßnahmen deutlich verkürzt werden soll. Nach Beginn der Baumaßnahmen geriet das Projekt schnell in die Schlagzeilen: »Stuttgart 21 wird wieder mal teurer – und die Bahn lernt nichts dazu. Wer wie der Staatskonzern stets nur scheibchenweise mit der Wahrheit herausrückt, darf sich nicht wundern, wenn Großprojekte keine Akzeptanz mehr finden. Denn schon jetzt ist klar: Auch 6,8 Milliarden Euro werden kaum reichen« (Kaiser 2012). Starker Widerstand brachte das Projekt fast zum Stillstand, eine Schlichtung versuchte, die Wogen zu glätten, die Mehrkosten führten fast zum Abbruch des Projektes. Mit einer neuen Kommunikationsstrategie wurde mehr Transparenz erzeugt (Deutsche Bahn 2019), Nutzenargumente für die Bürger werden genauso beleuchtet wie die ökologischen, ökonomischen und gesellschaftlichen Nebenwirkungen des Bauprojektes. Das Projekt wird nun bald fertiggestellt und dient sicherlich als Lernerfahrung für viele Infrastrukturprojekte, wie wichtig Bürgerbeteiligung ist und was dafür getan werden muss.

Neben der Analyse der Stakeholder ist auch eine Analyse der Veränderungen nötig, die das Projekt auf Menschen, Organisationen und die Gesellschaft hat. Diese Veränderungen sind von Anfang an, also von der Idee für ein Projekt über die Realisierung bis zum erfolgreichen Abschluss, im engeren wie auch dem weiteren Kontext zu betrachten und in das Projektmanagement einzubeziehen.

Projekte haben vielfältige Wirkungen auf Menschen, die unmittelbar beteiligt oder mittelbar von dem Projekt betroffen sind. Informationen aus einem Projekt können Ansichten, Einstellungen sowie die Wahrnehmung bestimmter Sachverhalte verändern. So kann z. B. ein Flüchtlingshilfeprojekt eine starke Veränderung bei den beteiligten Menschen verursachen. Damit diese Veränderung in einem positiven Sinne verläuft, sollte im Rahmen des Projektes herausgestellt werden, wozu das Projekt da ist, was wie gemacht wird und welche Hilfestellung den einzelnen Menschen bei der Umsetzung in Form von Training, Coaching oder auch Seelsorge angeboten wird.

Die Umsetzung einer erneuerten Strategie in Form von Projekten oder Programmen kann gravierende Veränderungen für die organisatorische Struktur, die Prozesse und Kultur eines Unternehmens haben. Die Menschen in der Organisation werden gegebenenfalls verunsichert, die Leistungsfähigkeit sinkt und das Risiko eines Scheiterns ist hoch, wenn die Veränderungen nicht systematisch gesteuert werden. Ähnliches ist auf gesellschaftlicher Ebene zu beobachten, beispielsweise bei der Energiewende in Deutschland. Als Analysetools stehen u. a. Szenariotechniken, Systemanalyse und Wirkdiagramme zur Verfügung.

7.3.2 Projekte mit Change Management zum Erfolg führen

Je größer der Change eines Projektes ist, umso wichtiger wird die Anwendung eines professionellen Change Management. Das Projektmanagement organisiert die inhaltliche Seite des Projektes, klärt die Erwartungen und Ziele, plant und steuert die Umsetzung im Rahmen vorgegebener Termine, Budgets sowie Ergebnisanforderungen, egal ob klassisch oder agil. Change Management kümmert sich hingegen um die menschliche Seite der Veränderung, klärt den im und durch das Projekt verursachten Change, die notwendigen Maßnahmen, um die Veränderungen auf individueller wie auch organisatorischer Ebene zu erreichen. Das kann z. B. Kommunikationsmaßnahmen, Training und Coaching umfassen und wird eng verquickt sein mit dem Projektmanagement. Dabei ist selbstverständlich auch die Einbindung des Projektauftraggebers (Wagner/Bergau/Schnichels-Fahrbach 2017) bzw. der Geschäftsführung wichtig (**Bild 7.1**). Diese sind integraler Bestandteil des Projekt- und Change Management und sollten von Anfang an sehr eng eingebunden werden.

Projekt- und Change Management gehen eine Symbiose ein, um das Projekt mit all seinen Aspekten zum Erfolg zu führen. Das Projektteam sollte paritätisch aufgestellt sein, neben einem Project (Management) Office (PO oder PMO) kann es auch ein Change Management Office (CMO) geben, das Unterstützung für das Projektteam bietet. Je nach der Schwerpunktsetzung kann die Projektleitung aus einer Doppelspitze bestehen, und auch bei den Entscheidungen (u. a. im Projektsteuerkreis) sollte eine Change-Management-Kompetenz vorhanden sein. Change-Management-Aktivitäten sind bei Projektplanung zu berücksichtigen (z. B. Kommunikationsplan), das bedeutet selbstverständlich auch die nötige Zeit, Ressourcen und Kosten dafür zu planen. Neben Key Performance Indicators (KPIs) für das Projektergebnis sollten auch KPIs für den Change definiert und im Projektverlauf kontrolliert werden (siehe Kapitel 16 in diesem Buch).

Da Change eine Beteiligung der Betroffenen voraussetzt, sind in den Ablaufplänen Zeiträume für einen intensiven Dialog einzuplanen. Die Rolle des Projektleiters verändert sich von einem »Umsetzer« hin zu einem »Moderator«, der soziale (Veränderungs-)Prozesse auf das vereinbarte Ziel hinsteuert. Dies setzt viel Fingerspitzengefühl und soziale Fähigkeiten voraus. Deshalb ist bei der Auswahl eines Projektleiters nicht nur die technische Kompetenz sowie die Methodenbeherrschung gefragt, sondern deutlich mehr an Kompetenzen für den Projekterfolg mit und durch Change Management.

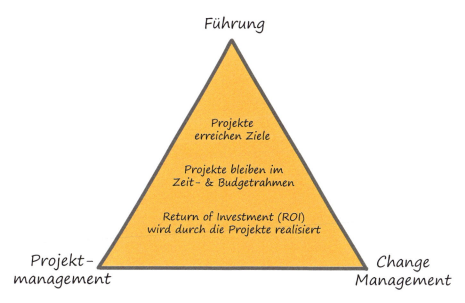

Bild 7.1 Prosci® Project Change Triangle™

7.3.3 Anforderungen an Beteiligte und Organisationen

Alle an Projekten beteiligten Führungskräfte und Mitarbeiter sollten Kompetenzen im Management von Change haben. So hat die International Project Management Association (IPMA) in der vierten Ausgabe der *IPMA Individual Competence Baseline (IPMA ICB 4.0)* ein neues Kompetenzelement aufgenommen, nämlich »Change und Transformation«. In der deutschen Ausgabe der ICB wird das Kompetenzelement wie folgt erläutert: »Dieses Kompetenzelement beschreibt, wie der Einzelne in die Lage versetzt wird, Gesellschaften, Organisationen und Einzelnen dabei zu helfen, sich derart zu verändern oder umzugestalten, dass sie die erwarteten Vorteile und Ziele erreichen« (GPM 2019). Als Indikatoren für die Kompetenz werden folgende genannt: 1.) Adaptionsfähigkeit der Organisation(en) zu Veränderung beurteilen; 2.) Veränderungsanforderungen und Transformationschancen identifizieren; 3.) Veränderungs- oder Transformationsstrategie für das Projekt entwickeln; und 4.) Veränderungs- oder Transformationsmanagement implementieren.

Auch die anderen Standards der IPMA gehen auf Veränderungen ein, so z. B. *IPMA Reference Guide ICB4 in an Agile World* oder IPMA Competence Baseline *Reference Guide for Consultants, Coaches & Trainers* (IPMA 2019). Letzterer ist insbesondere für diejenigen wichtig, die Veränderungen in einem Projekt unterstützen sollen. Aufbauend auf diesen oder aber auch vergleichbaren Standards sollten Organisationen Qualifizierungs- und Zertifizierungsprogramme anbieten, die neben den technischen Kompetenzen eben auch die aufgeführten Kompetenzen zur Umsetzung von Veränderungen beinhalten. Die Zielgruppen sind neben den Projektleitern und Teams vor allem auch die Führungskräfte und jeweils verfügbare Unterstützungskräfte, z. B. Coaches.

Ein Change Management Office (CMO) kann zentral Unterstützungsleistungen für Projekte erbringen (siehe Kapitel 9 in diesem Buch). Dies könnte auch über ein zentrales PMO organisiert werden. Das hängt sicherlich von Faktoren wie der Intensität von Veränderungen in Projekten und Programmen ab und der Reife einer Organisation im Change Management. Diese Reife schließt Klarheit in Bezug auf notwendige Rollen, Prozesse, Methoden, Tools sowie die Strategie des Change Management ein. Hier spielt die

Geschäftsführung eine zentrale Rolle. Sie sollte die Strategie definieren, die Voraussetzungen für die Entwicklung des Reifegrades im Change Management schaffen und sich an die Spitze der Change-Aktivitäten im Unternehmen stellen. Dazu aber in anderen Kapiteln dieses Buches mehr.

> **Die wichtigsten Punkte in Kürze**
>
> - Change und Projekte sind symbiotisch miteinander verbunden, d.h., Change kann in Form eines Projektes umgesetzt werden und Projekte beinhalten immer häufiger auch Change.
> - Projekt- und Change Management ergänzen sich, um die Ziele des Projektes bzw. des Change auch ganzheitlich zu erreichen.
> - Sowohl die Beteiligten als auch die Organisationen sind angesichts der stärkeren Verschränkung von Change und Projekten aufgefordert, die Voraussetzungen für die erfolgreiche Umsetzung zu schaffen.

7.4 Literatur

Cooke-Davies, Terry: »Managing Strategic Initiatives«. In: Lock, Dennis; Wagner, Reinhard (Eds.): *Gower Handbook of Programme Management*. Routledge, Abingdon 2016, S. 259–267

Deutsche Bahn: *Bauprojekt Stuttgart–Ulm*. http://www.bahnprojekt-stuttgart-ulm.de/aktuell/. Abgerufen am 03.12.2021

Gareis, Roland; Gareis, Lorenz: *Projekt, Programm, Change. Lehr- und Handbuch für Intrapreneure projektorientierter Organisationen*. Manz'sche Verlags- und Universitätsbuchhandlung, Wien 2017

Gergs, Hans-Joachim; Schatilow, Lars C.; Thun, Marc Vincent: »Agiles Change Management – der Weg einer erfolgreichen Veränderung«. In: Lang, Michael; Scherber, Stefan (Hrsg.): *Der Weg zum agilen Unternehmen – Strategien, Potenziale, Lösungen*. Carl Hanser Verlag, München 2019, S. 81–97

GPM: *Individual Competence Baseline, Version 4.0 (ICB 4), Deutsche Version*. https://www.gpm-ipma.de/know_how/icb_4_formular/icb4projektmangement_als_pdf_herunterladen.html Abgerufen am 03.12.2021

Gütle, Franziska: »Darf es ein bisschen mehr als nur Kosmetik sein? Schluss mit ›Lipstick Agile‹ – hin zur nachhaltigen Organisationsentwicklung!«. https://www.projektmagazin.de/artikel/agile-transformation-holokratie-hybrides-system. Abgerufen am 03.12.2021

IPMA: IPMA Global Standards. https://shop.ipma.world/product-category/ipma-standards/books-ipma-standards/?v=3a52f3c22ed6. Abgerufen am 03.12.2021

Kaiser, Simone: »Grubes grobe Fehler«. *Spiegel* vom 12.12.2012, https://www.spiegel.de/wirtschaft/unternehmen/stuttgart-21-die-bahn-verfehlte-kommunikationsstrategie-a-872565.html. Abgerufen am 03.12.2021

König, Eckard; Volmer, Gerda: *Handbuch Systemische Organisationsberatung*. Beltz Verlag, Weinheim, Basel 2008, S. 67 ff.

KPMG: »Agile or irrelevant«. https://home.kpmg/xx/en/home/campaigns/2019/05/global-ceo-outlook-2019.html. Abgerufen am 03.12.2021

Krajewski, Markus (Hrsg.): *Projektemacher. Zur Produktion von Wissen in der Vorform des Scheiterns*. Kulturverlag Kadmos, Berlin 2004

Menz, Markus et al.: *Strategische Initiativen und Programme. Unternehmen gezielt transformieren*. Gabler Verlag, Wiesbaden 2011

O'Donovan, Gabrielle: *Making Organizational Change Stick. How to create a culture of partnership between Project and Change Management*. Routledge, London, New York 2018

Petersen, Dominik: »Management organisationaler Veränderungen«. In: Wagner, Reinhard (Hrsg.): *Beratung von Organisationen im Projektmanagement*. Symposion Publishing, Düsseldorf 2015, S. 259–274

Wagner, Reinhard: »Vom Handwerk über die Industrialisierung zur Projektorientierung«. In: Lang, Michael; Wagner, Reinhard (Hrsg.): *Der Weg zum projektorientierten Unternehmen*. Carl Hanser Verlag, München 2019, S. 1–14

Wagner, Reinhard; Bergau, Michael; Schnichels-Fahrbach, Ludger: »Die Rolle des Auftraggebers für den Projekterfolg«. In: *projektManagement aktuell* 03/2017, S. 36–44

08 Unternehmenskultur beeinflussen und gezielt entwickeln

ALOIS KAUER

So mancher Entscheider macht bei Veränderungen erst einmal einen weiten Bogen um das Thema Kultur, um dann später genau dort wieder zu landen. Warum? Neue Geschäftsmodelle, Digitalisierungskonzepte, Antworten auf Disruption und zukunftsweisende Strategien scheitern oft nicht an deren Ausrichtung, sondern an der Bereitschaft der Organisation, diese auch wirklich umzusetzen und sich dafür auch zu verändern. Die Kultur des Unternehmens passt zwar oftmals zur bisherigen mehr oder weniger erfolgreichen, »alten« Ausrichtung des Unternehmens, aber nicht zwangsweise zur neuen!

In diesem Beitrag erfahren Sie,

- warum es sich für Entscheider lohnt, sich bewusst mit der Kultur ihres Unternehmens auseinanderzusetzen,
- wie Sie Kulturentwicklung proaktiv als Treiber für Veränderung in Ihrem Unternehmen nutzen können und
- mit welchen Methoden Sie einen Kulturentwicklungsprozess in Gang bringen und am Laufen halten.

8.1 Kultur als Voraussetzung für Veränderung

Culture eats strategy for breakfast.

Peter Drucker

Kultur hat einen erheblichen Einfluss auf die Anpassungs- und Wandlungsfähigkeit eines Unternehmens, und jede unternehmerische Neuorientierung hat auch Auswirkungen auf die Kultur. Jede größere Veränderung in Unternehmen, die Menschen zu deren Umsetzung braucht, kann nur durch einen parallel zum Veränderungsprozess laufenden Kulturprozess (siehe **Bild 8.1**) nachhaltig zum Erfolg geführt werden. Je einschneidender die Veränderung für die Menschen ist, umso empfehlenswerter ist es, die Kulturentwicklung bewusst zu steuern und entsprechend der beabsichtigten Veränderung weiterzuentwickeln.

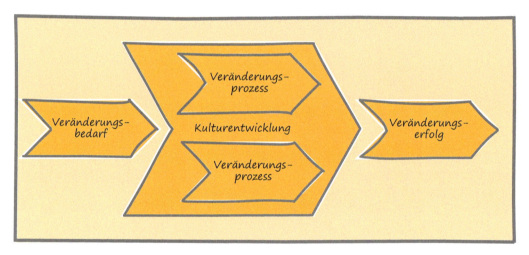

Bild 8.1 Prozess erfolgreicher Veränderung

Reflexionsfragen

Welches Verhältnis haben Sie persönlich zum Begriff Kultur?

_____

_____

_____

Welche Erfahrungen haben Sie dabei geprägt?

_____

_____

_____

Welchen Einfluss hat das auf Ihren Umgang mit Kultur?

_____

_____

_____

8.2 Anlässe für Kulturentwicklung

Kulturentwicklung wird in den Unternehmen häufig nicht als kontinuierliche Aufgabe verstanden, sondern hat meistens Anlässe. Beispiele für typische Anlässe:

- **Neue Geschäftsmodelle:** Sie zwingen zu einer anderen Arbeits- und Denkweise.
- **Reibungsverluste in der Zusammenarbeit:** Wenn sie sichtbar und spürbar werden, sollten die Grundsätze für Kommunikation und den Umgang miteinander neu definiert werden.
- **Fusionen:** Sie stellen die Mitarbeiter und Führungskräfte vor die Herausforderung, zwei Unternehmen und deren Kulturen zu möglichst einer verschmelzen zu lassen.
- **Restrukturierungen:** Wenn nach erfolgreichen Perioden der Unternehmensentwicklung Einsparungen und strukturelle Veränderungen umgesetzt werden müssen, erfordert dies grundsätzliches Umdenken.
- **Sinkende Mitarbeiterzufriedenheit:** Wenn die Mitarbeiterzufriedenheit nicht den Erwartungen entspricht, drohen auch Motivation, Ergebnisse und die Identifikation mit dem Unternehmen zu sinken.
- **Geringe Arbeitgeberattraktivität:** Wenn die Attraktivität als Arbeitgeber gefestigt oder gesteigert werden soll, damit z. B. sich wieder mehr junge, gut ausgebildete Fachleute von dem Image des Unternehmens angezogen fühlen und sich bewerben.
- **New Work:** Um neue Arbeitsformen zu etablieren und diese zu verankern, müssen die Mitarbeiter offen für Neues sein.
- **Digitalisierung:** Um in einem größeren Stil die Wirksamkeit und Akzeptanz von Digitalisierung zu erhöhen, muss diese z. B. als Chance für die Zukunft oder Arbeitserleichterung wahrgenommen werden.

Reflexionsfragen

Welche Anlässe für Kulturentwicklung gibt es in Ihrem Unternehmen?

_____

_____

_____

Was an der bestehenden Kultur sollte sich wie ändern?

_____

_____

_____

Woran würde deutlich, dass dieses Ziel erreicht wurde?

_____

_____

_____

8.3 Elemente und Sinn von Kultur

Als Unternehmenskultur wird, wie **Bild 8.2** veranschaulicht, die Gesamtheit der von den Mitarbeitern einer Organisation gemeinsam getragenen Normen, Werte, Regeln und Verhaltensweisen bezeichnet (Sackmann 1990). Diese formen oftmals eine ungeschriebene, unbewusste, innerbetrieblich verabredete Denk- und Grundhaltung. Sie leiten die Zusammenarbeit und werden wie ein Erbe an alle neuen Mitarbeiter unaufgefordert weitergeben. Mit den Worten »das läuft bei uns so« werden eingespielte Verhaltensweisen im Unternehmen übermittelt, übertragen und angenommen.

Bild 8.2 Elemente der Unternehmenskultur

Reflexionsfragen

Welche Besonderheiten der Kultur fallen Ihnen spontan zu Ihrem jetzigen Unternehmen ein?

_____

_____

_____

Wie beeinflusst das Ihre Verhaltensweise bei der Arbeit?

_____

_____

_____

Wie ändert sich Ihr Verhalten, wenn Sie woanders sind?

_____

_____

_____

8.3.1 Kultur als Faktor der Arbeitgeberattraktivität

Gerade bei der Arbeitsplatzwahl der jüngeren Generation nimmt das Thema Kultur eine zentrale Bedeutung ein. Sie fragen immer öfter: »Haben Kulturaspekte eine Wichtigkeit in diesem Unternehmen?«, »Wie ist dort die Arbeitsatmosphäre?«, »Welche Kultur wird dort angestrebt, und meinen es die Verantwortlichen ernst damit?«, »Wie unterscheidet sich die Kultur von anderen Unternehmen?«, »Was ist die Besonderheit dieser Organisation?« oder: »Passt sie zu mir und meinen Vorstellungen vom Arbeiten?«

> Kultur ist nicht mehr nur ein Zusatzfaktor bei der Berufswahl, sondern zunehmend ein Hauptentscheidungsmerkmal.

Auf der Suche nach einer sinnerfüllteren Arbeit nehmen junge Menschen zum Teil auch schlechter bezahlte Arbeitsplätze in Kauf, wenn die Unternehmenskultur zu den eigenen Werten und Zielen passt. Dabei ist nicht nur die Kultur der Zusammenarbeit für viele junge Menschen bei der Arbeitsplatzwahl von zunehmender Bedeutung, sondern auch die Frage, ob ein Unternehmen gesellschaftlich und ökologisch Verantwortung übernimmt. In *Purpose Driven Organizations* (Fink/Moeller 2018) ist ein maximaler Grad an Sinnerfüllung der Arbeit eine der Kernzielsetzungen.

Reflexionsfragen

Welche Kultur suchen die Mitarbeiter, die Ihr Unternehmen in Zukunft braucht?

_____

_____

_____

Welche Kultureigenschaften hat Ihr Unternehmen bereits, welche nicht?

_____

_____

_____

Wie kann die Kultur Ihres Unternehmens für Bewerber attraktiver und sichtbarer werden?

_____

_____

_____

8.3.2 Analogien zum Begriff »Kultur«

Je nachdem, nach welchen Maßstäben und als Antwort auf welche Herausforderungen die Kultur in Ihrem Unternehmen gewachsen ist, unterscheidet sich diese Kultur von anderen Organisationen. Um sich diesen Unterschieden anzunähern und sie bzw. ihre Wirkungsweise besser zu verstehen, hier einige Analogien. Sie können helfen, den Kulturbegriff im eigenen Unternehmen genauer zu fassen und auszuloten, wie die Kultur Ihres Unternehmens so beeinflusst und angepasst werden kann, damit die anstehenden Veränderungen möglichst gute Erfolgschancen haben.

Kultur als DNA des Unternehmens
Die DNA unseres Körpers besteht aus unseren Genen. Sie ist die Grundlage für unseren Körper, wie er aufgebaut ist und funktioniert. Ihre Wirkungsweise ist noch lange nicht erforscht, komplex und voller Rätsel. Je mehr wir davon wissen, umso mehr können wir uns vor Krankheiten schützen und überleben.

Kultur als Gedächtnis eines Unternehmens
Ein Gedächtnis sammelt Erfahrungen auf und speichert sie. Welche Erfahrungen wir speichern, hängt von der Intensität und der Bedeutung der Erfahrung ab. Gedächtnis ist die Basis für alle Lernprozesse. Ohne sie müssten wir immer wieder die gleichen zum Teil schmerzvollen Erfahrungen sammeln und könnten uns nicht entwickeln.

Kultur als Abdruck des Erfolgs eines Unternehmens
Erfolge geben uns recht. Wir haben scheinbar alles richtig gemacht, um diesen Erfolg einzufahren. Die erfolgreichen Vorgehensweisen werden als Muster eingeprägt, und wir meinen zu wissen, wie was geht, und handeln danach. Erfolge lassen sich aber nicht immer mit dem gleichen Muster reproduzieren. Anforderungen ändern sich, und auch Wettbewerber lernen dazu. Erfolge machen zudem blind für Veränderungen und hemmen so nicht selten erneute Anstrengungen.

Kultur als Klagemauer eines Unternehmens
Alles was nicht funktioniert, liegt an der Kultur. Sie ist die Klagemauer, auf die man verweisen kann, und hat Schuld an den Misserfolgen des Unternehmens. »Ach hätten wir doch eine andere Kultur! Dann würde alles besser!« Ob sie wirklich an allem schuld ist, sei hier infrage gestellt.

Kultur als Ökosystem eines Unternehmens
Jedes Ökosystem hat spezifische Rahmenbedingungen (Temperatur, Wind, Regen, Sonne, Jahreszeiten, Höhenlage, Bodenbeschaffenheit etc.), unter denen eine bestimmte Vegetation und Artenvielfalt zu ihr passende Lebensbedingungen findet. Organisationen bieten mit ihrer individuellen Kultur auch spezifische Rahmenbedingungen, die eine gewisse Art von Zusammenarbeit und Ergebnissen hervorbringt. Wer andere Ergebnisse erzielen will, muss zwar die Rahmenbedingungen der Zusammenarbeit ändern, aber gleichzeitig darauf achten, dass das entstandene kulturelle »Ökosystem« diese Veränderung verkraften und damit »überleben« kann.

Reflexionsfragen

Welche der oben aufgeführten Analogien beschreibt die aktuelle Situation in Ihrem Unternehmen am meisten und warum?

_____

_____

_____

Welches Verständnis von Kultur bräuchte es Ihrer Ansicht nach, um Ihr Unternehmen für die Zukunft fit zu machen?

_____

_____

_____

Wie können Sie Ihre Vorstellungen über den Umgang mit Kultur in Ihrem Unternehmen fördern?

_____

_____

_____

8.3.3 Lernende Organisationen

Neben der bewussten, anlassbezogenen Kulturentwicklung entwickelt sich jede Unternehmenskultur auch von sich aus weiter, da die Einflüsse von außen und von innen niemals gleich bleiben. Kundenbedürfnisse, Märkte und Gesetze sind im ständigen Wandel begriffen, und auch innerhalb eines Unternehmens führt z. B. der Wechsel von Personen und Machtverhältnissen immer wieder zu neuen Impulsen für die Kultur.

Ob aber die Organisation aus diesen Impulsen die richtigen Schlüsse zieht und die Kultur dem Unternehmen weiter dienlich bleibt, dafür gibt es sicher keine Garantie. Wer das nicht dem Zufall überlassen will, sollte eine möglichst kontinuierliche Form des organisationalen Lernens etablieren, die Organisationsentwicklung. Zu ihr gehören das kritische Nachdenken und Reflektieren der eigenen Kultur genauso wie die gezielte Intervention zu kulturellen Veränderungen und deren nachhaltige Verankerung. Organisationsentwicklung ist die klassische Disziplin, die für dieses kontinuierliche organisationale Lernen in Unternehmen die Rahmenbedingungen schafft. Sie macht Betroffene zu Beteiligten und schafft Räume für Dialog und Vernetzung. Lernen wird somit zum Grundmuster der Organisation und hält diese wachsam und in Bewegung.

 Nicht nur Personen lernen, sondern auch Organisationen können klüger und besser werden, wenn passende organisatorische Lernbedingungen für die Mitarbeiter geschaffen werden (z. B. die Lessons Learned Workshops nach dem Abschluss von Projekten).

8.4 Kulturentwicklung

Viele Unternehmen wollen bei Kulturentwicklungsprozessen vorrangig etwas Greifbares zur Kultur entwickeln und analog und/oder digital in Broschüren, Filmen oder Internetauftritten für alle sichtbar machen, wie ihre Kultur ist oder zumindest sich attraktiv darzustellen hat. Damit wird oftmals das Mittel zum Zweck erklärt und greift vielfach zu kurz. Kultur kann man nicht über Medien verordnen.

Kulturveränderung ist vorwiegend ein dialogischer, interaktiver und kontroverser Prozess und kein gut geplanter medialer Event.

Mitarbeiter können sich in der Regel kaum mit diesen Veröffentlichungen identifizieren, wenn sie nicht zumindest zum Teil an deren gedanklicher Entwicklung beteiligt wurden oder zumindest welche kennen, die das in ihrem Sinne mitgestaltet haben. Der Weg zu einem z. B. Leitbild ist wichtiger als das gedruckte oder digitale Endprodukt. Denn auf dem Weg der inhaltlichen Klärung reifen die Erkenntnisse, die die verschriftlichten Dokumente dann möglichst prägnant in Kurzform abbilden. Sicher braucht es am Ende des Prozesses dann auch die Kommunikation der neuen Kulturmerkmale, damit diese bekannt werden und als Orientierung dienen können. Damit ist aber der Kulturprozess noch nicht wirksam. Wirksam wird er erst, wenn konkrete Veränderungen vereinbart, angegangen und erlebbar gemacht werden. Eine neue Kultur muss sich erst ihre Glaubwürdigkeit erarbeiten und steht solange auf dem Prüfstand, gedruckt oder ungedruckt.

Reflexionsfragen

Was wurde intern zur Unternehmenskultur veröffentlicht?

_____

_____

_____

Wie stark identifizieren sich die Mitarbeiter mit diesen Inhalten?

_____

_____

_____

Wie stark spiegeln der Inhalt und die Aufmachung dieser Veröffentlichungen die wirkliche Kultur wider?

_____

_____

_____

8.5 Der Kulturentwicklungsprozess

Bereits die Planung und Konzeption des Kulturentwicklungsprozesses hat mit diesem zu tun. Wer wird wie beteiligt? Welche Formen der Kommunikation und des Dialogs werden gewählt? Wer leitet den Prozess? Was soll bereits durch die Art und Weise des Prozesses ausgedrückt werden? All diese Fragen können Ihnen helfen, einen passgenauen Prozess für Ihr Unternehmen aufzusetzen und bereits hier schon den Unterschied zu bisherigen Vorgehensweisen im Unternehmen zu machen. Unterschiede machen klüger, und wenn die gewünschte Kultur zur gewählten Vorgehensweise im Kulturprozess passt, erhöht das die Glaubwürdigkeit.

Folgende Grundsätze haben sich in der Umsetzung von Kulturentwicklungsprozessen bewährt:

- **Dialog auf Augenhöhe:** Menschen unterschiedlichster Hierarchiestufe diskutieren miteinander, wie sie arbeiten und zusammenarbeiten wollen.
- **Top-down beginnen:** Die Unternehmensleitung muss hinter einer Kulturentwicklung stehen und es absolut ernst meinen. Sie sollte auch bereit sein, im eigenen Denken und Handeln etwas zu ändern, wenn dies aufgrund ihrer Vorbildfunktion notwendig ist.
- **Top-down und bottom-up fortsetzen:** Ein Kulturentwicklungsprozess muss von oben nach unten und von unten nach oben erfolgen, um beide Sichtweisen aufeinandertreffen und verschmelzen zu lassen: die der Führung und die der Mitarbeiter.
- **Cross-functional statt horizontal:** Je gemischter und je hierarchieübergreifender die Teams, umso mehr wird in der Auseinandersetzung das Gemeinsame der Kultur deutlich und »wächst zusammen«.
- **Freiwilligkeit statt Pflicht:** Niemand arbeitet gerne (und gut) gezwungenermaßen an einem Kulturprozess. Das ist ein Widerspruch in sich. Finden Sie stattdessen freiwillige Botschafter der neuen Kultur und laden Sie sie ein, mitzumachen. Akzeptieren Sie anfänglichen Widerstand und Skepsis und fragen Sie nach, was dem zugrunde liegt. So bekommen Sie wichtige Anhaltspunkte für ein erfolgreiches Vorgehen.
- **Teamarbeit statt Heldentum:** Kulturentwicklung kann nicht von Einzelnen bewirkt werden, sondern ist immer eine Teamleistung. Nur

wer beteiligt ist, kann zur Veränderung bewogen werden.
- **Differenzierung geht vor Integration:** Erst wenn die unterschiedlichen Meinungen auf dem Tisch und diese gewürdigt sind, kann über die Integration eines gemeinsamen Ansatzes nachgedacht werden. Wenn Sie von vornherein Dinge ausschließen, dann holen diese Sie im Prozess später wieder als Widerstände ein.
- **Positives und Negatives an der aktuellen Kultur ergründen:** In jeder Kultur gibt es auch gute, erhaltenswerte Aspekte. Finden Sie diese heraus und würdigen Sie diese genauso wie das, was geändert werden muss.

Jeder Kulturentwicklungsprozess lässt sich, wie in **Bild 8.3** dargestellt, in fünf Schritte unterteilen.

Bild 8.3 Die fünf Schritte des Kulturentwicklungsprozesses

8.5.1 Die Ist-Kultur analysieren

Der erste Schritt ist die eigene Wahrnehmung – das Sehen lernen. Schärfen Sie den Blick auf die aktuelle Kultur in Ihrem Unternehmen und lernen Sie sie möglichst detailliert kennen.

Wichtig ist beim »Sehen-Lernen«, die eigene Kultur und Zusammenarbeit aus verschiedenen Perspektiven zu betrachten (vgl. **Bild 8.4**). Was z. B. intern kulturell positiv gesehen wird, kann für Kunden abschreckend wirken. So hat z. B. eine Fluglinie viel dafür getan, eine positivere Atmosphäre der Flugbegleiter untereinander im Flugzeug zu fördern; dabei aber die Haltung gegenüber den Kunden vernachlässigt. So stieg zwar die Zufriedenheit der Mitarbeiter, allerdings um den Preis der Kundenzufriedenheit.

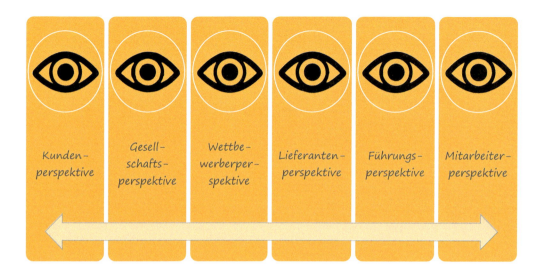

Bild 8.4 Verschiedene Perspektiven auf die eigene Kultur

Reflexionsfragen

Wenn Sie sich in die verschiedenen Perspektiven (vom Kunden bis zum Mitarbeiter) hineinversetzen, wie erleben Sie die Kultur Ihres Unternehmens?

_____

_____

_____

Wo sind die Gemeinsamkeiten und Unterschiede?

_____

_____

_____

Wie können diese Perspektiven in den Kulturentwicklungsprozess sinnvoll mit einbezogen werden?

_____

_____

_____

8.5.2 Den unternehmerischen Veränderungsbedarf definieren

Um herauszufinden, wie die Kultur mit der Veränderung zusammenhängt, empfiehlt es sich, in folgenden drei Stufen vorzugehen:

1. **Unternehmerischen Veränderungsbedarf beschreiben**
   Welche großen Veränderungsthemen gibt es derzeit konkret in Ihrem Unternehmen? Was wird sich aus heutiger Sicht voraussichtlich ändern?

2. **Auswirkungen auf die Mitarbeiter ableiten**
   Unternehmerische Veränderungen werden oft ohne Rücksicht auf die Mitarbeiter begonnen. Dass dann die Veränderungen nicht den gewünschten Erfolg haben, liegt auf der Hand. Der Umgang mit Widerständen im Nachhinein kostet oft deutlich mehr Energie, als hätte man die Mitarbeiter von vornherein mit einbezogen. Leiten Sie deshalb für alle größeren Veränderungen in Ihrem Unternehmen ab, was sich konkret für die Mitarbeiter ändern wird.

3. **Neue kulturelle Rahmenbedingungen erkennen**
   Betrachten Sie die kulturellen Zusammenhänge, die unternehmerische Veränderungen brauchen. Wie müssen sich für den beabsichtigten Wandel die Grundeinstellung und die Regeln der Zusammenarbeit in Ihrem Unternehmen ändern? Wenn Sie die Notwendigkeiten der Kulturentwicklung für die geplante Veränderung erkannt haben, sollten Sie hier nicht haltmachen, sondern auch die darüber hinaus sichtbaren Chancen nutzen. Wie kann man die Kultur als treibende Kraft für die generelle unternehmerische Weiterentwicklung nutzen? Was würde der Veränderung Energie und zusätzlichen Schub geben? Was könnte der Hebel sein, besser als Ihre Konkurrenz mit den Markt- und gesellschaftlichen Entwicklungen Schritt zu halten oder diese sogar in Ihrem Sinne mitzugestalten?

Reflexionsfragen

Welche verbindende Zukunftsvision liegt der geplanten unternehmerischen Veränderung, der Veränderung für die Mitarbeiter und der angestrebten zukünftigen Unternehmenskultur zugrunde?

_____

_____

_____

Wenn Sie mutig wären, wie können Sie dafür die Kultur als Chance und Hebel nutzen?

_____

_____

_____

Worauf ist zu achten, dass dies auch umsetzbar bleibt?

_____

_____

_____

8.5.3 Den Kulturkern bewahren

Kulturelle Transformation kann gelingen und Veränderungen initiieren, obwohl sie die bewährten kulturellen Muster eines Unternehmens hinterfragt, wenn dabei die Identität, der kulturelle Kern der Organisation (**Bild 8.5**) erhalten bleibt. So hat z. B. ein international anerkanntes Medienunternehmen im Zuge des Kulturwandels sich wieder auf den Kern seiner Kultur, den Wert der Freiheit besonnen und diesen auch für die interne Zusammenarbeit neu interpretiert. Freiheit als Wesenskern ihrer Kultur war für alle Mitarbeiter DAS verbindende Element, ohne dass es die neue Kultur zu stark vordefiniert und gehemmt hätte. Die Mitarbeiter konnten so die Sicherheit des Bekannten spüren und sich bei aller Veränderung selbst treu bleiben.

Bild 8.5 Unverwechselbarer positiver Kern der Kultur eines Unternehmens

Reflexionsfragen

Was ist der kulturelle Kern Ihres Unternehmens? Was macht es unverwechselbar?

_____

_____

_____

Wie könnte der Kern neu interpretiert und definiert werden, damit er auf die aktuellen Herausforderungen eine Antwort gibt?

_____

_____

_____

Welche Stärke verbirgt sich hinter diesem kulturellen Kern? Wie kann diese Stärke wieder mehr in der Zusammenarbeit genutzt werden?

_____

_____

_____

8.5.4 Die Soll-Kulturmerkmale finden

Es gibt zahlreiche Modelle und Konzepte zur Analyse und Beschreibung der unternehmensspezifischen Kultur. Viele externe Beratungsunternehmen haben ihre ganz spezifische Art und Weise entwickelt, Kultur zu analysieren und zu veranschaulichen. Meist werden Interviews mit Mitarbeitern und Führungskräften geführt und dann zusammengefasst in einer Art »Kulturspiegel« präsentiert.

Sie können aber ebenso gut selbst eine erste Analyse der Kultur durchführen und Fragen für ein repräsentatives Interview entwickeln, die sich, angepasst an Ihr Veränderungsbestreben, auf bestimmte Kulturthemen konzentrieren. Für diese Kulturthemen suchen Sie nach Kriterien, die gegensätzliche Pole definieren (Bild 8.6), und leiten daraus Interviewfragen ab, um herauszufinden, wie die Kultur dazu in Ihrem Unternehmen eingeschätzt wird. Hilfreich ist, die Ergebnisse zu visualisieren und so eine Übersicht anhand der Kriterien zu erarbeiten (Sagmeister 2016).

Beim Thema Arbeitsplatzkultur könnte z. B. ein Kriterium die Organisation des Arbeitsplatzes sein. Die gegensätzlichen Pole dazu wären dann ein fester Arbeitsplatz auf der einen und eine offene, flexible Arbeitsplatzkultur auf der anderen Seite (vgl. Bild 8.6). Auf der Linie dazwischen können Sie dann eintragen, was aktuell in Ihrem Unternehmen gelebt und was angestrebt wird.

Weitere Themengebiete zur Analyse Ihrer Kultur könnten z. B. sein: Kundenkultur, Meetingkultur, Konfliktkultur, Zusammenarbeitskultur, Fehlerkultur, soziale Verantwortungskultur, Kommunikationskultur, Führungskultur, ökologische Kultur, Statuskultur, Machtkultur, Umgang mit Diversity, Entscheidungskultur, Gast-/Zulieferer-/Partnerkultur, Work-Life-Balance, Innovationskultur, Veränderungskultur.

Bild 8.6 Entgegengesetzte Pole der Arbeitsplatzkultur

z. B.
- feste Arbeitsplätze
- „Arbeitsinsel" für jeden

z. B.
- offene und flexible Arbeitsplatzkultur
- abteilungsübergreifende Vernetzung und Zusammenarbeit

Reflexionsfragen

Was sind die wichtigsten kulturellen Themengebiete, in denen Sie sich Veränderung wünschen?

_____

_____

Welche gegensätzlichen Pole gibt es in diesem Themengebiet?

_____

_____

Wie stark wünschen Sie sich die Ausprägung der Entwicklung, wenn Sie den heutigen Punkt und den Zielpunkt auf der Linie zwischen den Polen markieren?

_____

_____

Wie ist die Einschätzung Ihrer Kollegen und Mitarbeiter?

_____

_____

8.5.5 Die Soll-Kultur verankern

Die neue Kultur sollte an möglichst vielen Punkten sichtbar und für die Mitarbeiter erlebbar werden. Bestehende Prozesse, Strukturen und Regeln müssen hinterfragt und angepasst werden, damit sie zur neuen Kultur passen. Eine wirklich konsequente Umsetzung kultureller Veränderungen sollte in alle Teile des Unternehmens getragen werden.

Hier ein paar Beispiele als Anregung:

- **Organisationsstruktur:** Aufbrechen der gängigen Organisationsstruktur, z. B. Abbau von Hierarchieebenen und Aufbau von mehr Entscheidungskompetenz für Mitarbeiter.
- **Bonusregelung:** Anpassung der Bonusregelung zu den Kulturanforderungen, z. B. größere Gewichtung des Prinzips Leistung und weniger Berücksichtigung des Status.
- **Büroraumgestaltung:** Umgestaltung der Büroräume und Arbeitsplätze, z. B. so, dass Mitarbeiter und Führungskräfte zusammensitzen.
- **Personalauswahl:** Auswahl von neuen Mitarbeitern auf deren Cultural Fit: Anpassung der Stellenanzeigen, des Interviewleitfadens und Anforderungsprofils an die neuen kulturellen Werte.
- **Culture-Checks:** Mitarbeiterzufriedenheitsbefragung auf Basis der Kulturmerkmale, um deren aktuellen Status zu erfragen und Handlungsfelder abzuleiten.
- **Leistungsbeurteilung:** Beurteilung von Führungskräften und Mitarbeitern anhand der persönlichen Umsetzung der kulturellen Werte und nicht nur der erbrachten Leistungsergebnisse.
- **Beförderungen:** z. B. nur von Mitarbeitern und Führungskräften, die die neue Kultur vorleben.
- **Regelungen:** Anpassung der Regelungen an die Kulturstandards, z. B. wer welchen Fahrzeugtyp als Dienstwagen erhält, entscheidet nicht nur der Status des jeweiligen Mitarbeiters.
- **Training und Reflexion:** Kulturinhalte als Micro-Learning-Angebote, z. B. offen für alle Interessierte ohne Genehmigungsbedarf durch den Vorgesetzten.
- **Meetings:** Überprüfung aller Regelmeetings auf deren Kulturpassung, z. B. Einführung des Konsensentscheidungsprinzips.

Reflexionsfragen

Wo wollen Sie die neue Kultur zuerst sichtbar und erlebbar machen?

_____

_____

_____

Wie soll das konkret umgesetzt werden?

_____

_____

_____

Wie können Sie bei der Umsetzung Erfahrungen integrieren, um vielleicht weitere Anpassungen umzusetzen?

_____

_____

_____

8.6 Methoden der Kulturentwicklung

Nachfolgend ein paar ausgewählte Methoden der Kulturentwicklung, die in vielen unterschiedlichen Varianten in fast allen Kulturentwicklungsprozessen Verwendung finden. Welche Methode wo in Ihrem Prozess einzusetzen ist, können Sie am besten selbst entscheiden. Sie kennen Ihr Unternehmen und wissen, was wie am besten dort funktioniert.

»Kulturbotschafter«:
Freiwillige, die gemeinsam mit einem Kulturkernteam beim gesamten Kulturentwicklungsprozess mitarbeiten und als Impulsgeber, Vorbilder, Multiplikatoren in den Bereichen/Standorten fungieren.

Interviews zur Kulturanalyse:
Die Basis sind Fragen zu den Stärken und Schwächen der aktuellen Kultur, zum Kulturkern, zum Veränderungsbedarf und Kriterien für die konkrete Vorgehensweise bei der Umsetzung.

Open-Talk-Kulturdialogveranstaltungen:
Moderierte, kaum strukturierte, hierarchieübergreifende Diskussionsveranstaltungen mit Impulsfragen und der Möglichkeit für alle Teilnehmer, sich zu Wort zu melden und in offener Atmosphäre eigene Erfahrungen mit der Kultur auszutauschen und verschiedene Sichtweisen kennenzulernen.

Fishbowl-Diskussionsforen:
Gestaltung eines diskutierenden Innenkreises und eines beobachtenden Außenkreises mit wechselnder Platzwahl (innen/außen) der Teilnehmer.

Wertschätzende Erkundung:
Gezielte Analyse- und Diskussionsmethode über positive Kulturaspekte in einem Unternehmen mit dem Ziel, diese wertzuschätzen und zu »vervielfältigen«.

Storytelling:
Dialogformat zum Austausch von kulturprägenden Geschichten erlebter Kultur zwischen den Mitarbeitern unterschiedlicher Bereiche

Culture Journey:
Reise zu ausgewählten Unternehmen als Inspiration für die eigene Soll-Kultur und deren Entwicklung.

Reflexionsfragen

Welche Methoden passen zu Ihrer Situation und der gängigen Arbeitsform im Unternehmen?

_____

_____

Wo wollen Sie bewusst neue Methoden einsetzen, um neue Akzente zu setzen?

_____

_____

Was können und sollten Sie selbst durchführen und wo wollen Sie sich externe Unterstützung holen?

_____

_____

8.7 Glaubwürdigkeit: Währung der Kultur

Viele Mitarbeiter erleben in den Organisationen leider immer noch, dass »Wein gepredigt und Wasser getrunken wird« und gerade in den oberen Führungsebenen keine Veränderung vorgelebt wird. Kulturentwicklung braucht glaubhafte und wirkungsvolle Vorbilder im Management und sichtbare, spürbare und erlebbare Veränderungen bei den Mitarbeitern. Kulturelle Prozesse werden gerne als Alibi verwendet, um zu zeigen, dass für die Mitarbeiter etwas getan wird. Leider ist das aber nicht immer wirklich ernst gemeint.

Bunte Folien und wunderschöne Filme sind vielerorts entstanden, doch die Arbeitsrealität in den Firmen wird oft deutlich anders erlebt, als sie darin dargestellt wird. Wichtig ist, den Worten auch Taten folgen zu lassen. Möglichkeiten dafür gibt es viele. Manchmal können schon durch kleine Aktionen (Hofert/Thonet 2018), z. B. die Abschaffung reservierter Parkplätze für Führungskräfte, kulturelle Fehlentwicklungen sichtbar gemacht und korrigiert werden. Zudem spiegelt die Art und Weise, wie Sie die geplante Veränderung angehen, augenscheinlich wider, wie ernst Sie es mit kulturellen Aspekten meinen. So können z. B. Kulturveränderungen mit dem Ziel, »Augenhöhe in der Zusammenarbeit« zu erreichen, nicht von einer Bühne herab vom Topmanagement verkündet werden. Dieses muss dann schon von seinem Podest heruntersteigen und es wirklich auf Augenhöhe versuchen (Bild 8.7).

Bild 8.7 Wie stehen Sie zur Kultur?

Reflexionsfragen

Wie sind bisherige Kulturentwicklungsmaßnahmen in Ihrem Unternehmen verlaufen?

_____

_____

_____

Was wurde glaubhaft umgesetzt und was nicht?

_____

_____

_____

Worauf ist bei zukünftigen Kulturentwicklungsprozessen besonders zu achten, um mehr Glaubwürdigkeit zu erzielen?

_____

_____

_____

Die wichtigsten Punkte in Kürze

Eine Unternehmenskultur umfasst die Gesamtheit der von den Mitarbeitern einer Organisation gemeinsam getragenen Normen, Werte, Regeln und Verhaltensweisen. Die Kultur hat einen erheblichen Einfluss auf die Anpassungs- und Wandlungsfähigkeit eines Unternehmens.

Eine Unternehmenskultur, die auf Vertrauen und Wertschätzung aufbaut, Eigeninitiative fördert und Mitarbeiter in Entscheidungsprozesse einbindet, stärkt die Mitarbeiterbindung ans Unternehmen, erhöht die Veränderungsbereitschaft und wird auch zunehmend der entscheidende Faktor bei Neueinstellungen.

Die Unternehmenskultur kann gezielt entwickelt werden. Eine zentrale Rolle spielen hierbei die Führungskräfte. Sie üben eine Vorbildfunktion aus und ihr Verhalten prägt die Unternehmenskultur maßgeblich.

8.8 Literatur

Fink, Franziska; Moeller, Michael: *Purpose Driven Organizations. Sinn – Selbstorganisation – Agilität*. Schäffer-Poeschel Verlag, Stuttgart 2018

Hofert, Svenja; Thonet, Claudia: *Der agile Kulturwandel. 33 Lösungen für Veränderung in Organisationen*. Springer Gabler Verlag, Wiesbaden 2018

Sackmann, Sonja A.: »Möglichkeiten der Gestaltung von Unternehmenskultur«. In: Lattmann, Charles (Hrsg.): *Die Unternehmenskultur. Ihre Grundlagen und ihre Bedeutung für die Führung der Unternehmung*. Physica-Verlag, Heidelberg 1990

Sagmeister, Simone: *Business Culture Design. Gestalten Sie Ihre Unternehmenskultur mit der Culture Map*. Campus Verlag, Frankfurt am Main 2016

09 Das Change Management Office

PETRA KRING-KARDOS, PATRICK WANNER

9 Das Change Management Office

 Zunehmend komplexe Veränderungen sowie die Vielzahl parallel stattfindender Veränderungsprojekte bedürfen nicht nur eines systematischen Vorgehens und definierter Rollen, sondern auch der professionellen Unterstützung einer in der Organisation verankerten Einheit mit entsprechenden Aufgaben und Befugnissen. Analog zu Project Management Offices (PMOs) findet in der Konsequenz die Einführung von Change Management Offices (CMO) statt.

Die Bedeutung von CMOs nimmt permanent zu und ist gleichfalls einer der Toptrends in der Weiterentwicklung des Change Management der nächsten Jahre (Creasey et al. 2018, S. 37).

In diesem Beitrag erfahren Sie,

- was ein Change Management Office (CMO) ist,
- welchen Nutzen ein CMO für Ihr Unternehmen hat,
- welche Aufgaben ein CMO wahrnehmen kann,
- wo und wie Sie ein CMO sinnvoll in Ihre Organisation einbinden,
- welche Rollen und Befugnisse das CMO haben muss,
- wie sich das CMO vom PMO (Project Management Office) unterscheidet bzw. was beide verbindet,
- wie eine Roadmap für die Implementierung und gegebenenfalls eine sinnvolle Weiterentwicklung eines CMO aussehen kann und
- wie Sie den besonderen Herausforderungen beim Aufbau eines CMO erfolgreich begegnen können.

9.1 Einleitung

Werden Automobilhersteller in Zukunft noch Autos bauen? Möchten sich Kunden zukünftig noch persönlich auf den Weg machen, um ein Produkt oder eine Leistung zu erwerben? Muss ich Hardware besitzen, um eine damit verbundene Leistung anzubieten? Welche Erwartungshaltung werden meine Kunden und meine Mitarbeiter mittelfristig an mein Unternehmen haben?

All diese Fragen, getrieben durch und begleitet von einer zunehmend unsteten, unsicheren, komplexen und mehrdeutigen Umwelt (»VUCA«), führen zu entsprechend grundlegenden, hochdynamischen und häufig disruptiven Veränderungen in Unternehmen. Veränderungsbereitschaft und Veränderungskompetenz werden für Unternehmen zum strategischen Erfolgsfaktor. Um sinnvolle unternehmerische Entscheidungen möglich zu machen, müssen Transparenz und professionelle Steuerung des großen und komplexen Portfolios von Veränderungsprojekten zur unternehmerischen Überlebensstrategie werden.

9.2 Definition

Das Change Management Office firmiert in Unternehmen unter vielen verschiedenen Bezeichnungen. Es finden sich Titel wie Center of Change Excellence, Transformation Office, Change Navigation Center, Balanced Strategy Office, um nur einige zu nennen. Organisationen vermeiden in einigen Fällen bewusst die Begriffe »Change« oder »Change Management«, da diese in ihrer Unternehmensvergangenheit negativ konnotiert sind – sei es aufgrund einer schlechten Veränderungserfahrung und -historie oder auch aufgrund einer (in der Regel falschen!) Assoziation mit »zu weichen« und nahezu esoterischen Techniken (»Hier kommen die Kollegen mit den Räucherstäbchen und den Klangschalen«). Wie auch immer die letztlich gewählte Bezeichnung der Organisationseinheit sein mag, steht der Gedanke eines »Center of Competence« dahinter. Der Fokus liegt hierbei auf einer in der Unternehmensstruktur fest und langfristig verankerten Einheit bzw. Funktion, die als der zentrale Ansprechpartner für alle Change-Fragen und die damit zusammenhängende Unternehmensentwicklung verstanden wird.

9.3 Der Nutzen eines CMO

»Das Change Management Office ist eine in der Organisation fest verankerte Einheit oder Funktion, welche zum Ziel hat, das Unternehmen mit einem systematischen Ansatz und entsprechenden Tools und Ressourcen beim Umgang mit Veränderungen zu unterstützen und zum Thema Change Management konsequent weiterzuentwickeln.«

Allerdings werden – ähnlich wie bei PMOs – auch temporäre Strukturen, welche für die Dauer von Projekten und Initiativen etabliert werden und zeitlich begrenzte Unterstützung für konkrete Veränderungsvorhaben leisten, häufig ebenfalls als CMO bezeichnet – wenngleich hier der Begriff Change Office (CO) zur Abgrenzung besser geeignet wäre.

Die Errichtung eines CMO bietet viele Vorteile für Ihr Unternehmen. Das CMO sorgt z. B. dafür, dass

- Ihre Veränderungsprojekte systematisch und professionell durchgeführt werden und somit nicht nur die Erfolgswahrscheinlichkeit Ihrer Projekte deutlich steigt, sondern in der Konsequenz auch Vertrauen in die Veränderungshistorie und -kompetenz Ihres Unternehmens aufgebaut wird,
- die Akzeptanz der durchzuführenden Veränderung erhöht wird, indem der »menschlichen Seite« des Change erhöhte Aufmerksamkeit geschenkt wird und die Bedenken und Sorgen der Betroffenen ernst genommen werden,
- eine »Change-Landkarte« zur Verfügung steht, welche sämtliche Veränderungen in einem Unternehmen transparent, vollständig und übersichtlich darstellt und somit eine Priorisierung anhand Change-relevanter KPIs (z. B. strategische Relevanz, finaler Anteil der die Veränderung lebenden Mitarbeiter, Geschwindigkeit

der erfolgreichen Projektumsetzung, Qualität der neu etablierten Strukturen, Prozesse und Routinen; vgl. Hiatt/Creasey 2012, S. 4 ff.) ermöglicht und einen sinnvollen Kosten- und Ressourceneinsatz unterstützt,
- Ihr Unternehmen mittelfristig eine Change-Kompetenz aufbaut, welche als strategischer Erfolgsfaktor hilft, Ihre Rolle im sich ständig ändernden Markt zu sichern.

Andersen und Clausen (2018) glauben sogar, dass ein CMO für das Erreichen eines hohen Change-Management-Reifegrades und einer hohen Veränderungsfähigkeit eines Unternehmens zwingend notwendig ist. Diese Aussage wird durch Forschungsergebnisse gestützt (vgl. Prosci® Primer 2017).

Andersen und Clausen (2018) weisen außerdem darauf hin, dass die Kosten für den Einsatz externer Consultants durch ein professionell aufgestelltes CMO deutlich reduziert werden können. Auch Franklin (2015) spricht von der Möglichkeit einer Kostenreduktion mit dem Hinweis auf Skalenvorteile, welche durch die Anwendung von einheitlichen Vorgehensweisen, Tools und Templates erzielt werden können.

Des Weiteren erwähnt Franklin (2015) einen direkten Nutzen für die für das Veränderungsprojekt verantwortlichen Mitarbeiter. Durch die Unterstützung, das Coaching und die professionelle Begleitung durch das CMO sinkt das Stresslevel der mit der in der Regel anspruchsvollen Aufgabe betrauten Change Manager.

Die Einrichtung eines CMO verschafft dem Thema Change Management einen erhöhten Stellenwert und transportiert auch die klare Botschaft Ihres Managements: »Das Thema ist von uns gewollt und ist uns so wichtig, dass wir hierfür eine Organisationseinheit mit eigenen Ressourcen und Mitteln etablieren!«

Achten Sie darauf, dass das CMO für Ihr Management nicht zu einer Alibifunktion im Sinne von »Hierfür haben wir jetzt das CMO, dann müssen wir uns nicht mehr darum kümmern« wird! Das Management hat weiterhin eine erfolgskritische Aufgabe als proaktiver Unterstützer, überzeugender Kommunikator, einflussreicher Stakeholder-Manager, aktive Begleitung des Prozesses und der Mitarbeiter sowie, natürlich, als Vorbild im Change.

9.4 Die Aufgaben des CMO

Je nach zugedachter Rolle kann das CMO unterschiedlichste Aufgaben erfüllen. Grundlegend kann hierbei zwischen operativ-unterstützenden Tätigkeiten im Einzelprojekt, Governance-unterstützenden Tätigkeiten im Projektportfolio und unternehmensentwicklerischen, strategischen Aufgaben unterschieden werden (Bild 9.1).

Abhängig davon, wie viele und welche Aufgaben ein CMO wahrnehmen soll, stellt sich die Frage nach der geeigneten personellen Größe eines CMO. Prosci® zeigt (vgl. Prosci® Primer 2017), dass ca. 50 % aller in Unternehmen etablierten CMOs mit zwei bis fünf Mitarbeitern besetzt sind. Mehr als zehn CMO-Mitarbeiter finden sich lediglich in 20 % der befragten Unternehmen.

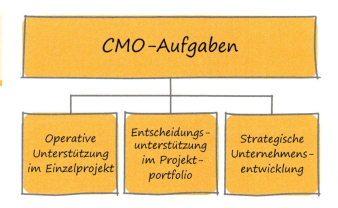

Bild 9.1 Aufgabenbereiche eines CMO

9.4.1 Operativ-unterstützende Aufgaben

Typische operative Aufgaben in Einzelprojekten, die ein CMO wahrnehmen sollte/kann, sind
- Verfügbarmachen von Methodenwissen, Tools und Templates, welche die im Unternehmen angewandte Change-Methodologie sinnvoll begleiten,
- die Unterstützung der Change-Management-Teams durch Moderation von Workshops (z. B. Zielworkshops zur Definition der veränderungsbezogenen Ziele und KPIs des Change-Projektes, Change Lessons Learned Workshops),

- die Erhöhung der Projekterfolgswahrscheinlichkeit durch Begleitung des Projektmanagements/von Projektteams in der Rolle einer internen Change-Beratung,
- Vermittlung zwischen Projektteam und Change-Team im Fall von Konflikten,
- Coaching und Training von Projektteammitgliedern und Stakeholdern im Hinblick auf deren Change-Management-Wissen und -Fähigkeiten,
- Unterstützung bei der Identifizierung von Trainingsbedarfen im Projekt,
- Unterstützung bei der Umsetzung des Change-Kommunikationsplans,
- Beistellen von Expertenwissen und von Ressourcen für das Change-Team (»Change Manager Pool« oder »Change-Manager-Netzwerk«),
- Unterstützung der Change-Teams und der direkten Vorgesetzten betroffener Mitarbeiter beim Umgang mit den durch die Veränderung hervorgerufenen Widerständen,
- Bereitstellen von Coaches oder Coaching-Maßnahmen im Bereich Leadership und Management.

Ob alle genannten operativen Supportaufgaben vollumfänglich vom CMO ausgeübt werden, hängt zum einen von der gewünschten Rollendefinition des CMO ab, aber auch davon, ob andere Funktionen in Abstimmung genannte Supportleistungen beisteuern. Zu nennen wären hier beispielsweise HR im Hinblick auf Trainingsthemen oder eine Kommunikationsabteilung hinsichtlich kommunikativer Aufgaben.

9.4.2 Projektportfolioaufgaben

Ein weiterer wichtiger Aufgabenbereich des CMOs ist das Bereitstellen wichtiger Daten und Informationen für die Entscheidungsfindung im Projektportfolio. Hierzu zählen

- das Sammeln und Aggregieren aller Change-relevanten Projektinformationen (z. B. Change-ursächliche Risiken, Zielerreichung angestrebter KPIs, Projektfortschritt, Anzahl der am Change beteiligten Ressourcen, Einhaltung/Überschreitung des Change-bezogenen Budgets) aus allen Veränderungsprojekten,
- die transparente Aufbereitung der gesammelten Informationen für und das konsistente Berichten an das Projektportfolio-Steuergremium bzw. den Projektauftraggeber,
- Vorschläge zur Projektpriorisierung und Ressourcenzuordnung aus Change-Sicht,

- die Identifikation von zur Aufnahme in das Change-Portfolio geeigneten Projekten und Empfehlung zur vorzeitigen Projektbeendigung bei mangelnder Erfolgsaussicht aus unternehmensstrategischen Gesichtspunkten,
- das Aufzeigen von Abhängigkeiten zwischen verschiedenen Veränderungsprojekten und eine Analyse der hieraus entstehenden Konsequenzen sowie entsprechende Handlungsempfehlungen,
- das Aufzeigen des Einflusses der aktuell durchgeführten Veränderungsprojekte sowohl auf die tägliche operative Arbeit als auch im Hinblick auf eine mögliche Change-Sättigung bzw. Change-Ermüdung im Unternehmen (vgl. Franklin 2015).

Im Bezug auf im Rahmen der Projektportfolioarbeit durchzuführende CMO-Aufgaben ist selbstredend eine enge Abstimmung der Aufgabenverteilung mit einem gegebenenfalls vorhandenen PMO notwendig, um Redundanzen zu vermeiden, Konfliktpotenziale zu reduzieren und gemeinsame Ziele zu vertreten (siehe hierzu auch Abschnitt 9.8).

9.4.3 Aufgaben in der Unternehmensentwicklung

Schließlich spielt das CMO eine entscheidende Rolle in Bezug auf die unternehmerische Verankerung bzw. Weiterentwicklung des Change Management als strategische Kompetenz. In diesem Zusammenhang
- schlägt das CMO eine stringente CM-Methodologie oder, alternativ, einen eklektischen Ansatz verschiedener empfohlener CM-Methoden und Tools für den abgestimmten Einsatz im Unternehmen vor,
- verankert das CMO die Change-Management-Methodologie im Unternehmen und sorgt für Akzeptanz und konsequenten Einsatz,
- definiert das CMO Rollen im Change Management,
- entwickelt das CMO ein konsistentes Aus- und Weiterbildungsprogramm zu Change Management und führt dieses rollenbezogen durch,
- sorgt das CMO für die Berücksichtigung von Change-Management-Kompetenzen in den Jobbeschreibungen aller Mitarbeiter,
- entwickelt das CMO das Change Management über die Zeit konsequent weiter hin zu einer echten Unternehmens-Change-Management-

Kompetenz (siehe hierzu z. B. Prosci® CM Maturity 2019; Prosci® Change Management Maturity Model),
- schafft das CMO eine Unternehmenskultur, in der Veränderungen als normal empfunden und auch willkommen geheißen werden (vgl. Franklin 2015),
- arbeitet das CMO aktiv an der Weiterentwicklung und Verzahnung von Projektmanagement und Change Management mit.

9.5 Einbindung des CMO in Organisation und Projekt

Soll das CMO seine komplette Wirkung entfalten, muss es an geeigneter Stelle im Unternehmen aufgehängt werden. Zum einen geht es dabei um die Frage, wie die unternehmensweite Change-Kompetenz auf eventuell vorhandene unterschiedliche Standorte zu verteilen ist. Zum anderen muss eine sinnvolle funktionale Einordnung gefunden werden. Auch in der Projektunterstützung muss die Einbindung des CMO klar definiert sein.

9.5.1 Set-up in verteilten Unternehmensstrukturen

Grundsätzlich muss in einem ersten Schritt entschieden werden, welchen Wirkungs- und Entscheidungsbereich ein (oder mehrere) CMO im Unternehmen haben soll und wie eine Zusammenarbeitsvereinbarung zwischen den Einheiten aussehen kann. Ähnlich wie bei Internationalisierungsvorhaben (siehe Kring 2002) sind die in **Bild 9.2** dargestellten Grundformen denkbar.

Ein zentrales CMO definiert das Change Management für alle Unternehmenseinheiten unabhängig von Standort, Funktion, strategischer Ausrichtung etc. Die lokalen Einheiten setzen die Vorgabe um und nutzen ausschließlich die in der zentralen Einheit entwickelten Methoden, Rollen, Konzepte und Prozesse.

Die zentrale Change-Management-Organisation garantiert die größtmögliche Einheitlichkeit und Konsequenz im Ansatz. Alle Unternehmenseinheiten sprechen hinsichtlich des Change Ma-

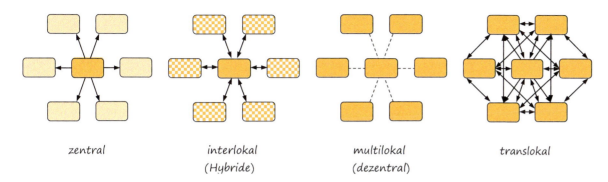

Bild 9.2 CMO-Distribution in verteilten Unternehmensstrukturen

nagement dieselbe Sprache und können z. B. ein gemeinsames, unternehmensweites Aus- und Weiterbildungskonzept umsetzen. Selbstredend finden lokale Anforderungen und kulturelle Besonderheiten in einem zentralisierten Konzept wenig bis keine Berücksichtigung. Das Risiko für »Reibungsverluste« in internationalen Strukturen ist daher besonders groß.

Interlokale CMOs stellen einen Hybriden zwischen zentralen und dezentralen Strukturen dar. Definierte Kernkompetenzen werden zentralisiert, während andere Aufgaben dezentralisiert werden. Die lokalen Einheiten nutzen die in der Zentrale entwickelten Strategien und Methoden und passen diese an ihre lokalen Anforderungen an.

Hybride Strukturen stellen den Versuch dar, das Beste aus zwei Welten zu verbinden. Die gemeinsame Sprache und ein gemeinsames Vorgehen schaffen ein Zusammengehörigkeitsgefühl. Die gleichzeitige Berücksichtigung lokaler Notwendigkeiten erhöht die Akzeptanz vor Ort und reduziert die gefühlte Abhängigkeit von einer zentralen, bestimmenden Einheit.

Multilokale CMOs sind die Reinform der Dezentralisierung. Jede Einheit besitzt ein eigenes CMO, welches selbständig und unabhängig voneinander das Thema Change Management unter Berücksichtigung eigener Notwendigkeiten vorantreibt.

Das multilokale Set-up bietet sich vor allem dann an, wenn die unterschiedlichen Einheiten auch in anderen Bereichen (Strategie, Produkte) unabhängig voneinander agieren und sehr unterschiedliche Anforderungen an eine Change-Begleitung haben. Die hohe Unabhängigkeit, Souveränität und Autonomie der Lokationen ermöglicht zwar eine passgenaue Change-Management-Strategie und -Vorgehensweise, führt aber auch zum Verlust möglicher Synergien und Einsparungspotenziale. In anderen Worten: Der für das Change Management zu leistende Aufwand ist hier am höchsten und kann nur mit zu erwartenden besseren Erfolgen an den Einzelstandorten gerechtfertigt werden.

Translokale Set-ups bestehen aus verteilten, spezialisierten und eng miteinander verbundenen Einheiten, welche sich regelmäßig austauschen, systematisch voneinander lernen und jeweils eigene spezialisierte Beiträge im Sinne von »Best Practices« mit den anderen Einheiten teilen.

Der Austausch zwischen translokalen CMOs generiert eine lernende Organisation, ermöglicht die Beseitigung eigener blinder Flecken, fördert den konsequenten Austausch von Erfahrungen und schafft damit eine unternehmensweite Change-Management-Kompetenz, ohne alle Einheiten »über einen Kamm zu scheren«. Der zu treibende Kommunikationsaufwand ist allerdings sehr hoch und benötigt in der Regel ein starkes Commitment der Führungsebene.

Jede dieser Grundformen hat, wie beschrieben, Vor- und Nachteile. Die Entscheidung für die eine oder andere Form hängt somit maßgeblich von den organisatorischen und strategischen Grundsätzen Ihres Unternehmens ab.

9.5.2 Einbindung in die lokale funktionale Organisation

Wo würden Sie ein CMO in Ihrer Organisation aufhängen? Viele Unternehmen beantworten diese Frage mit vermeintlich naheliegenden, gefühlt verwandten Orten, z. B. beim PMO, in den Human Resources (»HR kümmert sich ja um die Menschen«), in der Organisationsentwicklung oder auch in der IT (»Hier laufen ja viele Veränderungsprojekte«). Seine größte Wirkung entfaltet das CMO jedoch im Bereich Strategie/Transformation. Erfolg versprechend kann auch eine direkte Anbindung ans Topmanagement (»C-Level«) sein, und die bereits vermutete Kooperation mit einem bestehenden PMO erweist sich auch aus Expertensicht als sinnvoll und effektiv (vgl. Prosci® Primer 2017).

Unabhängig von der organisatorischen Einbindung des CMO ist in jedem Fall ein möglichst direkter Zugang zu Entscheidern notwendig! Die aktive und sichtbare Unterstützung der oberen Führungsebene erweist sich in der Regel als wichtiger Erfolgsfaktor für die Akzeptanz der Rolle, aber auch für die Wirksamkeit der vom CMO durchgeführten Maßnahmen.

Die Rolle eines CMO kann grundsätzlich auch von einer funktionalen Einheit (»Change-Management-Abteilung«) übernommen werden.

9.5.3 Operative Einbindung in Veränderungsprojekte

Entsprechend den in Abschnitt 9.4.1 beschriebenen operativen Aufgaben eines CMO findet auch eine unterstützende bzw. beratende Einbindung der CMO-Mitarbeiter in konkrete Veränderungsprojekte statt.

Mögliche Handlungsorte und Verantwortungsbereiche lassen sich in Verbindung mit der Projekteinzelorganisation in Change-Projekten herstellen. Es können vier primär genutzte Teamstrukturen für Veränderungsprojekte unterschieden werden (**Bild 9.3**):

- CM-Ressourcen als Mitglieder im Projektteam,
- CM-Ressourcen außerhalb des Projektteams,
- CM-Ressourcen sowohl als Projektteammitglieder als auch außerhalb des Teams,
- integrierte Projekt- und Change-Teams, in denen sich das Team/der Projektleiter für beide Themen gleichermaßen in der Verantwortung sieht.

In allen vier Strukturen ist die Beteiligung eines CMO in verschiedener Art und Weise denkbar. Das CMO kann bei Bedarf aktiv Ressourcen aus seinem Pool als Teammitglieder ins Projektteam abstellen. Es kann die dargestellte projektexterne Rolle – anstelle z. B. eines unternehmensexternen Beraters – wahrnehmen. Oder auch unabhängig von einer direkten Projektbeteiligung rein beratende Aufgaben übernehmen.

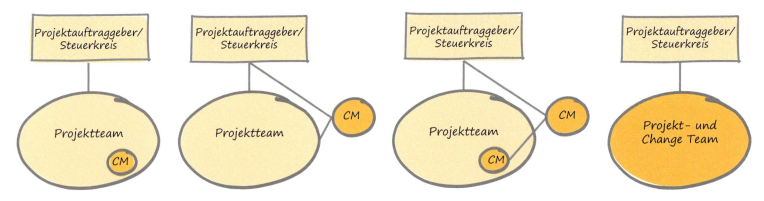

Bild 9.3 Teamstrukturen in Veränderungsprojekten (in Anlehnung an Creasey et al. 2018, S. 136 ff.)

9.6 Befugnisse und Rollen im CMO

Das Change Management Office wird in der Regel in erster Linie als interne Beratung verstanden. Folglich sind seine direkten Machtbefugnisse per Definition beschränkt. Da Veränderung aber unternehmensweit stattfindet und somit auch CMO-Leistungen unternehmensweit angeboten werden müssen, kann das CMO, um effektiv zu sein, nicht »im Elfenbeinturm« agieren. Es benötigt, im Gegenteil, die notwendige Autorität und Anerkennung über alle Unternehmensfunktionen hinweg, um Change-Prozesse und -Aufgaben sinnvoll zu begleiten und das Unternehmen erfolgreich voranzubringen (vgl. Franklin 2015).

Wichtige Kompetenzen sollten dabei sein,
- notwendige Entscheidungen zu treffen (sowohl hinsichtlich des konkreten Handlungsbedarfs im Einzelprojekt als auch in Bezug auf die Struktur des Change-relevanten Projektportfolios),
- den Wissenstransfer zum Thema Veränderung nachhaltig zu gestalten und voranzubringen,

- die Rollen und Verantwortlichkeiten im Change klar zu definieren und in der Organisation zu sozialisieren (vgl. Prosci® Primer 2017) sowie die verbindliche Sprachregelung zum Thema Veränderung zu installieren,
- die Governance-Struktur für Change-Projekte zu etablieren und konsequent aufrechtzuerhalten,
- die für das Unternehmen geeignete Change-Management-Methodik auszuwählen und über entsprechendes Training und Coaching sowie notwendige Tools und Templates ins Unternehmen zu tragen und dort zu verankern.

Viele Organisationen tun sich sichtlich schwer damit, dem CMO als Support-, Querschnitts- oder Stabsfunktion die genannte Macht direkt zu übertragen. Ist dies nicht gewollt bzw. in der Führungsstruktur nicht vorgesehen, ist die deutliche Unterstützung des CMO auf Topmanagementebene notwendig (vgl. Abschnitt 9.5.2), damit die Vorgaben und Themen des CMO zumindest mit Nachdruck behandelt, mit der notwendigen Management Attention versehen und mit zeitnahen und empfehlungsorientierten Entscheidungen unterstützt werden.

Alle zehn Prosci®-Studien, welche seit 1998 zum Thema Change Management durchgeführt wurden, haben ein und dasselbe Ergebnis hervorgebracht: Ein realer, aktiver und sichtbarer Sponsor ist der »Nummer-eins-Erfolgsfaktor« für Change-Projekte (Creasey et al. 2018). Hieraus leitet sich zum einen die Sinnhaftigkeit des direkten Zugangs des CMO auf die jeweiligen Sponsoringorgane der Einzelprojekte ab. Ohne diesen Zugang ist ein erfolgreiches Arbeiten für ein CMO, aber auch für die Change Manager nur sehr schwer zu verwirklichen. Zum anderen kann diese Erkenntnis auch direkt auf die Rolle des CMO übertragen werden. Das CMO sollte, so aus organisationalen Gründen eine klassische Entscheidungs- und Weisungskompetenz nicht möglich oder gewollt ist, zumindest einen direkten Zugang zu Entscheidungs- und Steuergremien nicht nur der Projekte, sondern auch des Unternehmens haben.

Im Sinne einer hohen Wirksamkeit und Akzeptanz im Unternehmen stellt sich die Frage, welche Kompetenzen die Mitarbeiter des CMO mitbringen sollten. Franklin (2015) benennt, neben dem notwendigen Top-Level-Sponsor sowie dem CMO Manager/CMO-Leiter, folgende Change-Management-Experten als geeignete CMO-Besetzung:
- Prozessexperte – häufig mit Kenntnissen in der Unternehmensanalyse und Informationsquelle

zu End-to-End-Prozessen in der gesamten Organisation: Welche Veränderungen in einem Bereich bzw. Projekt wirken sich wie auf Systeme, Prozesse, Inputs, Outputs und Verhaltensweisen in anderen Bereichen/Projekten aus?
- Risikoexperte – identifiziert mögliche Risiken, projiziert deren Auswirkungen und definiert Maßnahmen zum Umgang mit den Risiken (um Doppelarbeit zu vermeiden, ist in dieser Rolle eine klare Abgrenzung/Abstimmung mit Projektrisikoexperten in einem eventuell vorhandenen PMO notwendig).
- Kommunikationsexperte – informiert alle an den Projekten beteiligte und von den Projekten/Projektergebnissen betroffene Stakeholder hinsichtlich relevanter Change-Informationen (hier ist ebenfalls eine deutliche Abgrenzung zur »klassischen«, in der Regel statusorientierten Projektkommunikation sinnvoll!).
- Planungsexperte – unterstützt bei Bedarf die Planungen in den Einzelprojekten und fasst diese projektübergreifend zusammen, um beispielsweise durch eine Portfolioressourcenübersicht Aussagen zu Verfügbarkeit und sinnvollem Einsatz der Ressourcen zu machen; diese Rolle hilft der Organisation, neben den Veränderungsprojekten weiterhin auch »business as usual« zu liefern.
- Finanzexperte – behält die Auswirkungen der Veränderungen im Unternehmen im Hinblick auf das Change-Budget und die finanzielle Zielerreichung bzw. den erarbeiteten Wert im Auge.

Welche dieser Rollen de facto realisiert wird, hängt zum einen vom definierten Fokus des CMO sowie den damit verbundenen Aufgaben ab. Zum anderen ist zu berücksichtigen, wie viele Ressourcen dem CMO überhaupt zur Verfügung stehen und welche Aufgaben gegebenenfalls auch von anderen Unternehmensfunktionen professionell übernommen werden können.

Das CMO sollte über dedizierte Ressourcen verfügen, welche eine gemeinsame Begeisterung für das Thema Change teilen und vom Topmanagement aktiv unterstützt werden.

9.7 Abgrenzung zum PMO

Das Wesen des PMO wird im *PMBOK® Guide* des PMI® (PMI® 2017, S. 48) wie folgt beschrieben: »Ein Projektmanagementbüro ist eine Organisationsstruktur, die projektbezogene Führungs- und Aufsichtsprozesse standardisiert und die gemeinsame Nutzung von Ressourcen, Werkzeugen und Methoden unterstützt. Die Verantwortlichkeiten eines Projektmanagementbüros können von der Unterstützungsfunktion bis zum direkten Management eines oder mehrere Projekte reichen.«

Die Definition eines Change Management Office erfolgt analog (vgl. Abschnitt 9.2), allerdings mit einem klaren Fokus auf die veränderungsrelevanten Themen und Entscheidungen.

Während sich das PMO folglich mit der »technisch-organisatorischen Seite« eines Projektes bzw. Projektportfolios befasst, ist das CMO für die »menschenbezogene Seite« derselben zuständig.

Da sich die menschenbezogene und die technisch-organisatorische Seite in vielen Fällen überschneiden können, ist es einerseits wichtig, eine klare Abgrenzung zwischen PMO und CMO und somit auch zwischen Projektmanagement und Change Management zu schaffen. Andererseits müssen beide Disziplinen möglichst reibungslos zusammenarbeiten. Diese Zusammenarbeit muss von offizieller Seite bestätigt und gefördert werden, um (gegenseitiges) Verständnis und Akzeptanz zu schaffen. Folglich können und sollen die Arbeitspakete von Projekt- und Change Management ineinandergreifen (**Bild 9.4**).

Auf der operativen Ebene konzentriert sich das PMO auf die Unterstützung bei der korrekten Planung und Umsetzung der einzelnen projektbezogenen, technischen Arbeitspakete. Das PMO begleitet die Projektleiter bei der Generierung von Lösungen und deren Einführung: »design, develop, deliver«. Das CMO fokussiert auf die Unterstützung in Change-relevanten Arbeitspaketen und sorgt dafür, dass die technischen Projektergebnisse akzeptiert und genutzt werden: »embrace, adopt, use« (vgl. Prosci® 2019b, Folie 116).

Hierbei ist zu berücksichtigen, dass die Akzeptanz und umfängliche Nutzung der im Projekt generierten Ergebnisse in der Regel erst nach dem offiziellen Projektabschluss erfolgen. Wäh-

Bild 9.4 Mögliche Abgrenzung respektive Ergänzung von CM- und PM-Aufgaben (vgl. Prosci® 2019a)

rend das Projekt nach Bereitstellung eines Produktes oder Services für das Projektmanagement und PMO abgeschlossen ist und beispielsweise an den Fachbereich oder einen Produktmanager übergeben wird, muss das Change Management auch danach den Veränderungserfolg und den veränderungsbezogenen ROI nachhalten. Somit erstreckt sich der Arbeitsumfang des CMO im Projekt häufig über den offiziellen Projektabschluss hinaus.

Strategisch gesehen tragen beide Offices langfristig zur professionellen Unternehmensentwicklung bei – auch hier mit unterschiedlichem Fokus und Scope. Während das CMO die Change-Kompetenz erhöht und Change Management langfristig im Unternehmen verankert, erhöht das PMO die Projektkompetenz und verankert das Projektmanagement als Disziplin. Hinsichtlich des Projektportfolios Ihrer Organisation sind beide Organe der Transparenz und Entscheidungsunterstützung verpflichtet und leisten damit einen Beitrag zur strategischen Unternehmenssteuerung. Im besten Fall werden beide Disziplinen zum »Teil der Unternehmens-DNA«, sodass deren Einsatz und Nutzung als selbstverständlich empfunden wird. Sowohl das CMO als auch das PMO sollten positiv konnotiert sein und als hilfreicher Dienstleister verstanden werden – nicht als »lästige« Kontrollinstanzen.

Falls ein Unternehmen einen sehr weiten, integrativen und auf den Menschen im Projekt ausgerichteten Projektmanagementansatz verfolgt, gibt es Bereiche, die gegebenenfalls von beiden Disziplinen beansprucht werden: Reicht die Projekt-Stakeholder-Analyse aus oder soll das Change Management eine konkretere Analyse der bestehenden Sponsorenkoalition durchführen? Werden Change-bezogene Risiken in der Projektrisikoanalyse mit betrachtet oder erfolgt eine separate Change-Risikoanalyse? Werden alle von der Veränderung betroffenen Individuen und Gruppen in der Projektkommunikation berücksichtigt oder wird hierfür ein separater Change-Kommunikationsplan benötigt?

Es ist die Entscheidung zu treffen, ob Aufgaben zwischen Projekt- und Change Management lediglich abgestimmt und synchronisiert werden oder ob ein integrierter, gemeinschaftlicher Ansatz verfolgt wird. Beide Wege können zielführend sein. In der Praxis finden sich immer häufiger Projektaufträge, welche einen klar definierten und dedizierten Change-Management-Anteil enthalten, der durch ein CMO mit Ressourcen, Methoden und Arbeitspaketen begleitet wird und bei denen der Projektleiter und der Change-Verantwortliche in enger Abstimmung agieren. In agilen Projektorganisationen hingegen setzt sich vielfach ein integrativer Ansatz durch, in welchem sich die flexiblen und selbst organisierten Teams für beide Disziplinen gleichermaßen verantwortlich fühlen.

9.8 Aufbau und Weiterentwicklung eines CMO

Es gibt nicht »das CMO«. Ein Change Management Office kann viele verschiedene Formen annehmen. Wie genau Ihr CMO aussehen soll, hängt von vielen Faktoren ab, z. B. davon, wie viel Veränderung gerade in Ihrem Unternehmen stattfindet und wie viel Veränderung Sie in Zukunft erwarten. Ob Sie bereits ein funktionierendes PMO installiert haben, welche Rolle dieses wahrnimmt und wie integrativ und umfassend Ihre etablierte Projektmanagementsystematik ist. Wie etabliert und akzeptiert Change Management in Ihrer Organisation ist. Wie die grundsätzliche Struktur und Führungsphilosophie Ihres Unternehmens aussieht (vgl. Franklin 2015).

Abhängig von all diesen Kriterien kann das CMO als kleine, primär operativ unterstützende Truppe ins Leben gerufen werden oder als schlagkräftige, umfassende, die strategische Richtung Ihres Unternehmens maßgeblich mitbestimmende Einheit – oder eben in allen Abstufungen dazwischen.

Zentrale Fragen, die Sie sich vor Implementierung eines CMO stellen sollten, sind:

- Wozu wollen wir ein CMO? Was ist die dahinterliegende Vision, was die Mission des CMO? Wie sieht unser Business Case hierfür aus?
- Welchen Change-Management-Reifegrad streben wir als Organisation langfristig an?
- Was soll das CMO leisten? Welche Rolle(n) und Aufgaben erwarten wir von unserem CMO?
- Wo soll das CMO organisatorisch aufgehängt sein?
- Wer arbeitet im CMO? Welche Anforderung stellen wir an CMO-Mitarbeiter?
- Welche Befugnisse und welchen Entscheidungsspielraum soll das CMO haben?

- Wie finden notwendige Entscheidungsprozesse statt? Wie wird eine konsequente Unterstützung des CMO durch die Unternehmensführung sichergestellt?
- Wie findet die Abstimmung bzw. Integration mit dem Projektmanagement oder anderen Change-relevanten Unternehmensfunktionen (Strategie, Organisationsentwicklung etc.) statt?
- Welchen Change-Management-Ansatz wollen wir als Unternehmen verfolgen?
- Wie kann das CMO nachhaltig eingeführt und sein Nutzen langfristig überzeugend nachgewiesen werden?

Andersen und Clausen (2018) fassen diese Fragen zu sieben Designentscheidungen zusammen:
- Verantwortlichkeiten des CMO,
- Lokation und Zentralisierungsgrad im Unternehmen,
- Einstellen geeigneter Ressourcen,
- Größe des CMO,
- Erfolgsfaktoren für die CMO-Arbeit (siehe hierzu auch Franklin 2015),
- Governance-Modell,
- Interaktion mit einem eventuell vorhandenen PMO.

Um diese Entscheidungen im Anschluss erfolgreich umzusetzen, ist folgende Roadmap zum nachhaltigen Aufbau eines CMO vorstellbar (auch unter Verwendung von Hitachi Consulting 2017):
- Schritt 1: Zentrale Stakeholder (»Sponsoren«) zur Unterstützung des CMO aktivieren.
- Schritt 2: Getroffene Designentscheidungen Schritt für Schritt umsetzen (siehe oben).
- Schritt 3: Change-Management-Ansatz, Tools und Templates entwickeln.
- Schritt 4: Change Management und Projektmanagement miteinander synchronisieren.
- Schritt 5: Change Management und die Rolle des CMO in der Organisation kommunizieren und das Bewusstsein für Nutzen und Notwendigkeit stärken.
- Schritt 6: Change-Management-Trainings- und Coaching-Programme aufsetzen und Change-Management-Wissen gezielt in die Organisation tragen.

- Schritt 7: Change Management in Veränderungsprojekten konsequent anwenden und damit den Nutzen beweisen.
- Schritt 8: Change-Management-Erfolg messen und kommunizieren.
- Schritt 9: Change Management als notwendigen Bestandteil zum Erreichen von Projekterfolg im Unternehmen verankern.

Je nach aktueller Aufgabendefinition Ihres CMO und Change-Management-Reifegrad Ihrer Organisation ist es sinnvoll, auch das CMO kontinuierlich weiterzuentwickeln. Orientierungshilfe hierfür bietet beispielsweise ein mehrstufiges Change Management Office Maturity Model (vgl. Andersen/Clausen 2018).

Ausgehend von einer eher spontanen und nicht systematischen Anwendung des CM ohne formal existierendes CMO im Unternehmen (»No CMO«), kann sich das CMO von einem Initialstatus zur Unterstützung einzelner Projekte (»Initial CMO«) über eine höhere Entwicklungsstufe mit standardisiertem Vorgehen und regelmäßigem Austausch (»Maturing CMO«) bis hin zu einem professionell fortgeschrittenen Status mit Berücksichtigung des Change Management in allen Unternehmensbereichen und -rollen (»Advanced CMO«) entwickeln.

Wichtig: Auch der Aufbau eines CMO ist ein Change-Projekt!

Tragen Sie dieser Tatsache Rechnung, indem Sie professionelles Projekt- und Change Management anwenden.

Die wichtigsten Punkte in Kürze

Ihr Vorhaben, ein Change Management Office in Ihrem Unternehmen zu implementieren, ist eine gute Idee. Es wird Ihr Unternehmen im Change Management voranbringen, Ihre Veränderungsprojekte erfolgreicher machen und Ihre Organisation befähigen, mit den Anforderungen einer immer anspruchsvolleren und dynamischeren Umwelt umzugehen.

Stellen Sie jedoch sicher, dass Sie dieses Vorhaben nicht unterschätzen. Die Implementierung eines CMO ist ein Projekt und muss sorgfältig geplant und umgesetzt werden. Suchen Sie sich für dieses Vorhaben einen anerkannten und durchsetzungsfähigen Sponsor. Dieser wird Ihnen sowohl in der Aufbauphase als auch später im operativen Betrieb helfen.

Planen Sie Ihr CMO sorgfältig unter Berücksichtigung Ihrer organisatorischen Rahmenbedingungen und Gepflogenheiten. Es gibt kein allgemein-gültiges Rezept für »das einzig richtige CMO«. Wie Ihr CMO aussehen soll, hängt maßgeblich von Ihren Zielen und Ihren Visionen für das unternehmenseigene Change Management ab. Sind Ihre Gestaltungsmöglichkeiten aktuell begrenzt, ziehen Sie einen schrittweisen Ausbau des CMO in Betracht und erstellen Sie eine entsprechende Roadmap.

Es ist auch nicht damit getan, das CMO zu gründen. Sorgen Sie für eine nachhaltige Verankerung und Akzeptanz in Ihrem Unternehmen. Machen Sie das CMO interessant und unentbehrlich, indem Sie einen greifbaren Mehrwert generieren – messbar erfolgreichere Projekte, attraktive Trainingsangebote, aktiv nachgefragte Projektunterstützung, eingeforderte Transparenz und Entscheidungsempfehlung auf Portfolioebene. Implementieren Sie Ihr CMO als sinnvolle Ergänzung zu Ihrem PMO und machen Sie aus Projekt- und Change Management ein unschlagbares Team!

9.9 Literatur

Andersen, Morten Kamp; Clausen, Peter Harbo: *Change Management Office – How to successfully set up a Change Management Office*. Proacteur, Lyngby 2018. https://proacteur.com/wp-content/uploads/CMO_proacteur_2018.pdf. Abgerufen am 10.10.2019

Creasey, Tim et al. (Hrsg.): *Best Practices in Change Management*. Prosci®, Loveland 2018

Franklin, Melanie: *Change Management Office – Benefit and Structure*. Agile Change Management, London 2015. https://agilechangemanagement.co.uk/wp-content/uploads/2018/08/CMO-whitepaper-FINAL.pdf. Abgerufen am 07.11.2021

Hiatt, Jeffrey M; Creasey, Timothy J.: *Change Management. The People Side of Change*. Prosci®, Loveland 2012

Hitachi Consulting: *Building a Change Management Office. 9 Steps to Make Your Change Efforts Stick*. White Paper von 2017. https://www.hitachiconsulting.com/documents/services/organization-effectiveness/building-a-change-management-office.pdf. Abgerufen am 07.11.2021

Kring, Petra: *Designing International Production. An Empirical Study within the German Machine Tool Manufacturing Industry*. Wissenschaft & Technik Verlag, Berlin 2002

PMI®: *A Guide to the Project Management Body of Knowledge (PMBOK® Guide)*. Project Management Institute, Newtown Square 2017

Prosci®: *Foliensatz Zertifizierungsprogramm für Change Practitioners*. Prosci®, Loveland 2019b

Prosci®: *How to successfully integrate Change & Project Management. Thought Leadership Article*. Prosci®, Loveland 2019a. https://www.prosci.com/resources/articles/integrating-change-and-project-management. Abgerufen am 07.11.2021

Prosci® CM Maturity: *Five Levels of Change Management Maturity. Thought Leadership Article*. Prosci®, Loveland 2019. https://www.prosci.com/resources/articles/change-management-maturity-model. Abgerufen am 19.11.2019

Prosci® Primer: *A Change Management Office Primer. Thought Leadership Article*. Prosci®, Loveland 2017. https://www.prosci.com/resources/articles/change-management-office-primer. Abgerufen am 07.11.2021

10 Die erfolgreiche Kommunikation im Change

MANFRED BAUMANN

10.1 Einleitung

 Change-Kommunikation ist das zentrale Scharnier jedes Wandels. Ein Projekt kann schlecht gemanagt sein, aber begleitet von einer guten Kommunikation kann es hohe Akzeptanz finden. Genauso kann ein gut laufendes Projekt bei wenig durchdachter Kommunikation nicht nur Folgekosten nach sich ziehen, sondern auch Stimmungen im Unternehmen verändern, mit Folgen wie Demotivation, innere Emigration, zunehmende Krankmeldungen bis zur Abwanderung qualifizierter Mitarbeiter.

Es braucht einen gut ausgearbeiteten Kommunikationsplan, in dem die Vermittlungsstrategie festgehalten ist, in dem Inhalte beschrieben sind, Zeitpläne, Vorgehensweisen und Verantwortlichkeiten. Sinnvoll ist, in diesem Plan auch Kosten für die Kommunikation zu benennen. Je nachdem, wie hoch die Risiken eingeschätzt werden, sollte hier sorgfältig überprüft werden, welches Budget zur Verfügung gestellt wird. Wer in seiner Budgetplanung zu knausrig ist, läuft Gefahr, hinterher draufzuzahlen.

Der bestimmende Faktor aber ist das eigene Verständnis von Kommunikation bei den Change-Verantwortlichen. So wie in unserem Alltag Kommunikation niemals eine Einbahnstraße sein kann, sondern ein interaktives Wechselspiel ist aus reden, zuhören, reden, zuhören … so gilt auch im Change-Prozess, dass die Adressaten Raum brauchen, um nachzufragen, Kritik zu üben, sich über ihre Gefühle, Ängste oder Hoffnungen äußern zu können. Dabei sollten Verantwortliche das aufmerksame Zuhören als Chance begreifen. Nur wer seinen Adressaten zuhört und sie dabei kennenlernt, wer die vorgebrachte Kritik kennt, von den Sorgen weiß, weiß dann auch, wie man treffend auf sie eingehen kann. Insofern ist vor allem die Change-Kommunikation erfolgreich, die empathisch auf Mitarbeiter, Kunden und andere Betroffene eingeht.

10.2 Projektrisiko fehlende oder falsche Kommunikation

Eine Risikoanalyse gehört zu jedem Projektstart. Nicht immer wird sie mit der notwendigen Sorgfalt betrieben, weil der Ausblick auf das Neue viel schöner wirkt, als darüber zu reden, woran ein gestartetes Projekt scheitern kann. Der Blick richtet sich in der Regel nach außen auf Lieferanten, Kunden oder Konkurrenten, auf zeitliche Faktoren, Technik oder Folgen für die Qualität von Produkten oder Prozessen. Je nach Lage wird nach externen und internen Risiken unterschieden. Insgesamt wird bei guter Analyse darauf geachtet, welche Risiken vermieden, vermindert oder abgewälzt werden können.

Kaum jemand kümmert sich um die Risiken, die aus dem Projekt bzw. aus der Projektarbeit heraus durch unkluges Verhalten oder undurchdachte Information an Stakeholder entstehen. Dabei gelten die uns vertrauten Axiome des österreichisch-amerikanischen Kommunikationswissenschaftlers Paul Watzlawick auch für Projekte in Unternehmen. Das sicher bekannteste lautet: Man kann nicht nicht kommunizieren!

> Man kann nicht nicht kommunizieren! Wer sich nicht an seine identifizierten Zielgruppen richtet, sei es, weil es zu früh erscheint, die Situation zu komplex ist oder die Kommunikationsinhalte noch nicht aufbereitet erscheinen, kommuniziert damit, dass er – aus welchen Gründen auch immer – sich nicht an die Stakeholder wendet.

Watzlawick verweist darauf, dass Kommunikation immer auch einen Beziehungsaspekt besitzt. Betroffene und Beteiligte setzen sich ihrerseits zum Projekt in Beziehung und entscheiden über die eigene Einstellung dazu. Bin ich betroffen? Positiv, negativ, neutral? Was bedeutet das Projekt für mich? Finde ich das Projekt oder seine Ergebnisse gut oder schlecht? Bin ich informiert bzw. warum habe ich keine oder unzureichende Informationen? Es ist eine individuelle Entscheidung einzelner Stakeholder bzw. eine individuelle Gruppenentscheidung, wie die Relation zum Projekt bewertet wird. Damit ist klar, dass Kommunikation – also auch die fehlende Kommunikation – immer als Ursache hinsichtlich einer Wirkung auf der gegenüberliegenden Seite betrachtet werden muss.

 Die zentrale Frage lautet: Was bewirkt meine Art der Kommunikation beim Empfänger?

Ein weiteres nicht unbeträchtliches Risiko besteht darin, in der Kommunikation im Change nur auf digitale Möglichkeiten zu setzen. Der Glaube, ein regelmäßiger Newsletter werde es schon richten, führt mit Sicherheit zu einer Vielzahl von Kommunikationshindernissen. Leicht nachvollziehbar, dass in einer Arbeitswelt, in der Zeit ein zunehmend bestimmender Faktor wird und die Aufgaben gleichzeitig zunehmen und komplexer werden, Prioritäten gesetzt werden müssen. Das Eintreffen digitaler Nachrichten wird oft gerade noch zur Kenntnis genommen, aber meistens werden die Inhalte nur flüchtig überflogen oder gar nicht mehr gelesen. Auch auf andere Verbreitungsmöglichkeiten, wie Nachrichten im Intranet oder publizierte Videos, ist nur noch unter bestimmten Umständen Verlass. Betroffene sind auf auswärtigen Terminen, Urlaub oder sonst abwesend und werden daher nur bedingt erreicht. Die Rechtfertigung, man habe stets und umfassend Informationen über den anstehenden Change weitergegeben, wird dann schnell zum Problem, weil zwar versendet wurde, aber die Adressaten nicht erreicht werden konnten, weil das falsche Medium oder der falsche Zeitpunkt gewählt worden ist. Überdies ist in den meisten Fällen kein Rückkanal vorgesehen, über den sich Betroffene zu Wort melden können.

Obwohl Kommunikation Teil unseres privaten und beruflichen Daseins ist, fällt es vielen Projekten schwer, sachgemäß und mit den Zielgruppen genau im Blick zu kommunizieren. So ist es naheliegend, diese schwierige Aufgabe dem Projektverantwortlichen zu übertragen. Dabei geht man von der Vorstellung aus, dass dieser schließlich alle Zügel in der Hand halte und so am besten wisse, was und wie Informationen weiterzugeben seien. Dem kommt auch die Vorstellung entgegen, dass das Recht zur Weitergabe von Informationen schließlich eine Machtfrage darstelle. Ein gewaltiger Irrtum. Der Projektleiter muss zwar den Überblick über den Change haben, eingreifen und ihn aktiv gestalten. Kommunikation von Veränderung aber stellt eine komplexe Aufgabe dar. Daher ist es ratsam, ausgewählte, talentierte Mitarbeiter damit zu betrauen. Bei großen öffentlichen Veränderungsprojekten wie z. B. Stuttgart 21 oder BER ist es ohnehin selbstverständlich, die Öffentlichkeitsarbeit in Profihände zu geben.

 Ein Projekt ist erst dann sauber aufgesetzt, wenn die Kommunikationspläne erstellt, kalkuliert und die Verantwortlichen benannt sind.

10.3 Das Verständnis von Kommunikation

Vor der Stakeholder-Analyse steht die Klärung des eigenen Rollenverständnisses. Dazu sind Grundannahmen der Transaktionsanalyse (TA) nach Eric Berne hilfreich (**Bild 10.1**). Der amerikanische Psychiater hat danach gefragt, in welcher hierarchischen Beziehung die Kommunikatoren, also hier Change-Projekt und Stakeholder, stehen. Dabei unterscheidet er drei verschiedene Positionen (ego states). Nehmen sich Projektverantwortliche in der Position der Stärke wahr, z. B. weil sie von irgendeiner Verbesserung durch das Projekt überzeugt sind, müssen die »dummen« Stakeholder mit der fehlenden Erkenntnis eben überzeugt oder umgezogen werden. In der TA wird diese Haltung Eltern-Ich genannt (parent state). Die eigene Haltung kann belehrend, fürsorglich oder bevormundend sein. Wird die Change-Kommunikation aus dieser Haltung heraus betrieben, sind zwar verschiedene Reaktionen der Betroffenen möglich, sehr gut denkbar aber ist der Widerstand aus einer Haltung, sich nicht infantilisieren zu lassen. So kann allein aus der falschen Ansprache Widerstand erzeugt werden, der dann seinerseits mühsam aufgearbeitet werden muss.

Häufig als »kreativ« verschleierte spontane Kommunikation kann gemäß der TA als Kind-Ich-Zustand (child state) beschrieben werden. »Dieser beinhaltet alle die Erfahrungen, die man als Kind und im weiteren Verlauf seines Lebens ... gemacht hat ... Das heißt, dem Kind-Ich-Zustand werden unsere ursprünglichen, ganz

10.3 Das Verständnis von Kommunikation

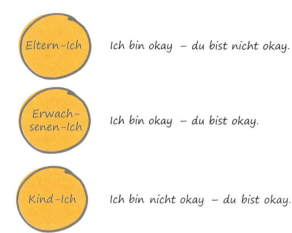

Bild 10.1 Ich-Zustände nach Eric Berne

archaischen Anteile, mit denen wir spontan, lebhaft, impulsiv, gerade so wie Kinder sind, ebenso zugeordnet wie jene Verhaltensweisen, mit denen wir uns an unsere Umwelt angepasst haben« (Hagehülsmann/Hagehülsmann 2001, S. 20). Darunter fallen auch die raschen Entscheidungen, die Vorgesetzte oder Verantwortliche aus einer emotionalen Haltung heraus treffen, ohne dass die Konsequenzen der Entscheidung hinreichend bedacht wären.

Denn auch bei solchen Entscheidungen ist die Frage zu beantworten, wie die Stakeholder reagieren. Zumindest kann die These aufgestellt werden, dass diese, die sich in einem Zustand der Unsicherheit befinden, weil sie noch nicht erkennen, was das Neue für sie bedeuten wird, die vermeintlich kreative, impulsive oder spontane Kommunikation als wirr, chaotisch und nicht nachvollziehbar wahrnehmen. Auch werden sie sich die Frage stellen, ob sie in ihrer Position ernst genommen werden.

Der dritte Zustand im Strukturmodell der TA wird als Erwachsenen-Ich-Zustand (adult state) beschrieben. Hier versucht sich der Kommunikator von Gefühlen und Einstellungen weitgehend frei zu machen und bemüht sich in analytisch-logischem Denken um sachliches und rationales Handeln (Hagehülsmann/Hagehülsmann 2001, S. 17). Er sammelt Daten und Fakten, ist um Objektivierung bemüht, arbeitet strategisch und eher langfristig orientiert. Die Folge davon ist eine wohlüberlegte Kommunikation, die respektvoll und auf Augenhöhe mit dem Gegenüber sprechen möchte. Diesen Zustand beschreibt Berne plakativ mit »Ich bin okay – du bist okay«.

Die hieraus folgende Kommunikation betrachtet also nicht nur sich selbst und die eigenen Inhalte. Aus der Bereitschaft zu respektvollem Umgang mit den Stakeholdern leitet sich die grundsätzliche Bereitschaft ab, diese in ihrem Verständnis, ihren Gefühlen und Zweifeln verstehen zu wollen. Man ist sich bewusst, dass die vielfältigen Gegenüber in ihrem jeweiligen Verständnis ihre Welt konstruieren, eben in der Mischung aus rationalem Denken, Emotionen und subjektiven Grundannahmen.

 Sich selbst in der Change-Kommunikation zu hinterfragen und zu klären, wie man sich selbst gegenüber den Adressaten aufstellt, ist die Grundvoraussetzung für einen gelungenen Dialog. Die Mühe zu Beginn der Maßnahme und die ständige Überwachung, ob man sich noch in der Position des Erwachsenen-Ichs befindet, zahlen sich darin aus, dass das Risiko fehlgeleiteter Ansprache ebenso reduziert wird wie Widerstand seitens der Stakeholder.

10.4 Der Umgang mit den Stakeholdern

Mit der ersten Kommunikation über einen bevorstehenden Change findet grundsätzlich bei allen Beteiligten und Betroffenen eine Positionierung statt. Diese geschieht zumeist emotional und noch wenig durchdacht und reicht von: »Schon wieder wird eine neue Sau durchs Dorf gejagt!« über: »So nicht; nicht mit uns!« bis zu: »Endlich wird dieses Problem angegangen!«

Die Adressaten setzen die Information zu sich und ihren Grundbedürfnissen in Beziehung. Dazu zählen: »Autonomie, also der Wunsch, eigene Entscheidungen zu treffen und sein Schicksal selbst zu bestimmen; Wertschätzung, also der Wunsch, von anderen anerkannt und respektiert zu werden; Verbundenheit, also der Wunsch, innerhalb einer Gruppe als gleichberechtigt behandelt zu werden; Rolle, also der Wunsch, einen sinnvollen Zweck zu erfüllen; und schließlich Status, also der Wunsch, in einer Rolle Anerkennung zu finden« (Fisher/Ury/Patton 2015, S. 63 f.).

Reaktionen auf Change-Kommunikation sind abhängig davon, wie sehr das Gefühl einer Fremd- bzw. Selbstbestimmtheit wahrgenommen wird, ob das Gefühl entsteht, dass auf Augenhöhe kommuniziert wird, ob Gewinner und Verlierer ausgemacht werden und ob die eigene erarbeitete Position mindestens behalten werden kann.

Damit ist die Schwierigkeit bei der Startkommunikation schon umrissen. Sicher werden nicht bei allen Adressaten die gleichen Grundbedürfnisse vorherrschen. Und bei jedem werden die Bedürfnisse anders gewichtet sein. Doch bei allen ist gleich, dass die Information eine emotionale Reaktion hervorruft.

Es leitet sich folgerichtig daraus ab, dass zwar je nach Zielgruppe unterschiedlich kommuniziert werden muss. Aber einheitlich ist die grundsätzliche Vorgehensweise. Vor allem bei negativen Reaktionen wäre es gefährlich, in Positionsgerangel zu verfallen im Sinne von: »Wir sind die Guten – ihr dort habt es noch nicht verstanden!« Das würde bereits im Sinn der TA bedeuten, dass sich die Kommunikatoren in ein schiefes Verhältnis zu den Stakeholdern setzen: »Ich bin okay – du bist nicht okay.« Daher ist es besser, die Reaktionen zunächst zur Kenntnis zu nehmen, ohne sie gleich zu bewerten. Wohl aber zu gewichten. Worin liegt der Unterschied?

Bewerten bedeutet, dass die Reaktionen zu sich in Relation gesetzt werden, also danach geordnet, welche Personen, Abteilungen, Bereiche sich für und gegen das Change-Projekt aufstellen und wie stark. Damit wird der Neigung nachgegeben, einfache, mittlere und starke Gegner zu identifizieren, womit schon wieder eine Positionierung vorgenommen worden wäre.

Werden die Reaktionen hingegen gewichtet, bedeutet dies zunächst nur, dass sie gesammelt und kategorisiert werden, ohne dass beschrieben wird, wer sie geäußert hat. So wird ein Freund-Feind-Schema vermieden. Damit läuft man auch nicht Gefahr, dass über die Urheber des Feedbacks diskutiert oder gar spekuliert wird. Denn rasch ist man dabei, den Adressaten geistige Unbeweglichkeit, Unwillen oder Ähnliches zu unterstellen. Dabei könnte eine Reaktion auch daran liegen, dass der eigene Kommunikationsansatz nicht adäquat gewesen ist.

Mag sein, dass sich verschiedene Adressaten positionieren. Das sollte nicht zum Anlass genommen werden, dass man sich als Projektkommunikator ebenfalls positioniert. Stattdessen ist die Aufgabe, zu verstehen, warum sich ein Gegenüber in einer besonderen Weise zum Change-Projekt festlegt. Damit gelingt es, sich vom Positionsgerangel zu lösen und einen empathischeren Ansatz zu wählen.

Roger Fisher, William Ury und Bruce Patton schlagen vor, nach den Interessen der Stakeholder zu fragen, also den Faktoren, die sie antreiben und die zu einer bestimmten Positionierung führen. Dabei bedienen sie sich der Erkenntnisse der sozialpsychologischen Forschung, insbesondere der Role-Taking Theory des vergangenen Jahrhunderts. Daraus leiten sie ab, die Diskussion zumindest gedanklich aus der Perspektive des Gegenübers zu führen. Schon die Frage, was der dahinterstehende Anlass sein könnte für ein Verhalten, das innerhalb des Change-Projekts als Widerstand wahrgenommen wird, fördert schon erste Erkenntnisse zutage. Dies kann z. B. in Form von Rollenspielen stattfinden, in denen Projektgruppenmitglieder versuchen, sich in die Rolle der Stakeholder hineinzudenken und aus dieser Situation heraus zu argumentieren.

Noch viel wertvoller und erkenntnisreicher ist es, sich auf die Stakeholder zuzubewegen. Aufgabe ist es in diesem Schritt nicht bzw. nur in geringem Maße, eigene Informationen weiterzugeben. Von zentraler Bedeutung ist, dass dem Gegenüber Raum gegeben wird, sich zu erklären. Es ist klug, zunächst zu akzeptieren, dass sie ihre Positionen abstecken. Wer sich einer Veränderung verweigert, will sich erst einmal seiner Claims versichern und sie deutlich erkennbar abstecken. Wird den Widerständlern diese Möglichkeit eingeräumt, ist die erste Hürde schon einmal genommen. Denn erstens werden es Menschen in der Verteidigung anerkennen, dass sie Raum bekommen haben. Das verschafft ihnen Sicherheit. Zweitens hat das Projekt die Chance bekommen, aufmerksam zuzuhören und zu erkennen, worin der Widerstand besteht. Dabei sind die aufgezeigten Positionen das eine, viel wichtiger aber ist es, die dahinter sich verbergenden Interessen zu erkennen (Fisher/Ury/Patton 2015, S. 76 ff.).

Bewegen Sie sich auf die Stakeholder zu! Geben Sie Ihrem Gegenüber Gelegenheit, die eigene Position darzulegen. Versuchen Sie, die dahinterliegenden Interessen zu erkennen.

Situationsabhängig kann dies im offenen und unstrukturierten Raum geschehen, in dem den Stakeholdern die Möglichkeit eingeräumt wird, einfach mal zu erzählen. Es muss damit gerechnet werden, dass in einer ersten Phase vor allem emotionale Äußerungen erfolgen. Danach gilt es, dem Frust oder gar der Wut auf den Grund zu gehen. Dies ist am besten geeignet, wenn eine Situation geschaffen wird, in der keine geschlossenen Fragen gestellt werden, sondern offene, wobei das Fragemuster so beschaffen sein soll, dass immer wieder Warum-Fragen gestellt werden. Dadurch gelingt es, in ein möglichst tiefes Verständnis des Verhaltens von Stakeholdern vorzudringen. Gleichzeitig spüren diese, inwieweit der eigene Widerstand tatsächlich rational begründet ist.

Neben der reinen Sachinformation, die in diesen Interviews gewonnen werden kann, ist die psychologische Seite dieses Vorgehens nicht zu unterschätzen. Denn auch härteste Widerständler werden anerkennen, dass sich die Change-Initiatoren nicht hinter Richtlinien, Entscheidungen von höherer Stelle oder dem Verweis auf technische Entwicklungen verbergen, sondern den direkten Kontakt suchen. Außerdem wird anerkannt, dass man gehört worden ist und damit zumindest in irgendeiner Form Einfluss auf den Change nehmen kann. Wird danach gefragt, wie diese Stakeholder die Menschen wahrnehmen, die den Change vorantreiben, so werden auch diese in dieser Form der Projektkommunikation ein gewisses Maß an Fairness erkennen.

Erfolgreich ist dieses Vorgehen, wenn die Interviewsituation ebenso sorgfältig vorbereitet wird wie der Fragenkatalog. Das Interview soll auf keinen Fall per Mail stattfinden. In besonderen Ausnahmesituationen wäre ein Telefon- oder ein Videointerview denkbar. Dennoch ist die soziale Situation eine andere, wenn man sich face-to-face gegenübersitzt. Und auch die Frage, wo das Interview stattfindet, ist nach kurzer Überlegung schnell beantwortet, nämlich da, wo die Stakeholder die meiste Sicherheit haben – also in Räumen, die ihnen vertraut sind.

Jede Kommunikation hat immer mehrere Aspekte. Und so ist es sinnvoll, sich gerade in der

Change-Kommunikation zu überlegen, wie sie am besten gelingen kann. Zwar ist das Modell von Friedemann Schulz von Thun (**Bild 10.2**) in den meisten Fällen bekannt, wird aber nur selten auf reale Fälle übertragen. Im konkreten Fall einer Change-Kommunikation wird nicht nur seitens des Projekts, sondern auch von den Stakeholdern kommuniziert. Mag sein, dass Betroffene auch über den Sachinhalt reden, aber sie geben auch Informationen auf den drei anderen Ebenen. Und hier bedeutet das, dass Stakeholder nicht nur konkrete Sachinhalte eines möglichen Widerstands vermitteln, sondern bei genauer Beobachtung sehr viel mehr über sich aussagen.

Die vier Aspekte (Schulz von Thun 1996, S. 25 ff.) von hervorgehobener Bedeutung:

- **Sachebene:** Welche Inhalte vermitteln Stakeholder in Bezug auf den Change? Dieser steht scheinbar im Mittelpunkt des Interesses. Da kann über die Größe und die Gestaltung der Räumlichkeiten im neuen Bürogebäude diskutiert werden, über Großraum- und Einzelbüros, Eckbüros oder kommunikative Konzepte.

Bild 10.2 Vier Aspekte der Kommunikation nach Friedemann Schulz von Thun

Auf Sachfragen lässt sich vergleichsweise sachbezogen antworten. Vermittelt ein Stakeholder eher rationale Gründe, etwa dass für eine prosperierende Abteilung zu wenig Arbeitsplätze eingeplant sind und die Gründung einer Dependance schon absehbar ist?

- **Selbstaussage:** Was sagen Widerständler oder Protestierer über sich selbst aus? In jeder Botschaft, und sei sie noch so nüchtern und neutral formuliert, schwingt immer etwas über die Quelle mit. So kann bereits die Art und Weise, wie die Reaktion eines Stakeholders erfolgt, einen Hinweis auf seine innere Betroffenheit geben: Ich bin verärgert, wütend, ich fühle mich entmündigt, weil über mich entschieden worden ist; ich nehme die angesagte Veränderung als Bedrohung wahr oder Ähnliches. Wenn der Projektkommunikator dies erkennt, kann er sich auf die emotionalen Aussagen dergestalt einlassen, dass er ein reales Forum schafft, in dem richtig Dampf abgelassen werden kann. Für die Betroffenen fühlt sich das so an, dass ihre (vielleicht diffusen) Sorgen endlich mal angehört werden.
- **Beziehungsebene:** In welcher Beziehung stehen Kommunikator und Adressat? Hier wird die Aufnahme von Change-Aspekten noch differenzierter. Haben die Stakeholder tatsächlich das Gefühl, mit dem Kommunikator auf Augenhöhe zu sprechen? Gilt er als akzeptiertes Sprachrohr des Change? Es ist also zu berücksichtigen, wer die Aufgabe des Kontaktes übernimmt, welche persönlichen Fertigkeiten und hierarchische Position er mitbringt. Dabei wird in der Art und Weise der Kommunikation mit sensiblen Antennen wahrgenommen, ob Fairness herrscht oder nicht. Auf die oben genannte Prämisse »Ich bin okay – du bist okay« sollte sich der Change-Kommunikator unbedingt besinnen.
- **Appell:** Schließlich ist mit einem anstehenden Change immer die Frage verbunden, welcher Appell in der Kommunikation steckt. Das gilt natürlich in beide Richtungen. Insofern ist es auch interessant, welchen Appell die Betroffenen an die Kommunikatoren richten. Die Frage könnte auch lauten: Sag mir, was dieser Change für mich bedeutet? Gib Auskunft, welche Chancen stecken neben den Risiken in diesem Prozess für meine Abteilung bzw. für mich. Neben den faktischen Fragen ist zumeist auch die emotionale Seite angesprochen. Der Appell lautet zumeist: Nimm mir meine Sorgen und gib mir Perspektive. Noch grundlegender

kann es heißen: Gib mir Sicherheit! Kann der Change-Kommunikator die expliziten oder impliziten Appelle der Stakeholder erkennen und empathisch aufgreifen, ist die Basis gelegt, damit die Wahrnehmung sich verändert und entdeckt wird, dass als Ergebnis des Change auch eine Win-win-Situation stehen könnte.

In dem ganz anderen Ansatz von Fisher, Ury und Patton, der unter dem Namen Harvard-Konzept zu einem Welterfolg wurde, lassen sich sehr ähnliche Schlussfolgerungen erkennen: »Wenn Sie also wollen, dass die andere Seite *Ihre* Interessen würdigt, fangen Sie damit an, dass Sie ganz offensichtlich die Interessen der *anderen* würdigen… Über eine solche Demonstration Ihres Verständnisses hinaus ist auch der Hinweis wichtig, dass man die Interessen der Gegenseite als Teil des Gesamtproblems betrachtet, an dessen Lösung Sie arbeiten« (Fisher/Ury/Patton 2015, S. 90).

Gelungene Change-Kommunikation bedeutet in erster Linie zuhören und verstehen wollen. Erst danach sind Überlegungen sinnvoll, ob und in welcher Form man Flyer, Newsletter, Videos und dergleichen verbreitet. Wenn nämlich die Zielgruppe genauer bekannt und verstanden ist, wird auch die eigene Information passgenauer auf die Stakeholder erfolgen können.

10.5 Entwurf eines Kommunikationsdesigns

Schon in der allerersten Phase, in der ein Change angedacht wird, ist es empfehlenswert, die Kommunikation mitzudenken. Das klingt zunächst abwegig, weil die ersten Gedanken an Transformation, neue Produktlinien, neue Standorte, neue Software usw. zunächst ja nur abstrakt vorhanden sind, allenfalls in Skizzen, Scribbles oder

Zeichnungen. Aber jede Veränderung hat eine Zielgruppe, die sich mit der Veränderung auseinandersetzen muss. Wird früh darüber angefangen, nachzudenken, wie die Stakeholder in Kenntnis zu setzen sind und wie sie damit umgehen sollen, wird zumindest ein erster Fehler vermieden, nämlich kein Kommunikationsdesign zu haben.

Wer kein Kommunikationsdesign hat, läuft Gefahr, dass Informationen durchsickern und in Fluren und Abteilungsküchen diskutiert werden, dass aufgeregte Kunden anrufen oder Lieferanten schon aufgrund von Teilkenntnissen mit Konsequenzen drohen. Dann wäre der erste dramatische Fehler passiert, nämlich dass der Change als Gerücht der eigentlichen Information vorausgeht. Leicht nachvollziehbar, wie viel Aufwand darin stecken wird, wieder zu beruhigen oder Informationsstände anzupassen.

Zu einem frühen Zeitpunkt verlangt die Frage nach einer Antwort, wie die eigene Kultur beschrieben werden kann. Wird im Verhältnis zu den Stakeholdern ein offenes und freundliches Verhältnis gelebt, sind dies gute Voraussetzungen. Haben wir es mit jungen, innovativen Zielgruppen zu tun, die jede Veränderung als Challenge begreifen und sofort bereit sind, aktiv ein Teil der Lösung zu werden? Dann wird das Teilprojekt: Change-Kommunikation eher leichter werden. Ist hingegen im alltäglichen Kampf um Marktanteile das Binnenverhältnis zu Stakeholdern vernachlässigt worden, muss umso sorgfältiger am Kommunikationskonzept gearbeitet werden. Haben wir es bei einem Change-Projekt innerhalb eines Unternehmens mit Menschen zu tun, denen Stabilität viel bedeutet? Das ist sehr wahrscheinlich öfter der Fall, als viele glauben: »Tatsache ist, dass viele Mitarbeiter keine Karriere anstreben und viele Manager nicht gewillt sind, die eigene Komfortzone zu verlassen. Es ist eine Illusion, zu glauben, jeder Betriebsangehörige wolle Bestleistung erbringen. Im Gegenteil: viele fürchten sich vor Wandel, Volatilität und Agilität. Sie wünschen sich: klare Verantwortlichkeiten, geregelte Arbeitsprozesse und ein stabiles Einkommen« (Lewitan 2019, S. 14). So die nüchterne Bilanz des Unternehmenspsychologen Louis Lewitan. Natürlich fällt die Antwort häufig gemischt aus, also dass es Mitarbeiter oder Abteilungen gibt, die aufgeschlossen sind, und andere, denen die Beständigkeit Sicherheit verleiht. Aber auch das ist ein Ergebnis, auf das sich die Kommunikation einstellen soll.

Unabhängig davon, welche Zielgruppe man im Design vor Augen hat, ist jeder geplante Schritt vom Ende her zu denken. Das ist für geübte Schreiber von Projektaufträgen zunächst kein Problem, weil Ziele dort ebenfalls so beschrieben werden. Doch auch hier ist mangelnde Sorgfalt fatal, wenn bei der Kommunikationsarbeit die Überprüfbarkeit vergessen wird. So bedarf z. B. das formulierte Ziel »Alle Kunden sind informiert« einer näheren Betrachtung. Es mag ja sein, dass an alle Kunden die Post rausgegangen ist, in denen sie auf Neuerungen vorbereitet wurden. Aber das sagt nichts darüber aus, ob die Kunden die Post tatsächlich erhalten haben oder wie sie mit der Post umgegangen sind. Haben sie sie gelesen oder als vermeintliche Werbung gleich in den Papierkorb geworfen? Haben sich vielleicht Verantwortlichkeiten geändert? Der Kommunikator sollte daher immer die alte, Konrad Lorenz zugeschriebene Weisheit im Kopf haben (**Bild 10.3**): Gesagt ist nicht gehört – gehört ist nicht verstanden!

Auf einmal stellt sich die Zielformulierung als komplexe Angelegenheit dar und könnte so lauten: Alle Kunden haben ein Informationspaket erhalten und wurden von uns anschließend befragt, ob sie es bekommen und was sie verstanden haben. Bei Bedarf haben wir telefonisch oder im persönlichen Kontakt Inhalte erläutert und das Kundefeedback dokumentiert!

Doch selbst bei allergrößter Sorgfalt steckt niemand im Prozess drin. Unter Umständen ist das in der internen Betrachtung als gut bewertete Informationspaket beim Kunden gar nicht so gut angekommen. Eine solche Überraschung vermeidet, wer sich mit Ideen aus dem Design Thinking befasst hat und weiß, dass man eigene Entwürfe mindestens sogenannten Testessern zeigen muss, um daraus zu lernen, wie der Kunde reagiert. Wer hier zusätzliche iterative Schleifen zieht, spart sich hinterher viel Aufräumarbeit.

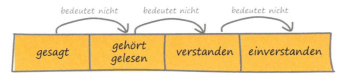

Bild 10.3 Gesagt ist nicht gehört – gehört ist nicht verstanden!

Zu den komplexesten Aufgaben der Kommunikation in einem Change-Projekt gehört das Hörkonzept. Das bedeutet, die Grundannahme zu akzeptieren, dass Betroffene und Beteiligte bestimmte Bedürfnisse haben. Werden sie durch den Change tangiert? In welcher Form? Haben sie überhaupt die Möglichkeit, ihre Bedürfnisse an das Projekt zu formulieren?

Dafür soll als Teil des gesamten Kommunikationskonzepts ein Forum geschaffen werden. In dieser allgemeinen Formulierung sind noch keine Aussagen darüber gemacht, wie Reaktionen durch die Stakeholder erfolgen sollen. Hier geht es darum, dass Zeit und Raum da sind, zuzuhören, um sie zu verstehen. Auch bedarf es der Klärung, wer zuhört. Ist es »nur« der Teilprojektleiter Kommunikation oder ist es der Programmleiter, der Lenkungsausschuss, der CEO oder der gesamte Vorstand?

Die Erfahrung lehrt, dass der Neigung widerstanden werden sollte, auf digitale Antwortmöglichkeiten zurückzugreifen. Mag sein, dass es modern wirkt, einen Online-Fragebogen zu haben, einen digitalen Kummerkasten, eine App mit Kommentarfunktion oder Ähnliches. In der medialen Kommunikation ist die grundsätzliche Tendenz zu einem raueren, aggressiveren Ton gegeben. Wir kennen dies aus den Kommentaren in den sozialen Medien. Im direkten Gespräch hingegen sind die meisten Menschen weitaus sensibler und gehen ihr Gegenüber weit weniger scharf an. Worte, die aggressiv in ein anonymes Forum geschrieben werden, lassen sich im direkten Gespräch so nicht mehr wiedergeben.

Der direkte persönliche Kontakt ist durch nichts zu ersetzen. Im persönlichen Kontakt liegt auch ein erkennbares Stück Wertschätzung, wenn Stakeholder spüren, dass sich Verantwortliche der Auseinandersetzung stellen und zuhören.

Dies setzt eine entsprechende Atmosphäre voraus. Dies schließt Achtsamkeit bei der Wahl des Ortes und der Gestaltung des Raumes mit ein, denn die Beteiligten spüren rasch, an welche Form der Wertschätzung gedacht ist. Kommunikationsstrategen wissen, dass darüber hinaus Iterationen bzw. Schleifen notwendig sein können. Man kann durchaus eine erste Betriebsversammlung organisieren, auf der in rauer Stimmung erst einmal Dampf abgelassen und Protest geäußert wird. Aber das Konzept muss einen Plan beinhalten, wie es danach weitergeht und wie die Schritte aussehen, in denen positive Zeichen der Verständigung gesetzt werden. In einem mit Sorgfalt vorbereiteten Hörkonzept sollen die Stakeholder das Gefühl haben, dass sie tatsächlich angehört werden bzw. dass ernsthafte und aufmerksame Zuhörer da sind, denen sie ihre Bedürfnisse, Sorgen und Bedenken vortragen können.

Aus dem Hörkonzept lassen sich unter Umständen auch Erfahrungskonzepte entwickeln. Darin können Stakeholder eigene, haptische Erfahrungen im Change-Projekt machen. Dies kann durch Betrachten oder Testen von Prototypen gelingen, durch Einladungen zu Projektevents oder durch konkrete Aufforderung, eine eigene Stellungnahme zu bestimmten Fragen abzugeben. Immer wieder ist zu beobachten, dass in Change-Projekten die Einbindung des Betriebsrats vergessen und erst in einer späten Phase nachgeholt wird. Die Reaktionen sind typisch: Weil sich der Betriebsrat selbst als wichtiger Stakeholder begreift, zeigt er seine Macht und tritt auf die Bremse. Sind relevante Fragen hingegen ständig und frühzeitig an die Arbeitnehmervertreter gerichtet worden, erspart man sich nicht nur spätere Konflikte, sondern man hat gleichzeitig den Weg eröffnet für eine harmonische Ergänzung durch kritische Stakeholder. Sie werden auch in heftigen Auseinandersetzungen anerkennen, dass sie wahrgenommen worden sind in ihrer kritischen Haltung, was ein grundlegendes Element von Wertschätzung ist. Zusätzlich bekommen sie, wenn sie nach ihrer Meinung zu der Sicherung von Arbeitnehmerrechten, zu einem Modell oder Prototyp gefragt werden, das Gefühl, dass sie nicht mehr nur Betroffene, sondern auch Beteiligte sind. Das verändert die Sichtweise auf das Projekt als Ganzes.

 Gelingt es, eine Person für das Projekt zu gewinnen, die sich bisher sehr kritisch und laut geäußert hat, ist das ein wichtiger Erfolg der Kommunikationsstrategie. Auf Überläufer zu setzen kann in kritischen Change-Projekten

> eine gezielte Maßnahme sein. Allerdings muss auch eine Idee vorhanden sein, wie der ehemalige Kritiker im Kommunikationskonzept eingesetzt wird. Wird nur seine neue Position gegenüber dem Change verkündet? Spielt er eine aktive Rolle in den kommunikativen Maßnahmen? Gar als Protagonist einer Aktion?

Das Ziel einer Kampagne ist klar: Wenn einer die Fronten wechselt, müssen andere Betroffene ihre Haltung überdenken und überprüfen. Denn offenbar sind die bisher vertretenen Positionen und Meinungen nicht so unerschütterlich wie angenommen. Außerdem ist mit zu bedenken, dass ein Frontenwechsel dazu führen kann, dass die Zurückgebliebenen die Reihen nur umso fester schließen, weil sie das Verhalten als Verrat an der Sache werten. Insofern ist immer im konkreten Fall zu überlegen, ob sich die Person, die ihre Meinung geändert hat, tatsächlich als Botschafter eignet bzw. wie man sie als Botschafter positioniert.

Wo immer man sich im Kommunikationsprozess befindet, sei es mit dem neuen Protagonisten oder ohne ihn, jede Maßnahme führt bei Stakeholdern zu Diskussionsbedarf. Dazu gehört, dass Geschichten gebaut werden, die einen – gefühlt wahren – Zusammenhang zwischen Absichten, Ausblicken, Gefährdungen usw. ergeben. Geschichten über im Change handelnde Personen werden konstruiert, damit die Erfahrungen einen Sinn ergeben. Dabei werden bekannte oder vermutete Fakten in das eigene Wertesystem und Wahrnehmungsmuster integriert. Möglicherweise prägt auch noch Gruppendruck die Wahrnehmung. In den meisten Veränderungsprozessen sind die Diskussionen in kleinen oder großen Runden zwischen Teeküche und Kantine bekannt. Der eine hat dics gehört, der andere jenes, und dann wird versucht, ein Zusammenhang herzustellen.

Diese Haltungen der Stakeholder und die sich daraus ergebenden Prozesse können entstehen, wenn durch die Kommunikatoren des Change ihrerseits die falschen Geschichten erzählt worden sind. Kaum ein Kommunikationsratgeber kommt heute ohne den Hinweis auf gutes Storytelling im Projekt aus. Aber was sind das für Geschichten, die erzählt werden? Ein CEO, der verkündet, dass alles auf den Prüfstand kommt, oder er mit dem Versprechen ins Rennen geht, dass kein Stein auf dem anderen bleiben wird, darf sich nicht wundern, wenn bei Stakeholdern solche Aussagen in der eigenen Fantasie bebildert werden. Wenn alles auf den Prüfstand kommt, dann wird auf einmal die eigene Arbeit, die eigene Leistung, der Arbeitsplatz, das Verhältnis zu den Kollegen, der Etat usw. infrage gestellt. Ein Satz, und die Welt gerät ins Rutschen. Mit einer Story über den Umbau und die Überprüfung des Unternehmens auf einer Betriebsversammlung kann das wahrgenommene Bedrohungspotenzial ins Unermessliche steigen.

Dass auch in der Politik Storys absurd falsch laufen können, zeigt die verbreitete Story von Stuttgart 21. Am Anfang wurden die Vorteile gepriesen: Die Fahrtzeit von Paris über Stuttgart, München und Wien nach Bratislava, so wurde erzählt, werde sich erheblich verkürzen. Das klang nach Modernität, nach technischem Fortschritt und auf der individuellen Ebene nach persönlichem Zeitgewinn. Was sich also auf den ersten Blick als Erfolgsgeschichte anhört, war am Ende ein Flop. Denn in Wirklichkeit will niemand mit dem Zug von Paris nach Bratislava reisen. Die Gedanken der Menschen waren woanders. Der vom Architekten Paul Bonatz 1922 gebaute Hauptbahnhof lieferte den Menschen Vertrautheit; der geplante Abriss und die Veränderungen im nahe gelegenen 600 Jahre alte Schlossgarten bedeuteten eine Gefährdung des gewohnten Stadtbildes. Hätte sich die Politik gefragt, was den Bürgern wichtig ist, und wäre daraufhin eine Geschichte erzählt worden von Kontinuität, von Erhalt des Bahnhofs, von Sicherung oder gar Ausbau des mitten in der Stadt liegenden Naherholungsgebietes, von Naturschutz bei gleichzeitiger Weiterentwicklung des Mobilitätsbedarfes, wäre der Widerstand mit großer Wahrscheinlichkeit anders verlaufen.

Was war der konkrete Fehler, den Politik und angegliederte Wissenschaft gemacht haben? Sie haben eine Geschichte entworfen, die ihre Sicht der Welt beschreibt. Sie haben die frei werdenden Flächen gesehen, waren stolz darauf, eine Idee zu haben, wie die Stadt weiterentwickelt werden kann, wollten Wohnraum schaffen, Beschäftigung sichern und messbare Einsparungen in der Mobilität nachweisen.

Wer eine gute Geschichte erzählen will, muss verstehen, wie die Stakeholder zum Projekt stehen, und darauf die Geschichte aufbauen. Das führt bei Sorgfalt dazu, dass nicht die eigene Geschichte erzählt wird, in der die eigenen Talente gerühmt werden, sondern die Geschichten der Stakeholder.

Diesen Grundsatz verfolgt auch der amerikanische Nobelpreisträger für Wirtschaft Robert Shiller in seinem jüngsten Buch *Narrative Economics*. Er empfiehlt darin Politik und Ökonomie, weniger aufgrund von Daten und Zahlen zu entscheiden, sondern aufgrund von Geschichten, die sich die Menschen erzählen. Dabei macht er auf das Phänomen aufmerksam, dass sich Meinungen und Stimmungen verändern können, obwohl eine objektive Datenlage dem widerspricht. Das Deutsche Institut für Wirtschaftsforschung weiß davon zu berichten, dass ein Krisennarrativ zu einem sich selbst verstärkenden Prozess werden könne, der die anfällige Situation noch verschärfe (Brinkmann 2019). Shiller rät also – vereinfachend gesagt –, dem Volk aufs Maul zu schauen, aufmerksam zuzuhören und zu verstehen, bevor man Entscheidungen trifft und Dinge kundtut.

Reflexionsfragen

Damit die Kommunikation im Change gelingt sollten Sie sich nachfolgende Fragen beantworten:

Wie intensiv habe ich mit den Stakeholdern über den anstehenden Prozess gesprochen?

_____

_____

_____

Kenne ich alle Stakeholder und was weiß ich über sie?

_____

_____

_____

Welche Erfahrungen habe ich im Dialog mit den Stakeholdern gemacht?

_____

_____

_____

Welche Erfahrungen, glaube ich, haben die Stakeholder dabei gemacht?

_____

_____

_____

Welche Bedürfnisse der Stakeholder habe ich erkannt? Was bedeutet das für meine Kommunikation?

_____

_____

_____

Wie will ich die Stakeholder in meine Kommunikation einbinden?

_____

_____

Zusammenfassung

Will Change-Kommunikation erfolgreich sein, ist es für die Protagonisten des Wandels ratsam, sorgfältig zu überlegen, wie die Kommunikation verlaufen soll. Im Mittelpunkt der Aktivitäten stehen die Bedürfnisse der Stakeholder und nicht die eigenen Aktivitäten. Der sprichwörtliche Wurm, der nicht dem Angler, sondern dem Fisch schmecken soll, bringt es dabei auf den Punkt. Werden in der Kommunikation die Vorteile der Stakeholder hervorgehoben, sind sie bereit zu Öffnung. Es ist eine weitverbreitete Annahme, dass sich Betroffene gegen einen Change wehren und vielfältige Möglichkeiten des Widerstands entwickeln würden. Das ist eher bei einer misslungenen Kommunikation der Fall. Menschen gehen den Wandel mit, wenn ihnen erklärt wird, welche positive Veränderung sich daraus ergibt. Richtig ist, dass Wandel vor allem in den Köpfen und den Herzen der Stakeholder stattfindet. Es ist also naheliegend, zu fragen, wie diese erreicht werden können. Der erste Teil eines jeden Change ist es also, sich über die beabsichtigte Kommunikation klar zu werden und zu fragen, wie damit die Stakeholder gewonnen werden können.

10.6 Literatur

Brinkmann, Bastian: »Auf ein Wort«. In: *Süddeutsche Zeitung* vom 08.10.2019, S. 17

Fisher, Roger; Ury, William; Patton, Bruce: *Das Harvard-Konzept*. Campus Verlag, Frankfurt am Main, New York 2015

Hagehülsmann, Ute; Hagehülsmann, Heinrich: *Der Mensch im Spannungsfeld seiner Organisation*. Junfermann Verlag, Paderborn 2001

Lewitan, Louis: »Emotionale Analphabeten«. in: *Zeit* 21/2019, S. 14

Schulz von Thun, Friedemann: *Miteinander reden*. Rowohlt Verlag, Reinbek bei Hamburg 1996

11 Unternehmen NEU denken und gestalten

CONNY DETHLOFF

Es gibt viele Sichten und Modelle, über die wir Unternehmen denken können, nicht nur die eine funktionale, die uns die BWL vorgibt. Und diese unzähligen Modelle sind an sich weder gut noch schlecht, sondern bezogen auf die gültigen Marktbedingungen jeweils passfähig oder eben nicht.

Wie sieht der Denkrahmen aus, den die BWL uns lehrt, und welche Prämissen liegen diesem Rahmen zugrunde? Die BWL hat jahrzehntelang genau eine Sicht geprägt, nämlich den funktionalen Aufbau von Unternehmen in Einkauf, Vertrieb, Produktion, Controlling, Logistik, Service, HR etc. Die Grundbedingung, die diesem Aufbau zugrunde liegt, ist, dass die lokalen Optima in den funktionalen Bereichen stets zu einem globalen Optimum aus Unternehmens- und Kundensicht führen. Diese Prämisse war für damalige Marktverhältnisse der Industrialisierung passfähig. Um das zu verstehen, sollte man sich den Markt zu dieser Zeit näher anschauen.

Anfang des 19. Jahrhunderts, kommend aus der Manufaktur auf dem Weg zur Industrialisierung, begann der Markt, sich zu einem Verkäufermarkt zu entwickeln. Unternehmen konnten unabhängig von den Kundenwünschen und -bedürfnissen produzieren und haben sich erst nachträglich um den Absatz der Produkte kümmern müssen. Hergestellte Produkte und Services wurden schon irgendwie verkauft. Das war nicht das Problem. Es war klar, was hergestellt werden musste, es sollte nur schnell und kostengünstig vonstattengehen. Effizienz war Trumpf. Kundenbedürfnisse standen hinten an. Taylor hat diese Art, Unternehmen zu denken, geprägt und zur Perfektion getrieben (Taylorismus).

Man sollte nun nicht den Fehler begehen, welchen auch ich manchmal in der Vergangenheit begangen habe, diesen Denkrahmen schlechtzureden. Für damalige Marktbedingungen war dieses Modell, Unternehmen zu denken, erfolgreich, sonst hätte es sich niemals durchgesetzt. Mit der Digitalisierung haben sich aber die Umweltbedingungen für Unternehmen massiv geändert, und in diesem Zuge sollte man auch den Denkrahmen von Taylor auf die

> Probe stellen und gegebenenfalls durch einen neuen und passfähigeren ersetzen. Genau dieses Überprüfen und Justieren des Denkrahmens ist in meinen Augen der Hebel für viele derzeitige Transformationsinitiativen in Unternehmen. Es kommt darauf an, das vorhandene Potenzial in den Unternehmen passfähig zu lenken. Und das geschieht durch einen neuen Denkrahmen, also durch eine neue Art, Unternehmen zu denken.
>
> Fragen, die in diesem Kapitel beantwortet werden:
> - Nach welchem Modell werden heute Unternehmen immer noch organisiert und warum?
> - Warum ist dieses Modell nicht mehr passfähig zu den Märkten in der derzeitig stattfindenden Digitalisierung?
> - Welches Modell wäre passfähiger und warum?
> - Was genau steckt in diesem Sinne hinter Business Systemics©?

11.1 Grenzen des funktionalen Denkrahmens

Durch die Digitalisierung hat sich der Markt vom Verkäufer- hin zum Käufermarkt entwickelt. Menschen haben jetzt viel mehr Möglichkeiten, ihre Wünsche und Bedürfnisse zu befriedigen. Darauf sollten Unternehmen reagieren, wollen sie nicht »sterben«. Nun ist es nicht mehr so einfach, die erzeugten Produkte und Services beim Kunden zu platzieren. Kunden rücken notgedrungen in den Mittelpunkt des Interesses der Unternehmen. Effektivität wird wichtiger, also die Frage danach, was produziert werden soll, nicht nur, wie es getan wird. Das bedeutet auch, dass man zugunsten der Problemlösung für den Kunden das Heben von Synergien im Unternehmen hintanstellen sollte, was mit einem primären Fokus auf Effizienz undenkbar wäre. Diese neue Fokussierung sollte allerdings nicht in Verschwendung ausarten.

Die funktionale Sicht auf ein Unternehmen lässt solch eine Neujustierung nicht zu, denn in den einzelnen funktionalen Bereichen an sich kann man den Kunden nicht bedienen, sondern nur im Zusammenspiel dieser. Lokale Optima in den funktionalen Bereichen führen nun nicht mehr zum globalen Optimum im Unternehmen.

An der sogenannten Taylor-Wanne von Gerhard Wohland (Bild 11.1), erkennt man relativ leicht diese beschriebene fehlende Passfähigkeit des funktionalen Schnittes, da dieser Sollbruchstellen im Wertstrom definiert. Diese Sollbruchstellen im Wertstrom fielen in den Zeiten der Industrialisierung nicht ins Gewicht, da der Markt noch nicht so komplex und so gesättigt war. Das bedeutet, der Handlungsraum der Kunden war gering, was letztendlich dazu führte, dass die Erwartungen der Kunden an Services und Produkte der Unternehmen nicht so groß waren. Unternehmen mussten gar nicht kundenzent-

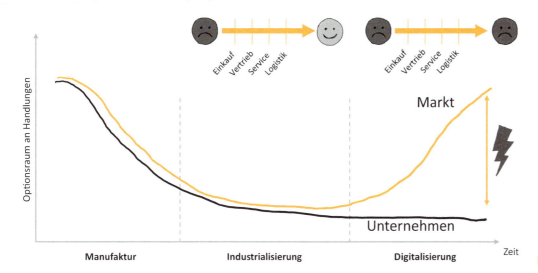

Bild 11.1 Taylor-Wanne

riert agieren, um einen Wert für Kunden zu generieren. In Zeiten der Digitalisierung hat sich der Markt geändert, was nun zu einer Behinderung des Wertstromflusses führt. Unternehmen müssen kundenzentriert agieren, was die Notwendigkeit einer neuen primären Organisationsform offenbar werden lässt, die nämlich den Wertstrom, über den Kunden glücklich gemacht werden, unterstützt und nicht durchtrennt.

11.2 Vom Kunden her denken

Um diese Frage zu beantworten, muss eine grundsätzliche Sicht auf Unternehmen eingenommen werden. Die Daseinsberechtigung von Unternehmen ist es, Probleme von Kunden zu lösen sowie Wünsche der Kunden zu befriedigen. Unternehmen sollten für Menschen
- Wünscheerfüller,
- Bedürfnisbefriediger und
- Problemlöser

sein. Nur wenn Kunden wahrnehmen, dass Unternehmen ihnen helfen, ihre Probleme zu lösen, und zwar besser, als andere es können oder wenn sie es alleine täten, kommen sie wieder. Denn sie erkennen den Wert, den das Unternehmen ihnen stiftet, und dafür sind sie dann auch bereit, Geld zu bezahlen.

Der Begriff des Kundenkontextes bezieht sich auf die Interaktion zwischen Unternehmen und Kunde. Kundenkontexte sind reale Lebenssituationen, in denen Menschen sich befinden und Hilfe benötigen. Je Kundenkontext ist es Aufgabe des Unternehmens, Kunden glücklich zu machen. Dabei kann ein Unternehmen mehrere Kundenkontexte bedienen. Im Beispiel eines Handelsunternehmens könnte das z. B. »Shopping« sein. Weitere Beispiele sind »Urlaub«, »Gesundheit und Sport«, »Umzug« oder »Reisen«.

Kundenkontexte sollten abhängig von den notwendigen Aktivitäten und den Erwartungen der Kunden in puncto der jeweiligen Problemlösung gesetzt werden. Denn aus diesen unterschiedlichen Tätigkeiten und Erwartungen leiten sich auch unterschiedliche Handlungen ab, die innerhalb des Unternehmens orchestriert werden müssen.

Das Definieren dieser Kundenkontexte geht nicht rezeptartig, auch gibt es dafür kein Richtig oder Falsch. Es ist und bleibt eine unternehmerische Entscheidung, bei der man sich der Methode des Value Proposition Canvas bedienen kann.

Die rechten drei Segmente in **Bild 11.2** stellen die Kundenseite dar. Hier wird beschrieben, in welchen realen Lebenssituationen die (potenziellen) Kunden welche Aufgaben zu erfüllen haben sowie welchen Nutzen diese Aufgaben für sie stiften und welche Probleme sie dabei zu bewältigen haben. Diese drei Segmente beschreiben damit einen Kundenkontext. Bezug nehmend auf die Kundensegmente wird dann die linke Seite, die Wertangebote des Unternehmens, beschrieben.

Mit den Ergebnissen aus dem VPC lässt sich dann der zweite Schritt einläuten, in welchem die Customer Journey definiert wird. Und zwar jeweils für genau einen Kundenkontext. Mittels der definierten Kundenaufgaben und der Produkte/Services lassen sich nun Events definieren, die bestenfalls eintreten sollten, damit Kunden ihre Aufgaben erfüllen können. In **Bild 11.3** sind beispielhaft zwei Events für den Kundenkontext Shopping dargestellt, »Suchbegriff wurde vom Kunden eingegeben« und »Artikel ist vom User in den Warenkorb gelegt«.

Es lassen sich relativ einfach mit einer angemessenen Anzahl an Menschen entlang einer gesamten Customer Journey alle Events sammeln. Hier ist das Event Storming als Methode zu empfehlen. Events sind Zustände, die eintreffen sollten, damit ein Kunde seine Probleme erfüllen

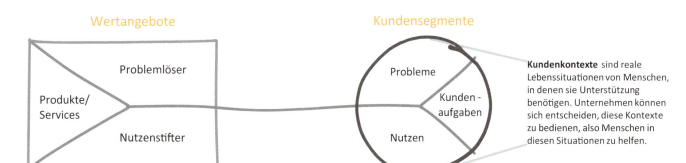

Bild 11.2 Value Proposition Canvas

Bild 11.3 Event Storming (Beispiel Kundenkontext Shopping«)

Bild 11.4 Customer Journey (Beispiel Kundenkontext »Shopping«)

oder Wünsche und Bedürfnisse befriedigen kann. Das Event Storming gehört zum Methodenbaukasten des Domain Driven Design, einer Vorgehensweise zur Modellierung von Software.

Mit den definierten Events lässt sich nun die dahinter liegende Customer Journey detaillieren, indem man die Events auf Aktivitäten mappt, die geschehen müssen, damit diese definierten Events eintreten können. Beispielsweise muss man einen Suchbegriff in eine dafür vorgesehene Suchleiste im Onlineshop eingeben, damit das Event »Suchbegriff wurde vom Kunden eingegeben« eintreten kann. **Bild 11.4** stellt diese Konkretisierung der Customer Journey für den Kundenkontext »Shopping« dar.

Im Rahmen dieser Customer Journey befinden sich drei Arten von Aktivitäten, Aktivitäten des Kunden, Aktivitäten der Mitarbeiter des Unternehmens und Aktivitäten, die automatisiert ausgeführt werden.

Weil diese Aktivitäten sich je nach Kontext unterscheiden, sollte es je Kontext eine eigene Customer Journey und damit einen eigenen Wertstrom erster Ebene, dazu kommen wir gleich noch genauer, geben. Allerdings sollte man sich diese Aktivitäten nicht standardisiert und linear auf einer Kette aufgezogen vorstellen.

Es ist nicht machbar, alle möglichen Aktivitäten auf dieser Wertstromebene in eine richtige Reihenfolge zu bringen, abgesehen davon, dass dies aufgrund der Optionsvielfalt auch nicht möglich ist. In erster Linie dienen sie als Denkrahmen, der es erlaubt, gemeinsam im Unternehmen in eine Richtung zu denken, nicht als standardisiertes Prozessmodell, das man eins zu eins bedienen kann und muss.

Beispielsweise könnte man den Kontext »Shopping« noch weiter unterteilen in »Shopping Fashion« und »Shopping Möbel«. Warum? Weil der Kunde beispielsweise unterschiedliche Erwartungen bezüglich dieser beiden Kontexte hat und im Unternehmen darauf über unterschiedliche Aktivitäten reagiert werden sollte. Des Weiteren könnte man definieren, dass »Einrichten« etwas anderes ist als »Shopping« und man deshalb noch einen weiteren Kontext, nämlich »Einrichten« definiert. Die Definition der Kontexte ist Teil des Definierens des USP eines Unternehmens: Wo und warum möchte man als Unternehmen mit Kunden in Interaktion treten und ihnen einen Wert generieren und sich damit von anderen Unternehmen unterscheiden?

Je Kontext und damit je Customer Journey in der Wertstromebene 1 besteht nun die Aufgabe, im Unternehmen die dort gelagerten Fähigkeiten so zu verbessern, dass die Kunden ihre Probleme stetig besser lösen können. Ureigenste Aufgabe innerhalb der Unternehmen ist dafür zu sorgen, dass die Aktivitäten dieser drei Aktivitätengruppen bestmöglich ausgeführt werden können. Denn das sorgt dafür, dass Kunden im jeweiligen Kundenkontext bestmöglich bedient werden.

Diese Sicht ist Ausgangspunkt für eine unternehmensübergreifende Priorisierung von anstehenden Aktivitäten. Diese gefundenen Fähigkeiten werden dann innerhalb des Unternehmens in Wertströmen der Ebene 2 neu erstellt oder angepasst. Stellt man beispielsweise fest, dass die Produktberatung innerhalb einer Customer Journey ein Engpass ist, dann sollten Mitarbeiter des Relation Center in puncto Produktberatung geschult werden. Stellt man fest, dass die Suche im Onlineshop der Engpass ist, dann sollte der Suchalgorithmus angepasst werden.

In der Wertstromebene 2 werden die notwendigen Fähigkeiten ausgebildet, die in der Wertstromebene 1, den Customer Journeys, zum produktiven Einsatz kommen. Um die Schwachstellen oder Engpässe in den Wertströmen erster Ebene zu finden, bietet sich die Methodik der

Theory of Constraints (ToC) an. Das Suchen und Finden und das anschließende Verbessern der Fähigkeiten sollten nach einem gemeinsam vereinbarten zeitlichen Zyklus geschehen, also beispielsweise alle x Monate, in dem dann der Unternehmens-Backlog aktualisiert wird. **Bild 11.5** zeigt diesen Prozess schematisiert.

Dies kann mit einem Fußballspiel verglichen werden. Die Wertstromebene 1 bildet die jeweiligen Punktspiele in den jeweiligen Wettbewerben ab, die Wertstromebene 2 das Training, wo Fähigkeiten wie Passspiel, Zweikampf, Standards etc. verbessert werden. Der Unterschied zwischen Wirtschaft und Fußball ist allerdings, dass beim Fußball Wettkampf und Training niemals zeitlich parallel ablaufen. In der Wirtschaft laufen Wertstromebene 1 und 2 zeitlich parallel, was die Komplexität der Interaktion zwischen den beiden Wertstromebenen innerhalb der Wirtschaft erhöht.

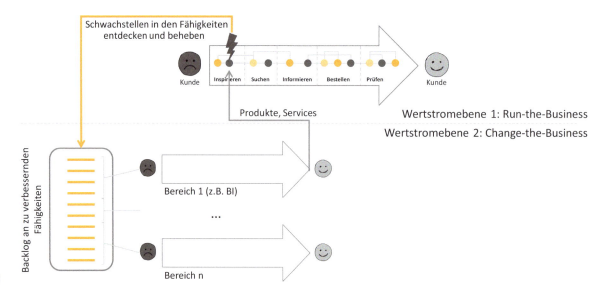

Bild 11.5 Wertstromebene 2

Zwei andere bekannte Begriffe kann man auch noch gegen das Modell der Wertstromebenen spiegeln und einordnen: Run und Change. Wertstromebene 1 ist Run. Wertstromebene 2 ist Change.

 Start des gemeinsamen Denkprozesses für Verbesserungen im Unternehmen ist stets der Kunde innerhalb der Customer Journeys (Wertströme erster Ebene) mit der Frage, was man für ihn verbessern kann und sollte. Erst das ist echte gelebte Kundenfokussierung.

Produkte und Services, die in den Wertströmen erster Ebene produktiv zum Einsatz kommen und damit dort die Fähigkeiten im Kontext Problemlösung für den Kunden verbessern, werden in den internen Wertströmen der zweiten Ebene erstellt. Der Prozess der Erstellung und Livesetzung dieser Produkte und Services endet dann wieder bei den Customer Journeys, denn ohne Einsatz der Produkte und Services werden die Fähigkeiten in der Wertstromebene 1 nicht erhöht und wird damit kein Nutzen für den Kunden generiert. Damit schließt sich der Kreis der steten Verbesserung, der niemals aufhört, sich zu drehen, es sei denn, im Unternehmen wird entschieden, diesen jeweiligen Kontext der Kundeninteraktion nicht mehr zu bedienen und vielleicht einen neuen aufzumachen.

In diesem Fall betritt man dann das Feld der Strategie. Bislang waren wir im Bereich der Operation, wo Fähigkeiten zu bestehenden Kontexten der Kundeninteraktion (z. B. Shopping) verbessert werden. Im Rahmen der Strategie werden neue Kontexte erschlossen, in denen ein Unternehmen zukünftig agieren möchte und wo Probleme der Kunden gelöst werden sollen. Mit dem Definieren neuer Kundenkontexte können aber auch Probleme definiert werden, die die Menschen im Markt bislang noch gar nicht als ihre angesehen haben.

Nehmen wir das Beispiel Apple. Apple hat nicht einfach so das iPhone auf den Markt »geschmissen«. Nein, Apple hat den Menschen suggeriert, dass sie doch eigentlich ständig mit der Welt verbunden sein wollen, was sie auch irgendwann geglaubt haben und dieses Problem für sich gelöst haben wollten. Man könnte also auch sagen, dass Apple einen Kundenkontext definiert hat, in dem sie ab sofort agieren wollten,

»verbunden sein mit der Welt«. Und erst jetzt kommt das iPhone ins Spiel, über welches sie genau das erreichen konnten, und zwar über eine neue Customer Journey, in welcher das iPhone eine besondere Rolle spielt. Denn mit jedem neuen Kontext gibt es eine neue Customer Journey, die dann mit Fähigkeiten vom Unternehmen bedient werden muss. **Bild 11.6** stellt diese Konstellation in Anlehnung am das Flight-Level-Konzept von Klaus Leopold dar.

In der Wertstromebene 1 werden Maßnahmen geplant, die über bereits etablierte produktiv gesetzte Fähigkeiten ausgeführt werden können. Das könnte beispielsweise »Produktberatung im Relation Center« sein oder »Marketingaktion Fußball-WM 2022«. Reichen bestehende Fähigkeiten in der Wertstromebene 1 nicht mehr aus oder werden neue Fähigkeiten benötigt, wird die Wertstromebene 2 aktiviert. Dabei werden drei Level unterschieden.

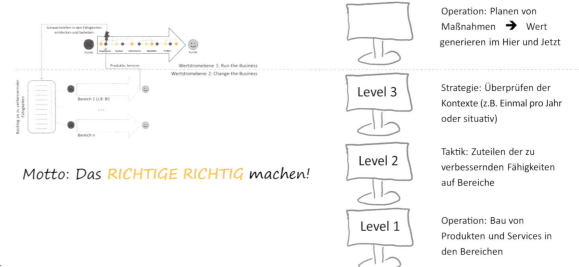

Bild 11.6 Flight Level Konzept

- Level 1 (Operation): Es wird sichergestellt, dass im »Heute« ausreichend Wert für den Markt generiert werden kann. Dabei werden bestehende Kundenkontexte optimiert, indem Fähigkeiten für diese verbessert werden.
- Level 2 (Taktik): Es wird sichergestellt, dass die vorhandenen »Ressourcen« optimal verteilt werden, um die Aktivitäten zwischen Operation und Strategie gut auszubalancieren.
- Level 3 (Strategie): Es wird sichergestellt, dass im »Morgen« auch noch ausreichend Wert für den Markt generiert werden kann. Dabei werden bestehende Kundenkontexte regelmäßig auf die Probe gestellt und gegebenenfalls geändert oder revidiert und neue definiert. In diesen Fällen sollte dann auch geschaut werden, welche neuen Fähigkeiten benötigt werden bzw. geändert werden müssen.

Das grundsätzliche Ziel ist, dass alle Aktivitäten in den Wertstromebenen 1 und 2 im Unternehmen transparent sind und klar ist, warum diese benötigt werden.

11.3 Organisation als System begreifen und cross-funktional modellieren

Die bestehende Intelligenz und Kreativität in Unternehmen sollte geleitet werden. Das geschieht durch einen passfähigen Denkrahmen, also die Art und Weise, wie wir Unternehmen betrachten und welche Prämissen wir unserem Denken zugrunde legen. Dieses Hinterfragen ist Basis für den digitalen Wandel in den Unternehmen. Erst dann kann man sich über neue Organisationsformen, neue Führungsprinzipien und -leitlinien etc. Gedanken machen, da diese Ergebnisse dann im neuen Denkrahmen überhaupt erst passfähig werden.

Für die bislang aufgezeigte Vorgehensweise, Unternehmen am Markt zu positionieren und zu steuern, ist die primär funktionale Organisationsform nicht passfähig. Beim funktionalen Modell fehlen die Kunden und die Wertströme (**Bild 11.7**). Es gilt nun also, im nächsten Schritt formale Verantwortung und formale Macht im

Unternehmen passfähig zur Wertgenerierung für den Markt zu definieren. Kundenfokussierung funktioniert nicht über funktionale Silos, sondern ausschließlich über eine Vernetzung dieser, also cross-funktional.

Genau an dieser Stelle kommt das Viable System Model (VSM) ins Spiel. Mitte des vergangenen Jahrhunderts hat Stafford Beer, der Erfinder des VSM, eine Hypothese aufgestellt, die er zu validieren suchte. Er ging damals davon aus, dass alle »lebensfähigen« Systeme, wie Menschen, Tiere, Pflanzen, Unternehmen, Sportvereine etc., ein gemeinsames Set an Fähigkeiten ausbilden müssen, um »Lebensfähigkeit« sicherzustellen.

Diese Fähigkeiten werden je nach System, »Mensch«, »Tier«, »Pflanze«, »Organisation« etc., unterschiedlich ausgebildet und gelebt. Denn Organisationen haben beispielsweise keinen inhärenten Überlebenstrieb. Sie sind von Menschen gemacht.

Die Fähigkeiten zum Lebenserhalt werden im VSM in Systemen abgebildet (**Bild 11.8**). Ein System 1 lenkt eigenständige Operationen mit der Umwelt. Über dieses System wird Wert generiert und geschöpft. Ein System 2 gleicht Oszillationen bei Anpassungsversuchen des Systems 1 aus. Für die Ressourcenzuteilung und die interne Optimierung ist ein System 3 zuständig. Die Umweltinteraktion, Beobachtung und Simulation mögli-

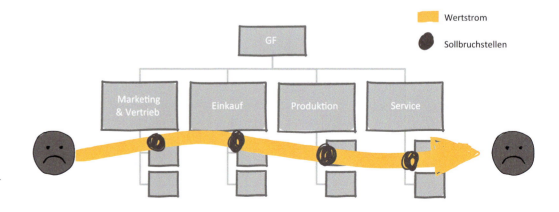

Bild 11.7 Organisierte Verantwortungslosigkeit

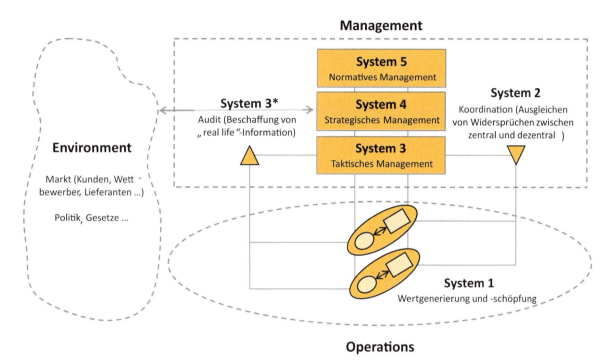

Bild 11.8 Viable System Model (in Anlehnung an https://www.researchgate.net/figure/The-Viable-System-Model_fig1_268153228)

cher Zukünfte übernimmt ein System 4. System 5 ist die oberste Lenkungshierarchie, welche das Selbstverständnis entwickelt und Entscheidungen trifft, die die Identität und die DNA des Unternehmens bestimmen. Jedes System 1, welches eigenständig lebensfähig ist, beinhaltet deshalb notwendigerweise wiederum alle fünf Systeme des VSM, in dem gelenkt, abgestimmt und optimiert wird, dies aber auf einer höheren Rekursionsebene.

Jedes Unternehmen lässt sich mit dem VSM rekursiv und fraktal modellieren. Was bedeutet das? Vielleicht kennen Sie diesen Effekt bei den Matrjoschkas, aus Holz gefertigte und bunt bemalte, ineinander schachtelbare, eiförmige russische Puppen mit Talisman-Charakter. In jeder Puppe steckt eine kleinere Puppe, die aber genauso aussieht wie die Puppe, in der sie enthalten war. In dieser kleineren Puppe steckt wiederum eine noch kleinere Puppe, die wieder genauso aussieht, nur eben noch kleiner. Und so weiter und so fort.

Was heißt das nun für das Modellieren von Unternehmen?

Man startet bei der ersten Rekursionsebene und betrachtet das Unternehmen. Für das Unternehmen in Gänze werden die beschriebenen fünf Systeme in den Wertstromebenen 1 und 2 modelliert. Dann geht man in die zweite Rekursionsebene. Der Bereich Business Intelligence (BI), in welchem Produkte und Services erstellt werden, um die Entscheidungen in der Rekursionsebene 1 (Unternehmen) zu verbessern, ist nur ein möglicher nächster Bereich der Rekursionsebene 2. Es gibt mögliche weitere Bereiche, in denen Produkte und Services erstellt werden, um Fähigkeiten in der Rekursionsebene 1 auszubilden. Deshalb müsste man das Bild mit den Matrjoschkas abwandeln. Öffnet man die größte Puppe, findet man dort x kleinere Puppen, und in jeder der x kleineren Puppen dann wieder y weitere kleinere.

Nun gibt es weitere mögliche Rekursionsebenen, nämlich Unternehmen
- BI Bereich,
- BI Domänen,
- BI Entwicklungsteams.

Befassen wir uns mal mit der Rekursionsebene 2, dem BI Bereich. Dafür zoomen wir gedanklich in der oberen Abbildung **Bild 11.9** in der Wertstromebene 2 in den Bereich 1 (z. B. BI) hinein und erhalten **Bild 11.10**.

Die Wertstromebene 1 dieser Rekursionsebene 2 ist jetzt die User Journey im Kontext der Nutzung der erstellten BI Produkte und Services der jeweiligen BI Domänen in Wertstromebene 2. Die User sind die, die die BI Produkte im Rahmen der drei Aktivitätengruppen (**Bild 11.10**) nutzen. Die Wertstromebene 2 ist die reine BI Produkterstellung. Dabei sind die Kunden für diese BI Produkte und Services die, die die Produkte und Services von BI nutzen. Man kann auf dieser Rekursionsstufe wieder zwischen Run und Change unterscheiden, also wieder zwei Wertstromebenen erkennen. Auf jeder Rekursionsebene gibt es also zwei Wertstromebenen,

11.3 Organisation als System begreifen und cross-funktional modellieren

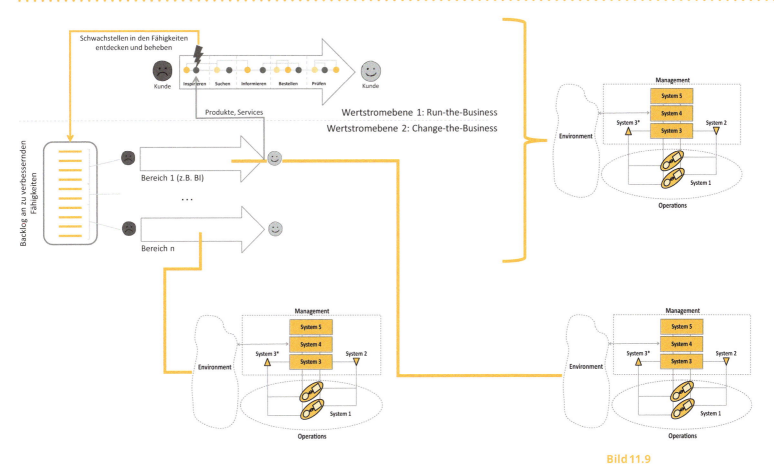

Bild 11.9
VSM Rekursionsebene 1

11 Unternehmen NEU denken und gestalten

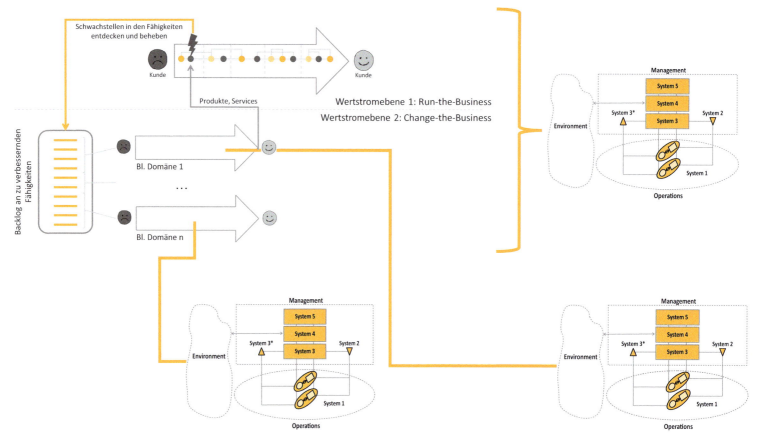

Bild 11.10
VSM Rekursionsebene 2

11.3 Organisation als System begreifen und cross-funktional modellieren

Rekursionsebene 2: BI Bereich

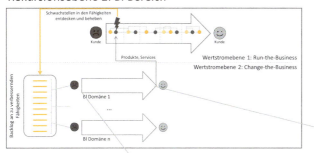

Rekursionsebene 4: BI Entwicklungsteam

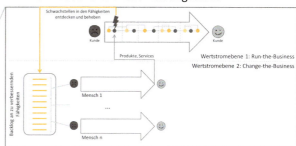

Rekursionsebene 3: BI Domäne

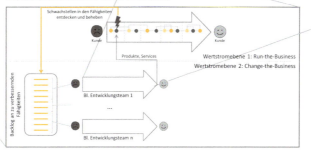

Bild 11.11
VSM Rekursionsebene 2

Ebene 1 ist jeweils immer die Journey der User oder »Kunden«. Ebene 2 ist die Produkt- oder Serviceerstellung, die in Ebene 1 zum Einsatz kommen, dadurch Fähigkeiten ausbilden, die Journey besser laufen lassen.

Wie kommt man nun zur Rekursionsebene 3 (Bild 11.11)? Man zoomt in eine der jeweiligen BI Domänen der Wertstromebene 2 hinein und erhält damit auch hier wieder die zwei Wertstromebenen Run und Change. Ähnlich gelangt man zur Rekursionsebene 4, indem man in eines der Entwicklungsteams auf der Wertstromebene 2 der Rekursionsebene 3 hineinzoomt.

Mit jedem Reinzoomen in die Rekursionsstufe n + 1 ist die Rekursionsstufe n Teil der Umwelt der Rekursionsstufe n + 1. Beispielsweise gehört das Unternehmen (Rekursionsstufe 1) zur Umwelt vom BI Bereich (Rekursionsstufe 2) und das Unternehmen plus der BI Bereich (Rekursionsstufe 2) zur Umwelt der BI Domänen (Rekursionsstufe 3). Und so weiter und so fort.

Die aufgezeigten Schritte zur Ausrichtung eines Unternehmens zum Markt (VPC, Event Storming, Customer Journey Mapping, Flight-Level-Konzept) sollten auf jeder Rekursionsebene durchgeführt werden, beginnend mit der Rekursionsebene 1, dem Unternehmen.

Jede modellierte Rekursionsebene sollte »lebensfähig« sein. Was bedeutet das? Diese Rekursionsebene könnte herausgelöst werden und relativ einfach durch Anpassen von Schnittstellen in andere Unternehmen integriert werden. Ich als Mensch könnte z. B. in ein anderes BI Team, eine anderen BI Domäne oder ein anderes Unternehmen wechseln. Man könnte aber auch den gesamten BI Bereich in ein anderes Unternehmen integrieren.

Zum Evaluieren bestehender Organisationsstrukturen und zum Anpassen auf eine passfähige bietet sich der VSM Canvas nach Mark Lambertz an (**Bild 11.12**).

Der VSM Canvas kann als Diagnoseelement für Organisationsstrukturen angesehen werden. Bestehende Organisationseinheiten können den einzelnen VSM-Systemen zugeordnet werden und es können so Gaps in der Operationalisierung von Fähigkeiten erkannt werden, und das auf allen Rekursionsebenen. Genauer gesagt, gibt es dann für jede Rekursionsebene einen solchen Canvas. Beispielsweise könnte man erkennen, dass es derzeit auf der Rekursionsebene 1 (Unternehmen) keine Verantwortung für das Ausloben der Strategie gibt. System 4 ist also nicht operationalisiert.

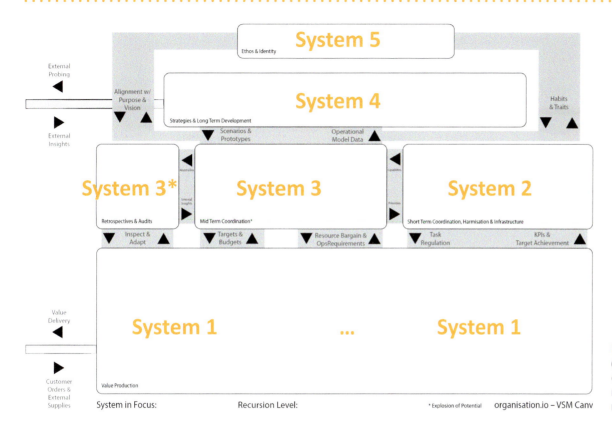

Bild 11.12 Das VSM Canvas (Quelle: http://intelligente-organisationen.de/free-release-viable-system-model-canvas)

Weiterführende Informationen unter: https://blog-conny-dethloff.de/?p=3694 sowie https://blog-conny-dethloff.de/?page_id=4036

Details zu Value Proposition Canvas: https://leanbase.de/publishing/leanmagazin/business-systemics

Details zum Arbeiten mit dem VSM Canvas: http://intelligente-organisationen.de/free-release-viable-system-model-canvas

 Fazit

Möchte man in einem Unternehmen die Möglichkeit herstellen, dass dieses gut am Markt aufgestellt ist, bei Kunden also als relevant angesehen wird, da dieses Unternehmen Probleme der Kunden löst, sollte man Menschen für diese Problemlösung in Verantwortung bringen. Wie wird in Unternehmen nach dem funktionalen Denkrahmen Verantwortung verteilt, also wer entscheidet beispielsweise über die Vergabe von Budget? Oder wie macht man Karriere und erlangt formale Macht? Richtig, Menschen in funktionaler Verantwortung. Das haben wir am Anfang des Beitrages erörtert. Wie wird im Unternehmen Wert für den Kunden generiert? Richtig, cross-funktional. Das passt nicht. Diesen Missstand sollten wir ändern, und zwar über einen neuen passfähigen Denkrahmen. Unternehmen, die primär funktional organisiert sind und dementsprechend in funktionaler Richtung Verantwortung und damit formale Macht vergeben, können per Definition nicht kundenfokussiert sein. Aus Kundensicht generiert diese Struktur organisierte Verantwortungslosigkeit.

Es darf keine Selbstverständlichkeit sein, dass Menschen sich nur ungenügend qua ihrer Talente im Unternehmen einbringen können. Das ist immer noch sehr häufig der Fall. Dafür muss man die Menschen nur fragen. Dieser Fakt liegt ebenfalls an der Art und Weise, wie Menschen zusammen denken und handeln. Und das können wir Menschen ändern, sollten es sogar, falls diese Art nicht passfähig zum Markt ist. Dieser Wirkung liegt kein Naturgesetz zugrunde.

Der funktionale Denkrahmen in den Unternehmen war früher erfolgreich. Nun hat sich der Markt aber geändert, was dazu führt, dass diese Art des Denkens nicht mehr passfähig zum Markt ist. Auch hier wieder ein Vergleich zum Sport, genauer zum Football und Fußball, der belegt, dass andere Umweltbedingungen, in diesem Fall Regeln, andere Organisationsformen bedingen. Beim Football ist Offense und Defense im Wettkampf stets getrennt auf dem Spielfeld. Während des Spiels können beim Football Spielzüge detailliert besprochen werden. Versucht eine Mannschaft, diese Art und Weise des Zusammenspiels beim Fußball einzusetzen, wird sie wohl schnell dafür bestraft werden. Im Fußball würde ein Trainer nicht ansatzweise auf die Idee kommen, Sturm und Abwehr getrennt aufs Spielfeld zu schicken. Aber deshalb ist die Organisationsform beim Football nicht gleich schlechter als die beim Fußball oder umgekehrt. Sie ist angepasst an die Regeln. Das müssen Unternehmen adaptieren, abhängig von den vorliegenden Marktbedingungen.

Business Systemics© legt eine neue Art und Weise, Unternehmen zu denken und zu gestalten, offen, indem viele bestehende Gedanken und Ideen, wie z. B. »Value Proposition Canvas«, »Event Storming«, »Customer Journey Mapping«, »Kanban System Design«, »Kanban-Flight-Level-Konzept«, »Theory of Constraints« oder »Viable System Model« zusammengeführt und vereinigt werden.[1]

Es gibt zu Business Systemics© noch viel mehr zu sagen, was allerdings hier in diesem Buchband nicht möglich ist. Kommen Sie gerne auf mich zu und lassen Sie uns zusammen diese Ideen auf Ihre Situationen anwenden.

---

[1] »Systemics« (Inspiration Heinz von Förster): Das indoeuropäische Urwort für scientia ist ein Wort, das heißt sky, und das ist in science und in scientia und in Schizophrenie. Das ist das Wort für »trennen«, und eben Systemics ist genau eine parallele Entwicklung, nur das Gegenteil von science ist integriert (aus https://www.gleichsatz.de/b-u-t/spdk/hvf.html).

11.4 Literatur

Beer, Stafford: *Kybernetik und Management*. S. Fischer Verlag, Frankfurt am Main 1959

Beer, Stafford: *The Heart of Enterprise*. John Wiley and Sons, New York 1994

Clark, Tim; Osterwalder, Alexander; Pigneur, Yves: *Business Model You*. Campus Verlag, Frankfurt am Main 2012

Goldratt, Eliyahu: *Das Ziel*. Campus Verlag, Frankfurt am Main 2013

Hoverstadt, Patrick: *The Fractal Organization*. John Wiley and Sons, New York 2008

Lambertz, Mark: *Freiheit und Verantwortung für intelligente Organisationen*. Mark Lambertz 2016

Löbel, Uwe: *Wege zum Ziel*. mitp, Heidelberg 2005

Maturana, Humberto; Pörksen, Bernhard: *Vom Sein zum Tun*. Carl-Auer Verlag, Heidelberg 2014

Techt, Uwe: *Goldratt und die Theory of Constraints*. Ibidem, Stuttgart 2015

Vernon, Vaughn: *Domain-Driven Design kompakt*. dpunkt.verlag, Heidelberg 2017

12 Fünf zentrale Handlungsfelder der Veränderung

SABINE KLUGE

Die Herausforderungen einer zunehmend komplexen Arbeitswelt erfordern zeitgemäße Rezepte für Veränderung. Doch weniger denn je gilt in einem komplexen und damit kaum planbaren Umfeld: »One size fits all.«

Dem gegenüber stehen zahlreiche Good Practices für Anpassung und Veränderung, die zwei Dinge teilen:

- Sie setzen erstens auf Kommunikation: Angst nehmen, Partizipation aktivieren.
- Und sie können und wollen dem ersehnten Anspruch von Entscheidungsträgern, Beteiligte »mitzunehmen«, nicht gerecht werden.

In diesem Artikel erfahren Sie,

- warum die aus den 90er-Jahren bewährten standardisierten Veränderungswerkzeuge von Effizienzsteigerung und Restrukturierung heute kaum noch relevante Ansätze für gegenwärtige und künftige unternehmerische Herausforderungen liefern,
- warum und wie Veränderung, Anpassung und Transformation von Organisationen mehr denn je zu einer unternehmensweit partizipativen Aufgabe geraten, die sich weniger denn je von Führungsseite »einsteuern« lässt, und welche Ansätze sich bewährt haben,
- wie und auf welche Art beispielhaft Kommunikation und Dialog als zentrale Erfolgselemente von Veränderung und Anpassung wirken.

12.1 Veränderte Anforderungen

»Wenn wir wollen, dass alles so bleibt, wie es ist, dann ist es nötig, dass sich alles verändert«, sinniert der junge Tancredi im Bestseller *Der Leopard* im Dialog mit seinem alternden Onkel, Fürst von Salina, der das alte, prächtige Sizilien seiner Jugend verloren glaubt.

Auch für unsere Gesellschaft, hier besonders unsere Arbeitswelt, gilt seit jeher, dass nur die Bereitschaft und Fähigkeit zur Veränderung den Fortbestand des unternehmerischen Erfolges sichern können. Und doch ist es keinesfalls trivial, unternehmensindividuell zu definieren, welche Schritte, welche Methoden, welche Werkzeuge – zu welchem Zeitpunkt – ergriffen werden müssen, um wie im Zitat im Sinne des nachhaltigen Erfolgs dafür zu sorgen, »dass alles so bleibt, wie es ist«.

Die 90er-Jahre des letzten Jahrhunderts waren von Restrukturierung geprägt. Globalisierung und Deregulierung der Märkte, zunächst als große Chance wahrgenommen, haben nach den satten Wirtschaftswunderjahrzehnten erstmalig echten internationalen Wettbewerb auf breiter Front spüren lassen. Die Gebote der Stunde hießen Kostensenkung und Produktivitätssteigerung, und dazugehörige Maßnahmen und Methoden standen im Wesentlichen im Dienst von Downsizing, Outsourcing und engem Controlling. Lean, KVP, Kaizen, Six Sigma – der große Werkzeugkasten der Effektivitätssteigerung wurde in allen traditionellen Unternehmen als das Arsenal für wirksame organisatorische Veränderung gepriesen.

Damit hielt in den 90ern der Begriff der Excellence Einzug in die Veränderungsprogramme: Business Excellence, Customer Excellence, People Excellence, dem Streben nach Leistungs- und Qualitätsmaximierung konnte sich kein Bereich im Unternehmen entziehen. Tom Peters und Robert H. Waterman Jr. beschrieben ihn ihrem 1982 veröffentlichten Bestseller *In Search of Excellence* Unternehmen, die es augenscheinlich geschafft hatten, mir ihrem Bestreben nach Effektivität und Effizienz in Bezug auf ihre Wirtschaftlichkeit in die absolute Spitzenklasse aufzusteigen.

So haben die darin Beschriebenen die wettbewerbskritischen 90er-Jahre gemeistert und galten damit als Vorbild für erfolgreiches Management; überraschenderweise haben jedoch die wenigsten dieser Unternehmen die nächste Welle der Disruption gemeistert: Sie wurden Opfer der zunehmenden Komplexität digitaler Märkte und Prozesse und haben vielfach nicht überlebt.

Nach der Erfolgswelle dieser top-down gesteuerten Business-Process-Reengineering-Programme gilt heute ein anderes Rezept als Schlüsselbegriff, ja nicht selten als Zauberwort für das Überleben in komplexen Zeiten: Agilität, die Anpassungsfähigkeit an sich schnell verändernde Rahmenbedingungen und damit das Herzstück der Veränderungsfähigkeit.

Und doch fällt es Entscheidungsträgern gerade in traditionell sozialisierten Unternehmen nach wie vor schwer, Fahrt und Beweglichkeit aufzunehmen, ja überhaupt zu verstehen, dass die alten Rezepte der 90er, das Streben nach Excellence durch Kostensenkung und Produktivitätssteigerung, das Bemühen um die besseren Produktionsanlagen und -standorte, heute nicht mehr im Zentrum der Bemühungen stehen, die Herausforderungen heute mit den Werkzeugen von gestern – mit »mehr vom Gleichen« nicht gemeistert werden können.

Denn wer will, dass alles so (erfolgreich) bleibt, wie es ist, muss sich auch selbst massiv bewegen, verändern, experimentieren und seinen Glauben an die einfachen betriebswirtschaftlichen Rezepte der Restrukturierung hinterfragen. Werden die »Tanker« überleben, wenn noch mehr Geschwindigkeit und noch mehr Information zu noch schnellerem und entschlossenerem Entscheiden und Handeln zwingen? Nun, sie haben es in der Hand. Denn Veränderung ist möglich. Es fehlt nicht an Rezepten, und wer bereit ist, sie schnell und konsequent zu adaptieren und zu nutzen, hat gute Überlebenschancen.

Damit ist die größte Herausforderung eine aufrichtig gelebte und wahre Bereitschaft, Fragestellungen bisweilen fundamental anders zu bearbeiten und zu beantworten. Und das größte Hindernis dabei ist der Mensch.

 Der Mensch im Mittelpunkt: Das ist mehr als eine naive Utopie!

Wie meistern heute Unternehmen diese Herausforderungen? Welche Methoden und welche Werkzeuge eignen sich aktuell? Denn anders als bei den bewährten Restrukturierungsrezepten der 90er-Jahre, die bisweilen vergleichsweise einfach allenfalls die numerisch nachvollziehbaren Stellschrauben von Bilanz und Ergebnisrechnung mechanistisch optimieren konnten (so wurden mal die Forderungen, dann die Vermögensgegenstände, dann wieder die Kosten mit vergleichsweise einfachen Rezepten wie Mahnwesen, Sale/Lease Back oder Lieferantenmanagement »optimiert«), geht es bei den heutigen Fragestellungen um eine deutlich weniger transparente Verquickung von Ursachen und Wirkungen. Und die einzige, wiederkehrende Antwort heißt: Kommunikation.

Veränderung heute = Mensch + Technik + Raum

Dabei spielen Unternehmensgeschichte, Gesellschaftsform, Branchenhintergrund, Reifegrad der Organisation, Führungsleitbild und viele andere Faktoren eine zentrale Rolle. Und so werden Change-Vorhaben zwangsläufig zum hochindividuellen Analyse- und gleichzeitig Experimentierfeld, weil unternehmerische Fragestellungen in einem komplexen Umfeld nicht mehr rein mechanistisch, rein betriebswirtschaftlich oder rein technologisch gelöst werden können, sie also des Versuches und einer Lernkultur, des offenen Diskurses über erfolgreiche und weniger erfolgreiche Maßnahmen bedürfen, um sich weiterzuentwickeln.

Sowohl in der Restrukturierungphase der 90er und auch heutzutage geht es nach wie vor um eines: um die Wettbewerbsfähigkeit. So haben sich zwar die Rezepte verändert, die Ziele jedoch nicht: Wirtschaftliche Nachhaltigkeit war, ist und bleibt der Motor aller Anstrengungen, durch Veränderung dafür zu sorgen, dass alles im besten Sinne »so bleibt, wie es ist«.

Und war es in den 90er-Jahren das unbedingte Bemühen um die effizientesten technischen Produktionsfaktoren, sei es durch Innovation oder Akquisition, so ist es heute das unbedingte Bemühen um die besten Köpfe, die menschlichen »Produktionsfaktoren«, in aller notwendigen Konsequenz der kulturellen Anpassungsfähigkeit von Organisationen.

Grundsätzlich gilt heute mehr denn je: Es gibt nicht »das Veränderungswerkzeug«, bei dem Unternehmen sicherzehen können, dass alle Mitarbeitenden gleichermaßen bereit sind, Neues zu adaptieren. Denn jedes Werkzeug, jede Methode schafft lediglich ein Angebot, das einen mehr oder weniger großen Teil der Mitarbeitenden anspricht, gewohnte Pfade zu verlassen. Daher sind Veränderungsprogramme so wenig planbar, und Entscheider müssen damit rechnen, einen Teil der Mitarbeitenden auf dem Weg in eine neue Welt zu »verlieren«, während sie andere womöglich gewinnen. Insofern liegt die Herausforderung in der strategischen Stringenz der Programme und Angebote: Inwieweit sind sie konsistent mit der strategischen Entwicklungsplanung des Unternehmens?

 Mensch = Toolset + Skillset + Mindset

Bereits in den 90er-Jahren hat Peter M. Senge sein Konzept der lernenden Organisation vorgelegt (**Bild 12.1**): Ein Set von Parametern, die in Organisationen realisiert sein sollen, wenn diese Organisation – mithin die darin und dafür arbeitenden Menschen – in der Lage sein soll und will, sich kontinuierlich an eine sich verändernde Umwelt anzupassen.

Dabei kommt gerade dem systemischen Denken sowie der Fähigkeit, im Team praktisch selbst organisiert kontinuierlich voneinander und miteinander zu lernen, eine zentrale Bedeutung zu, gemeinsam mit der Fähigkeit zur individuellen wie organisationalen Selbstreflexion. Sprechen wir über Veränderungskompetenz im engeren Sinne, nämlich die Fähigkeit, veränderte Umfeldfaktoren zu antizipieren und proaktiv daraus Handeln abzuleiten, dann schafft diese Fähigkeit die Grundlage für – wie Hans-Joachim Gergs es treffend nennt – die Kunst der kontinuierlichen Selbsterneuerung von Organisationen. Diese Kunst hat ihre wichtigste Basis in der Haltung, dem heute vielfach zitierten »Mind-

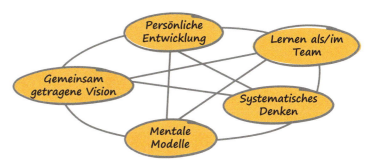

Bild 12.1 Peter M. Senge: lernende Organisation

set«, wird aber durch zeitgemäße Tools, Instrumente und Methoden sowie durch den Ausbau der individuellen Fähigkeiten im Sinne der lernenden Organisation erst vollständig.

Idealerweise bewegen wir uns konsistent in allen drei Bereichen, um das organisatorische Veränderungsvorhaben zur maximalen Wirksamkeit zu entwickeln.

 Raum + Technik = Toolset

Das rasche Platzen der sogenannten Dotcom-Blase zur Jahrtausendwende bestätigte zunächst den Erfolg traditioneller Unternehmen in der Hinsicht, dass die wirtschaftliche Verlässlichkeit industrieller Hardware auf absehbare Zeit nicht durch die virtuelle Wertschöpfung aus dem weltweiten Netz ersetzbar sei. Aus der Dotcom-Zeit jedoch blieben die Bilder von jungen Menschen in Kreuzberger Fabriklofts mit Tischkicker und großer, heller, gemeinsamer Küche zurück, und schon wenige Jahre später hielt diese Form der Arbeitsplatzgestaltung sukzessive Einzug auch in traditionelle Unternehmen.

Verbunden war und ist diese Bewegung, die mit Recht als Veränderungsbewegung gelten darf, mit der zunehmenden Adaption des digitalen Arbeitsplatzes und damit auch mit dem Bedarf, der wachsenden Forderung von Mitarbeitenden oder attraktiven Kandidaten, flexiblere Formen von physischer Arbeit zu schaffen in einer Zeit, in der Unternehmen weit mehr bieten müssen als gutes Gehalt und Sicherheit, um die besten Talente zu erhalten.

So schuf die hauseigene Akademie »Global Learning Campus« der Siemens AG, eine Unterabteilung der Globalen Human Resources, bereits 2008 ihr erstes Flexible Office in München-Neuperlach. Dabei handelt es sich um eine Vielfalt verschiedener Räume von Großraumbüro über Kreativzone bis hin zum Silent Room, in denen Mitarbeitende je nach aktueller Aufgabe ihre Aufgaben verrichten. Das Change-Potenzial, heute würde man es vielleicht »der Kultur-Hack« nennen, liegt in mehreren Aspekten:

- **Technik:**
  - Es gibt keine klassischen Festnetzanschlüsse mehr, alle Mitarbeitenden haben ein vom Unternehmen gestelltes Mobiletelefon.
  - Jeder der Arbeitsplätze ist mit der notwendigen Anschlusstechnologie ausgestattet sowie mit einem Bildschirm.

- Alle Mitarbeitenden haben nur noch ein Notebook, das sie jederzeit an jedem Ort im Unternehmen andocken können.
- **Raum:**
  - Mitarbeitende haben keinen festen Arbeitsplatz mehr und müssen sich täglich einen neuen physischen Arbeitsplatz suchen.
  - Es gibt klare Spielregeln für jede dieser Zonen, die die Mitarbeitenden aufgefordert sind, einzuhalten.
  - Es gibt im Sinne der Flächenoptimierung nur für 80 % der Mitarbeitenden individuelle Arbeitsplätze: Für jeden Mitarbeitenden ist damit ein Tag im heimischen Büro praktisch bereits bei der Konzeption eingepreist.
  - Jeder Mitarbeitende erhält einen individuellen, abschließbaren Container, den er täglich aufgefordert ist, abzuschließen und im Depot zu verstauen.
  - Neben der gut ausgestatteten Bibliothek auf Vertrauensbasis gibt es auch zahlreiche Tischkicker: Die Begegnung mit Kollegen aus anderen Funktionsbereichen ist explizit erwünscht und sorgt für einen Austausch über die mittlerweile stark im Kreuzfeuer der Kritik stehenden »Silogrenzen« hinweg.

Die Produktivität des Einzelnen entzieht sich in solchen Räumlichkeiten dem unmittelbaren Zugriff oder auch der Messbarkeit durch eine Führungskraft. Insofern bedeutet bereits die neue räumliche Konstellation eine Anpassung aller Beteiligten – Mitarbeitenden wie Führungskräften – an ein neues Verständnis von Vertrauen und gemeinsamer Zielerreichung.

Betrachten wir Raum und Technik per se als Werkzeuge für Veränderung, nämlich für ein flexibleres, selbstverantwortlicheres, vertrauensvolleres und auch weniger kontrollierbares Miteinander am Arbeitsplatz, so wird klar, dass es hier um weit mehr als um einen physischen Eingriff geht, sondern um einen dramatischen kulturellen Einschnitt, um Gewinn und Verlust für alle Beteiligten gleichermaßen. Kluge Unternehmen lassen daher solche Maßnahmen durch dedizierte Experten begleiten. So waren bei Siemens für mehrere Jahre Kollegen aus dem Change-Umfeld in der Planung und Umsetzung beteiligt und blieben für eine lange Phase der Eingewöhnung von mehreren Jahren Ansprechpartner, um alle Betroffenen bei der Orientierung zu unterstützen. Gleiches ist derzeit beim Axel-Springer-Konzern zu beobachten. Seit mehreren Jahren wird hier die Konzernzentrale im

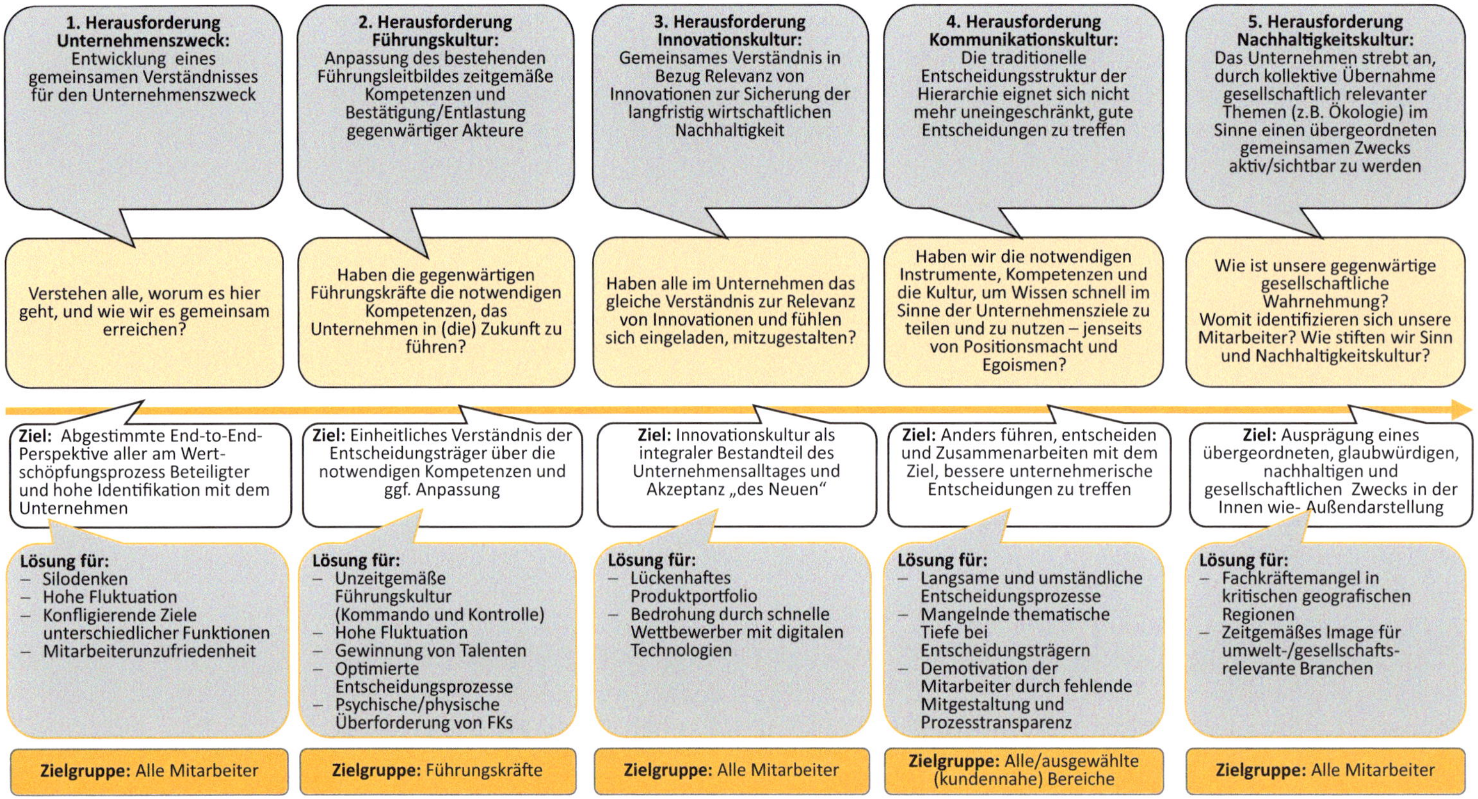

12 Fünf zentrale Handlungsfelder der Veränderung

1. Herausforderung Unternehmenszweck: Entwicklung eines gemeinsamen Verständnisses für den Unternehmenszweck

2. Herausforderung Führungskultur: Anpassung des bestehenden Führungsleitbildes zeitgemäße Kompetenzen und Bestätigung/Entlastung gegenwärtiger Akteure

3. Herausforderung Innovationskultur: Gemeinsames Verständnis in Bezug Relevanz von Innovationen zur Sicherung der langfristig wirtschaftlichen Nachhaltigkeit

4. Herausforderung Kommunikationskultur: Die traditionelle Entscheidungsstruktur der Hierarchie eignet sich nicht mehr uneingeschränkt, gute Entscheidungen zu treffen

5. Herausforderung Nachhaltigkeitskultur: Das Unternehmen strebt an, durch kollektive Übernahme gesellschaftlich relevanter Themen (z.B. Ökologie) im Sinne einen übergeordneten gemeinsamen Zwecks aktiv/sichtbar zu werden

---

Verstehen alle, worum es hier geht, und wie wir es gemeinsam erreichen?

Haben die gegenwärtigen Führungskräfte die notwendigen Kompetenzen, das Unternehmen in (die) Zukunft zu führen?

Haben alle im Unternehmen das gleiche Verständnis zur Relevanz von Innovationen und fühlen sich eingeladen, mitzugestalten?

Haben wir die notwendigen Instrumente, Kompetenzen und die Kultur, um Wissen schnell im Sinne der Unternehmensziele zu teilen und zu nutzen – jenseits von Positionsmacht und Egoismen?

Wie ist unsere gegenwärtige gesellschaftliche Wahrnehmung? Womit identifizieren sich unsere Mitarbeiter? Wie stiften wir Sinn und Nachhaltigkeitskultur?

Ziel: Abgestimmte End-to-End-Perspektive aller am Wertschöpfungsprozess Beteiligter und hohe Identifikation mit dem Unternehmen

Ziel: Einheitliches Verständnis der Entscheidungsträger über die notwendigen Kompetenzen und ggf. Anpassung

Ziel: Innovationskultur als integraler Bestandteil des Unternehmensalltages und Akzeptanz „des Neuen"

Ziel: Anders führen, entscheiden und Zusammenarbeiten mit dem Ziel, bessere unternehmerische Entscheidungen zu treffen

Ziel: Ausprägung eines übergeordneten, glaubwürdigen, nachhaltigen und gesellschaftlichen Zwecks in der Innen wie- Außendarstellung

---

Lösung für:
- Silodenken
- Hohe Fluktuation
- Konfligierende Ziele unterschiedlicher Funktionen
- Mitarbeiterunzufriedenheit

Lösung für:
- Unzeitgemäße Führungskultur (Kommando und Kontrolle)
- Hohe Fluktuation
- Gewinnung von Talenten
- Optimierte Entscheidungsprozesse
- Psychische/physische Überforderung von FKs

Lösung für:
- Lückenhaftes Produktportfolio
- Bedrohung durch schnelle Wettbewerber mit digitalen Technologien

Lösung für:
- Langsame und umständliche Entscheidungsprozesse
- Mangelnde thematische Tiefe bei Entscheidungsträgern
- Demotivation der Mitarbeiter durch fehlende Mitgestaltung und Prozesstransparenz

Lösung für:
- Fachkräftemangel in kritischen geografischen Regionen
- Zeitgemäßes Image für umwelt-/gesellschafts-relevante Branchen

---

Zielgruppe: Alle Mitarbeiter | **Zielgruppe:** Führungskräfte | **Zielgruppe:** Alle Mitarbeiter | **Zielgruppe:** Alle/ausgewählte (kundennahe) Bereiche | **Zielgruppe:** Alle Mitarbeiter

Bild 12.2 Ausgewählte Handlungsfelder für Veränderung

Herzen Berlins entwickelt und ausgebaut, doch schon sehr früh haben die Entscheidungsträger Ansprechpartner für Fragen rund um den neuen Arbeitsplatz, der sich für die meisten Mitarbeitenden gerade mal wenige Hundert Meter vom alten Arbeitsplatz entfernt befindet, benannt. Doch das neue Arbeiten in den neuen Räumlichkeiten wird so fundamental anders sein, dass heute schon Mitarbeitende mit umfangreichen Angeboten und Virtual-Reality-Demonstrationen sich ein Bild machen können und so auch zu Mitgestaltern ihres zukünftigen Arbeitsplatzes werden: Ein Anspruch, der noch vor wenigen Jahren in den meisten traditionellen Unternehmen kaum Raum erhalten hätte.

Bild 12.2 zeigt ausgewählte Fragestellungen von Veränderung in Unternehmen. Auf diese Fragen müssen Unternehmen, wollen sie langfristig überleben, Antworten finden.

12.2 Herausforderung Unternehmenszweck

 Zentrale Frage: Wie schaffen wir ein klares gemeinsames Bild unserer unternehmerischen Herausforderung, das alle Mitarbeitenden berührt und Orientierung gibt und ihnen echte Zugehörigkeit vermittelt?

Kennen Sie Harsewinkel? Bei aller Idylle vermutet man in dem ländlichen Ort in Mitteldeutschland in Zeiten des Kampfes um die besten Talente nicht gerade das Mekka für junge, engagierte Fachkräfte in zukunftsweisenden Berufen. Noch weniger erschließt sich die Anziehungskraft von Harsewinkel, wenn man sich vor Augen führt, dass dort das rund 100 Jahre alte Traditionsunternehmen Claas Landmaschinen seinen Sitz hat. Was macht Claas für junge Fachkräfte so attraktiv? Nun, seit 2003 kann das Unternehmen nach innen wie nach außen glaubwürdig vermitteln, dass es die Digitalisierung der Landwirtschaft zur zentralen Mission erhoben hat. Die Digitalisierung gilt als ein Schlüssel für die Lösung des Hungerproblems unserer Erde. Junge Menschen fühlen sich angezogen von einem Unternehmen, das für die Lösung einer so zentralen, weitreichenden Fragestellung der Menschheit steht.

Was Claas damit gelungen ist, gelingt vielen traditionellen Unternehmen heute noch nicht: Die 90er-Jahre mit ihrem starken Restrukturierungsfokus haben dazu geführt, dass der originäre Unternehmenszweck als Leitbild für Verbundenheit und Orientierung vielfach verloren gegangen ist. Mitarbeitende fühlen sich vielfach abgehängt, oft ist zu hören: Mein Unternehmen ist nicht mehr das Unternehmen, für das ich mich einst ganz bewusst aufgrund seiner Werte entschieden habe. Die langjährige Konzentration auf Effizienz hat dafür gesorgt, dass Entscheider und damit auch Mitarbeitende des Unternehmens die originäre DNA des Unternehmens aus den Augen verloren haben.

Dabei verursachen abnehmende Verbundenheit und abnehmende Mitarbeiterzufriedenheit ein erkennbares, ja berechenbares Sinken des individuellen und damit des kollektiven Engagements, das Gallup sogar mit einem immensen monetären Schaden für die Volkswirtschaft beziffert hat.

Nachfolgend einige Wege, um den Unternehmenszweck zu definieren und ihn authentisch für alle Mitarbeitende erkennbar ins Zentrum aller Aktivitäten zu stellen:

- **Kommunikation:**
Unternehmen wie Claas haben verstanden, dass sie nur attraktiv und glaubwürdig bleiben, wenn sie ihre Mission auch äußerlich erkennbar leben. Das beginnt bei der Gestaltung der Website, führt über die Art und Weise, wie Stellen ausgeschrieben werden, und endet noch längst nicht beim Klub der pensionierten Claasianer, die sich – derzeit 750 – regelmäßig zu gemeinsamen Veranstaltungen treffen und nach wie vor einen starken Link ins Unternehmen pflegen.

- **Partizipation:**
Wenn Unternehmen vor dem Problem stehen, dass der gemeinsame Unternehmenszweck unklar ist oder den Mitarbeitenden die Orientierung fehlt, gibt es zunächst nur eine zentrale Aufgabe: Möglichkeiten zu schaffen, die es diesen erlauben, mitzugestalten. Ein unternehmensinternes soziales Netzwerk (ESN)

schafft die Kommunikationsgrundlage, um ein aktuelles, tieferes Verständnis zu erhalten, wo Handlungsbedarf besteht. Alternativ können offene Social Learning Events, offene Formate, die jeder Mitarbeitende ohne Einschränkung besuchen kann, als Plattformen dienen, um Antworten auf die Frage »Wer sind wir, wo wollen wir hin?« gemeinsam zu entwickeln.

Stellen wir uns also vor, ein traditionelles Unternehmen etabliert ein partizipatives Format unter freiwilliger Beteiligung aller, beispielsweise ein sogenanntes Barcamp, bei dem jeder seine Fragen und Themen einbringen und dafür Mitstreiter gewinnen kann: Das ist eine perfekte Grundlage, um auf diese Weise gemeinsam Handlungsfelder zu definieren und Mitarbeitende zu gewinnen, an der Ausgestaltung des Unternehmenszwecks und der Kultur des Miteinanders mitzuwirken. Entscheidender Erfolgsfaktor hierfür ist, diesen einen Freiraum für Aktivitäten neben ihrer operativen Aufgabe aufzuspannen, was eine direkte systemische Linie zur Führungskultur zieht.

- **Werte:**

Zukunft braucht Herkunft: Jedes Unternehmen hat Wurzeln aus seiner Entstehungszeit, die in der DNA der Organisation heute noch erkennbar sind. Diese Werte gilt es, mit den gegenwärtigen Herausforderungen so zu verknüpfen, dass damit ein glaubwürdiges, langfristiges und in sich stimmiges System von Zwecken und Kompetenzen wird, das für alle Mitarbeitenden logisch nachvollziehbar ist und auf welches sie im Idealfall stolz sein können.

- **Führung:**

Aus dem gemeinsam definierten und entwickelten Unternehmenszweck ergibt sich die Kultur von Führung, Entscheidung und Zusammenarbeit. Aufgabe der Entscheider ist es nun, basierend auf dem Konsens der vorangegangenen Analyse zu ermitteln, welche Verhaltensweisen von Entscheidungsträgern in der Organisation dem durch alle gemeinsam definierten Wertekonsens dienen. Idealerweise führt dies zu angepassten Kompetenzprofilen, in Einzelfällen zum Hinterfragen einzelner Führungsverantwortlicher, die aufgrund ihrer Persönlichkeit dem Wertesystem oder Unternehmenszweck nicht entsprechen wollen oder können.

12.3 Herausforderung Führungskultur

 Zentrale Frage: Wie entwickeln wir eine zeitgemäße Führungskultur, die zu unseren aktuellen Herausforderungen passt?

Stellen Sie sich ein klassisches Potenzialentwicklungsprogramm vor: Junge Mitarbeitende werden regelmäßig von ihren Führungskräften beurteilt und finden sich, wenn alle Leistungs- und Persönlichkeitsparameter ins gängige Bild passen, in dem begehrten Persönlichkeitsentwicklungsprogramm wieder: Das vorgeschaltete Assessment Center dient mehr oder weniger der Bestätigung der entsendenden Führungskräfte, denn wer, wenn nicht sie, wüsste besser, wer die Geschicke des Unternehmens in gewohnter Weise fortschreiben kann; die Karriere ist praktisch vorprogrammiert.

Worin liegt das Problem? Eine herrschende Kultur bestätigt und befeuert sich stets selbst. Diesen Kreis kann man auch durch einen Generationswechsel nur durchbrechen, wenn man ganz bewusst auf Diversität als Werkzeug setzt. Grundlage dessen ist die Gabe der Selbstreflexion schon in der Phase der Rekrutierung, und sie zieht sich durch den gesamten Entwicklungsprozess nachfolgender Mitarbeitender.

Nachfolgend einige Ideen, wie sich die Führungskultur nachhaltig verändern lässt:

- **Recruiting:**

Welche Mitarbeitende suchen wir, welche ziehen wir an? Die Erfolgsgaranten von gestern sind dabei nicht jene von morgen: Sind wir als Unternehmen in der Lage, unterschiedliche Problemlösungsstrategien, repräsentiert durch eine hoch diverse Workforce, zuzulassen, ja sogar zu begrüßen? Haben wir die Sprache, andere als die bisher »gängigen« Typen anzusprechen, haben wir die Kultur, diese anderen Problemlösungstypen bei uns zur Geltung kommen zu lassen?

Es beginnt bei der Präsentation des Unternehmens auf gängigen Recruiting-Messen und führt über die Frage der Auswahl bis hin zur organisatorischen Flexibilität rund um die Anstellungsvoraussetzungen.

- **Typologie:**
  Wer tatsächlich eine neue Führungskultur etablieren möchte, muss bereits mit der nächsten Generation von Führungskräften beginnen. Diese sollte sich schon in ihrer Auswahl vom gängigen Muster unterscheiden.
- **Diversität:**
  Unterschiedliche Problemlösungstypen, die im Unternehmen gleichberechtigt Gehör erhalten und gleichberechtigt mitgestalten, schaffen die Grundlage für eine zeitgemäße Führungskultur, deren zentrale Aufgabe es ist, aktuelle unternehmerische Fragestellungen mit maximaler Varianz von Lösungsansätzen zu bearbeiten und gleichzeitig dafür zu sorgen, dass ein Ungleichgewicht von Repräsentanten eines Typs nicht zu einseitigen Lösungen führt.
  Der konsequente Umbau des Führungsleitbildes, verbunden mit einem klaren Bekenntnis zur Auswahl vom Gewohnten abweichender Kandidaten, ist bereits ein deutliches Zeichen an die bestehenden Entscheider, dass offenkundig ein neues Kompetenzmodell Einzug hält.
- **Führungskräfteentwicklung:**
  Im Zuge dieser Erkenntnis erhalten auch die bestehenden Führungskräfte Gelegenheit zur Selbstreflexion und zum Erlernen von Selbstführung, was in aktueller Zeit gleichzusetzen ist mit der Abwendung vom klassischen Management – dem Steuern und Entscheiden operativer Themen der Gegenwart – und hin zu echter Führung – der strategischen Aufgabe, Menschen und Unternehmen nachhaltig und systemisch so zu entwickeln, dass auch nach dem eigenen Ausscheiden für den erfolgreichen Fortbestand der Organisation gesorgt ist.

12.4 Herausforderung Innovationskultur

 Zentrale Frage: Wie gelingt uns als Unternehmen eine Kultur von kontinuierlicher Selbsterneuerung in Bezug auf unsere Marktleistung, aber auch in Bezug auf unsere interne Organisation?

Wie kommt das Neue ins Unternehmen? Schon immer galt es für Unternehmen als Herausforderung, diese unterschiedlichen Dynamiken von

Bestand und Innovation konstruktiv unter einem Dach zu vereinen. Dabei gibt es zwei gegensätzliche Strategien: Entweder wir innovieren organisch, oder wir kaufen ein junges Unternehmen mit höherer Dynamik dazu, um unser Portfolio erfolgreich zu halten.

Das aktuelle komplexe Marktumfeld vieler Unternehmen zwingt allenfalls dazu, hier noch viel schneller, viel wirksamer und viel entschlossener vorzugehen – bei gleichbleibender Komplexität für Mensch und Organisation, die es zu lösen gilt. Vor allem die Anschlussfähigkeit und die immer wichtiger werdende Kreativität bilden besondere Herausforderungen:

- **Anschlussfähigkeit:**
  So gilt ein großer Teil unseres Bemühens der Sicherstellung der Akzeptanz seitens der Bestandsorganisation. Diese gilt sowohl technologisch, viel mehr aber noch kulturell. Schon die Grundkonstruktion spielt hier eine entscheidende Rolle: Innovieren wir organisch, sprich schaffen wir eine interne Organisation, die in anderer Dynamik, mit abweichenden Spielregeln für nachwachsende Entwicklungen sorgt, aber vielleicht aufgrund der Nähe zum Bestandsgeschäft an Dynamik einbüßt, dafür jedoch eine hohe Anschlussfähigkeit aufweist? Oder innovieren wir in einer ausgelagerten Gesellschaft und müssen durch Brückenpersonen und Begegnungen zwischen Bestandsteam und Innovationsteam sicherstellen, dass eine gemeinsame kulturelle Basis immer wieder erlebbar wird? Denn eines ist klar: Zeitgemäße Ansätze von Innovation – modern gestaltete Räume, augenscheinlich unbegrenzte Mittel und der berühmte Tischkicker für das »Innovationsteam« stressen traditionelle Unternehmenskulturen maximal. Denn weder eine »Command and Control«-Kultur noch eine klassische Budget-Kultur kommen mit der Unsicherheit experimentellen Innovierens aus dem Stand zurecht. Nur die regelmäßige Zusammenführung Beteiligter und Unbeteiligter und damit der kontinuierliche Austausch bis hin zu gegenseitigen »Praktika« im jeweils anderen Bereich können eine Basis schaffen, um die gemeinsame Herausforderung im Auge zu behalten.

- **Kreativität:**
  Die Lebenszyklen von Produkten nehmen stetig ab, neue Geschäftsmodelle revolutionieren ganze Branchen, Innovationen sind heute schneller, radikaler, um am Markt erfolgreich zu sein. Und anders als bisher rücken Metho-

den wie Design Thinking den Kundenfokus ins Zentrum, während die Softwaremethode Scrum zunehmend in allen Bereichen Einzug hält, weil sie der traditionellen, starren Planungs- und Budgetlogik die notwendige Beweglichkeit in kurzen, iterativen Arbeitszyklen gegenüberstellt und so für Anpassungsfähigkeit im Falle sich ändernder Umfeldparameter sorgt. Für beide Toolsets, Design Thinking wie Scrum, gilt jedoch, dass sie vor allen Dingen die Denkweise und Haltung zum Thema Innovation verändern, sie damit praktisch das Potenzial haben, Innovationskultur fundamental zu prägen: hin zu mehr Kundenorientierung, zu mehr Beweglichkeit, zu mehr Lösungsvarianz, zu mehr Lernkultur auf Basis experimentellen Vorgehens.

12.5 Herausforderung Kommunikationskultur

Zentrale Frage: Wie gelingt es uns, die starre Hierarchie in unserer Organisation anzureichern mit beweglichen, zeitgemäßen Elementen von Führung, Entscheidung und Zusammenarbeit?

Das in nahezu allen Unternehmen etablierte Kommunikationssystem Hierarchie hat viele Jahrhunderte zum erfolgreichen Steuern von Prozessen und Kommunikation im Sinne des jeweiligen Organisationszwecks gedient: Wer spricht mit wem, wer trifft welche Entscheidungen? Das System stammt aus einer Zeit, in der die Alphabetisierungsrate niedrig, das Weltwissen gering war: Es bedurfte in der Regel der wenigen gebildeten Köpfe, die Geschicke der jeweiligen Organisation, sei es Militär oder Verwaltung, zu steuern.

Wir können davon ausgehen, dass aufgrund der Veränderung der Rahmenbedingungen dieses Kommunikationssystem in weiten Bereichen ausgedient hat, auch weil es heute bei den gut ausgebildeten, Demokratie-sozialisierten Mitarbeitenden zu einem Einbruch in der Leistungsbereitschaft kommt, wenn es der Organisation, wie in einer Hierarchie immanent, an Transparenz und Möglichkeiten der Mitgestaltung mangelt. Gleichzeitig beobachten wir, dass starre und steile Kommunikationssysteme wie Hierarchien zunehmend weniger Wirkung erzielen, beste unternehmerische Entscheidungen zu treffen. Oder wie Steve Jobs es ausdrückte: »Es macht keinen Sinn, kluge Leute einzustellen und ihnen zu sagen, was zu tun ist. Wir stellen kluge Leute ein, damit sie uns sagen können, was zu tun ist.«

Reflexionsfragen

Wo steht Ihr Unternehmen? Wie verändert sich Ihre Branche? Wie gehen Sie mit den Veränderungen des Umfelds um?

_____

_____

_____

Sind Sie nah an Ihren Kunden? Was tun Sie, um möglichst klar die Kundenbedürfnisse zu erfassen?

_____

_____

_____

Viele Organisationen reichern derzeit ihr bestehendes Kommunikationssystem Hierarchie mit einem (virtuellen) Netzwerk an, um Kommunikation und Entscheidungsfindung von unnötigen Barrieren zu befreien. Die Investition in eine interne soziale Vernetzung als Backbone dieser Option steht heute bereits ganz oben auf der Prioritätenliste von Unternehmen. Sie geht einher mit einer umfangreichen, notwendigen Qualifizierung der Mitarbeitenden, die mit dem neuen Freiraum im Netz erst zurechtkommen müssen. Darunter fallen die klassischen digitalen Fitnessprogramme, die derzeit nahezu jedes Unternehmen bei sich einführt; aber auch das selbst organisierte Peer-Coaching-Programm Working Out Loud, bei dem Mitarbeitende im Rahmen eines zwölfwöchigen Selbstlernkurses nicht nur soziales Lernen praktizieren, sondern sich vor allen Dingen Vernetzungskompetenz auf Skillset- und Midset-Ebene aneignen.

In einem komplexen Umfeld ist es nahezu unmöglich, dass eine Führungskraft, wie aus der traditionellen Arbeitswelt gewohnt, auf Basis der durch Mitarbeitende zugetragenen Erkenntnisse Entscheidungen trifft, denn es fehlt das aktuelle, sich schnell ändernde Wissen von der Basis. In der Folge halten Kommunikationssysteme in Unternehmen Einzug, die es ermöglichen, Entscheidungen im Kollektiv auf Augenhöhe zu treffen. Unabhängig davon, ob die Hierarchie in ihrer Ursprungsform bestehen bleibt, ist es möglich, die Entscheidungsfindung an die Basis zu verlagern. So gibt es im Rahmen moderner Netzwerkorganisationsmodelle wie Soziokratie oder Holakratie festgelegte Kommunikationsszenarien, die fallweise herangezogen und durch einen Moderator begleitet werden, die zu einer maximalen Partizipation der Entscheidungsfindung führen. Beispielhaft sei hier das Governance Meeting aus der von Brian Robertson entwickelten Holakratie genannt: Ein Szenario, in dem Spannungen, die auf Rollenkonflikten basieren, gemeinsam so bearbeitet werden, dass Rollen im Bedarfsfall neu zugeschnitten werden, meist verbunden mit einer höheren Effektivität für die Beteiligten, aber auch im Sinne der Produkt-/Leistungsentstehung.

12.6 Herausforderung Nachhaltigkeitskultur

 Zentrale Frage: Wie können Unternehmen der gesellschaftlichen Verantwortung gerecht werden – und hierbei die Mitarbeitenden involvieren?

Ein Drittel des aktuellen Energieverbrauches in Deutschland entfallen laut www.eneebler.de auf Unternehmen und staatliche Verbraucher. Gleichzeitig haben Mitarbeitende heute einen hohen ethischen Anspruch an den Ort, an dem sie statistisch die meiste Zeit ihres Lebens verbringen: Neben Existenzsicherung, Aufgabenattraktivität und Partizipationskultur fordern sie wahrnehmbare Sinnstiftung der Organisation und ihrer strategischen Ausrichtung. Gerade in kritischen Industrien wie Automotive möchten Mitgestalter heute sichergehen, dass gesellschaftliche Werte Eingang finden in die strategischen wie operativen Aktivitäten des Arbeitgebers.

So strebte die Siemens AG zum Stolz vieler Mitarbeitenden in den vergangenen zwei Dekaden an, zu den ökologischsten Unternehmen der Erde gehören zu wollen, und ließ der augenscheinlichen Marketingstory Taten folgen, sich mit entsprechenden Indizes messen, um schließlich ein vollkommen grünes Bürogebäude in Abu Dhabi zu errichten. Solche Aktivitäten beteiligen alle Mitarbeitenden an einem von außen sichtbaren Wertesystem und schaffen eine weitere Grundlage für Identifikation und Verbundenheit, beide gleichermaßen relevant für eine hohe Leistungsbereitschaft.

Die Deutsche Bahn ist als Unternehmen, das auf grüne Technologien setzt, geradezu prädestiniert für eine interne Initiative, die Mitarbeitende am ökologischen Gesamtkonzept des Unternehmens beteiligt. So werden beispielsweise die Lokführer der Deutschen Bahn im Rahmen ihrer Aufgabe zu klimafreundlichem Fahren motiviert und incentiviert; für alle Mitarbeitenden gibt es darüber den sogenannten Online-Energiesparer-CO_2-Kompass, mit dem Klimaengagierte im Unternehmen eingeladen sind, ihren CO_2-Footprint anhand einfach durchzuführender Maßnahmen zu reduzieren.

Hat sich ein Unternehmen ökologische Nachhaltigkeit auf die Fahnen geschrieben, so kann es hochgradig wirksam sein, für diejenigen, die im Unternehmen an dieser übergeordneten Aufgabe mitwirken möchten, Freiräume zu schaffen, damit Vorschläge aus der Workforce eingebracht und gemeinsam umgesetzt werden. So setzt die GLS Bank, 2012 Deutschlands nachhaltigste Bank, auf das sogenannte selbstinitiative Nachhaltigkeitsengagement. Soziale Medien und webbasierte Anwendungen sorgen für einen schnellen und unmittelbaren, weitgehend barrierefreien Kommunikationsfluss bis zur Umsetzung von aus der Workforce stammenden Ideen und Maßnahmen und schaffen damit eine unmittelbare Mitgestaltungsmöglichkeit in Bezug auf eine gemeinsam erlebte Herausforderung bei gleichzeitig maximaler Sinnstiftung.

Bedarf es nun, wie Kotter bereits in den 90er-Jahren schrieb, zwangsläufig einer Krise, die zur Anpassung zwingt, bevor Unternehmen handeln? Erfolgreiche Unternehmen, so lehrt uns Hans-Joachim Gergs, beherrschen vielmehr die »Kunst der kontinuierlichen Selbsterneuerung«, die ohne Krise auskommt, aber zum einen den kontinuierlichen Dialog braucht und zum anderen die Lust, Beobachtungen nicht hinzunehmen, sondern sie zu hinterfrage, auch auf die Gefahr hin, dass sie nach gründlicher Prüfung obsolet sind und der notwendigen Anpassung anheimfallen müssen, verbunden stets auch mit der Bereitschaft der persönlichen Fähigkeit zur Veränderung, die bisweilen unbequem daherkommt und den Menschen einiges auferlegt.

Damit wird die Akzeptanz, dass wir permanent bereit sein müssen, nicht nur Strukturen und Prozesse, sondern vor allen Dingen uns selbst zu verändern, zur absolut unvermeidlichen Grundlage, damit alles – im Sinne des »Leoparden« – so bleibt, wie es ist. Die Werkzeuge und Methoden dafür sind heute vielfältig, oder auch nicht: Es geht immer um die Gestaltung von Kommunikationsprozessen – im Idealfall so, dass sich alle in der Organisation eingeladen fühlen, mitzugestalten.

12.7 Literatur

Gergs, Hans-Joachim: *Die Kunst der kontinuierlichen Selbsterneuerung*. Beltz Verlag, Weinheim 2016

Gloger, Boris; Margetich, Jürgen: *Das Scrum-Prinzip*. Schäffer-Poeschel Verlag, Stuttgart 2014

Hart, Jane: *Modern Workplace Learning. A Resource Book for L&D*. Centre for Learning & Performance Technologies 2015

Kotter, John P: *Leading Change*. Verlag Franz Vahlen, München 2011

Lampedusa, Giuseppe Tomasi di: *Der Leopard*. Piper Verlag, München 1959

Peters, Tom; Waterman, Robert H. Jr.: *In Search of Excellence*. Profile Books, London 2015

Petry, Thorsten (Hrsg.): *Digital Leadership*. Haufe Verlag, Freiburg im Breisgau 2016

Senge, Peter M.: *Die fünfte Disziplin. Kunst und Praxis der lernenden Organisation*. Schäffer-Poeschel Verlag, Stuttgart 2011

Stepper, John: *Working Out Loud*. Ikigai Press 2015

Ausgewählte zitierte Unternehmen:

1. **Siemens:** Siehe auch: https://new.siemens.com/global/de/unternehmen/ueber-uns/geschichte/laender-und-regionen/vae.html. Abgerufen am 03.12.2021
2. **Axel Springer SE:** https://www.axelspringer-neubau.de. Abgerufen am 03.12.2021
3. **Kluge+Konsorten GmbH:** www.kluge-konsorten.de

13 Personalentwicklung und Talentmanagement bei Veränderungen

DAGMAR BRÄUTIGAM

Noch nie war Wandlungsfähigkeit für das Überleben von Unternehmen so wichtig wie heute.
Dieter Lederer 2018

Wenn man diesem Zitat glauben darf, trägt die Personal- und Organisationsentwicklung (PE/OE) von Unternehmen derzeit eine große Verantwortung. Denn Wandlungsfähigkeit, Change, Transformation – das sind Themen, bei denen sich der Blick des Unternehmens auf die PE/OE richtet und sich auf die dort vorhandene Kompetenz und Erfahrung stützen möchte.

Hier gibt es für die PE/OE viele Herausforderungen: Sie muss dem Unternehmen dabei helfen, auf akute Veränderungen schnell reagieren zu können und die Mitarbeitenden in vielfacher Hinsicht zu unterstützen. Je nach Typ der Veränderung geht es darum, eine neue Zukunftsvision zu zeichnen und zu vermitteln, gegebenenfalls schmerzhafte Einschnitte zu kommunizieren und umzusetzen, oder aber neu hinzugekommene Unternehmensbereiche zu integrieren und zügig Synergieeffekte zu generieren etc. Auf all dies muss eine PE/OE flexibel reagieren können, und ganz häufig geht zeitgleich nicht nur eine dieser Veränderungen vor sich, sondern mehrere. Veränderung ist nicht mehr die Ausnahme, sie ist die Regel – und damit zu einem Dauerzustand geworden.

Die Gefahr besteht, dass sich die Personal- und Organisationsentwicklung in einer Vielzahl von Change-Projekten verausgabt und verzettelt, auf einem aktionistischen Niveau bleibt und eine Nachhaltigkeit im Veränderungsprozess nicht erreicht werden kann.

Es wird deutlich, dass Unternehmen sich darauf einstellen müssen, den Umgang mit Veränderung als normal und permanent zu akzeptieren. Sie können auf die Schnelligkeit und große Bandbreite von Veränderungen nur reagieren, wenn sie ganz grundsätzlich Veränderungskompetenz bei Beschäftigten und Führungskräften aufbauen. Darüber hinaus muss Veränderung auch prozessual so im Unternehmen verankert werden, dass Change-Projekte planvoller und professioneller bearbeitet werden können. Dann lassen sich auch akute Änderungen sehr viel leichter bewältigen.

> Doch wie gelingt das?
>
> In diesem Beitrag erfahren Sie,
>
> - welches die Rolle von PE/OE im Rahmen von Veränderungen sein kann,
> - wie durch gezielte Personalentwicklung und Talentmanagement der Verlauf von Veränderungen beeinflusst werden kann,
> - wie Change-Projekte planvoller und dadurch effektiver und effizienter umgesetzt werden können.

13.1 Die Rolle der PE/OE in Veränderungsprozessen

Welche Rolle spielt die PE/OE in Veränderungsprojekten? Hier hat sich in den letzten Jahren viel verändert. Wurde der Bereich zunächst mehr mit Aus- und Weiterbildung in Verbindung gebracht, sind die Aufgaben heute deutlich breiter und die Erwartungen – gerade in Change-Projekten – viel höher.

Zum Aufgabenspektrum der PE/OE in Veränderungsvorhaben gehören:

- die Begleitung von Veränderungsprojekten (Beratung der Führungskräfte, Aufbau eines Plans für geeignete Change-Maßnahmen, Unterstützung der Führungskräfte bei der Umsetzung der Maßnahmen, Evaluierung des Fortschritts usw.),
- der gezielter Einsatz von Instrumenten der Personalauswahl und -entwicklung sowie des Talentmanagements (z. B. geeignete Auswahl und gezielte Förderung von Potenzialträgern, die Veränderungskompetenz demonstrieren, für erfolgskritische Positionen im Unternehmen),
- der Aufbau von neuen Soft und Hard Skills, die Beschäftigte im Rahmen einer Veränderung benötigen,

- die Stärkung der Veränderungskompetenz ganz allgemein und deren nachhaltige Verankerung im Unternehmen.

Der Stärkung von Veränderungskompetenz kommt hierbei sicher besondere Bedeutung zu. Doch was bedeutet eigentlich Veränderungskompetenz? Eine sehr gute Definition liefert Wolfgang Schröder:

> *Veränderungskompetenz ist die Fähigkeit, Veränderungsbedarf zu erkennen, Veränderungsziele zu erarbeiten, Veränderungsprozesse zu gestalten und bis zum erwünschten Veränderungsergebnis zu lenken, das Ergebnis beizubehalten und es möglicherweise weiter zu verbessern. (…) Eine hohe Veränderungskompetenz entsteht im Zusammenspiel von Persönlichkeitsmerkmalen, Methoden und unterstützenden Rahmenbedingungen im Unternehmen.*
>
> Wolfgang Schröder

Im Folgenden werden daher die unterschiedlichen Möglichkeiten gezeigt, mit denen Veränderungskompetenz durch die PE/OE gezielt gefördert werden kann. Professionell begleitete Veränderungsprojekte bieten eine sehr gute Möglichkeit, Veränderungskompetenz bei Beschäftigten und Führungskräften aufzubauen. Zusätzlich leisten hier die klassischen Personalentwicklungsinstrumente eine gute Hilfe. Sehr wichtig ist jedoch vor allem, dass der Umgang mit Veränderung zur Selbstverständlichkeit und dauerhaft in die Routineabläufe im Unternehmen integriert wird.

13.2 Begleitung von Veränderungsprojekten

Change-Projekte erfolgreich und professionell durchführen – das ist aus Führungskräftesicht oft gar nicht so einfach. Denn selbst wenn eine Führungskraft viel Erfahrung mit dem Thema Veränderungsmanagement hat, steckt sie doch oft gleichzeitig tief im Tagesgeschäft, in dem wenig Zeit für eine sorgfältige Planung und Durchführung von Change-Maßnahmen bleibt.

Gegebenenfalls kämpft sie selbst noch mit der eigenen Haltung oder mit persönlichen Auswirkungen einer Veränderung – trotzdem wird der Anspruch an eine Führungskraft gestellt, in dieser Zeit voranzugehen und die Beschäftigten zu motivieren, den Weg mitzugehen. Eine weitere Schwierigkeit besteht darin, dass die Führungskraft Teil des Systems ist, das sie verändern möchte. Hier gelingt es nicht immer, eine gesunde Distanz zum Geschehen zu bewahren.

In solchen Situationen kann sich eine Führungskraft an die Berater aus der PE/OE wenden. Diese können als Impulsgeber, Sparringspartner und Ratgeber für die Führungskräfte agieren, mit ihnen zusammen das Change-Vorhaben analysieren, Ziele klären, geeignete Maßnahmen definieren usw. Auch bei der Umsetzung von Maßnahmen (Workshops, Trainings, Sounding Boards etc.) kann die PE/OE mit ihrer Expertise unterstützen.

Ziel ist es hierbei, die Führungskraft in ihrer Rolle als Change Manager zu stärken. Das bedeutet, dass die Beratung einer Führungskraft durch die PE/OE immer auch das Ziel haben muss, die Veränderungskompetenz der Führungskraft weiter zu stärken. Denn es ist immer die Führungskraft, die gegenüber den Beschäftigten glaubwürdig die Dringlichkeit für die Veränderung und die Vision für eine (bessere) Zukunft darstellen und für den Change motivieren muss.

Für Führungskräfte ist Veränderungskompetenz nahezu identisch mit Führungskompetenz. Letztendlich ist Führungshandeln immer veränderungsorientiert, denn durch Führung soll aus einem Ist-Zustand ein erwünschter Soll-Zustand werden. Selbst wenn ein (guter) Ist-Zustand beibehalten werden soll, sind in der Regel Veränderungen nötig.

Wolfgang Schröder

Veränderungen gibt es jedoch in großer Anzahl, und bei einer oft limitierten Ressourcenlage in der PE/OE kann beileibe nicht jedes Projekt angemessen begleitet werden. Auch stehen oft keine Budgets für eine externe Begleitung durch Beraterunternehmen zur Verfügung. Viele Unternehmen stehen daher vor der Frage, wie sie dies bewältigen und intern das Change Management Know-how ausbauen können. Einige Unternehmen – darunter auch unseres – arbeiten daher zusätzlich mit einem Netzwerk aus Change Agents.

Beispiel

Unsere Change Agents kommen aus allen Unternehmensbereichen und stehen mit bis zu 20 % ihrer Zeit für die Unterstützung von Change-Projekten zur Verfügung. Sie nehmen dabei eine ähnliche Rolle ein wie Berater aus der PE/OE. Hierfür wurden sie in einem internen Schulungsprogramm ausgebildet. Regelmäßige Netzwerktreffen und eine enge Anbindung an die PE/OE (an die sie sich jederzeit mit Fragen wenden oder um Hilfe bitten können) unterstützen sie bei ihrer Aufgabe.

Die PE/OE vermittelt Change Agents in Projekte; jedoch können sich diese auch proaktiv bei Führungskräften melden, wenn aus ihrer Sicht ein internes Projekt von einer Begleitung durch einen Change Agent profitieren könnte. Ebenso können auch Fachbereiche direkt auf Change Agents zugehen. Die Informationen über alle Projekte, in die Change Agents involviert sind, laufen jedoch in der PE/OE zusammen.

Wichtig bei der Arbeit mit Change Agents ist, deren Rolle genau zu klären. Den Change Agents selbst, aber auch ihren internen Auftraggebern muss Ziel und Umfang der Aufgabe klar sein. Insbesondere ist eine gute Auftragsklärung zu Beginn eines Change-Projekts nötig. Für Change Agents ist diese Rolle sehr viel ungewohnter als für PE/OE-Berater. Dementsprechend ist eine enge flankierende Unterstützung durch die PE/OE unerlässlich, um den Change Agents in ihrer Rolle Sicherheit zu geben.

Wir haben als Unternehmen in den letzten Jahren sehr von der Einführung des Change-Agent-Netzwerks profitiert:

- Wir haben eine deutliche Steigerung von Veränderungskompetenz in den Unternehmensbereichen erreicht; die Ausbildung zum Change Agent stellt auch ein Instrument zur Personalentwicklung von interessierten Beschäftigten dar.
- Wir verzeichnen eine verbesserte Begleitung einer größeren Anzahl an Change-Vorhaben im Unternehmen mit positivem Feedback aus den Fachbereichen.

> • Wir nehmen eine stärkere Sensibilisierung des Unternehmens im Allgemeinen für das Thema Change wahr (ablesbar z. B. an der steigenden Nachfrage nach Change Agents aus den Fachbereichen). Auch eine grundsätzlich stärkere Offenheit für Veränderungen ist feststellbar.

13.3 Veränderungskompetenz als wichtiger Bestandteil der Personalentwicklungsinstrumente

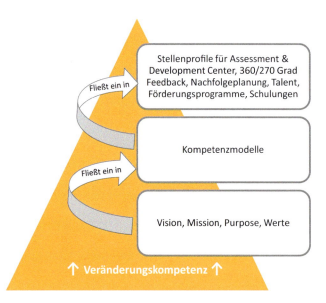

Bild 13.1 Gezielte Nutzung von Personalentwicklungsinstrumenten

Will man durch Personalentwicklung und Talentmanagement die Veränderungskompetenz und -bereitschaft im Unternehmen gezielt beeinflussen, setzt man am besten bei der »DNA« des Unternehmens an (Bild 13.1). Dazu gehören beispielsweise die Werte, die sich eine Organisation gegeben hat. Sind diese Werte auf Veränderung und Flexibilität ausgerichtet? Oder setzen sie vor allem auf Beständigkeit und Bewahrung des Status quo?

Die Unternehmenswerte reflektieren klar, was der Organisation wichtig ist. Idealerweise lassen sich alle Initiativen und Vorhaben des Unternehmens darauf zurückführen. Es lohnt also, sich die Frage zu stellen, ob Veränderungsbereitschaft hier wie auch in weiteren kulturprägenden Elementen (z. B. Vision, Mission, Purpose) ausreichend abgebildet ist.

Wie stark wird daneben auch die Veränderungsnotwendigkeit, das Thema Innovation und Aufbruch in der internen Kommunikation (z. B. in Unternehmenszielen, Strategiepapieren, Business-Plänen) betont? Dies ist ebenfalls ein wichtiges Signal für die Bedeutung von Veränderung an Mitarbeiter.

Aus Vision, Mission, Purpose, Werten bzw. den Unternehmenszielen sollten sich die in der Organisation verwendeten Kompetenzmodelle ableiten. In unserem Unternehmen haben wir beispielsweise ein »Leadership Model« definiert, in dem wir beschreiben, was für uns gute Führung im Kontext unserer geschäftlichen Ziele und Herausforderungen ausmacht. Hier sind auch konkrete beobachtbare Verhaltensweisen beschrieben, die jemand mit der jeweiligen Kompetenz zeigt. Solche Kompetenzmodelle haben eine große Wirkung in die Organisation hinein, denn sie bilden u. a. die Basis für Stellenprofile, die z. B. in Assessment oder Development Centern eingesetzt werden.

Reflexionsfragen

Verwenden Sie Kompetenzmodelle in Ihrem Unternehmen, und welchen Fokus hat das Thema Change Management darin?

_____

_____

_____

Finden Sie mit deren Hilfe Personen, die über Veränderungskompetenz verfügen und andere für Veränderungen motivieren können?

_____

_____

_____

Auch in Instrumenten wie dem 360/270-Grad-Feedback sollte das Thema Veränderungskompetenz mit verankert sein. Gerade das 360/270-Grad-Feedback eignet sich sehr gut, da es meist mit einer gewissen Regelmäßigkeit bei Führungskräften und Beschäftigten eingesetzt wird und auf diese Weise auch Fortschritte über einen gewissen Zeitraum sichtbar gemacht werden können. Wie auch ein Assessment Center oder Development Center bietet es die Möglichkeit,

Selbst- und Fremdbild miteinander abzugleichen.

Wer sind die Potenzialträger bei Ihnen im Unternehmen und welche Kriterien legen Sie hier zugrunde? Auch und gerade im Rahmen von Talentmanagement und Nachfolgeplanung kommt dem Thema Change große Bedeutung zu. Durch gezielte Auswahl und Förderung von Personen, die für Expertise beim Thema Veränderung stehen, wird sich Veränderungskompetenz nachhaltig im Unternehmen verankern.

Sofern es ein Talentprogramm zur Nachwuchsförderung gibt, ist dies eine sehr gute Gelegenheit, um die Potenzialträger für das Thema Change in Schulungen, Diskussionsrunden oder am besten durch die Bearbeitung von internen Projekten für das Thema zu sensibilisieren und ihre Expertise zu erhöhen.

Ein weiteres Mittel besteht darin, Change-Kompetenz durch Trainings aufzubauen. Dies ist zwar notwendig (Führungskräftetrainings ohne dieses Thema wären absolut unvollständig), verfehlt aber dennoch häufig den (gut gemeinten) Zweck. Oft wird hier zwar ein Bewusstsein für das Thema vermittelt, der praktische Umgang damit ist auf diese Art allerdings nicht erlernbar.

13.4 Gezielte Förderung neuer Skills im Rahmen von Veränderungsprojekten

Nicht nur der Aufbau von Veränderungskompetenz ist ein kritischer Faktor für den Erfolg von Veränderungsprojekten. Eine weitere wichtige Rolle der PE/OE liegt auch im Aufbau von neuen Hard und Soft Skills, welche die Beschäftigten im Rahmen einer Veränderung benötigen.

Wie bereits beschrieben ändern sich auch die Anforderungen an die Beschäftigten im Rahmen von Veränderungen in zum Teil erheblichem Maße. Sie müssen beispielsweise in einer veränderten oder völlig neuen Rolle agieren, für die sie neue Fähigkeiten benötigen.

Der Widerstand, auf den man bei Change-Projekten häufig trifft, kann zu einem erheblichen Maße daran liegen, dass die neue Rolle nicht ausreichend erläutert wird und eine systematische Einführung bzw. Einarbeitung unterbleibt. Eine neue Rollenverteilung bedeutet in der Regel auch neue Prozesse und andere Schnittstellen – wenn die Beschäftigten nicht in ausreichendem Maße »abgeholt« bzw. wo immer möglich auch in die Rollengestaltung einbezogen werden, entstehen Unsicherheit und hohe Reibungsverluste. Deutlich wird dies derzeit z. B. in vielen Unternehmen, die Schwierigkeiten bei der Einführung von agiler Softwareentwicklung haben.

Einige Fragestellungen in diesem Zusammenhang können sein:

Fragestellungen

- Ändern sich durch das Veränderungsprojekt Rollen und Verantwortlichkeiten? Welche sind dies und wie gravierend sind die Änderungen? Wie werden die Beschäftigten (und auch deren Führungskräfte) darüber informiert, wen können sie in welcher Form bei Fragen ansprechen, wo ihr Feedback anbringen?
- Ändern sich auch Schnittstellen und Prozesse?
- Können die Beschäftigten an der Ausgestaltung der Änderungen beteiligt werden? Welches wäre dafür ein passendes Format?
- Können die Beschäftigten die Änderungen mit ihren aktuellen Skills bewältigen?

  Falls nicht:
  - Welche Skills werden für die Umsetzung der neuen Anforderungen benötigt?
  - Wie sieht das »Gap« zu den derzeit vorhandenen Skills aus?
  - Wie kann das Erlernen von neuen Tätigkeiten unterstützt werden (Ansprechpartner, Schulungen, Netzwerke, User Guides, Wikis etc.)?
  - In welchem Zeitraum kann bzw. muss die neue Tätigkeit erlernt werden?
- Ist mit zeitlichen Engpässen zu rechnen, in denen die Beschäftigten gleichzeitig Aufgaben abgeben und neue hinzukommen? Wie kann damit umgegangen werden?

Bei diesen Fragen kann die PE/OE dazu beraten, welche Formate geeignet sind, die Beschäftigten an veränderte Rollen bzw. Prozesse heranzuführen. Können diese Änderungen vielleicht zunächst in einem Workshop erläutert werden, in dem die Beschäftigten Fragen stellen und Feedback geben können? Wie kann dann ein (Um-)Schulungsplan aussehen, der die neuen Skills vermittelt?

Einige Veränderungen ergeben sich akut, andere kann man schon im Voraus antizipieren. Eine regelmäßige Skill-Bedarfsanalyse, die sich sowohl auf kurz- als auch langfristig benötigte Skills bezieht und für ad hoc auftretende Fälle nur noch angepasst werden muss, unterstützt hier erheblich.

vor allem dadurch, dass interne Projekte professionell aufgesetzt werden und die Notwendigkeit eines »Change-Arbeitspakets« zu Beginn routinemäßig sorgfältig geprüft wird. Die PE/OE, die in der Regel für das Change-Arbeitspaket verantwortlich sein wird, sollte ebenfalls für sich eine Standardvorgehensweise sowie zugehörige Tools definieren, um Veränderungen effektiver, effizienter und mit modernen Projektmanagementmethoden durchführen zu können.

Im nachstehenden Abschnitt bildet die Definition der Veränderungskompetenz von Wolfgang Schröder die Basis (vgl. Zitat S. 275 und **Bild 13.2**). Ergänzt wird jeder Schritt mit einem Vorschlag, der jeweils unterstützend beim Aufbau von Veränderungskompetenz wirken kann.

13.5 Veränderungskompetenz: Aufbau und Verankerung

Eine weitere wesentliche Aufgabe der PE/OE liegt darin, Veränderungskompetenz im Unternehmen nachhaltig zu etablieren. Dies gelingt

13.5.1 Veränderungsbedarf erkennen und einordnen

Viele Veränderungen scheinen das Unternehmen »aus heiterem Himmel« zu treffen. Allerdings zeichnen sich viele Veränderungen schon im Vorfeld ab oder können antizipiert werden. Nicht immer aber ist die PE/OE frühzeitig eingebunden.

Bild 13.2 Veränderungskompetenz

Kennen Sie folgende Situation? Eine Organisationsänderung ist geplant. Sehr kurzfristig vor der Kommunikation an die Beschäftigten wird überlegt, wie man die Änderung am besten »rüberbringt«, da die Gefahr besteht, dass sie bei den Beschäftigten nicht gut ankommen wird. Für die meisten wird sich die Führungskraft verändern, sie arbeiten zukünftig nicht mehr in ihrem alten Team und müssen in zum Teil erheblichem Maße neue Aufgaben übernehmen, wofür sie noch nicht zu 100 % qualifiziert sind.

Ist die Strategie der PE/OE eng mit der Unternehmensstrategie verknüpft und greift sie Change-Themen auf, die dort inhärent sind? Hieraus definiert sich der strategische Veränderungsbedarf des Unternehmens, der die Grundlage für die Veränderungsprojekte bildet. Zusätzlich kommt es meist noch zu einer gewissen Anzahl von Ad-hoc-Projekten, die gegebenenfalls einen weniger strategischen, sondern vielleicht eher einen reaktiven oder operativen Charakter haben.

Hilfreich ist es bei allen sich abzeichnenden Veränderungen, diese frühzeitig mit der PE/OE zu besprechen. Plant die Unternehmensleitung eine größere Veränderung, sollte die Einbindung der PE/OE routinemäßig erfolgen, um zunächst deren Umfang, Bedeutung und die Auswirkungen auf die Beschäftigten zu betrachten.

Hierdurch wird Folgendes bewirkt:
- Die Veränderung wird gleich am Anfang bewertet und eingeordnet, wodurch der Impact allen Beteiligten noch einmal bewusst gemacht wird und auch gegenüber anderen laufenden Veränderungsprojekten gewichtet werden kann.
- Die Begleitung der Veränderung kann rechtzeitig und angemessen geplant sowie mit ausreichenden Ressourcen unterstützt werden. Es kann auch bewusst entschieden werden, dass eine Veränderung nicht begleitet wird oder werden kann.
- Von Beginn an wird für das Thema Veränderungsbegleitung sensibilisiert und dadurch die Veränderungskompetenz in der Organisation gestärkt.

Welche Punkte sollten typischerweise zu diesem Zeitpunkt betrachtet werden? Neben grundsätzlichen Fragen, die es offensichtlich zu Beginn zu klären gilt (Worin besteht die Veränderung genau? Was ist Anlass bzw. worin besteht die Dringlichkeit und was ist Ziel bzw. die Vision der Veränderung? Welchen Zeitplan gibt es? etc.), gibt es eine Reihe von Fragen, deren Antworten Auswirkungen auf den Umfang, benötigte Ressourcen und die Einordnung des Change-Projekts haben werden.

Fragestellungen
- Wie viele Beschäftigte wird diese Veränderung voraussichtlich betreffen? In welcher Weise werden sie betroffen sein? Was wird sich konkret für sie ändern?
- Wo wird sich die Veränderung hauptsächlich auswirken? Auf bestimmte Abteilungen, Standorte, das Unternehmen als Ganzes etc.?
- Mit welcher Reaktion ist zu rechnen? Gibt es hier Unterschiede zwischen verschiedenen Gruppen?
- Wie muss gegebenenfalls das Führungsverhalten angepasst werden?

> • Wie gravierend sind die Auswirkungen auf das Unternehmen, wenn die Veränderung nicht gelingt?[1]

Die Antworten auf diese Fragen helfen dabei, einzuordnen, um welche Art von Veränderung es genau geht und wie viel Kapazität und fachliches Know-how voraussichtlich in die Begleitung dieser Veränderung investiert werden muss. Dies ist wiederum wesentlich für die PE/OE, um zu beurteilen, ob die Veränderungsbegleitung von ihr übernommen werden kann oder ob hier gegebenenfalls weitere, z. B. externe Ressourcen zur Unterstützung herangezogen werden müssen.

Letztendlich dienen diese Fragen einer Priorisierung von Change-Vorhaben im Unternehmen. Sie verdeutlichen aber auch, an welchen Stellen im Unternehmen der Druck auf Beschäftigte und Führungskräfte steigen wird und wo Personen gleichzeitig von mehreren – sich möglicherweise sogar gegenseitig behindernden oder beeinflussenden – Veränderungsprojekten betroffen sind.

13.5.2 Veränderungsziele erarbeiten

Oft scheinen die Ziele von Veränderungsvorhaben klar zu sein: »Wir möchten unsere internen Kosten um x % senken«, »Wir möchten Marktführer werden«, »Wir möchten uns neue Märkte erschließen« etc. Selten jedoch wird »durchdekliniert«, was das im Einzelnen heißt. Wie soll ich mich als Führungskraft, als Beschäftigter zukünftig (anders) verhalten, damit dieses Ziel auch wirklich erreicht wird?

Dies wird nur selten wirklich durchdacht und ist doch sehr wichtig. Nur wenn alle tatsächlich verstanden haben, was die Veränderung für sie ganz persönlich bedeutet, können sie sich auch entsprechend verhalten. Oft werden die Ziele und auch die Auswirkungen auf einer hohen Flughöhe kommuniziert, die Interpretation wird aber jedem selbst überlassen. Die Führungskräfte scheitern oft daran, für ihre Beschäftigten greifbar zu machen, was sich tatsächlich in ihrem alltäglichen Tun verändern wird.

---

[1] In Anlehnung an ein Tool der Firma Festo AG & Co. KG zur Kategorisierung von Change-Projekten (Verwendung mit freundlicher Genehmigung von Nadia Teufel).

Wenn dies aber nicht passiert, bleibt die Beteiligung der Beschäftigten aus. Sie werden so weitermachen wie bisher. Dies erzeugt wiederum oft Verwunderung im Management: »Wir haben doch so viel kommuniziert! Warum ändert sich nichts?«

Es ist dabei nicht unbedingt notwendig, dass diese Kaskadierung ausschließlich vom Management vorgegeben werden muss. Hierzu als Hilfsmittel ein Fragebogen, den Führungskräfte und Beschäftigte zunächst individuell ausfüllen können. Die Antworten können anschließend miteinander abgeglichen werden, um festzustellen, ob das Verständnis gleich oder ob die »Übersetzung« von strategischen Zielen ins operative Tun des Einzelnen völlig unterschiedlich ist.

Fragebogen: Haben wir das gleiche Verständnis?

Wie verstehe ich die Veränderung? Ich würde sie mit eigenen Worten wie folgt wiedergeben:

_____

_____

_____

Wie wird dies in meiner Vorstellung das alltägliche Tun der Ebene über mir/das Tun meiner Führungskraft verändern?

_____

_____

_____

Wie wird sich in meiner Vorstellung das alltägliche Tun meiner Schnittstellen und wichtigsten Ansprechpartner zukünftig verändern?

_____

_____

_____

Wie wird sich mein eigenes Tun verändern müssen? Worauf wird es mehr ankommen? Worauf weniger? Wo muss ich umdenken? Was muss ich mir an Kenntnissen aneignen? Wer kann mich unterstützen? Mit wem muss ich mich abstimmen? Falls ich Mitarbeiter habe: Wie muss ich möglicherweise mein Führungsverhalten ändern?

_____

_____

_____

13.5.3 Veränderungsprozesse gestalten

In den meisten Unternehmen gibt es eine Methodik für die Abwicklung von Kundenprojekten – für interne Projekte jedoch fehlt dies oft. Es wird häufig nicht daran gedacht, dass ein internes Projekt genauso professionelles Projektmanagement benötigt wie ein Kundenprojekt. Die Folge ist, dass solche Projekte oft unkoordiniert, ohne solide Planung bzw. Aufwandsschätzung und mit unklarer Ressourcenlage durchgeführt werden.

Auch das Change-Arbeitspaket in solchen Projekten folgt oft nicht einer eingespielten, routinierten Vorgehensweise, sondern wird gern immer neu erfunden. Dies mag auch daran liegen, dass jedes Change-Projekt einzigartig erscheint. Das stimmt; grundsätzlich gilt dies aber auch für andere Arten von Projekten.

Eine PE/OE, die Standards für eine grundsätzliche Vorgehensweise bei Change-Projekten definiert und einen Pool bewährter Tools und Methoden definiert und einsetzt, arbeitet effizienter und effektiver. Sie vermittelt auch ein klareres und professionelles Bild von ihrer Vorgehensweise an ihre internen Kunden. Diese können sich durch einen »Wiedererkennungseffekt« auch von Change-Projekt zu Change-Projekt leichter zurechtfinden.

Diese Vorgehensweise bewährt sich auch, wenn neue Personengruppen (z. B. neue PE/OE-Mitarbeiter oder Change Agents) zur Begleitung von Change-Vorhaben herangezogen werden. Es ist dann sehr viel leichter für diese Personen, die Vorgehensweise und den Einsatz von Tools zu nachzuvollziehen und umzusetzen.

Diese Vorgehensweise ist keineswegs als »one size fits all« zu verstehen. Jedes Change-Projekt ist tatsächlich einzigartig und erfordert immer wieder neue Überlegungen, wie mit den jeweiligen Herausforderungen umgegangen werden kann. Es empfiehlt sich nur das, was sich wiederholt, auch zu standardisieren, um mit einer steigenden Anzahl von Veränderungsprojekten besser umgehen zu können.

Selbstverständlich gilt hier wie in anderen Projekten ebenfalls, dass gerade im Change das klassische durch das agile Projektmanagement ersetzt werden muss. Besonders in Change-Projekten ist eine iterative Vorgehensweise gefragt, die schnell auf neue Wendungen reagieren kann. Daher muss gerade hier das Projekt stetig auf neue Anforderungen analysiert und angepasst werden. Zu Beginn von Veränderungsprojekten lässt sich der genaue Verlauf ohnehin meist gar nicht absehen. Durch Elemente des agilen Projektmanagements kann eine PE/OE dafür sorgen, dass sie flexibel, unbürokratisch und ressourcenschonend mit Änderungen umgehen kann. Hierfür muss sie organisatorisch und methodisch aufgestellt werden.

13.5.4 Veränderungsergebnis sichern und weiter verbessern

Viele Veränderungsprojekte werden zu früh beendet oder gar vorzeitig abgebrochen. Kennen Sie folgende Situation?

> Ein Unternehmen möchte sich eine neue interne Struktur geben. Eine Projektgruppe, bestehend aus einigen Bereichsleitern, in denen die größten Änderungen stattfinden, hat die Reorganisation gründlich vorbereitet. Auch die Kommunikation an die Beschäftigten wurde gut geplant und hat viel Zustimmung aus der Belegschaft bekommen.

> Nun sind die Beschäftigten versetzt worden, und die neue Organisation soll nach den geänderten Vorgaben arbeiten. Die eigentliche Veränderung fängt nun erst an. Doch die Projektgruppe ist längst aufgelöst. Die Klärung von aufkommenden Fragen ist schwierig geworden, da es kein Gremium mehr gibt, die sie beantworten oder Entscheidungen treffen kann. Wie gut die Reorganisation eigentlich funktioniert hat bzw. ob sie ein Erfolg ist, kann auch eigentlich niemand genau sagen.

Die PE/OE muss sich professionell mit Methoden des Projektmanagements vor und während des Veränderungsprojekts aufstellen, das gilt ebenfalls für ihr Umfeld. Allzu oft ist das Change-Arbeitspaket das Einzige, was vom Gesamtprojekt noch übrig geblieben ist. In der Umsetzungsphase fehlen dann Ansprechpartner in der Organisation, denn das ursprüngliche Projektteam ist längst aufgelöst worden bzw. hat sich neuen Aufgaben zugewandt.

Um eine Veränderung dauerhaft zu sichern, ist es unerlässlich, dass das Management durchgängig – und zwar bis zum Ende des Veränderungsprojekts – Verantwortung übernimmt und auch die Umsetzung der definierten Veränderungsziele (vgl. Abschnitt 13.5.2) nachverfolgt. Das Scheitern von Veränderungsprojekten liegt nur allzu oft daran, dass das Unternehmen keinen »langen Atem« hat und das Interesse vorzeitig verliert. Für die Beschäftigten ist das sehr verwirrend, denn wurde nicht vor Kurzem noch gepredigt, dass ohne dieses Projekt die Zukunft der Firma in Gefahr sei?

Während sie noch mit der Umsetzung kämpfen, haben sie das Gefühl, dass sich das Management schon wieder mit neuen Aufgaben – und oft neuen Veränderungsprojekten – beschäftigt. So entsteht das Gefühl, dass Veränderungsprojekte zwar begonnen, selten aber zu Ende gebracht werden. Einen offiziellen Projektabschluss gibt es meist nicht. Zusammenhänge zwischen verschiedenen Veränderungsprojekten werden ebenfalls nicht deutlich.

Es ist daher wichtig, dass das Management die Umsetzung weiter aktiv vorantreibt und den Fortschritt von angestoßenen Veränderungen über einen ausreichenden Zeitraum verfolgt.

Die PE/OE kann hier weiter unterstützen, beispielsweise durch Sounding Boards, in denen eine repräsentative Gruppe von Beschäftigten regelmäßig Rückmeldung zu der Umsetzung der Veränderung gibt. Von der PE/OE moderiert kann so wertvolles Feedback fürs Management gesammelt werden, an welchen Stellen es schon gut läuft, wo aber auch noch nachzujustieren ist. Einen ähnlichen Zweck können z. B. Mitarbeiterbefragungen oder systematisches Feedback aus Teamrunden erfüllen.

Ein offizieller Projektabschluss sollte auf die ursprünglich gesetzten (Veränderungs-)Ziele eingehen – inwieweit wurden diese erreicht? Welche Erfolge gibt es zu feiern? Wer hat sich besonders verdient gemacht, wem ist zu danken? Und falls nicht alles erreicht wurde: Wie gehen wir damit um? Gibt es ein Folgeprojekt? Was wollen wir diesmal anders machen, um die Ziele auch wirklich zu erreichen?

Die wichtigsten Punkte in Kürze

- Eine PE/OE sieht sich heutzutage einer großen Anzahl an Change-Projekten gegenüber, die sie begleiten soll. Sie kann diese Aufgabe nur erfüllen, wenn sie die Veränderungskompetenz im Unternehmen deutlich ausbaut. Von ihr durchgeführte Veränderungsbegleitungen sollten daher immer auch das Ziel haben, Veränderungskompetenz weiterzuentwickeln.

- Zudem ist es sinnvoll, Veränderungskompetenz in die von ihr genutzten Instrumente zu integrieren. So sollte das Thema z. B. bei Nachfolgeplanungen und ganz allgemein bei Stellenbesetzungen im Fokus sein. Veränderungen bedeuten meist auch eine Änderung von Rollen und Prozessen – auch hier kann die PE/OE mit ihrer Expertise Skill-Bedarfe analysieren und die Qualifizierungen planen.

- PE/OE muss planvoll agieren, um sich nicht zu verzetteln. Sie muss dabei aber aktiv vom Management eingebunden werden und partnerschaftlich mit diesem zusammenarbeiten. Sie braucht dafür einen Kontext, in dem interne Projekte als Ganzes professionell gemanagt werden und das Management bis zum Schluss die Veränderung aktiv vorantreibt und den Fortschritt nachhält.

- Je planvoller die PE/OE gemeinsam mit dem Management agiert und gezielt Veränderungskompetenz aufbaut, umso besser wird die Aufgabe gelingen, das Unternehmen für den Umgang mit Veränderungen fit zu machen und die große Anzahl an großen und kleinen Veränderungen erfolgreich zu bewältigen.

13.6 Literatur

Doppler, Klaus; Lauterburg, Christoph: *Change Management. Den Unternehmenswandel gestalten*. 14. aktualisierte Auflage, Campus Verlag, Frankfurt am Main 2019

Groth, Alexander: *Führungsstark im Wandel. Change Leadership für das mittlere Management*. 2. überarbeitete Neuauflage, Campus Verlag, Frankfurt am Main 2013.

Lederer, Dieter: *Handelsblatt*. https://www.handelsblatt.com/unternehmen/beruf-und-buero/the_shift/gastbeitrag-zu-change-management-warum-und-woran-so-viele-veraenderungen-scheitern/21155538.html?ticket=ST-26507549-r7xB9TQLFIGr6Y1BhHfA-ap4. 19.06.2018

Schein, Edgar H.: *Prozessberatung für die Organisation der Zukunft. Der Aufbau einer helfenden Beziehung*. 3. Auflage, EHP Verlag Andreas Kohlhage, Gevelsberg 2010

Schröder, Wolfgang: *Veränderungskompetenz*. https://www.brainguide.de/Veraenderungskompetenz/_c

Stolzenberg, Kerstin; Heberle, Krischan: *Change Management. Veränderungsprozesse erfolgreich gestalten – Mitarbeiter mobilisieren. Vision, Kommunikation, Beteiligung, Qualifizierung*. Springer-Verlag, Berlin, Heidelberg 2013

14 Die Rolle von Strategie für eine erfolgreiche Veränderung

ELVIRA MOLITOR

14.1 Strategie und Veränderung: Eine symbiotische Beziehung

 Jede Organisation benötigt Klarheit darüber, woher sie kommt, wofür sie steht, wohin sie möchte und wie das geschehen soll. Während Unternehmen in stabilen Zeiten von guter Strategie profitieren, ist sie in Zeiten des Umbruchs unverzichtbar. Mit ihrer Hilfe lässt sich Veränderung einordnen und die Antwort planen. Im Idealfall wandelt sich die Veränderung von einer Bedrohung zum integralen Bestandteil kontinuierlicher Strategieentwicklung.

In diesem Beitrag erfahren Sie,

- welche Elemente zur modernen Strategie gehören und warum sie wichtig sind,
- wie die Strategie das Veränderungsmanagement ermöglicht und unterstützt,
- welche Herausforderungen Entscheider dabei erwarten.

Veränderung und Strategie bedingen und verstärken sich gegenseitig (**Bild 14.1**). Die Strategie kann am Beginn des Veränderungsprozesses stehen und diesen bewusst herbeiführen, oder aber der Auslöser kommt von außen und erfordert einen Strategiewechsel.

Bild 14.1
Wie sich Strategie und Veränderung beeinflussen

Im Kontext neuer Herausforderungen muss das Unternehmen die grundsätzliche Richtung, welche es einschlagen möchte, sowie Gründe dafür verstehen. Firmen, die eine klare und selektive Strategie verfolgen sind erfolgreicher als ihre Konkurrenten (Porter 1996). Fehlt eine Strategie, dauert es zu lange, bis die Prioritäten angepasst werden, alte Pläne bleiben intakt, es kommt zu Konkurrenz um Ressourcen auf der taktischen Ebene und entsprechenden Reibungsverlusten.

Betroffenen Mitarbeitern gelingt es zudem besser, anstehende Veränderungen zu unterstützen und mit den herausfordernden Konsequenzen umzugehen, wenn sie Veränderungen in Kontext setzen und einen Sinn darin erkennen können.

Eine gut formulierte und kommunizierte Strategie erlaubt allen Ebenen, im Sinne des Unternehmens zu handeln und so die Veränderung gemeinsam voranzutreiben.

Begriffsklärung Strategie
Bevor wir in das eigentliche Thema einsteigen, müssen wir zunächst den Begriff »Strategie« definieren, welcher sich in neuerer Zeit sehr gewandelt und erweitert hat.

Der Begriff Strategie stammt aus der Kriegsführung und bezeichnet »den Gebrauch des Gefechts zum Zwecke des Krieges« (Clausewitz 1994). Im militärischen Kontext wurde die Strategie nur einem sehr kleinen Kreis von hochrangigen Offizieren (»Feldherren und Führern in den höchsten Stellen«) bekannt gegeben, die sie in taktische Befehle übersetzten. Den ausführenden Soldaten war die Strategie unbekannt. Vor dem Feind wurde sie aus verständlichen Gründen unbedingt geheim gehalten.

Im Kontext moderner Unternehmensführung wird die Strategie weit umfassender interpretiert (Porter 1996, Minzberg/Ahlstrand/Lample 2008). Zum einen, was Umfang und Elemente betrifft, zum anderen bezüglich der beteiligten Akteure und nicht zuletzt der Kommunikation. Diese Erweiterung bringt es auch mit sich, dass differenzierte Begriffe wie Vision, Ambition, Mission, Auftrag, Beitrag, Zweck etc. entstanden sind, die teilweise synonym verwendet und nicht selten verwechselt werden. Oft ist auch unklar, in welcher Beziehung sie zueinander stehen.

Wenn über Grundsätzliches keine Einigung besteht, ist es sinnlos, miteinander Pläne zu machen.

Konfuzius

14.2 Elemente der Strategie im modernen Unternehmenskontext

Die Gesamtheit der Elemente der Strategie kann man auch als »strategisches System« bezeichnen (**Bild 14.2**). Der strategische Plan im Sinne von Clausewitz ist dabei nur eines von mehreren Elementen, die das strategische Kernverständnis des Unternehmens beschreiben. Sämtliche Aspekte des strategischen Systems werden zur Definition des strategischen Plans benötigt und sind von Bedeutung für erfolgreiche Veränderung.

14.2.1 Woher wir kommen: Geschichte

Die Geschichte erinnert daran, wo das Unternehmen herkommt und was es hierhergebracht hat. Seine Herkunft definiert und beeinflusst in hohem Maße, wer und was das Unternehmen heute ist und wohin es sich entwickeln kann. Wo immer die Reise hingeht, auf das bisher Erreichte können alle Beteiligten stolz sein, und das soll nicht vergessen werden. Die Erinnerung daran, dass in der Vergangenheit Probleme und Veränderung erfolgreich bewältigt wurden, stärkt Mut und Zuversicht.

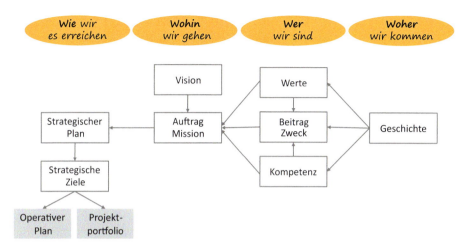

Bild 14.2 Elemente des strategischen Systems als Vorläufer der Umsetzungsplanung

Beispiel für Geschichte: 3M

Gegründet im Jahre 1902, blicken wir mit Stolz auf unsere Unternehmensgeschichte als eines der innovativsten und ethischsten Unternehmen der Welt. Ob als unsichtbare Technologie, derer wir uns oft nicht bewusst sind, oder als konkretes Produkt, das wir täglich nutzen – Sie finden 3M-Wissenschaft in jedem Winkel Ihres Lebens.

14.2.2 Wer wir sind: Werte, Kompetenz und Beitrag

Werte, Kompetenz und Beitrag beruhen auf der Geschichte, beeinflussen sich gegenseitig und beschreiben die Gegenwart des Unternehmens.

Werte

Werte charakterisieren und treiben an. Sie zu beschreiben und auch zu verstehen ist ein wichtiger Bestandteil der Identität. Ist Kundenzufriedenheit ein Wert, der dem Unternehmen als Leitschnur des Handelns dient oder ist der bestimmende Wert die Gewinnmaximierung? An diesem Beispiel lässt sich die Relevanz der Werte für die Strategie gut illustrieren, da beide Wertoptionen zu sehr verschiedenen Kundenbeziehungen und Produkten führen.

Weniger ist mehr. Formulieren Sie maximal vier bis fünf Werte, sonst besteht die Gefahr der Beliebigkeit.

Vorsicht ist auch geboten bei allgemeingültigen Werten wie z. B. Flexibilität oder Integrität, die heute ohnehin vorausgesetzt werden oder sogar durch den Rechtsrahmen vorgegeben sind. Die Strategie soll knapp und relevant sein. Nutzen Sie den Platz und formulieren Werte, die spezifisch für Ihre Firma sind.

Gut ist es, den Wert kurz zu erklären und ihn in Verbindung mit den anderen Elementen der Strategie zu bringen (siehe Beispiele).

Beispiele für Unternehmenswerte

SUNRISE

Fairness, Transparenz, Kundenorientierung

CONTINENTAL

- Vertrauen: Continental fördert alle Mitarbeiterinnen und Mitarbeiter. Dafür pflegen wir eine Kultur des Vertrauens. Wir unterstützen sie dabei, sich zu entfalten und zu wachsen.
- Gewinnermentalität: Wir wollen gewinnen. Wettbewerb ist unsere Welt, Spitzenleistung unser Ziel. Wir erfassen Trends und Marktveränderungen, nutzen sie schneller als andere, und kommen effizienter zu besseren Lösungen für unsere Kunden.
- Freiheit: Wir öffnen Spielräume für Eigenverantwortung. Das Arbeitsklima bei Continental ist geprägt von gegenseitiger Wertschätzung.
- Verbundenheit: Wir stehen füreinander ein und können uns aufeinander verlassen. Wir machen uns gegenseitig größer. Alle Einzelbeiträge zählen. Diese teilen wir durch unser globales Netzwerk und veredeln sie gemeinsam.

BASF

- Kreativ: Wir entwickeln hervorragende Produkte und Lösungen für unsere Kunden. Wir fördern außergewöhnliche Ideen und geben ihnen Raum zu wachsen. Wir sind optimistisch und inspirieren einander.
- Offen: Wir schätzen Vielfalt: von Menschen, Meinungen und Erfahrungen. Wir fördern Feedback, das auf Ehrlichkeit, Respekt und gegenseitigem Vertrauen basiert. Wir lernen aus unseren Fehlern.
- Verantwortungsvoll: Wir achten Gesundheit und Sicherheit als höchste Güter. Wir beziehen Nachhaltigkeit in unsere Entscheidungen ein. Wir sind strengen Maßstäben für Unternehmensführung und Umweltschutz verpflichtet.

- **Unternehmerisch:** Wir stellen unsere Kunden in den Mittelpunkt, persönlich und als Unternehmen. Wir ergreifen Chancen und denken voraus. Wir übernehmen Verantwortung und stehen für die Ergebnisse ein.

Kompetenz

Die Kompetenz beschreibt, was die Organisation kann, in welchen Bereichen sie besonders gut ist – besser als andere, eventuell einzigartig (Prahalad/Hamel 1990). Wenn es gelingt, eine spezifische Kernkompetenz herauszuarbeiten, kann dies ein starker Motivator werden.

> **Beispiele für Kernkompetenzen von Unternehmen**
>
> ALDI – Einfachheit, konsequentes Handeln, Kontrolle der operativen Kosten
>
> MCDONALD'S – Kostenführerschaft und Schnelligkeit
>
> TOYOTA – kontinuierliche Verbesserung der Unternehmensprozesse

Beitrag und Zweck

Aus Werten und Kompetenz ergibt sich der Beitrag an die Gesellschaft und für die Welt. »Beitrag« kann hier auch als Sinn oder Unternehmenszweck (englisch: purpose) gelesen werden. Hierbei geht es nicht um die wirtschaftliche Stellung. Vielmehr wird die Frage beantwortet: Was würde fehlen, wenn es uns nicht gäbe? Was tun wir, um die Welt zu einem besseren Ort zu machen oder den Kunden ein besseres Produkt zu geben. Der Beitrag ist ein Kernelement der Strategie, da hier über die grundlegende Ausrichtung entschieden wird. Umgekehrt hilft ein gut ausformulierter Beitrag später, schnell strategische Entscheidungen zu treffen.

Speziell in Zusammenhang mit Agilität wandeln sich das Selbstverständnis von Firmen und die Ansprüche der Kunden. Das Schlagwort heißt »vom Profit zum Sinn/Zweck/Beitrag« (englisch: from profit to purpose). Eine tiefe Auseinandersetzung mit dem Beitrag verhindert rein wirtschaftlich getriebene und nicht mehr zeitgemäße Visionen wie z. B.: »Marktführer werden«, »15 % Marktanteil erreichen«. Ebenso dient er als Leitlinie für kritische strategische Entscheidungen.

Beispiele für Beitrag

DM (Drogeriemarktkette)

Wir bei dm wollen durch unser händlerisches Schaffen zu Wohlbefinden und Wohlstand beitragen und durch unser soziales und kulturelles Engagement mit dafür sorgen, dass die Rahmenbedingungen in Deutschland und Europa für eine soziale Marktwirtschaft auf demokratischer Grundlage gewährleistet sind.

ROCHE

Unser Beitrag für die Gesellschaft: Der Austausch mit unseren Anspruchsgruppen trägt maßgeblich dazu bei, Vertrauen aufzubauen und Verständnis für unsere Herausforderungen zu schaffen. Durch die Einbettung der Interessen unserer Anspruchsgruppen in unsere tägliche Arbeit haben wir die Möglichkeit, gemeinsam Lösungen zu entwickeln.

SYNGENTA

Dank des unerschöpflichen Potenzials von Pflanzen können wir zur Lebensqualität und Lebensfreude beitragen. Bringing plant potential to life (Wir setzen das Potenzial von Pflanzen frei).

14.2.3 Wohin wir gehen: Vision und Mission

Das Wort Vision leitet sich von lateinisch Sehen ab. Die Vision – manchmal auch als Leitbild oder Leitstern bezeichnet – ist langfristig angelegt. Sie spricht von einem Ideal, welches in der Zukunft erreicht werden soll, und darf deshalb durchaus ambitioniert sein, jedoch nicht völlig utopisch und unerreichbar. Eine gute Vision lässt lebendige Bilder (daher der Name) davon entstehen, wie es aussehen wird, wenn der Idealzustand Wirklichkeit wird. Sie muss so formuliert werden, dass Emotionen geweckt werden und der Wunsch, am Wahrwerden der Vision mitzuarbeiten. Wann genau und wie die Vision verwirklicht wird, bleibt dabei jedoch im Ungefähren.

Die Suche nach guten Beispielen gestaltet sich schwierig. Viele Unternehmen haben keine formulierte Vision oder veröffentlichen sie nicht. Manchmal beschreiben die mit »Vision« bezeichneten Passagen eher die Mission, manchmal handelt es sich um ein Gemisch. Im angelsächsischen Raum ist der Fokus oft auf der Vision, dem Ideal. In Deutschland hingegen findet man weit häufiger die handlungsorientierten Missionen.

Wichtig für den Praktiker ist es, den Unterschied zu verstehen und dann überhaupt eine Vision oder Mission oder einen Hybriden zu beschreiben.

Beispiele für Vision

AUDI – Mobilität mit null Emissionen.

WIKIMEDIA – Unsere Vision ist eine Welt, in der alle Menschen am Wissen der Menschheit teilhaben, es nutzen und mehren können.

AMAZON – die am meisten Kunden orientierte Firma der Welt sein, wo Kunden alles finden, was sie online kaufen möchten zum niedrigsten möglichen Preis.

Inspiriert von der Vision und auf Basis von Werten, Beitrag und Kompetenz lässt sich nun konkreter beschreiben, was der Auftrag, die Mission ist. Die Mission ist handlungsorientiert. Sie beschreibt konkreter, was und wie es getan wird. Viele Unternehmen beschreiben die Mission in einem kurzen Mission Statement.

> **Beispiele für Mission**
>
> WWF – Wir wollen die weltweite Zerstörung der Natur und Umwelt stoppen und eine Zukunft gestalten, in der Mensch und Natur in Einklang miteinander leben.
>
> COCA-COLA – Wir möchten die Welt rundum erfrischen, mit unseren Marken und Aktivitäten für Optimismus sorgen und die Menschen inspirieren. Wir möchten Werte schaffen und etwas bewirken. Und zwar mit allem, was wir tun.
>
> HARIBO – Haribo macht Kinder froh und Erwachsene ebenso!
>
> GOOGLE – Unsere Mission: Die Informationen dieser Welt zu organisieren und allgemein zugänglich und nutzbar zu machen.

14.2.4 Wie wir unser Ziel erreichen werden: Strategischer Plan und Ziele

Nun kann der übergeordnete, strategische Umsetzungsplan entwickelt werden. Hier wird angeführt, auf welchem Wege, mit welchen Mitteln und in welchem Zeitraum die Mission erfüllt werden soll. Der strategische Plan bleibt grob und definiert strategische Themen und Treiber, gibt Ziele vor und die prinzipiellen Mittel.

Gute strategische Pläne sind der Schlüssel zur Strategieumsetzung. Ihnen sollte man entsprechend viel Aufmerksamkeit widmen. Tabelle 14.1 beschreibt Eigenschaften eines guten strategischen Plans.

Auf seiner Grundlage können dann relativ unabhängig detaillierte Umsetzungspläne in verschiedenen Teilen der Organisation entstehen (vgl. **Bild 14.4** und **Bild 14.6**).

Beispiel: Strategischer Plan gegliedert in strategische Themen, Treiber und Ziele

WWF Deutschland 2018–2022 (hier: im Beispiel eines von insgesamt acht strategischen Themen)

- Ein strategisches Thema: »Schutz für die Wälder der Erde«
- Drei strategische Treiber: Gemeinsam mit Indigenen Wälder retten – Neue vernetzte Schutzgebiete – Eine zweite Chance für tropische Wälder
- Fünf Ziele:
  - Im Amazonasbecken befindet sich das größte zusammenhängende Regenwaldgebiet der Welt. Mindestens die Hälfte davon ist effektiv geschützt.
  - Große Teile der Demokratischen Republik Kongo werden vom zweitgrößten Regenwaldgebiet der Erde bedeckt. In Zusammenarbeit mit der Regierung stellt der WWF mindestens 15 % der Landesfläche unter Schutz.
  - Im einzigartigen Ökosystem der russischen Tundra entsteht ein durch Migrationskorridore verbundenes Netzwerk von Schutzgebieten.
  - Der Salonga-Nationalpark in der Demokratischen Republik Kongo ist Afrikas größtes tropisches Waldschutzgebiet. Mit Unterstützung des WWF wird der Park professionell geleitet. Die Wilderei geht zurück, rund 50 000 Menschen in der Pufferzone um den Park profitieren von einer verbesserten und nachhaltigen Landnutzung und erhalten mehr Mitsprache beim Parkmanagement.
  - In mindestens fünf Modellregionen im Amazonasbecken, in Brasilien, in der Mekong-Region, in Indonesien und im südwestlichen Afrika kehrt durch Aufforstung und Hege der Wald zurück.

> **AMAZON**
>
> Drei Nachhaltigkeitsziele
>
> - 100 % CO_2-emissionsfrei bis 2040 – durch Einsatz unserer Technologie und Mitarbeiter – 10 Jahre früher als die Pariser Klimakonvention
> - 80 % erneuerbare Energien bis 2024 und 100 % bis 2030 durch Investitionen in Solar- und Windenergie
> - 50 % aller Sendungen CO_2-emissionsfrei bis 2030

Tabelle 14.1 Checkliste strategischer Plan

So geht's	Woran erkenne ich das?	Wo stehen wir?		
		ja	teils	nein
Ist klar gegliedert	Differenziert zwischen strategischen Themen, Treibern und Zielen Lässt klar erkennen, in welchem Verhältnis sie stehen Ist keine unzusammenhängende Liste von Quick Wins			
Ist fokussiert	Nicht mehr als jeweils drei bis fünf Themen, Treiber, Ziele			
Quantifiziert Ziele und Zwischenziele	Es existiert eine konkrete Beschreibung dessen, wie es aussieht, nachdem das Ziel erreicht wurde Macht numerische Angaben über das angestrebte Endergebnis, Prioritäten, Ressourcen und Zeit, Messbarkeit			

Tabelle 14.1 *Fortsetzung*

So geht's	Woran erkenne ich das?	Wo stehen wir?		
		ja	teils	nein
Setzt eindeutige Prioritäten	Artikuliert, welches Thema/Treiber/Ziel welche Priorität hat			
	Jede Priorität ist nur einmal vergeben			
Ist ehrlich hinsichtlich der Trade-offs	Dokumentiert, was NICHT (mehr) angestrebt wird			
	Zeigt Auswahl zwischen Alternativen			
	Ziele und Pläne der »alten« Strategie werden gestoppt			
Ist spezifisch für unser Unternehmen	Spiegelt unsere Mission, den Beitrag und Werte wider und passt dazu			
	Bringt uns in eine einzigartige, vorteilhafte Position gegenüber der Konkurrenz und ist keine Kopie			
Ist ambitiös, aber machbar und realistisch	Kann mit den vorhandenen Budgets, Mitarbeitern, Produktionsmitteln etc. umgesetzt werden			
Lässt genügend Raum für Flexibilität in der Ausführung	Ist kein Projektplan – das WIE ist nicht im kleinsten Detail geregelt			

14.3 Umgang mit disruptiven Veränderungen

Technologische Innovation relativiert die Kernkompetenz des Unternehmens? Veränderte Kundenbedürfnisse stellen den Wert des Produktes infrage? Der Zusammenbruch eines Konkurrenten eröffnet neue Marktchancen? Neue Gesetzgebung beschränkt den Marktzugang? Währungsschwankungen beeinträchtigen den Ertrag? All das sind Auslöser, die Veränderung »von oben« erfordern, da sie sich auf die strategische Unternehmensposition und alle Elemente des strategischen Systems auswirken.

Das gilt zuvorderst für Vision, Mission und den strategischen Plan. Je nach Größe, Art und Umfang der Veränderung müssen sich auch Werte, Beitrag und Kompetenzen ändern, um eine Anpassung an neue Gegebenheiten zu erreichen.

Umgekehrt gibt die neue Strategie der veränderten Situation einen Rahmen und ermöglicht so zielgerichtetes sinnhaftes Handeln.

14.3.1 Strategieanpassung im Kontext von Veränderung

Bevor das Unternehmen auf die Veränderung reagiert, sollte ein gemeinsames Verständnis dafür geschaffen werden, was die Veränderung bedeutet. Je nach Auslöser kann die erforderliche Strategieanpassung verschiedene Dimensionen annehmen (**Bild 14.3**).

Denn selbst wenn Auslöser eine ganze Branche betreffen, so ist der strategische Kontext (vgl. Abschnitt 14.3) doch für jedes Unternehmen einzigartig. Dementsprechend können auch einzigartige und konkurrenzlos vorteilhafte Bewältigungsstrategien und Chancen abgeleitet werden.

Das erste Veränderungsprojekt in einer Veränderungssituation, die das ganze Unternehmen betrifft, sollte deshalb ein Projekt sein, bei dem der gesamte unternehmerische Strategiekontext überprüft wird. Bei diesem Projekt ist das Leitungsteam federführend. Es empfiehlt sich jedoch, auch ausgewählte Mitarbeiter miteinzubeziehen.

Handelt es sich um Veränderungen, die sich nahtlos in das existierende Unternehmenskonzept, seine Philosophie und Marke einfügen? Haben die Auslöser eher geringe Auswirkung

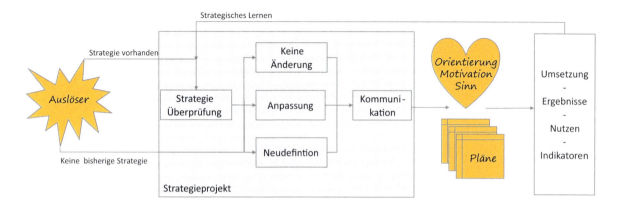

Bild 14.3 Strategieanpassung im Kontext von Veränderungen

auf die Strategie? Oder aber steht man vor einer Situation, in der die Firma sich ganz oder teilweise neu erfinden muss. Besonders dann, wenn die letzte Frage mit »Ja« beantwortet wird, muss erarbeitet werden, wie sehr und in welchen Aspekten dies der Fall ist und in welcher Weise es sich auf Kunden, Mitarbeiter und die Gesellschaft auswirkt.

Hier zeigt sich der Nutzen einer existierenden Strategie. Auf dieser aufzubauen und sie anzupassen wird in der Regel deutlich schneller vonstattengehen, als unter dem Druck der auslösenden Umstände ganz bei null anzufangen.

Eine regelmäßige Überprüfung des gesamten strategischen Systems auf Basis der erzielten Ergebnisse führt zu strategischem Lernen. Auf diese Weise gehen erzielte Fortschritte und operative Tatsachen in die Strategie ein. Die Balance zwischen »von oben angeordneter« und »emergenter« Veränderung ist geschaffen. Die Überprüfung kann auch Anlass zur erneuten Kommunikation und kontinuierlichen Verankerung der Strategie im Bewusstsein des Unternehmens sein.

14.3.2 Kommunikation

Die beste Strategie kann ihre Wirkung nicht entfalten, wenn sie nicht bekannt gemacht wird. Je besser verstanden ist, worum es geht, desto eher gelingt es, Sinn zu stiften, die Mitarbeiter und auch andere Partner zu motivieren und im Sinne der Veränderung zu mobilisieren.

60 % aller befragten Führungskräfte halten die Kommunikation einer inspirierenden Strategie für den Nummer-eins-Erfolgsfaktor einer gelungenen Veränderung. Veränderungsprogramme mit einer mitreißenden Vision haben eine 2,4-mal höhere Erfolgsquote als solche ohne (Keller/Schaninger 2019).

Wie weit soll die Strategie kommuniziert werden? Muss man die Strategie nicht geheim halten, um keinen Wettbewerbsvorteil aus der Hand zu geben?

Kommunizieren Sie Geschichte, Werte, Beitrag, Kompetenz, Vision und Mission so weit wie möglich intern und auch extern. Wenn Mitarbeiter, Kunden und potenzielle Partner die Strategie kennen, erhöht sich die Chance, dass diese in Ihrem Sinne handeln bzw. Sie sie für sich gewinnen können.

Bei einzelnen konkreten Maßnahmen und den Implementierungstaktiken muss man das eventuell differenzierter betrachten. Einzelne strategische Projekte (z. B. eine Übernahme, oder Standortschließungen) können für einen begrenzten Zeitraum der Geheimhaltung unterliegen, weil sie sensible Informationen enthalten. Dies sind jedoch Ausnahmen. Darüber hinaus sollte möglichst umfassend kommuniziert werden. Je besser die Strategie verstanden ist, desto größer ist die Wahrscheinlichkeit, dass Mitarbeiter auch ohne detaillierte Anweisungen im Sinne der unternehmerischen Ziele handeln.

Nur weil Aspekte des strategischen Plans oder einzelne Projekte sensible Information enthalten, sollte man nicht den Fehler machen, die gesamte Strategie zur geheimen Chefsache zu erklären.

14.3.3 Strategieumsetzung im Kontext von Veränderung

Die Strategieumsetzung findet sowohl durch das operative Geschäft, in dessen Rahmen als kontinuierliche Anpassungsaktivität oder in Form eines Portfolios von Veränderungsprojekten organisiert statt (**Bild 14.4**).

Hier lassen sich bereits Zielkonflikte erkennen. In der Regel müssen sowohl die durch Projekte getriebenen Veränderungen wie auch das Tagesgeschäft mit den gleichen Ressourcen bewältigt werden. Dies führt nicht selten zu Konflikten auf der operativen Ebene, Terminverschleppung und Burn-out und kann somit dem Unternehmen erheblich schaden. Die Verantwortung dafür liegt klar beim Management.

Durch eine strategische Betrachtung der Gesamtsituation, entsprechende Priorisierung und Beschränkung lassen sich die typischen Begleiterscheinungen aber vermeiden. Selbst wenn sich eine erhöhte Belastung über einen gewissen Zeitraum nicht vermeiden lässt: Ein gutes strategisches Verständnis der Situation macht die Effekte verständlich, regelt die Verantwortung und lässt die betroffenen Mitarbeiter nicht allein.

Der strategische Plan ist hier ein wichtiges Hilfsmittel. Er artikuliert klar, welche Veränderungsziele über welchen Umsetzungsmechanismus erreicht werden. Ein weiteres effektives Mittel zur Steuerung der Veränderungsimplementierung sind Nutzenlandkarten. Sie zeigen den Zusammenhang zwischen Treiber, Zielen,

Bild 14.4 Strategieumsetzung (adaptiert nach PMI 2018)

Nutzen und Umsetzungswegen auf (**Bild 14.6**). Veränderungsnutzen werden gelistet und möglichst quantitativ beschrieben. Entsprechende Aktivitäten, Projekte und Programme, die der Zielerreichung dienen, können definiert werden. Angestrebte Änderungsnutzen ohne Umsetzungspläne oder bestehende Projekte, die die Strategie nicht (mehr) unterstützen, sind auf diese Weise leicht erkennbar.

Besonderes Augenmerk sollte auf die Bedürfnisse der operativen Einheiten gelegt werden (**Bild 14.4**). Sie sind oft vierfach belastet: durch das Sicherstellen des Tagesgeschäftes, die Entsendung von Experten in die Projektteams, kleinere Veränderungen im Rahmen der kontinuierlichen Verbesserung sowie die Implementierung der Veränderungsinitiativen.

14.3.4 Die Ungleichzeitigkeit des vermeintlich Gleichzeitigen

Gratulation, Sie haben alles richtig gemacht. Das erste Veränderungsprojekt war das »Strategieprojekt«. Die Auslöser und Gründe für anstehende Veränderungen sind verstanden. Geschichte, Beitrag, Kompetenz und Werte sind klar dargelegt. Die neue bzw. adaptierte Vision und Mission sind beschrieben. Einen strategischen Plan, der den Weg beschreibt, gibt es auch. Ein Portfolio von Veränderungsprojekten ist in Vorbereitung.

Während der Strategiedefinition hat sich das Leitungsteam selbst mit den anstehenden Veränderungen intensiv auseinandergesetzt und ist dabei durch den emotionalen Veränderungsprozess gegangen. Ängste konnten abgebaut werden, von alten Vorstellungen hat man sich verabschiedet, neuer Sinn wurde gefunden. Die Stimmung im Leitungsteam ist gut. Es stellt sich ein Gefühl der Befriedigung, vielleicht sogar der gespannten Erwartung ein, dazu gesellen sich nun Tatendrang und eine gewisse Ungeduld. Der Prozess der Strategiedefinition hat Zeit gekostet, die man nun in der Umsetzung wieder wettmachen möchte.

Nicht selten wird an diesem Punkt übersehen, dass die meisten Mitarbeiter, die von der Veränderung betroffen sind, bisher nicht am Veränderungsprozess teilgenommen haben (**Bild 14.5**). Sie haben eventuell Gerüchte gehört, warten ängstlich gespannt auf Neuigkeiten. Die neue Strategie wird vorgestellt und löst viele kritische Reaktionen aus. Widerstand regt sich, Zynismus

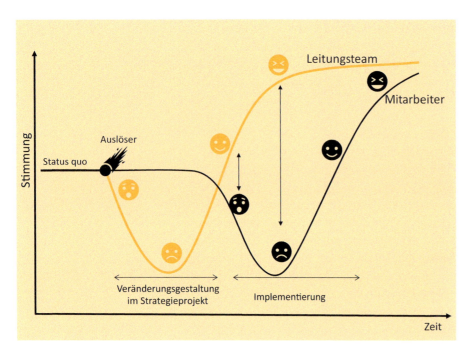

Bild 14.5 Ungleichzeitigkeit des Erlebens während der Definition der Strategie und Umsetzung

macht sich breit. Die Begeisterung für die Veränderungsprojekte hält sich in Grenzen, sie laufen nur langsam an.

An dieser Stelle ist es vonnöten, sich einer Ungleichzeitigkeit bewusst zu werden. Die Mitarbeiter zeigen alle typischen Symptome, die den Anfang des Veränderungsprozesses charakterisieren, während das Management schon am Ende der Veränderungskurve oder mindestens auf dem aufsteigenden Teil der Kurve angekommen ist (siehe auch Kapitel 18 »Zur Psychologie der Veränderung«).

 Vermeiden Sie Reibungsverluste durch falsche Erwartungen. Machen Sie sich immer klar, dass Sie auf Ihrem Wege schon weiter fortgeschritten sind. Schließen Sie die Lücke und geben Sie den Mitarbeitern Zeit und Hilfestellung, die Veränderung anzunehmen.

14.4 Taktische Veränderungen innerhalb der bestehenden Strategie

Bei Veränderungen »von oben« geht es darum, alle notwendigen Projekte für die Veränderung zu definieren. Veränderungen innerhalb einer

Organisation ergeben sich aber oft »von unten«. Solch emergente Veränderungen sind nicht von oben gesteuert. Oft können die betroffenen Fachabteilungen und einzelnen Mitarbeiter Auslöser für Veränderungen direkt spüren und auch sehr gut abschätzen, was in ihrem Bereich getan werden sollte, warum und wie. Sie formulieren eine Idee oder schreiben einen ausgereiften Projektvorschlag. Dieser Vorgang kann auch durch einen Ideenwettbewerb unterstützt werden.

Die Rolle der Strategie besteht nun darin, die emergente Veränderung wirksam zu steuern. Speziell dann, wenn es sich um bereichsübergreifende Initiativen handelt. Denn obwohl jede einzelne der emergenten Ideen gut, richtig und potenziell nützlich sein kann, sind die Kapazitäten und Ressourcen endlich (vgl. **Bild 14.4**). Damit stellt sich die Frage der Machbarkeit und der relativen Wichtigkeit eines bestimmten Projektes im Zusammenhang mit anderen Initiativen. Es soll darüber hinaus auch vermieden werden, dass verschiedene emergente Initiativen sich antagonistisch auswirken.

Strategische Nutzenlandkarten (**Bild 14.6**) schaffen hier Klarheit. Dies erfordert, dass Treiber und Nutzen eindeutig beschrieben, kommuniziert und verstanden sind. Kann eine Idee oder ein vorgeschlagenes Projekt keinem Änderungsnutzen und strategischen Treiber zugeordnet werden, wird es nicht umgesetzt. Die Nutzenlandkarte lässt aber auch erkennen, wie mehrere Projekte zu einem Nutzen beitragen oder wo es noch an Initiativen fehlt. Die Prioritäten der strategischen Ziele (vgl. Tabelle 14.1) werden an die zugeordneten Projekte vererbt.

Alternativ (und für Freunde zahlengetriebener Modelle) kann man sich der Hilfe eines Punktsystems bedienen (Tabelle 14.2). Auch in diesem Fall spielt die Strategie eine wichtige Rolle, da sie einerseits die Elemente des Punktsystems definiert und andererseits die Gewichtung vorgibt. Die Ergebnisse solcher Punktsysteme müssen immer diskutiert werden und können nicht unbesehen übernommen werden. Sollte im vorliegenden Fall Projekt C wirklich in der Priorität hinter Projekt B liegen?

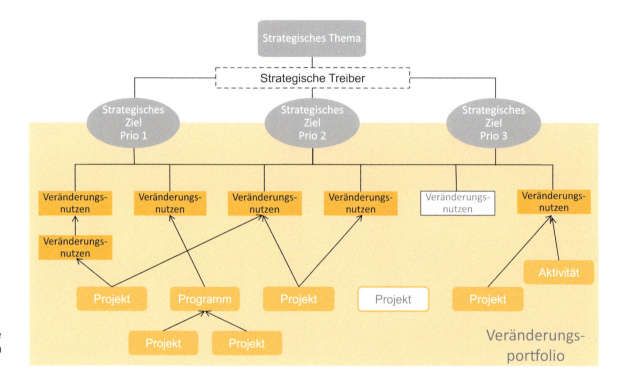

Bild 14.6 Transparente Verknüpfung des Veränderungsnutzens mit Strategie und Projekt (adaptiert nach MoP 2011)

Tabelle 14.2 Projekt Priorisierung unter Zuhilfenahme gewichteter strategischer Ziele

Strategisches Ziel 1			Strategisches Ziel 2		Punktzahl (sortiert nach Total)	Priorität
	% Beitrag	Gewicht	% Beitrag	Gewicht		
Projekt A	80	10×	20	2×	840	1
Projekt B	0	10×	100	2×	200	2
Projekt C	20	10×	0	0×	200	3

Anmerkung:
Gewicht: Strategisches Ziel 1 ist fünfmal wichtiger für das Unternehmen als strategisches Ziel 2.
% Beitrag bezieht sich auf den Anteil des strategischen Ziels, der durch das Projekt erreicht wird

Selbst wenn Punktsysteme oder Nutzenlandkarten nicht die endgültige Priorisierung vorgeben, werden mit ihrer Hilfe doch faktische Zusammenhänge und Abhängigkeiten dokumentiert, die zu einer eindeutigen Entscheidung führen. Wird dies unterlassen, sind zeitraubende Debatten und Machtkämpfe vorprogrammiert. Die Energie, die hier verpufft, fehlt in der Umsetzung.

Werden strategische Ziele und Treiber als Attribute im Projektportfoliomanagement verwendet, kann so auch der Fortschritt der Strategieimplementierung gemessen werden.

14.5 Kontinuierliche Veränderungen in abgeschlossenen Systemen

Kontinuierliche Veränderung auf der operativen Ebene »von oben« detailliert vorzuschreiben gestaltet sich in der Praxis schwierig. Will man dies tun, arten die dazu nötigen Steuerungssysteme schnell in unnütze Bürokratie aus und verlangsamen Anpassungen in unnötiger Weise.

Da Veränderungen in geschlossenen Systemen andere Bereiche nur marginal oder gar nicht tangieren, können sie isoliert innerhalb des Systems betrachtet werden. Eine gut definierte Strategie lässt niemanden im Unternehmen darüber im Unklaren, welchen Herausforderungen das Unternehmen sich gegenübersieht und welche Ziele es verfolgt. In diesem Fall kann man darauf vertrauen, dass sich der Prozess der kontinuierlichen Anpassung im Sinne des Unternehmens gestaltet. Solchermaßen agile Selbststeuerung unterstützt die Motivation und Identifikation mit dem Unternehmen.

Die wichtigsten Punkte in Kürze

- Jedes Unternehmen braucht zur Orientierung und Motivation von Kunden und Mitarbeitern eine Strategie. Moderne Strategien gehen über die Strategie im Sinne eines Plans weit hinaus. Sie artikulieren Geschichte, Werte, Kernkompetenzen, Beitrag, Vision, Mission und den strategischen Plan.
- Gute Strategien fokussieren sich auf die Alleinstellungsmerkmale des Unternehmens. Sie versuchen nicht, alles für jeden zu sein. In kurzen verständlichen Sätzen wecken sie Begeisterung und den Wunsch, Teil der Veränderung zu werden.
- Im Rahmen von Veränderungen ist die Revision des gesamten strategischen Systems Pflicht. Große Veränderungsereignisse können zu Anpassungen bei allen Elementen der Strategie führen. Das erste Projekt im Veränderungsportfolio sollte immer das »Strategieprojekt« sein. In dieses Projekt können Mitarbeiter aller Ebenen einbezogen sein.
- Kleinere Veränderungen »von unten« können mithilfe strategischer Themen, Treiber und Ziele gefiltert, kategorisiert, priorisiert, bewertet und zur Umsetzung ausgewählt werden.
- Die Strategie steuert das Portfolio von Veränderungsprojekten, indem alle Projekte einem Veränderungsnutzen und alle Veränderungsnutzen einem strategischen Ziel zugeordnet werden.
- Bei der Kommunikation der Strategie im Zusammenhang mit Veränderung muss berücksichtigt werden, dass das Management oft einen signifikanten zeitlichen und inhaltlichen Informationsvorsprung hat. Außerdem sollte sie so früh und breit wie möglich erfolgen.
- Gute Strategien fokussieren die Energie und beschleunigen Veränderung, schlechte wirken wie Streulinsen (**Bild 14.7**).

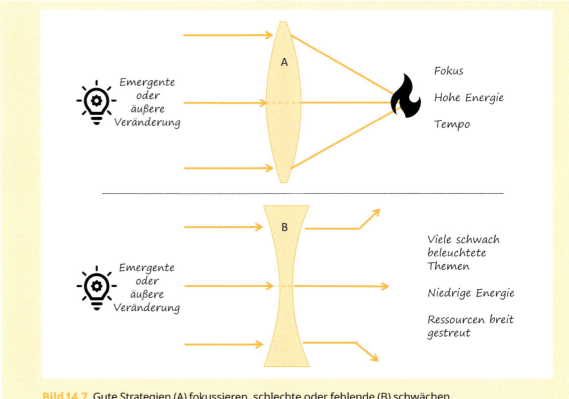

Bild 14.7 Gute Strategien (A) fokussieren, schlechte oder fehlende (B) schwächen

14.6 Literatur

Berg, Gerben van den; Pietersma, Paul: »Part 1: Corporate and Business Strategy«. In: *Key Management Models*. Pearson Education Limited, Harlow 2016, S. 3–67

Clausewitz, Carl von: *Vom Kriege. Hinterlassenes Werk des Generals*. Bd. 1–3, bibliografisch ergänzte Auflage. Reclam Verlag, Ditzingen 1994

Jenner, Stephen; Kilford, Craig: *Management of Portfolios*. TSO, Norwich 2011, S. 32–38

Keller, Scott; Schaninger, Bill: *Beyond Performance 2.0. A proven approach to leading large-scale change*. John Wiley & Sons, New York 2019

Minzberg, Henry; Ahlstrand, Bruce; Lample, Josef: *Strategy Safari. Your complete Guide through the wilds of strategic management*. 2nd revised edition, Pearson Education Limited, Harlow 2008

PMI (Project Management Institute): *A Guide to the Project Management Body of Knowledge (PMBOK Guide 6th ed.)*. Project Management Institute, Newtown Square 2018

Porter, Michael, E.: »What is strategy?« In: *Harvard Business Review* 74(6) 1996, S. 61–78

Prahalad, C. K.; Hamel, Gary: »The core competence of corporation«. In: *Harvard Business Review* 68(3) 1990, S. 79–91

WWF: *WWF Strategiebroschüre*. https://www.wwf.de/fileadmin/user_upload/WWF_Strategie-Broschuere.pdf. Abgerufen am 07.11.2021

15 Auslöser, Ansätze und Anwendungen zum Change

KLAUS WAGENHALS, FRANK KÜHN

15.1 Auslöser und Bezug zu Strategien

In diesem Beitrag erfahren Sie,

- welche Grundlagen des Organisations- und Führungsverständnisses wichtig sind, damit Veränderungen wirksam und erfolgreich gestaltet werden können,
- wie vielfältig die Auslöser, Handlungsfelder und Ansätze von Change sind, und wie sie identifiziert und angegangen werden können,
- wie Sie Ihre Change-Projekte – von der Standortbestimmung bis zum Monitoring – auf Ihre Bedürfnisse hin zuschneiden und iterativ an sich verändernde Bedingungen anpassen können.

Seit einigen Jahren nimmt das Tempo der Innovation drastisch zu und betrifft nicht nur einzelne Produkte und Dienstleistungen, sondern ganze Wertschöpfungsketten, Ökosysteme, Branchen und Märkte. Die Folgen für die Form von Unternehmen und deren Kultur, das Verständnis von Führung, die Art und Weise der Beschäftigung, die Bedeutung und die Ansprüche der Kunden, das Kompetenzniveau und die Organisation von Lernen sowie die Verbindung von Arbeit und Privatleben sind fundamental.

Derartige Veränderungen werden schnell unter dem Begriff »Change« oder »Change Management« subsummiert – ohne dass klar wäre, was damit eigentlich konkret gemeint ist (**Bild 15.1**).

Wenn wir über Change, Veränderung oder Wandel sprechen, ist es hilfreich, sich die Dimensionen, auf denen Veränderung abgebildet werden kann, vorzustellen. Für uns wäre ein »wirklicher Change« ein Wandlungsprozess – anders als eine kontinuierliche Optimierung –, der eine neue Orientierung, eine Neuaufstel-

Bild 15.1 Dimensionen des Change

lung, einen Umbau in Dimensionen wie den in **Bild 15.1** gezeigten, beinhaltet.

Das **Change Management** umfasst dann folgerichtig die Planung der Change-Architektur, die Steuerung des Change-Prozesses einschließlich der Change-Kommunikation und die Mitwirkung der Menschen. Im Folgenden wird noch ausgeführt, dass das Verständnis von Planung und Steuerung sich immer weniger auf einen vorausbestimmbaren, linearen Weg bezieht, sondern auf die Orientierung auf unsicherem Gelände mit den notwendigen iterativen Umsetzungs-, Reflexions- und Anpassungsschleifen.

Die Auslöser für Wandel scheinen in vielen Organisationen ähnlich. So wird nach wie vor daran gearbeitet, noch schneller mit neuen Produkten auf dem Markt zu sein, Prozesse, Strukturen und Rollenmodelle noch stärker am Kunden und auf Innovation auszurichten. Mittlerweile scheint die klassische Prozessoptimierung an ihre Grenzen zu stoßen; stattdessen wird versucht, Erfolge der »Start-up-Szene« zu kopieren oder die Organisation zu »agilisieren«.

Parallel rollt seit einigen Jahren eine neue Stufe der »Digitalisierungswelle«; es geht zum einen um die weitere Ausstattung der Produkte und Dienstleistungen mit neuer Technik, zum anderen um die Nutzung neuer Collaborative Tools und zum dritten um Möglichkeiten, das bisherige Geschäft gänzlich neu zu denken (z. B. Uber, Chefkoch).

Hinzu kommt für viele Unternehmen das »Fachkräfteproblem«: Der Arbeitsmarkt in verschiedenen Zukunftsberufen ist leer gefegt, Belegschaften sind überaltert, und die nächsten

Generationen Y und Z haben ganz andere Ansprüche an Arbeitsbedingungen als die Generationen davor.

Zusätzlich erhöht sich der ökologische und soziale Anspruch an die Unternehmen. Die Sinn-Frage wird gestellt. Die Unternehmen sind gefragt, den ökologischen Fußabdruck so klein wie möglich zu halten und mit ihren Produkten und Dienstleistungen nicht weitere Umweltschäden zu provozieren. Die Einhaltung von sozialen Standards – selbst in den Zulieferunternehmen (wie jüngst in der Textilwirtschaft deutlich geworden) – ist im öffentlichen Bewusstsein angekommen.

Außerdem sind es auch immer wieder gesetzliche Vorschriften und regulatorische Veränderungen, die Wandel nötig machen. Unternehmen, die darauf nicht vorbereitet sind, müssen ihre strategischen Vorhaben zurückstellen, was bis hin zu existenziellen Problemen führen kann.

Studien (z. B. Capgemini 2012 oder auch Bain 2016) weisen nach, dass diese Anlässe für alle Unternehmen gelten – allerdings in unterschiedlichem Grad. Insofern schlagen wir vor, dass Sie als Entscheider zunächst die Frage klären, wo Sie Ihr Unternehmen in dieser »Gemengelage« verorten und wie Sie anhand der zitierten Change-Dimensionen (**Bild 15.1**) eine erste Orientierung finden:

Reflexionsfragen

Warum ist ein Wandel nötig?

_____

_____

_____

Wohin soll er Ihr Unternehmen führen?

_____

_____

_____

Reichen Optimierungsmaßnahmen oder muss ein Quantensprung her?

_____

_____

_____

Wo zeichnen sich Innovationen ab, die die Produkte oder Dienstleistungen Ihres Unternehmens stark verändern (müssen) oder sogar ganz obsolet werden lassen?

_____

_____

_____

Wahrscheinlich werden Sie die Erfahrung machen, dass diese Klärung – zusammen mit den relevanten Akteuren – sehr hilfreich für die Entscheidung ist, ob ein Change angesagt ist oder nicht (vgl. dazu Krüger/Bach 2014).

15.2 Vom Maschinenmodell der Organisation zum »sozialen System«

Die letzten zehn bis 15 Jahre sind durch einen veränderten Blick auf die Organisationen gekennzeichnet: Organisation wird **nicht mehr als Maschine** gesehen, die durch logische Strukturen und Prozesse sowie den »Faktor Mensch« bestimmt wird, sondern als **soziales System**, in dem der Mensch mit seinen Beziehungen die zentrale Rolle einnimmt (**Bild 15.2**). Strukturen

Bild 15.2 Von der Organisation als Maschine zum Bild des sozialen, lebendigen, vernetzten Organismus

und Prozesse ordnen die Arbeit der Menschen im Sinne von Zielorientierung und Zusammenarbeit.

Das soziale System reagiert – wie jedes System – auf die jeweils unterschiedlichen Umweltanforderungen und gewährleistet über Anpassung und innovative Entwicklungen sein Überleben. Darauf aufbauend gibt es einige wichtige Modelle, die dazu beitragen, den Reifegrad einer Organisation im Hinblick auf ihren Umgang mit den Herausforderungen festzustellen. Pfläging (2011) beschreibt z. B. den Unterschied zwischen hierarchischer Pyramide und einer Netzwerkorganisation im Vergleich des sogenannten Alpha- gegen das Beta-Modell und stellt damit eine Diskussionsbasis zur Verfügung.

Zwei wesentlich differenziertere Modelle sind das von Glasl und Lievegoed (2011) – das sich viele Jahre in der Unternehmensentwicklung und -beratung bewährt hat – und das von Graves (sieben Stufen des Bewusstseins/der Weltanschauungen von Menschen und Gesellschaften, siehe Beck/Cowan 2005). Daraus entwickelten Bär, Krumm und Wiehle (2007) ein auf Unternehmen anzuwendendes Sieben-Stufen-Modell, nach dem die Entwicklung der Unternehmenskultur – fokussiert auf Grundsätze, Werte, Verhaltensnormen, Ausrichtungen des Unternehmens – kategorisiert werden kann. Dies kann Sinn machen, wenn man annimmt, dass z. B. Hierarchiefreiheit mit einer bestimmten Bewusstseinsstufe der Menschen oder Kulturstufe von Unternehmen korrespondiert. Oestereich und Schröder (2017) berufen sich ebenfalls darauf und leiten Konsequenzen für die Führungsarbeit daraus ab (Bild 15.3).

Daraus ergibt sich einerseits die spannende Frage, welche der Organisation-Umwelt-Beziehungen eine Instabilität des sozialen Systems oder Wirkungslosigkeit der bisherigen Handlungs-Routinen provoziert (hat), wie sich das aus Entwicklungsstufen erklären lässt, und andererseits die Frage, welche Signale von wem empfangen und welche Anregungen zu einer möglichen Veränderung daraus gezogen werden (können).

Seltsamerweise wird in vielen Change-Konzepten, die sich systemisch nennen, davon ausgegangen, dass die einzig relevanten Akteure für die Beantwortung obiger Fragen die Unternehmensleitung und die für Unternehmensentwicklung zuständigen Personen seien; sie durchlaufen Workshops, bekommen Konzepte – angereichert durch Recherchen von Beratungsfirmen – vermittelt und legen anschließend die relevanten Markttrends und Kundenbedürfnisse in Form von strategischen Papieren vor, deren Umsetzung dann top-down angewiesen wird – und oft scheitert (vgl. dazu Capgemini 2015 etc.).

Ein wirklich systemischer Ansatz würde davon ausgehen, dass ein soziales System über eine große dezentrale Intelligenz verfügt (z. B. bei all denjenigen, die direkten Kundenkontakt und gegebenenfalls Marktüberblick haben), die für das Auffangen relevanter Signale und deren Interpretation von zentraler Bedeutung ist. Insofern sollte konzeptionell davon ausgegangen

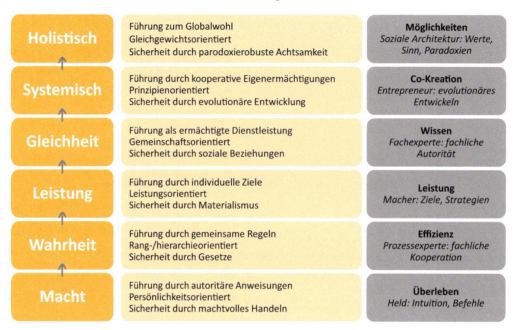

Bild 15.3 Entwicklung von Organisationsformen und Führungskonzepten (aus Oestereich/Schroeder 2017)

werden, deren Wahrnehmungen und Einschätzungen in einen qualifizierten Austausch im Zusammenspiel mit zu entwickelnden Visionen, Missionen, strategischen Ausrichtungen des Unternehmens zu bringen und so gegebenenfalls Anpassungs- und Innovationsanregungen zu generieren, die für die Organisation zukunfts- und überlebensrelevant sind.

Im fernöstlichen Kulturkreis gehört es zur Allgemeinbildung, dass es auch in der Wirtschaft um ein Mitbewegen mit dem jeweiligen Situationspotenzial des Lebens geht – darum, Signale wahrzunehmen, die Veränderung fordern (zitiert nach Wimmer in: Organisationsentwicklung Nr. 3, 2017, S. 4 – siehe auch Fitzsimons/Wagenhals/Kühn 2010). So gesehen stimmt der Ausspruch »Wandel ist immer« (von den Japanern schon in den 1950er-Jahren als KVP übersetzt), was in vielen Firmen unter dem Stichwort »Optimierung« Alltag ist.

Unser Change-Verständnis würde also in Abgrenzung dazu bedeuten, dass
- es einerseits darum geht, das sogenannte Situationspotenzial für eine »Sprung«-Entwicklung freizulegen, und
- andererseits nicht lange Konzepte entwickelt und komplizierte Planungen aufgesetzt werden, was bereits vor ca. 20 Jahren durch die »Erfinder« des »agilen Ansatzes« kritisiert wurde. Stattdessen gilt es zu erproben, was möglich ist und was ein Weg der Veränderung mit spürbarer Wertverbesserung sein könnte. Dazu braucht es die schnelle Überprüfung, was funktioniert, welche Folgen bestimmte Interventionen haben, die Reflexion, was man braucht bzw. haben will, was weiterverfolgt oder verworfen wird.

Ersteres bedeutet, die Erfahrung, das Know-how und die Sensibilität derjenigen zu nutzen bzw. zu entwickeln, die nahe am Kunden und am Markt sowie an den Wettbewerbern sind. Es geht also um Mitwirkung der Beschäftigten, aber gleichzeitig auch um ein völlig anderes Herangehen an die Veränderung: Scharmer entwickelte in seinem Buch *Theory U* (2009) ein Konzept, in dem die Fähigkeit, das Bisherige anders wahrzunehmen und zu bewerten und ein anders ausgerichtetes »Gespür« für die Zukunft zu entwickeln, enthalten ist (**Bild 15.4**). Nur dies verhindere, in die Falle zu tappen, einfach die Zukunft aus dem »Alten« abzuleiten und »das Neue« mit den traditionellen Werkzeugen (z. B. aus der klassischen Strategielehre mit viel Analytik) entwickeln zu wollen.

Bojer und Hassan haben dazu ein *Fieldbook* (2005) herausgegeben, in dem dieser Prozess in sechs Schritten erläutert wird. Uns scheint dieser Ansatz besonders hilfreich, weil er die Wahrnehmungen der Organisationsmitglieder ernst nimmt und gleichzeitig davon ausgeht, dass diese für »Neues« sensibilisiert und befähigt werden müssen; die bisherige »Wahrnehmungs- und Denkschablone« kann auf der Basis von Erkenntnissen aus der Hirnforschung nicht die Folie sein, Zukünfte erkennen oder erahnen zu können. Dazu passt die Idee der »learning jour-

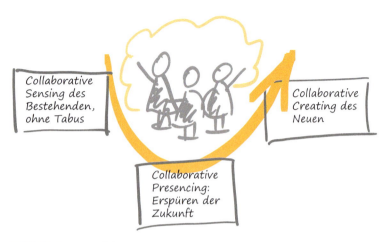

Bild 15.4 Wesentliche Schritte aus *Theory U*

ney«, in der das Untersuchungsfeld regelmäßig aus verschiedenen Perspektiven angeschaut wird, um im eigenen Unternehmen Hindernisse und schädliche Muster in Bezug auf die Realisierung von Marktgelegenheiten und Kundenbedürfnissen zu erkennen und zu bearbeiten (vgl. dazu Wollmann/Kühn/Kempf 2019).

Zweifellos verlangt das mehr Mut, mehr Eingehen von Risiken, schnelleres Entscheiden und Feedback von den Beteiligten; es geht um das neue Ausbalancieren von Sicherheit und Unsicherheit, um das Aushalten, dass man nicht weiß, wie das Experiment enden wird, um die Fähigkeit, Fehlentscheidungen zu vertreten und zu korrigieren – also um die Übernahme von Verantwortung. Und dies nicht nur auf Führungsebene, sondern durch alle.

Es verlangt aber auch,
- die Möglichkeit, auch kritische Themen anzusprechen und Abläufe, Ausrichtungen, Strukturen usw. infrage zu stellen,
- die Möglichkeit, eigene Ideen einzubringen und sicher zu sein, dass sie auch berücksichtigt werden – dass sie gegebenenfalls selbst weiterverfolgt werden können,
- die Möglichkeit, verschiedene Wege erproben zu dürfen und diese gegebenenfalls wieder verlassen zu können, wenn sie sich als nicht nützlich, ineffektiv oder in die falsche Richtung weisend herausgestellt haben.

Damit verlässt man gleichzeitig das uralte Paradigma des »one best way«, was sich konzeptionell im »Best Practice«-Ansatz niedergeschlagen hatte: Viele wollten von Problemlösungen oder neuen Wegen der »Erfolgreichen« schnell durch Kopieren profitieren. Viele Unternehmen mussten allerdings die Erfahrung machen, dass dies nicht so einfach ist oder schlicht nicht geht – weil Rezepte in einer hochgradig dynamischen und komplexen Welt nur zufällig passen. Jedes System hat seine spezifischen Rahmenbedingungen, Strukturen, Kulturen usw. und muss sich daher der Mühe unterziehen, jeweils dazu passende Vorgehensweisen zu erarbeiten.

Konzeptionell ist an dieser Stelle noch bedeutsam, dass Menschen Wandel nur in Maßen verkraften und häufig den Glauben daran erst entwickeln müssen. Soziale Systeme wandeln sich, zugleich wissen wir aus der Arbeitswissenschaft, dass Menschen »Verschnaufpausen« und »Ruhezonen« brauchen. Ebenso bekannt ist die Tatsache, dass Wandel auch Angst und Skepsis erzeugen kann (»Was bedeutet der Wandel für mich?« – »Werde ich meinen Arbeitsplatz behalten?« – »Kann ich das, was nun von mir verlangt wird?«).

Daher sollte Wandel in Stufen und in »Inseln« gedacht werden (ohne den Kontext aus dem Blick zu lassen). Es braucht Zeit, möglichst viele Menschen in der Organisation mitzunehmen und ihnen Gelegenheit zu geben, Neues zu lernen, zu erproben usw. (siehe dazu auch Laloux 2015).

Hier hat Kotter (2012) darauf aufmerksam gemacht, dass – bei aller Change-Euphorie – nicht alle Teile des Unternehmens gleichzeitig in einen Veränderungsprozess geschickt werden sollten; vielmehr muss die Frage beantwortet werden, welche Teile erhaltenswert sind, welche als erste in den Wandel müssen und wie gleichzeitig »das Neue« mit Fantasie, Energie und Spielraum für Experimente unterstützt und das bewährte Bestehende genutzt, stabilisiert und gegebenenfalls geschützt werden kann.

In dieser Verknüpfung ist Wandel für die Betroffenen besser akzeptierbar, und es wird klar, welch hohen Stellenwert eine kluge Kommunikation hier hat. Schaffen Sie deshalb ein Change-Erlebnis, das die obigen Aspekte und vor allem grundlegende Werte in gut nachvollziehbarer Weise immer wieder adressiert, formulieren Sie glaubwürdige Botschaften, zeigen Sie Zusammenhänge und Folgewirkungen, bleiben Sie in Kontakt mit den Akteuren und geben Sie Freiheiten, um Selbstorganisation und andere Aspekte des Kulturumbaus möglich zu machen.

Mit dieser Skizzierung wesentlicher, neuer Change-Ansätze der letzten Jahre wird deutlich, wie grundsätzlich das bisher übliche Konzept des »unfreeze«, »move« und »freeze«, das auf Lewin (1963) zurückgeht, verlassen wurde und welche Wege zu einem innovativen Change-Konzept im Sinne von »Reinventing Change« bereits gegangen worden sind (siehe die Beispiele von Dujak/Heitger 2014, Petersen et al. 2011 und Laloux 2015).

15.3 Auf die richtigen Hebel und Handlungsfelder setzen

Auch wenn sich Change-Projekte kaum mehr durchplanen lassen, braucht es eine hinreichende Verständigung, wo, warum und wohin verändert werden soll.

15.3.1 Die Standortbestimmung anhand eines Beispiels

Das global im Anlagenbau tätige, inhabergeführte Unternehmen hat drängende Produktivitätsprobleme und muss sich gleichzeitig nachhaltig für die Zukunft aufstellen. Im Führungskreis wird die Situation zusammengefasst:
- Deutlicher Auftragszuwachs 2019, dabei allerdings Profitabilitätsverlust um 20 %.
- Breites Portfolio von Komponenten; zugleich Kundenwünsche nach speziellen Systemlösungen, die sämtlich bedient werden, allerdings mit Lieferverzögerungen von drei bis sechs Wochen.
- Unterschiedliche Versuche agiler Arbeitsmethoden in verschiedenen Bereichen. IT geht voran, beklagt aber mangelndes Commitment der anderen Bereiche.
- Projekte mit teilweise ähnlichen Themen arbeiten separat, auch Kompetenzen der globalen Standorte werden separat entwickelt; gelegentliche Zusammenarbeit entsteht durch persönliche Kontakte.
- Bezüglich der Auslandsgesellschaften häufen sich Fragen nach Autonomie und Integration.

In der Standortbestimmung tendieren Teilnehmer oft dazu, statt der faktischen Situation vermeintlich Fehlendes zu beschreiben, z. B. »Kein Tool zur systematischen Koordination unserer global verteilten Kompetenzen«. Wir würden also von dem Wunsch nach einem Tool erfahren, aber nichts darüber, wie die Abstimmung heute (vielleicht teilweise auch gut) läuft. Hier achten wir deshalb darauf, dass keine Verneinungen formuliert werden.

15.3.2 Die Zielbestimmung

Die Bedeutung eines Zielbilds kann nicht überschätzt werden. Ein Beispiel für einen misslungenen Change-Ansatz und ein fehlendes Leitbild haben wir bei einer IT-Tochter eines großen Bankenverbundes erlebt.

> Die Geschäftsleitung (GL) ist unter Druck, die Organisation kundenorientierter und kosteneffizienter auszulegen, weil der Ertrag hinter den Erwartungen zurückgeblieben ist. Die Parole: man müsse sparen und alle Prozesse nochmal auf den Prüfstand stellen.
>
> Für die GL überraschend gibt es wenig Beschäftigte, die diese Ankündigung toll finden und mitmachen wollen; Stimmung ist mies, hoch qualifizierte Mitarbeiter kündigen. Nach interner Debatte wird deutlich, dass das Sparprogramm schon das fünfte in den letzten drei Jahren ist und dass niemand daran glaubt, dass man mit der alten Vorgehensweise noch nennenswerte Effizienzsteigerungen erreichen könnte – und schon gar nicht ohne attraktives Change-Ziel oder eine Vision für eine erfolgreiche kundenorientierte Organisation.
>
> Erst durch Vorschläge einiger Personalleute, Senior-Projektmanager und der Arbeitnehmervertreter wird entschieden, ein nach vorne gerichtetes Leitbild zu entwickeln und es wird zugestanden, dass man das Change-Programm nicht wie bisher angehen kann. Viel Zeit war verstrichen, aber immerhin gab es nun mehr Klarheit darüber, wie man sich neu auf dem hart umkämpften IT-Markt positionieren könnte und was es dazu braucht (außer einer neuen IT-Plattform), um mit diesen tragfähigen Initiativen den notwendigen Change erfolgreich betreiben zu können. Nun wird in einem großen Pilotprojekt agil gearbeitet, eine neue Kultur eingeführt und daran gearbeitet, Vieles zu erneuern in dezentralen Initiativen.

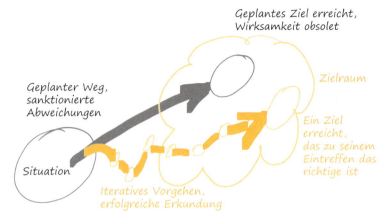

Bild 15.5 Das iterative Vorgehen sichert bestmöglich ab, dass ein Ergebnis erreicht wird, das zu seinem Zeitpunkt das beste ist.

Letztendlich geht es um die Klärung, wo der Veränderungsdruck – also die Unzufriedenheit mit der derzeitigen Situation – am größten ist oder die Zukunftsperspektive fehlt; wo man welche Stärken hat und eine große Bereitschaft, sich für den Change zu engagieren. Hier können Szenarios von möglichen Zukünften, Zufriedenheitsanalysen von Kunden und Mitarbeitern/Zulieferern oder Energiemodelle wie z. B. von Bruch und Vogel (2008) hilfreich sein.

Die Zielbestimmung kann sich auf die beschriebene Situation beziehen (deduktiv) oder aus der Zukunft her formuliert werden (induktiv). Sie kann sich eher auf die bekannten »Pain Points« beziehen (defizitorientiert) oder auf ein attraktives Zukunftsbild (stärkenorientiert).

Die Fähigkeit zur Entwicklung derartiger Zukunftsbilder hängt davon ab, wie nach Scharmer (2014) das »Spüren in die Zukunft« – das Presencing – in der Organisation (jenseits unserer eingeübten Denk- und Erklärungsmuster) entwickelt ist und gelingt.

Bei dem Zielbild geht es nicht um operative Ziele, die sich auf dem Weg möglicherweise als obsolet oder nicht mehr opportun erweisen, sondern um einen Zielraum, der eine inspirierende Richtung auch für Lösungen zulässt, die erst im gemeinsamen Prozess denkbar werden (**Bild 15.5**). Der Zielraum kann mithilfe von Szenarios reflektiert werden, in denen mögliche Zukünfte gedacht und ihre Einflussfaktoren prognostiziert werden. Wichtig ist uns an dieser Stelle, dass diese Zielbilder nicht nur mit der Kognition, sondern auch mit Emotionen entwickelt werden sollten – das hilft bei der konsequenten Verfolgung ebenso wie die Formulierung, als ob sie schon erreicht wären (vgl. dazu Storch 2014).

> Im Beispiel des Unternehmens im Anlagenbau wird ein Zielbild formuliert, das Richtung und Rahmen gibt. Gleichzeitig soll es genügend Raum für Lösungen geben, die sich auf dem Weg zunehmend als geeignet erweisen würden:
>
> - Unsere Markt- und Wettbewerbsposition ist durch unser neues Selbstverständnis als Entwicklungspartner gestärkt: Gemeinsam mit dem Kunden schaffen wir Lösungen, die sich optimal in seine Prozesse und Systeme integrieren.
> - Diese Lösungen entstehen schnell und effizient durch die verlässliche und unkomplizierte Zusammenarbeit unserer globalen Kompetenzträger.
> - Die dafür nützlichen Geschäftsprozesse sind überprüft, international abgestimmt und werden organisationsübergreifend geführt.
> - Das Auftrags- und Projektportfolio ist transparent, Prioritäten sind realistisch vereinbart und schaffen gute Voraussetzungen für erfolgreiches Arbeiten.
>
> Ein neues, markt- und kundenzentriertes Führungsverständnis, das auf die Unterstützung, die Entwicklung und den Erfolg der Mitarbeiter setzt, wird im Engagement, in Mitarbeiterbindung und in der Attraktivität für neue Kollegen spürbar.

15.3.3 Erster Realitäts-Check

Ein Reality-Check hilft, die Machbarkeit des Vorhabens kritisch zu überprüfen und die laufenden Experimente auf ihre Zukunftsfähigkeit zu hinterfragen.

Prüffragen können sein (vgl. Krüger/Bach 2014, Kotter 2012, Höfler et al. 2013):

Reflexionsfragen

Wie passt Ihr Zielbild zu dem, was geschafft worden ist oder wohin Sie wollen?

_____

_____

_____

Wie offen sind Sie für den Wandel (in verschiedenen Ebenen, Funktionen, Bereichen…)?

_____

_____

_____

Welche Führungskoalition wird benötigt und wie können Sie sie entwickeln?

_____

_____

_____

Welche Rahmenbedingungen brauchen Sie, dass der Wandel gelingen kann – und inwieweit sind sie im Unternehmen gegeben?

_____

_____

_____

Was braucht es an fachlichem Einsatz, und ist er leistbar?

_____

_____

_____

Was braucht es an kommunikativem Einsatz (Stakeholder-Management), und ist er leistbar?

_____

_____

_____

Welche Strukturen, Prozesse und Rollen brauchen Sie, um den Change iterativ, flexibel und wirksam zu planen, zu monitoren und zu steuern?

_____

_____

_____

Was genau können Sie damit in einem definierten Zeitrahmen schaffen (mit welcher Reichweite im Unternehmen und seinem Ökosystem, mit welchen Prioritäten …)?

_____

_____

_____

Zur Gegenprüfung sollten Sie sich selbstkritisch mit den Illusionen, die hinter manchen Zielen stehen und denen wir immer wieder leicht erliegen (Kahneman 2012), beschäftigen:
- Kompetenzillusion: Wir können es auf jeden Fall schaffen!
- Machtillusion: Wenn ich es anordne, wird es gelingen!
- Planungsillusion: Wenn wir es gut durchdenken, wird es gehen!

Man könnte diesen Gegencheck auch mithilfe des Risikomanagements (siehe dazu Romeike/Hager 2013) oder eher kreativ mithilfe der Disaster-Story (Kahneman 2012) angehen.

Ein ganz anderer Ansatz ist die Gewinn-Verlust-Bilanz aus Sicht der Stakeholder-Gruppen.

Was verlieren die Mitarbeiter durch den Change (Arbeitsplatzsicherheit, gewohntes kollegiales Umfeld, Selbstbestätigung) und was gewinnen sie (Wertschätzung für Know-how-Transfer, Bestätigung im Kundenkontakt etc.)? Geht die Bilanz aus Sicht der Mitarbeiter auf? Welche Schlussfolgerungen ergeben sich aus der Bilanz, und sind sie im Change realisierbar?

Und zuletzt eine einfache, aber mächtige Frage: **Was in unserer Kultur wird uns hindern, den Erfolg zu erreichen?** Mächtig deshalb, weil es häufig die Kultur ist, die Change-Vorhaben relativ schnell zum Scheitern bringt – oft begleitet von einer hinderlichen Struktur. Wir raten bei einem gewünschten Kulturwandel, eine passende strukturelle Unterfütterung vorzunehmen, um jenseits von Appellen glaubhaft und durchsetzbar zu sein. Zum Beispiel muss sich mit einer zunehmenden Transparenz die Meeting-Kultur verändern und/oder eine Kommunikationsplattform zum Austausch organisiert werden, oder wenn ich einen Feedbackprozess implementiere, müssen die Konsequenzen den Beteiligten sichtbar werden ...

15.3.4 Die Hebel und Handlungsfelder

Nach der Diskussion von Ausgangssituation und Zielbild sollte die gemeinsame Sensibilität für Hebel, Handlungsfelder und Machbarkeiten erhöht sein. Wir verwenden den Begriff »Hebel« hier durchaus mit Vorsicht: Obwohl wir ein systemisches Verständnis von Organisation haben, gehen wir davon aus, dass Interventionen z. B. in Kommunikationsprozessen, Kompetenzen, Konstellationen, Strukturen, Prozessen sowie kulturellen Ereignisse und Merkmalen Wirkungen entstehen lassen, die dem Change-Ziel dienen können.

Für die Identifizierung passender Hebel werden immer wieder Organisationsmodelle mit ihren verschiedenen Gestaltungsfeldern genutzt. Eher traditionelle Instrumente wie das 7-S-Modell von Peters und Waterman (1982) beschreiben »harte Faktoren« (Strategie, Struktur, Systeme) und »weiche Faktoren« (Werte, Unternehmenskultur, Fähigkeiten, Mitarbeiter); neuere Modelle nehmen die Gestaltungsfelder der »agilen Organisation« ins Visier (Preussig/Sichart 2018, Grieshuber/Schwarenthorer 2019). Wir hatten schon auf das Modell von Glasl und Lievegoed (2011) verwiesen, in dem auch das Zusammenspiel dieser Hebel beschrieben ist.

> In unserem Beispiel des Anlagenbauers wurden folgende Handlungsfelder fixiert:
> - Erfassung von Bedürfnis- und Möglichkeitsräumen entlang aktueller und künftiger Kundenentwicklungen (Customer Journey),
> - integrierter Prozess zur Entwicklung von Lösungen und Erbringung von Services,
> - globales, transparentes Auftrags- und Projektportfolio,
> - Organisation und Arbeitsweise von Kompetenzplattformen und Know-how-Transfer,
> - Aufbau von selbst organisierten Teams für Auftragsabwicklung,
> - Aufbau agiler und digitaler Kompetenzen,
> - Rollenklärung und Qualifizierung von Führungskräften und Mitarbeitern.
>
> Die Handlungsfelder wurden dann anhand von Hebeln konkretisiert, z. B. »Integrierter Prozess zur Entwicklung von Lösungen und Erbringung von Services«: Hier sind die Hebel Werte, Struktur, Systeme, Fähigkeiten und Mitarbeiter angesprochen und angegangen worden.

Übergeordnete Denkanstöße geben Wollmann, Kühn und Kempf (2019, siehe **Bild 15.6**), die neben dem Purpose ausführen, dass es auf die Konnektivität der Hebel und Handlungsfelder im Unternehmen und im Change ankommt und wegen der Volatilität des Umfelds das Unternehmen sich sowieso als eine »Travelling Organization« verstehen müsse.

In der Regel würden wir in einem umfassenden Change-Projekt von einem reinen Bottom-up-Ansatz abraten – es braucht nach unserer Erfahrung immer beide Richtungen, um eine relevante und akzeptierte Lösung für das Unternehmen zu schaffen; Oestereich und Schröder (2017) sprechen sogar vor ihrem Erfahrungshintergrund davon, dass es zu Beginn – auch aufgrund der Verunsicherung und tendenziellen Überforderung von Belegschaftsteilen – eine klare Vorgabe für tragfähige Strukturen und Rollendefinitionen von den Eigentümern oder den Topmanagern braucht.

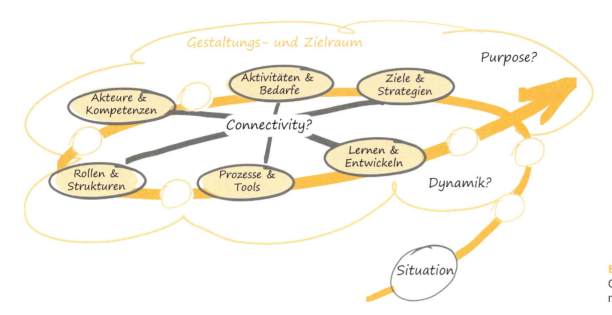

Bild 15.6 Connectivity und Corporate Journey (nach Wollmann/Kühn/Kempf 2019)

15.4 Change-Architektur mit wirksamen Prozessen und Rollen

Wie wollen Sie die Organisation und die Menschen mit auf die Reise nehmen? Der sorgfältige Umgang mit Veränderung signalisiert der Belegschaft Wertschätzung und erhöht die Bindungskraft, was insbesondere in Zeiten knapper Ressourcen und demografischer Engpässe existenzielle Bedeutung haben kann. Soll der Change gelingen, braucht es also die Überlegung, wie der jeweilige Veränderungsprozess designt werden sollte, welche Architektur sinnvoll bzw. nützlich erscheint.

Wir haben uns an meist sequenzielle Vorgehensmodelle gewöhnt, die allerdings nur für übersichtliche Sachverhalte geeignet sind. Bei einem systemischen Verständnis von Organisation und Change ist es **sinnvoller, Hypothesen und Lösungsideen zu entwickeln, diese schrittweise auszuprobieren und dann nach Bedarf weiterzuentwickeln oder zu verwerfen** (iteratives Modell). Vielleicht ist es auch sinnvoller, die angestrebten Ergebnisse Schritt für Schritt zu erarbeiten und in definierten Zeitabschnitten (Time Boxes) gangbare Lösungen zu schaffen und diese mittels Markt- und Kundenfeedbacks zu validieren.

Immer mehr geht es heute darum, den zur Verfügung stehenden Zeitrahmen möglichst gut zu nutzen und den Themenkatalog (das Backlog, um mit den agilen Begriffen zu arbeiten) so weit abzuarbeiten, dass der Kunde mit den schrittweise gelieferten funktionsfähigen (Teil-)Ergebnissen zufrieden ist und einen Nutzen hat.

> In unserem Beispiel wurde die agile Denkweise schon im Management-Kick-off geübt. Dieser Kick-off diente dazu, ein Commitment über das Vorgehen im Führungskreis herzustellen und das Change-Team zu stützen. Nach der Klärung von Situation, Zielbild und Handlungsfeldern wurden die konkret zu bearbeitenden Aktivitäten in dem Backlog des Change-Projekts aufgelistet und in eine Rangfolge gebracht sowie die notwendigen Akteure benannt. Danach begann die Arbeit an der Change-Kommunikation und am Stakeholder-Management: Wer musste aufgrund seines möglichen Einflusses auf den Projekterfolg wie intensiv eingebunden werden? Abschließend wurden die Rollen im Change und die Steuerung des Change-Prozesses auf der Führungsebene in regelmäßigen Jours fixes vereinbart.

Wie das Beispiel zeigt (**Bild 15.7**), bedeutet Change-Architektur nicht nur einen technokratischen Ablaufplan; es geht vielmehr darum, die Menschen mit auf die Reise zu nehmen und die dafür erforderlichen sozialen Prozesse mithilfe von Gesprächen, Meetings, Workshops, Großgruppenveranstaltungen etc. zu gestalten. Daraus entstehen Mitwirkung und Mitverantwortung für die zukünftigen Strukturen, Rollen, Prozesse und Praktiken.

Die hinsichtlich Zielbild, Handlungsfeldern und Hebeln gut durchdachte Zusammenstellung und Kombination von Veranstaltungen, Change-Prozessen, -Strukturen und -Rollen nennt man eine **Change-Architektur oder ein Change-Design**.

Aus verschiedenen Studien wissen wir, dass ein häufiger Grund für das Scheitern von Change-Projekten die mangelhafte oder sogar unterlassene Rollendefinition ist. Dabei geht es auch nicht nur – was ein häufiges Missverständnis ist – um eine rein funktionale oder formale Rollendefinition (wie z. B. der Change-Manager), sondern auch um die Klärung der sozialen Rollen (wie z. B. der Zuhörer, der Problemlöser, der mutige Grenzüberschreiter etc.). Hierbei schließen wir die gegenseitigen Erwartungen der Beteiligten mit ein. Sind diese Erwartungen ausgesprochen und vereinbart, können die Rolleninhaber ihr Verhalten darauf ausrichten und die Kollegen die Wahrnehmung der Rollen reflektieren, Feedback geben und damit zur Absicherung des Change-Prozesses beitragen. Diese Zusammenhänge werden häufig übersehen oder vernachlässigt (z. B. aus Zeitgründen).

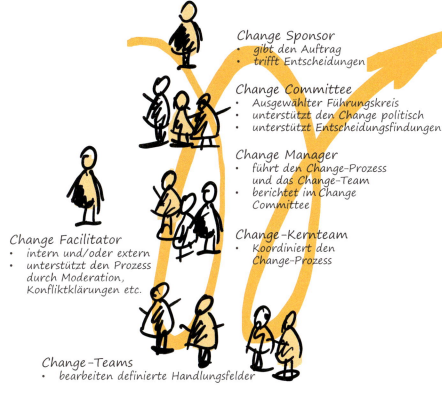

Bild 15.7 Die im Change-Projekt definierten Rollen-Sets (Beispiel)

> Der Change-Prozess wurde im Change-Team (nach den Rahmensetzungen des Management-Kick-off) in den Dimensionen Steuerung, Gestaltung und Commitment entwickelt: Es wurden Jours fixes mit Sponsor, Change-Committee und Change-Kernteam vereinbart, und es wurde ein regelmäßiges und öffentliches Change-Forum installiert, auf dem sich Change-Kernteam, Change-Teams und interessierte Mitarbeiter regelmäßig informierten, austauschten und an gemeinsamen Themen arbeiteten. Die Gestaltung der Aktivitäten fand in Sessions der Change-Teams statt. Für die Dimension Commitment wurden die Mitarbeit von Stakeholdern in den Team-Sessions sowie Veranstaltungen für Führungskräfte und Mitarbeiter im Rahmen des Change-Forums geplant.

Während im beschriebenen Beispiel und in **Bild 15.8** das Change-Team Wert darauf legte, den iterativen und pulsierenden Charakter zwischen gemeinsamer Plattform und einzelnen Workshops darzustellen, zeigt **Bild 15.9** eine Roadmap, in der die drei oben angeführten Architekturebenen des Change explizit genutzt wurden.

Dabei ist darauf zu achten, dass der Prozess so gestaltet wird, dass der Unterschied zum KVP sowohl im Vorgehenskonzept als auch in deutlichen Zwischenergebnissen spürbar wird. Gleichzeitig sollten die Führung und die Art und Weise der Kollaboration eine Vorwegnahme der künftigen Organisation mit vorbildhaftem Verhalten sein. So wird der Change glaubhaft. Hier sollten explizit auch agile Arbeitsweisen ausprobiert und eingesetzt werden: vom Time Boxing über Rapid Prototyping und Minimum Viable Solutions bis zum Design Thinking. Weiterhin empfehlen wir die Nutzung regelmäßiger Retrospektiven mit den Stakeholdern: Wie helfen uns diese Arbeitsweisen auf dem Weg zu neuen Prozessroutinen, Strukturen, neuen Produkten und Dienstleistungen oder zu neuer Marktpositionierung?

Für die Gestaltung und Begleitung des Change-Prozesses kann externe Unterstützung hilfreich sein. Der Bedarf lässt sich anhand erster Architekturskizzen konkretisieren: Brauchen wir einen engagierten Prozessbegleiter oder einen klugen Strategieberater, handfeste agile Coaches oder beredsame »Evangelisten«? Wer steht für die Kultur, die wir gemeinsam im Change-Prozess ausprobieren und üben wollen? Diese Entscheidung muss nicht auf Dauer getroffen werden: Auch hier gilt iteratives Vorgehen.

Generell halten wir es in unserer VUCA-Welt (Volatilität, Ungewissheit, Komplexität und Ambiguität) für geboten, den Prozess auf öfter stattfindende, ergebnisorientierte Entscheidungsrunden auszulegen (vgl. **Bild 15.9**), die dann auch konsequenterweise mit Entscheidern besetzt sind – so, dass man direkt nach dem Meeting weitermachen kann. Der Gegenstand der Entscheidung sollte im Interesse der Schnelligkeit auch kleiner gewählt werden, und im Interesse der Klarheit sollten die Ergebnisse auch schneller evaluiert werden, wie man das auch aus den Review-Runden in agilen Projekten kennt (vgl. dazu Dörner 2015 und Borgert 2015).

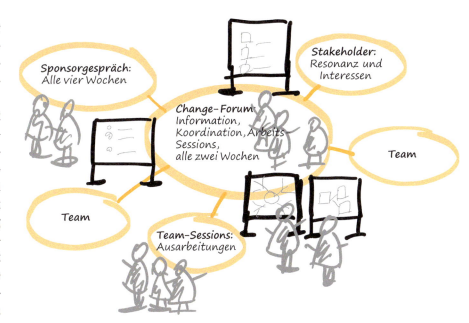

Bild 15.8 Change-Prozess als pulsierendes Forum der Veränderung

15 Auslöser, Ansätze und Anwendungen zum Change

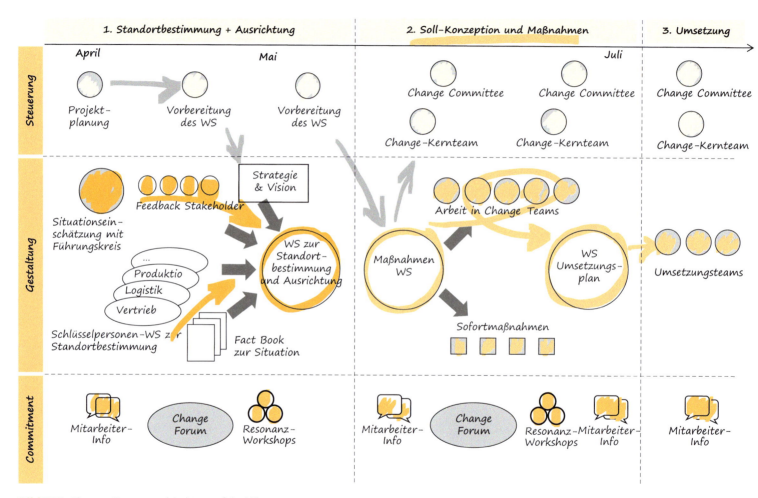

Bild 15.9 Change-Prozessarchitektur auf drei Ebenen

15.5 Fortschritt monitoren und Dynamik verstetigen

In einem schnell getakteten und teilweise ungewissen Change-Prozess, in dem ständig neue Erkenntnisse und wandelnde Einflüsse verarbeitet werden müssen, darf mit der Beurteilung des Fortschritts nicht auf Vollzugsmeldungen hinsichtlich der Etappenziele oder anfänglich vereinbarter Zielbilder gewartet werden. Dann ist es für eine Gegensteuerung zu spät. Zu groß ist auch die Gefahr, dass man ein anfänglich fixiertes Ziel zwar erreicht hat, aber genau dieses Ziel – wegen des zwischenzeitlichen Wandels im Umfeld – nicht mehr das richtige ist.

Obwohl das alles schon x-mal diskutiert worden ist, scheitern viele Change-Projekte bzw. -Prozesse häufig immer noch daran, dass sie die falschen Ziele verfolgen, dass sie zu bürokratisch aufgesetzt worden sind, dass die Rollen nicht klar definiert und wahrgenommen werden. Und dass diejenigen, die mit der Umsetzung beauftragt werden, oft in Arbeit ertrinken.

Nach wie vor werden viele Projekte auch dann fortgesetzt, wenn auf dem Weg die Sinnlosigkeit festgestellt worden ist. Damit haben wir neben handwerklichen Problemen auch Fehler im Blick, die mit der Unternehmenskultur und mit dem Prozess des Projektzustandekommens und der Auswahl zu tun haben: Projekte abzubrechen kommt einem Versagen als Manager gleich, Fehler dürfen nicht sein. Dahinter steckt häufig auch ein überholtes Verständnis von Führung: Führung weiß alles, kann alles, muss vorangehen, hat alles im Griff. Wir gehen jedoch von einem anderen Führungsverständnis aus.

Für die Formulierung der Kriterien zur Bewertung des Change-Prozesses und der (Zwischen-)Ergebnisse kann das Zielbild herangezogen werden (siehe **Bild 15.10**). Alternativ oder zusätzlich lassen sich eigene Erfahrungen auswerten (wann ist es gut, wann schlecht gelaufen?). Hier bietet sich auch die Chance, einen größeren Kreis von Mitarbeitern aktiv einzubeziehen und deren Erwartungen und Bewertungen des Change-Prozesses und seiner Interventionen zu diskutieren.

Kollektiv
- Sind wir (noch) richtig aufgestellt?
- Stimmen Zusammenarbeit und Commitment?

Strategisch
- Sind Zielbild und Zielraum noch richtig?

Operativ
- Wo stehen wir?
- Was brauchen wir?

Prozessual
- Haben wir die richtigen Vorgehensweisen und Methoden gewählt?

Taktisch
- Passen die Hebel und Handlungsfelder?
- Welche Prioritäten müssen wir setzen?

Bild 15.10 Fragen im Monitoring des Change

Gemeinsam mit den Partnern im Ökosystem wurden folgende lösungsneutralen Top-Ten-Kriterien in einem Change-Monitor vereinbart, die in regelmäßigen Treffen überprüft wurden. Bei der Auswahl der Kriterien wurde darauf Wert gelegt, dass diese über das Change-Projekt hinaus in der anschließenden Organisation gelten müssen, um die Veränderungskompetenz zu verstetigen.

Kriterien:
- klares Zielbild als stete Orientierung,
- überzeugtes und überzeugendes Führungsteam,
- schlüssige Change-Strategie (Change-Story),
- lebendiges Netzwerk,
- transparentes Vorgehen (Talk the Walk),
- deutliches Vorleben (Walk the Talk),
- aktive Mitwirkung der Betroffenen,
- inspirierende Erlebnisse (neue Routinen und Arbeitsweisen),
- zügige Entscheidungen und Umsetzung,
- spürbare Erfolge (bezogen auf Zielbild).

Vereinbart wurde ein kollegialer Feedbackprozess für sofortige Rückmeldungen bei wahrgenommenen Abweichungen sowie eine regelmäßige Überprüfung in Retrospektiven auf einer Skala von 1 bis 10 und die Anpassung im Change-Projekt.

Wenn wirkliches Erkenntnisinteresse besteht, sind die Aussagen zu diesen Kriterien mit Bedacht auszuwerten. »Bei uns funktioniert das längst!« kann auch eine Form von persönlicher Illusion, verschleiernder Harmoniekultur oder sogar massivem Widerstand sein. Deshalb sollten Fortschrittsmarkierungen immer wieder hinterfragt werden (»Woran machst du den Fortschritt fest – welches veränderte Verhalten hast du beobachtet?«), um eine möglichst realistische Standortbestimmung vorzunehmen und auch Lerngelegenheiten nutzen zu können.

Das Wichtigste in Kürze

Change ist jetzt immer und ist Teil einer lebendigen und flexiblen Organisation. – Uns ging es hier um die Vermittlung eines systemisch-dynamischen Bildes von Organisation und Veränderung, das massive Auswirkungen auf die Gestaltung eines Change als sozialem Prozess mit klaren Handlungsfeldern und Hebeln hat. Wir wollten darauf aufmerksam machen, dass Change kaum noch durchplanbar ist und auf ein Ergebnis hinarbeitet, das wir möglicherweise noch nicht genau kennen. Hierfür haben wir Lösungsansätze vorgestellt, die von der Standortbestimmung bis hin zum Monitoring des Change reichen.

15.6 Literatur

Bär, Martina; Krumm, Rainer; Wiehle, Hartmut: *Unternehmen verstehen, gestalten, verändern*. Gabler Verlag, Wiesbaden 2007

Barrett, Richard: *Werteorientierte Unternehmensführung*. Gabler Verlag, Wiesbaden 2016

Beck, Don Edward; Cowan, Christopher: *Spiral Dynamics. Mastering Values, Leadership and Change*. Wiley-Blackwell, Hoboken 2005

Bojer, Mille; Hassan, Zaid: *The Change Lab Fieldbook*. Berkeley 2005

Borgert, Stephanie: *Die Irrtümer der Komplexität*. GABAL Verlag, Offenbach 2015

Bruch, Heike; Vogel, Bernd: *Organisationale Energie. Wie Sie das Potenzial Ihres Unternehmens ausschöpfen*. Gabler Verlag, Wiesbaden 2008

Capgemini: *Digitale Revolution. Ist Change Management mutig genug für die Zukunft?*. Capgemini Consulting, München 2012

Capgemini: *Superkräfte oder Superteam? Wie Führungskräfte ihre Welt wirklich verändern können*. Capgemini Consulting, München 2015

Dörner, Dietrich: *Die Logik des Misslingens. Strategisches Denken in komplexen Situationen*. 13. Auflage. Rowohlt Verlag, Hamburg 2015

Fink, Franziska; Moeller, Michael: *Purpose driven organizations. Sinn – Selbstorganisation – Agilität*. Schäfer-Poeschel Verlag, Stuttgart 2018

Fitzsimons, Conor John; Wagenhals, Klaus; Kühn, Frank: »Mitschwingen statt Mitzählen – Führung in komplexen Projektportfolios«. In: *Wirtschaftspsychologie aktuell* 4 (2010), S. 36–39

Glasl, Friedrich; Lievegoed, Bernard: *Dynamische Unternehmensentwicklung. Grundlagen für nachhaltiges Change Management*. 4. Auflage. Hauptverlag, Bern 2011

Grieshuber, Eva; Schwarenthorer, Franz: »Elements for future-fit organizations«. In: *Change* 2019

Heitger, Barbara; Doujak, Alexander: *Harte Schnitte Neues Wachstum*. mi-Wirtschaftsbuch, München 2014

Heitger, Barbara; Serfass, Annika: *Unternehmensentwicklung. Wissen, Wege, Werkzeuge für morgen*. Schäffer-Poeschel Verlag, Stuttgart 2015

Höfler, Manfred et al.: *Abenteuer Change Management*. 4. Auflage. F.A.Z. Buch, Frankfurt am Main 2013

Kahneman, Daniel: *Schnelles Denken, langsames Denken*. Siedler Verlag, München 2012

Kotter, John P.: *Leading Change*. Harvard Business Review Press, 2012

Krüger, Wilfried; Bach, Norbert (Hrsg.): *Excellence in Change*. 5. Auflage, Springer Gabler Verlag, Wiesbaden 2014

Kühn, Frank; Haselbach, Dieter; Gustafsson, Thomas: »The Art of Travelling – Creating a shift towards a resilient organization«. In: *Change* 2/2013

Laloux, Frederic: *Reinventing Organizations. Ein Leitfaden zur Gestaltung sinnstiftender Formen der Zusammenarbeit*. Verlag Franz Vahlen, München 2015

Lewin, Kurt: *Feldtheorie in den Sozialwissenschaften*. Huber Verlag, Bern 1963

Moore, James F.: »Predators and Prey: A New Ecology of Competition«. In: *Harvard Business Review* 6/1993, S. 75

Oestereich, Bernd; Schröder, Claudia: *Das kollegial geführte Unternehmen*. Verlag Franz Vahlen, München 2017

Peters, Tom; Waterman, Robert: *In Search of Excellence*. Harper & Row, New York 1982

Petersen, Dominik et al.: *Den Wandel verändern. Change-Management anders gesehen*. Gabler Verlag, Wiesbaden 2011

Pfläging, Niels: *Führen mit flexiblen Zielen. Praxisbuch für mehr Erfolg im Wettbewerb*. Campus Verlag, Frankfurt am Main 2011

Preußig, Jörg; Sichart, Silke: *Agiles Führen*. Haufe Verlag, Freiburg im Breisgau 2018

Romeike, Frank; Hager, Peter: *Erfolgsfaktor Risiko-Management 3.0. Methoden, Beispiele, Checklisten Praxishandbuch für Industrie und Handel*. Springer-Verlag, Heidelberg 2013

Scharmer, C. Otto: *Theory U. Von der Zukunft her führen*. Carl-Auer Verlag, Heidelberg 2014

Storch, Maja: »Motto-Ziele, SMART-Ziele und Motivation«. In: Birgmeier, Bernd: *Coachingwissen*. Springer-VS, Wiesbaden 2009

Wagenhals, Klaus: »Führen in Projekten – Überwinden von Dilemmata«. In: Wagner, Reinhard; Grau, Nino (Hrsg.): *Basiswissen Projektmanagement – Führung im Projekt*. Symposion Verlag, Düsseldorf 2014

Wimmer, Rudolf: »Diskussionsbeitrag in einer Diskussionsrunde zur Zukunft der Organisationsentwicklung«. In: *Zeitschrift für Organisationsentwicklung* Nr.3/ 2017, S.4

Wollmann, Peter; Kühn, Frank; Kempf, Michael (Ed.): *Three Pillars of Organization and Leadership in Disruptive Times – Navigating Your Company Successfully through the 21st Century Business World*. Springer-Verlag, Heidelberg 2019

16 Key Performance Indicators

MARK DORSETT

16 Key Performance Indicators

In this chapter the reader will learn why choosing the right metrics, the Key Performance Indicators (KPIs) is so important for being able to measure the effectiveness of Change management for projects and initiatives. First, a couple of examples of unsuccessful initiatives will be provided and then the reader will learn about a three-part model for selecting and measuring effective KPIs.

Learning Objectives

- To understand why it is important to start with goal and outcome measurement before looking at project and adoption metrics.
- To learn how to use a three-level model for effective Key Performance Indicators (KPIs).
- To better understand how people's work environment is impacted by various initiatives so that effective metrics can be chosen.

Prosci® has been conducting research for over 20 years as to why some projects are successful and achieve their desired organizational and business goals and some do not. With this repository of over 7,500 projects, we can analyze the characteristics of what makes projects successful and then develop a model for establishing effective metrics by which to evaluate the progress being made and therefore be able to make course corrections along the way.

16.1 Enterprise Systems Failure

After two years and a 16 million Euro investment a large European Technology company with about 2B Euro in turnover declared their implementation of a new Customer Resource Management (CRM) system a failure. Let's go back in time and see what led to this declaration.

About three years ago the company leaders determined they needed to implement a corporate standard, enterprise CRM system. In too many situations they found that people were unaware of what others had done, leading to multiple differing proposals going out, frequently sales people were proposing new offerings while a customer was in the middle of a serious technical challenge and finally their Lean process improvement group found numerous inefficient processes with a significant amount of duplicate data entry. The project scope was to consolidate all customer related information in one place so that everyone who needed to know the history, sales and service and other related contact information had access to what they need.

The COO selected highly regarded people from various functions and the IT department to lead the effort. After a detailed analysis and a thorough evaluation of various software options, they selected CRM in a Box (a fictional company) as their provider. CRM in a Box had an industry-oriented approach and had a value-based presales methodology that helped the team quantify the business and organizational benefits that should be attained. One of the identified goals was to increase lifetime customer spend by understanding what had been purchased and then following up with additional value-added items that would be natural add-ons. In summary, they estimated a net increase of 2 % revenue growth after the first year. The team also carefully studied how processes could be improved and duplicate data entry reduced with an enterprise system. Following their analysis, they estimated a 3 % reduction in back office expenses. The cost of the implementation would be 16 M Euro, so the business case was very solid.

The project team worked well together and after a challenging six-month implementation the new CRM system went live on schedule, on budget and met the functional requirements that the team agreed to.

Eighteen months later the COO asked the finance team to research whether the goals had been achieved. To her surprise essentially none of the benefits had been achieved. Why? After reviewing the situation, they found that salespeople did not create and manage their opportunities and proposals in the system and duplicate, conflicting quotes still went out. They found that customer issues were not being logged and managed in the system as designed. They also discovered that manual often redundant data entry continued to occur as people used personal spreadsheets and printed documents to manage their work.

Being astute, the asked the software provider to provide analytics on the usage of the system and to their amazement they found that many people had only signed on to the system once or twice after training and most of the modules were unused. It was a complete waste of time and money.

16.2 Move to Agile, Did Not Achieve the Intended Impact

Recently, a large multinational company was undergoing a challenging time. Their competition was getting new products to market faster than they did and always seemed to better meet the customer's need and expectations. After a comprehensive market and customer study the Chief Product Officer (CPO) and Chief Information Officer (CIO) determined that they needed to be quicker to market and better able to incorporate changes based on feedback later in the development cycle. To make this happen they decided that an Agile methodology needed to be used in their New Product Development (NPD) process and that all supporting IT systems should adopt this methodology also.

The two leaders handpicked a few product and IT teams and send them to Agile training. Soon afterwards they begin to incorporate concepts such as product owners, scrum masters, backlog, burn rate and other characteristics and methods into their development and release cycles.

Fast forward six months.

Products were not getting out faster, they had more defects than ever, and employee engagement was down. The feedback given to the project teams from within the company was that people did not know how to handle all these rapid release cycles and were not prepared to continually provide feedback on the Minimum Viable Products (MPVs). They did not know why they were coming and what their role was. Soon afterwards, they scrapped Project Agility.

These stories are fictitious in that they are not specifically true. However, in my interactions with organizations across six continents the scenarios are all too common. On more than one occasion I have had organizational leaders tell me they are on their 3rd or 4th attempt to implement an ERP solution such as SAP, Oracle, Microsoft Dynamics or a host of other options. After talking to them, it becomes increasingly obvious that it is not the software's fault as it works as designed; the poor results are because people don't effectively adopt and utilize the solution in the way it was intended to be used. With that in mind, we turn to the topic of Key Performance Indicators for Change management.

16.3 Key Performance Indicators

How do these stories related to the topic of Change Management and the Key Performance Indicators (KPIs) used to measure the effectiveness of applying this in our organizations and projects?

I am fortunate in that am able to work with organizations across the globe in nearly every industry and the company I work for, Prosci® has conducted research on the best practices in Change management for over 20 years. So, I have a large set of information and experiences to look at.

Before, diving into the details of the Change management Key Performance Indicators (KPIs) to utilize, I want to start with the basics of results and outcomes. Many times, I have found that project team members and business line managers know »what« is being done, but often not the »goals«. They know that a replacement CRM system is being implemented, that the organization is being organized into new work units or that they are moving to Agile work methods. But very few people know the goals that are expected to be achieved, the »why« behind the initiative and how success fill be measured. Key Takeaway: Organizational leaders need to spend the preponderance of their communications focusing on why specific initiatives and projects are being undertaken and repeat the desired outcomes again, and again and again. Research has shown that it takes at least five to seven times for a person to receive a message before they internalize it. So, simply stating the goals once at the initiative outset will rarely get the message across.

In looking at the metrics to use I propose a three-part model that begins with Organizational and Business results: was the intended outcome achieved? Then, looks at the project from the lens on whether people effectively adopted and utilized the new way of working which I call Individual Performance and finally Change Management Performance, in other words how effectively Change management was applied during the course of the project. Visually, it looks something like this (**figure 16.1**).

The first thing to look at is the words under each of the headings: Outcome, Outcome and Activity. Many times, I see organizations and project teams get confused on what they are measuring. For Organizational Performance (**figure 16.2**) we will look at whether the intended results of the initiative were achieved and whether value was attained. At the Individual performance level, we examine whether the people on the receiving end of the changes use the new way of working well and finally for Change Management we measure the actions and tasks.

The Organizational Performance metrics are measurable results (i. e. Outcomes) such as:

figure 16.1 Change Management KPI Measurement Framework

- Reduced cycle time
- Improved employee engagement
- A demonstrated Change in behavior that reflects the desired cultural changes
- A smaller portion of revenue going towards Cost of Goods Sold or Operating Expenses
- Increased spend per customer
- Etc.

As mentioned previously, this is information that is important for everyone being impacted to know, not only the person or persons who had to approve the initiative.

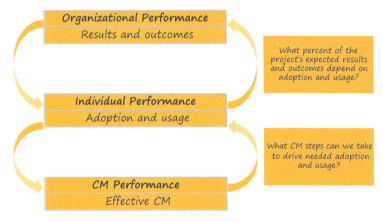

figure 16.2 Change Management KPI Measurement Framework Connections

Secondly, we look at Individual Performance. These are the outwardly observable actions by the people being impacted. We will look at this more later, but in essence it involves whether people effectively adopt, embrace and utilize the new way of working.

Finally, we will examine how well Change management methods, tools, and actions were performed during the engagement.

16.3.1 Organizational Performance

As we move through this chapter, I will be referencing the Change Scorecard developed by Prosci® (**figure 16.3**) as I think it provides a usable framework that can be used over and over again.

Within this view we see that the steps for all three levels of measurement are the same:
- Define
- Track
- Deliver

As this is an introduction to the topic, we won't have the opportunity to go into depth in each area, so let's start with the most important: Define

16.3 Key Performance Indicators

As I work with organizations I spend as much time in this area as I can and try to avoid the temptation to get to the definition of the Tracking measures immediately. When we discuss items, we may document it something like this (figure 16.4).

Over the past few years there has been a significant amount of research and practical work done on the topic of value realization. One of the goals of this newly emerging discipline is to ensure that we can begin tracking the desired outcomes long before the initiative goes live or is in production. I want to focus on the fourth bullet

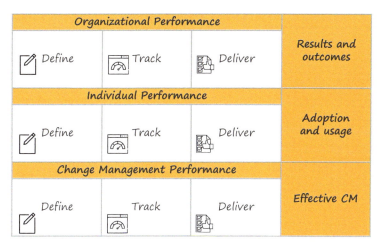

figure 16.3 Prosci® Change Scorecard

Define SUCCESS

- Organizational benefits and project objectives **fully defined**
- In a high degree of **clarity**
- And assigned a **priority**
- With an evaluation of **people dependency**
- With defined **units of measure**
- With assigned benefit/objective **owner**
- Ready to be **socialized**
- Change **requisites** (charter, scope, plan, resources etc.)

Benefits

What the organization **gains**

Objectives

What the project **achieves**

figure 16.4 Organizational Performance/Define

for a few moments; with an evaluation of people dependency. Let me ask a question, how many times have we stopped to answer the following question:

If your project went live and at that moment all functional and nonfunctional requirements were met, it stayed on budget and on time, but nobody used it; what percentage of the organizational or business goals would be met?

Every project is different, but we have put this to the test with many types of projects across the globe we have found that only 20–30 % of the expected benefits would typically be achieved if the solution was not effectively used by people. Stated differently about 20 % of the benefits are from the technical side of the solution and 80 % are dependent on people adapting the way they do things.

Therefore, we want to make sure we carefully think about how dependent our results are on people.

That brings us to the second measurement area: Individual Performance.

16.3.2 Individual Performance

In measuring Individual Performance it is important to once again to define the outcomes we are after; what are the changes in behavior, system or tool usage, etc. that indicate we have achieved our goal.

The first step is straight forward, understand and identify the impacted groups (**figure 16.5**). Most projects I have seen, do this. However, the important question is how they are impacted. Within Prosci® we look at 10 areas (**figure 16.6**).

In **figure 16.5** I used the term ADKAR® used. ADKAR® is the methodology invented and used by Prosci® to track individual adoption of changes. It stands for:

16.3 Key Performance Indicators

ADKAR® Element	Describes	People Respond With
Awareness	Of the need for change	I understand Why
Desire	To participate and support the change	I have decided to participate
Knowledge	On how to change	I know how
Ability	To implement required skills and behaviors	I am able to
Reinforcement	To sustain the change	I will continue to

Define IMPACT

- Impacted groups defined
- Job aspect impact completed
- ADKAR milestone dates identified

figure 16.5
Individual Performance/Define

With this framework we can track how each individual being impacted is making the journey from the old through the transition and into the new.

Finally, Change Management performance will be looked at.

figure 16.6 Impacted Areas

16.3.3 Change Management Performance

Prosci® has conducted research in the field of best practices for implementing Change management for over 20 years and has a repository with entries from over 7,500 individuals, organizations and projects. This information is analyzed and published in the *Best Practices in Change Management* report every 2nd year.

According to the research the following are key indicators related to the health, the way that Change management was implemented.

The *Best Practices in Change Management 2018* Edition lists the most common ways of collecting the data. They are:

- Surveys
- Level of adoption / observation
- Feedback
- Assessments
- Meetings (Prosci 2018, *Best Practices in Change Management 2018* Edition, p. 96)

If the case studies described at the beginning of this chapter had defined their Change management scorecard at the beginning of the initiative, assigned ownership to capture and measure results, perhaps they would have achieved the outcomes they were after.

For further study on this topic visit *www.prosci.com* where numerous free webinars can be found on the topics of Change management, ROI of Change management, and Scorecards.

- Structured **CM approach** selected and applied
- Approach **scaled** and **customized**
- Sufficient **dedicated resource(s)**
- Sufficient **dedicated CM budget** in place
- **Team** adequately prepared
- **Sponsor coalition** evaluated
- **Integration** with project plan scheduled/planned
- Change management **plans** created

figure 16.7 Change Management Performance

17 Agile Skalierung braucht Change Management

CHRISTIAN MENGEL

Wenn man mit einer Agilisierung einer Organisation zunächst in kleineren Geschäftseinheiten startet, möchte man zu einem späteren Zeitpunkt die gewonnenen Erkenntnisse und Erfolgsmodelle auf größere Organisationseinheiten übertragen. Diese Skalierung möchten Unternehmen harmonisch gestalten, um bestehende Organisationseinheiten nicht zu überfordern. Entstehende Reibungsverluste sollen darüber hinaus verringert werden, um die Veränderungen auf den Ebenen Arbeitsweisen, Kommunikationswegen und Unternehmenskultur optimal zu implementieren. Der entscheidende Erfolgsfaktor für Agile Skalierungen sind die einzelnen Mitarbeitenden. Deswegen können mit gut geplantem und durchgeführtem Change Management Agile Skalierungen erfolgreich sein.

In diesem Beitrag erfahren Sie

- eine Übersicht über Ansätze zur Agilen Skalierung,
- welche Herausforderung eine Agile Skalierung mit sich bringt,
- welche Schritte eine erfolgreiche Agile Skalierung ermöglichen.

17.1 Einleitung

Agile Methoden wie z. B. Scrum haben sich in sehr vielen Unternehmen etabliert, da man mit kleinen überschaubaren Teams Flexibilität und Innovationskraft steigern kann. Hinter den Methoden stecken aber nicht nur praktisch anwendbare Werkzeuge, sondern vor allem ein neues Verständnis der Zusammenarbeit. Dieses Verständnis wird nicht in Prozessen beschrieben, sondern durch gemeinsame Werte und Prinzipien ausgedrückt. Das funktioniert mit Teams zwischen fünf und zwölf Personen sehr gut. Wichtig dabei ist es, dass diese Teams sich auch gut in den Unternehmenskontext einbetten. Aber was ist mit Organisationen, die aus mehr als einer Handvoll Teams bestehen? Oder wenn man in seinem Unternehmen in einer kleinen Organisationseinheit mit agilen Methoden

Erfolg hat, wie kann ich diesen Erfolg nun auf größere Organisationseinheiten übertragen? Aus diesen Fragen heraus ist die Begrifflichkeit der Agilen Skalierung entstanden, also die Übertragung von Agilität von einem überschaubaren Rahmen in ein größeres Bild.

Dazu gibt es bereits einige Lösungsansätze, sogenannte Skalierungsframeworks, die ein Vorgehensmodell für die Skalierung liefern. Die gängigsten Frameworks sind SAFe® und LeSS (siehe zu SAFE 5 https://v5preview.scaledagileframework.com/# und zu LeSS https://less.works/de).

SAFe® oder Scaled Agile Framework ist ein Skalierungsframework von Scaled Agile. Das Produkt ist ein Framework, das im Fokus Geschäftsagilität statt Teamagilität hat. Geschäftsagilität entsteht, wenn das gesamte Unternehmen sogenannte Lean- und Agile-Verfahren einsetzt, um kontinuierlich und proaktiv innovative Geschäftslösungen schneller als der Wettbewerb bereitzustellen. Dieses Framework ist derzeit die erste Wahl für große, softwareintensive Projekte, bei denen die Teams stark voneinander abhängig sind. SAFe® integriert sämtliche »Best-ofs« agiler Arbeitsweisen, um die Arbeit in der Softwareentwicklung mit der Arbeit des mittleren Managements und dem Topmanagement miteinander zu verbinden. Es benutzt das Sinnbild der drei Ebenen des Projektmanagements (Portfolio-/Programm-/Projektebene), um agile Methodenpendants zu den klassischen Methodenpendants logisch miteinander zu verknüpfen. Das Framework gibt es seit 2011 und wird kontinuierlich weiterentwickelt.

LeSS oder Large Scale Scrum ist ein Framework von der LeSS Company B. V. und existiert seit 2006 und wird ebenfalls seitdem kontinuierlich weiterentwickelt. LeSS ist die logische Anreicherung von Scrum, um in einem skalierten Umfeld funktionieren zu können. Im Unterschied zu SAFe® wird ein extrem minimalistischer Ansatz favorisiert im Sinnbild »less is more«, also weniger ist mehr. Da weniger Richtlinien und Umsetzungshilfen beschrieben werden als bei SAFe®, richtet sich dieses Framework vor allem an Organisationen die bereits erste Erfahrungen mit agilen Methoden und vor allem einem agilen Mindset gemacht haben.

Beide Frameworks haben in der heutigen Geschäftswelt ihren konkreten Nutzen. Was haben beide Frameworks gemeinsam? Sie fordern eine Veränderung von projektgetriebener, sogenannter wasserfall- bzw. kaskadenartiger Entwicklung hin zu kontinuierlicher Entwicklung. Der

Grund liegt darin, dass heutzutage fast in jedem größeren Produkt Software enthalten ist. Bestand z. B. vor ein paar Jahren ein Fernseher nur aus elektronischen Bausteinen, so steuert heutzutage die Hauptfunktionalität intelligente Software. Mit jedem Software-Update bietet mir dieser Fernseher neue Funktionalitäten, das bedeutet für mich als Kunden, dass ich ein immer besseres Produkt erhalte, und für den Hersteller neue Wege der Umsatzgenerierung durch kostenpflichtige Updates. Und genau in diesem Aspekt besteht eine radikale Veränderung der bisherigen Produktentwicklung. Durch die Softwarekomponente komme ich als Hersteller in einen Zyklus der kontinuierlichen Weiterentwicklung. Da an solchen Produkten aber nicht nur eine Handvoll Teams beschäftigt sind, muss ich nun größere Organisationseinheiten zielgerichtet arbeiten lassen. Dabei funktioniert nicht immer alles im größeren Kontext, was im Kleinen sehr gut funktioniert hat. Es sind nun auch mehr Menschen von der Veränderung betroffen. Es macht also Sinn, Skalierungsinitiativen durch gut strukturiertes Change Management zu begleiten. Die nächsten Abschnitte zeigen, was bei einer derartigen Begleitung wichtig ist.

17.2 Drei Ansätze zur Skalierung

Es gibt verschiedene Ansätze, eine Agile Skalierung in meiner Organisation umzusetzen:

- **Vertikale Skalierung**
  Hier setzen die Skalierungsframeworks wie z. B. SAFe® oder LeSS an. Es geht um die Einbindung aller Hierarchiestufen in die Produktentwicklung, um alle Aspekte von der Vision bis hin zur Produktion in der gleichen Arbeitsweise und Arbeitshaltung zu berücksichtigen. Dabei werden durch fachliche Beiträge aller Beteiligten die vorhandenen hierarchischen Strukturen in den Hintergrund gedrängt.
  Das bedeutet für ein Change Management, dass vor allem die zukünftige Rolle der Führungskraft ein zentraler Ansatzpunkt ist, um wichtige Stakeholder nicht zu verlieren und den Erfolg der Agilen Skalierung durch Managementsupport überhaupt erst möglich zu machen.
- **Horizontale Skalierung**
  Der Wunsch vieler Kunden ist es, Agilität an verschiedenen Unternehmensstandorten einzuführen. Dabei benutzt man die Agile Skalie-

rung, um die Erkenntnisse von einem Standort auf einen weiteren Standort zu übertragen. Hilfreich bei der Einführung ist es, wenn Mitarbeiter neuer Standorte bereits teilweise in bestehenden agilen Teams gearbeitet haben und mit den verwendeten agilen Methoden vertraut sind. Wenn Teams und Manager bereits von den Vorteilen von agilem Arbeiten überzeugt sind, werden sie meist sehr schnell ihren eigenen Weg finden. Wenn man ihnen jedoch den »neuen Weg«, der woanders gut funktioniert hat, vorschreiben möchte, werden Widerstände das Ganze meist blockieren.

Wichtig bei dieser Skalierungsform ist die Tatsache, dass es in agilen Arbeitsweisen zwar vertraute Muster gibt, es jedoch nicht möglich ist, eine Art Blueprint mit den wichtigsten Erfolgsbausteinen auf andere Organisationseinheiten zu übertragen. Man fängt zwar nicht bei null an, man fängt aber mit diesen Organisationen auch wieder mit Trainings und Pilotprojekten an. Warum? Die agilen Arbeitsformen funktionieren im Wesentlichen über ein verändertes Mindset bei den Beteiligten. Dabei ist das Mindset von den vorhandenen Einflüssen, z. B. Arbeitskultur und Führungskräfteverständnis, stark abhängig.

Das bedeutet für ein Change Management, dass vor allem selbst erarbeitete Zielbilder gewinnbringend sind, um eine Annäherung an die gewünschte agile Arbeitsweise am Standort hinzubekommen.

- **Horizontale und vertikale Skalierung**
Hat ein Unternehmen erst einmal sehr gute Erfahrung mit agilen Methoden gemacht, soll möglichst rasch die gesamte Organisation sich auf die neuen Methoden umstellen.

Dies ist die Königsdisziplin der Agilen Skalierung (**Bild 17.1**) und selten erfolgreich. Warum? Um so viele Beteiligte über verschiedene Standorte zeitgleich umzustellen, braucht es eine richtige Change-Management-Infrastruktur und sehr viel Zeit. Da sehr viele Initiativen und Projekte zeitgleich gestartet werden, um so eine Agile Skalierung zu starten, ist ein hoher Aufwand damit verbunden, das Gesamtkonstrukt der Agilen Skalierung überhaupt im Überblick zu behalten. Im Regelfall ist so eine Vorgehensweise ein präferiertes Modell gerade in großen Organisationen, in den seltensten Fällen wird aber das dafür benötigte Budget bereitgestellt.

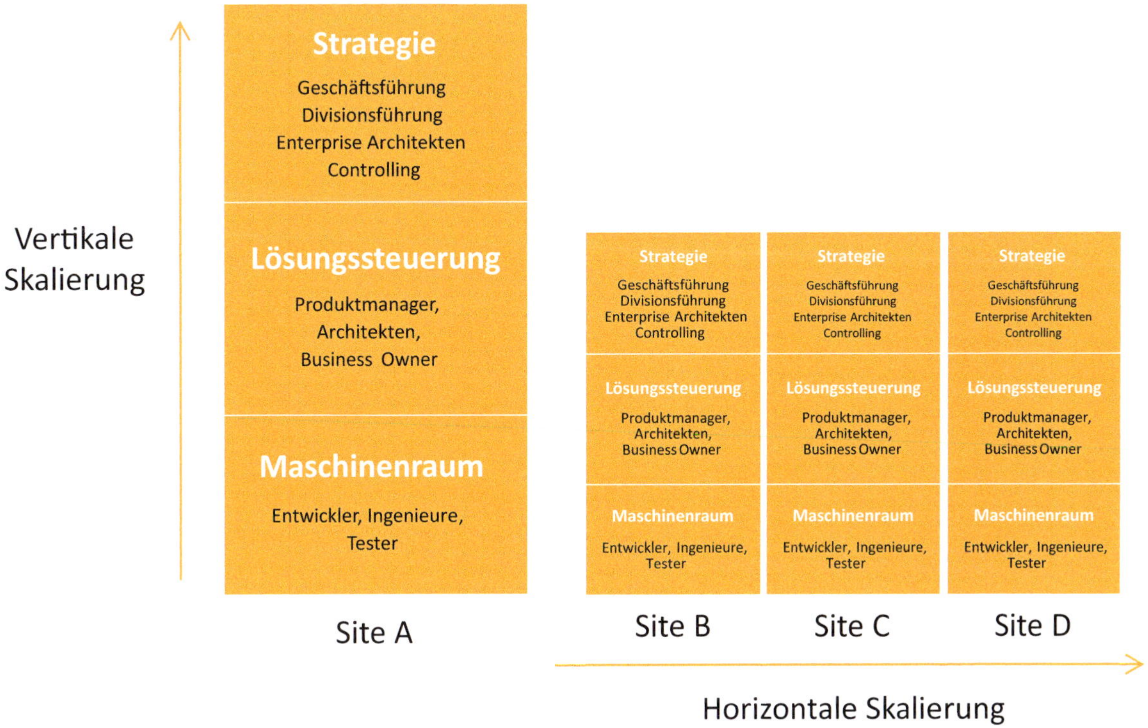

17.2 Drei Ansätze zur Skalierung

Vertikale Skalierung

Site A

- **Strategie**
  Geschäftsführung
  Divisionsführung
  Enterprise Architekten
  Controlling
- **Lösungssteuerung**
  Produktmanager,
  Architekten,
  Business Owner
- **Maschinenraum**
  Entwickler, Ingenieure,
  Tester

Horizontale Skalierung

Site B, Site C, Site D (jeweils):
- **Strategie**
  Geschäftsführung
  Divisionsführung
  Enterprise Architekten
  Controlling
- **Lösungssteuerung**
  Produktmanager,
  Architekten,
  Business Owner
- **Maschinenraum**
  Entwickler, Ingenieure,
  Tester

Bild 17.1 Horizontale und vertikale Skalierung

Alle drei Skalierungsansätze haben ihre Daseinsberechtigung. Starten Sie zunächst vertikal, da dies ein sehr guter Indikator dafür ist, ob die eigene Organisation über den hierarchischen Querschnitt hinweg überhaupt die notwendige Bereitschaft und Fähigkeit besitzt, eine Agile Skalierung erfolgreich umzusetzen. Für das Change Management sind die gewonnenen Erkenntnisse besonders wichtig, wenn man die Agile Skalierung dann horizontal wiederholt.

17.3 Herausforderungen im Change bei einer Skalierung

Innerhalb Agiler Skalierung gibt es typische Fallstricke, vor denen man sich mit guter Vorbereitung wappnen kann. Sie ergeben sich aus der Tatsache, dass bei der Einführung von agilen Methoden auf Teamebene viele Unklarheiten schnell geklärt werden können und die Abhängigkeiten überschaubar sind. Arbeiten erst mal mehr als eine Handvoll Teams an einer Lösung, werden Governance-Strukturen benötigt, um Arbeits-, Qualitäts- und Kommunikationsflüsse optimal zu implementieren. Dabei darf man natürlich nicht wieder in alte Arbeits- und Denkmuster verfallen. Die aufgeführten Fallstricke haben keinen Anspruch auf Vollständigkeit, tauchen aber in wiederkehrender Regelmäßigkeit bei Agilen Skalierungen auf.

Das Warum ist nicht geklärt

Warum möchte ein Unternehmen eine Agile Skalierung? Weil der Mittwettbewerb es auch macht? Agile Skalierungsinitiativen scheitern oft daran, dass das Warum nicht schlüssig für alle Beteiligten geklärt ist. Zudem entsteht ganz schnell eine Art Cargokult. Es macht in diesem Zusammenhang einen großen Unterschied zwischen »agil machen« und »agil sein«. Dazu ein Beispiel aus der Praxis. Eine Organisation hat sich dazu entschieden, für einen kleinen Softwarebereich mit zwei Teams Scrum als Methode einzuführen. Einer der methodischen Bausteine ist ein tägliches Meeting mit einer Dauer von maximal 15 Minuten, in denen jedes Teammitglied darüber Auskunft gibt, woran es gestern gearbeitet hat, woran es heute arbeiten wird und wo mögliche Hindernisse für die zu bewältigende Aufgabe existieren. Die angrenzende Hardwareentwicklung kopiert diese Vorgehensweise. Recht schnell wird daraus ein tägliches Teammeeting, wo wenige das Meeting dominieren, das Meeting den Rahmen von 15 Minuten sprengt und die ersten Teammitglieder proaktiv fernbleiben. Wenn man eine Umfrage zu agilen Methoden in diesem Team macht, erhält man Aussagen wie »Agil ist Quatsch« und »Das kann bei uns nicht funktionieren«. Was war passiert? In dem Glauben, tatsächlich agil zu werden, indem man Arbeitsmuster kopiert, hat man genau das Gegenteil erreicht. In diesem Fall wäre es sinnvoll gewesen, ein anderes methodisches Vorgehen zu wählen, um Agilität in diesem Team zu implementieren. Dieses Team hat nicht tägliche Status, über die es sich austauschen kann, so dauert z. B. eine Hardwareerprobung auch mal fünf Tage am Stück. Für das Team wäre es agiler gewesen, Software viel früher für Hardwaretests zu bekommen, als sich täglich über den Arbeitsinhalt auszutauschen. Wahre Agilität in der Agilen Skalierung entsteht also anhand dieses Beispiels durch das Verstehen der Anforderungen und die gezielte angepasste Adressierung.

Die Organisation wird nicht auf die Agile Skalierung vorbereitet

Agile Arbeitsmethoden bringen in der Regel neue Rollen in den Arbeitsalltag. Dank einem rollenbasierten Modell werden notwendige Fokussierungspunkte in der Arbeitsweise gesetzt, um in kurzen, aber regelmäßigen Zeitabschnitten auslieferungsfähige Produktbausteine zu erhalten.

Der Alltag gerade in großen Organisationen sieht aber in der Regel einen Verweis von Rollenverantwortungen auf Stellenprofile vor, um die disziplinarische Macht verbunden mit einem entsprechenden Vergütungsprofil logisch im Unternehmen zu vertreten. Fängt man nun an, agile Methoden auf Teamebene einzuführen, so kann man sich zunächst temporär mit dem Status einer Pilotsituation behelfen. Skaliere ich aber dieses Umfeld, benötigt man einheitlich abgestimmte Rollen.

Wichtig ist es also für eine Agile Skalierungsinitiative, diese Zielkonflikte aufzulösen und für eine einheitliche Lösung zu sorgen. So sind also bei einer Agilen Skalierung ganz schnell viel mehr Unternehmensbereiche eingebunden als die Bereiche, die operativ mit agilen Methoden arbeiten sollen. Gern vergessene Organisationseinheiten sind hierbei Human Resources, Betriebsräte und das linienverantwortliche Management.

Fehleinschätzung über die Dauer der Umsetzung

Kleine Teams schaffen vorzeigbare positive Effekte durch die Umstellung auf eine agile Methode in der Regel nach einem halben Jahr. Damit einher gehen die typischen Teamfindungsphasen nach Tuckman und die damit verbundene Effizienzkurve.

Diese Regel gilt nicht für Skalierungen, da man sich nun mindestens in einem Dynamikumfeld von Großgruppen bewegt. Üblicherweise sind die Planungsintervalle in größeren Organisationseinheiten größer. Das Agile Skalierungsframework SAFe® empfiehlt vierteljährliche Planungshorizonte. In diesen Intervallen gibt es dann entsprechende Lernkurven erst nach mehreren Intervallen. So redet man dann schnell nicht mehr über Monate, sondern von mehreren Quartalen.

Manche Probleme der bisherigen Kultur werden durch agile Arbeitsweisen nicht aufgelöst

Agile Methoden lösen nicht alle Probleme, sondern liefern auf spezifische Anforderungen andere Antworten. Anbei zwei typische Fragestellungen, die grundlegend auch mit agilen Methoden und insbesondere mit Agilen Skalierungen gelöst werden müssen:

- Wo sitzt das Team? An einem Standort oder über mehrere Standorte verteilt? Gibt es Zeitzonen dazwischen? Welche Kommunikationsmedien stehen zur Verfügung?
Grundfragestellung: Wie erreichen sich die Mitarbeitenden zu einem Informationsaustausch?
- Wie kommuniziert das Team untereinander? Wie kommuniziert die Organisation innerhalb der Agilen Skalierung? Wie kommuniziert das Team mit seinen Schnittstellen? Wie kommuniziert die Organisation innerhalb der Agilen Skalierung zu Schnittstellenproblematiken?
Grundfragestellung: Wie kann ich vor lauter Abstimmung überhaupt arbeiten?

Diese Komplikationen sind auch aus dem klassischen Projektmanagement bekannt.

Bei einer Agilen Skalierung muss man auch mögliche notwendige Organisationsveränderungen berücksichtigen, um überhaupt eine neue Arbeitsweise zu ermöglichen.

17.4 Lösungsansätze für erfolgreiches Change Management bei Agiler Skalierung

In diesem Kapitel geht es um zentrale Fragestellungen aus der Sicht von Change Management. Es geht nicht um die fachlichen Details einer Agilen Skalierung, sondern um praxisnahe Fokuspunkte, mit denen eine Veränderungsbegleitung Mehrwert stiftet. Dabei ist Change Management kein Selbstzweck, sondern eine strukturierte Vorgehensweise, um angestrebte Veränderungen erfolgreich umzusetzen. Die Gefahr bei der Agilen Skalierung besteht durch die methodisch angeforderten Verhaltensänderungen der Mitarbeitenden innerhalb der Organisation, dass der Weg zu diesen Verhaltensänderungen nicht im Fokus steht. Damit wird zwar formal eine Veränderung willentlich ausformuliert, der Weg aber von der Mehrheit der Beteiligten nicht beschritten. Mithilfe von Change Management haben Sie eine gute Chance, diesen häufig gemachten Fehler zu vermeiden.

Verstehen, was Agilität für die Organisation bedeutet

Es gibt kein Standardvorgehen in der Agilen Skalierung. Auch wenn man auf ein bestehendes Skalierungsframework wie SAFe® oder LeSS zurückgreift, muss man zuallererst die Vision und Mission der Agilen Skalierung klären. Was möchte man denn erreichen? Was soll sich verändern? Gehen Sie mit Ihren Ansprechpartnern noch einmal einen Schritt zurück. Sind die Motive und das Ziel transparent, kommuniziert und für alle Beteiligten verständlich?

Erfolg durch geeignete Infrastruktur sicherstellen

Im Zusammenhang mit Agiler Skalierung tauchen öfters Stabsstellen wie ein sogenanntes ACE (Agile Center of Excellence) oder Change Management Office auf. Diese Organisationseinheiten begleiten den Wandel, herbeigeführt durch Agile Skalierung. Für die Laufzeit der Agilen Skalierung wird die Change-Strategie und -Taktik entworfen und gesteuert. In der Regel sind diese Einheiten mit erfahrenen Change Agents mit entsprechender Methodenkompetenz in Agiler Skalierung besetzt. Dank komfortabel ausgestatteter Budgets kann der Wandel nachhaltig in der Organisation verankert werden und können notwendige Kampagnen, Trainings und Workshops auf den Weg gebracht werden.

Die operative Agile Skalierung wird in der Regel durch ein PMO (Project Management Office) oder ein APMO (Agile Project Management Office) umgesetzt. Von hier aus werden fachliche Methodenschulungen, fachliche Workshops und notwendige Großgruppenveranstaltungen organisiert, um mit agilen Methoden die Produkte mit höherer Qualität und schnellerem Time-to-Market-Zyklus an den Kunden zu bringen.

Agile Skalierung benötigt Zeit

Agile Skalierungen sind in der Regel Organisationsveränderungen. Nehmen Sie für sich und Ihre Organisation die notwendige Zeit, um Grundpfeiler eines erfolgreichen Change zu implementieren. Diese sind nach Kotter:

- **Vermitteln des Gefühls von Dringlichkeit**
  Das bedeutet innerhalb von Agilen Skalierungen, dass die Führungsmannschaft sich über die Tragweite der Agilen Skalierung bewusst ist und darüber hinaus ein einheitliches Verständnis in der Organisation vorhanden ist.
- **Führungsteam aufbauen**
  Das Führungsteam übernimmt einen aktiven Part in der Veränderung durch die Agile Skalierung.
- **Strategie und Vision entwickeln**
  Was möchte man mit der Agilen Skalierung erreichen? Wie messe ich den Erfolg?
- **Strategie und Vision kommunizieren**
  Wie stelle ich sicher, dass alle Beteiligten und Betroffenen das gleiche Verständnis zur Strategie und Vision haben?

- **Hindernisse beseitigen und Freiräume schaffen**
  Es ist eine Führungsaufgabe, die notwendigen Freiräume zu schaffen und Hindernisse zu beseitigen.
- **Kurzfristige Erfolge ermöglichen und aufzeigen**
  Jeder erfolgreiche Change benötigt ein passendes Marketing. Werden Erfolge nicht bewusst gemacht, bleiben sie vielen Beteiligten verborgen.
- **Veränderung kontinuierlich antreiben**
  Gerade bei einer Agilen Skalierung ist die konstante Kommunikation und Auseinandersetzung für die Verankerung des resultierenden Kulturwandels notwendig.
- **Veränderung verfestigen**
  Wie kann ich den Rückfall in alte Denkmuster und Gewohnheiten vermeiden?

17.5 Readiness Check

In der Praxis hat sich vor dem Start einer Agilen Skalierung ein sogenannter Readiness Check bewährt. Viele Organisationen fangen direkt mit operativer Hektik an, die gewonnenen positiven Effekte durch implementierte agile Methoden innerhalb von Pilotprojekten und Experimenten nun auf größere Organisationseinheiten zu übertragen. Aber hat man dabei nicht wichtige Punkte übersehen? Vielleicht Punkte, die im kleinen Rahmen nicht schwerwiegend sind, für eine Skalierung aber ein sogenannter Deal-Breaker sind? Mit nachfolgenden Reflexionsfragen können Sie solche Punkte überprüfen.

Reflexionsfragen

Hat der Initiator der Skalierungsinitiative die vorher laufenden agilen Experimente oder Pilotprojekte eng begleitet?

_____

_____

_____

Sind die agilen Experimente oder Pilotprojekte erfolgreich in die bestehende Organisation integriert worden, mit allen erforderlichen Schnittstellen?

_____

_____

_____

Ist die Vision klar formuliert und wurde sie in einem partizipativen Prozess gemeinsam für alle Ebenen entwickelt?

_____

_____

_____

Besteht ein funktionierendes Portfoliomanagement, das Kunden- und interne Projekte abbildet und sinnvoll harmonisiert?

_____

_____

_____

Ermöglichen die agilen Experimente oder Pilotprojekte die Produktion von nachhaltigen Lösungen ohne Aufbau von technischen Schulden?

_____

_____

_____

Existieren ausreichend ausgebildete interne Methodenverantwortliche (z.B. Agile Coaches) und Change Agents?

_____

_____

_____

Ist ein Change Management Office etabliert?

___

___

___

 Fazit

Agile Skalierungen benötigen Change Management. Diese Hypothese haben Sie iterativ über verbreitete Ansätze zur Agilen Skalierung und typische Herausforderungen aus der Praxis überprüfen können, denn Agile Skalierungen sind in ihrer Natur größere Organisationsveränderungen. Dabei ist Change Management eine bewährte Methode, um diese Veränderungen zu begleiten. Aus Sicht von Change Management sind folgende Punkte praxiserprobte Fokuspunkte bei Agilen Skalierungen:

- Verstehen, was Agilität für die Organisation bedeutet und was die Organisation damit erreichen möchte.
- Erfolg der Agilen Skalierung durch geeignete Infrastruktur sicherstellen.
- Agile Skalierung benötigt Zeit, die richtig genutzt werden muss.

Grundsätzlich ist bei der Agilen Skalierung zu beachten, dass nur die Dinge skaliert werden sollten, die bereits gut funktionieren. Wenn Ihre Teams mit agilen Methoden nur mäßigen Erfolg haben, müssen zunächst die Baustellen im kleinen Rahmen erledigt werden, bevor man skaliert. Eine Veränderungsbegleitung durch gut strukturiertes Change Management nimmt die Menschen dabei an die Hand und ermöglicht so erst den Kulturwandel, der durch eine Agile Skalierung initiiert wird.

17.6 Literatur

Hofert, Svenja: *Agiler führen. Einfache Maßnahmen für bessere Teamarbeit, mehr Leistung und höhere Kreativität*. 2. aktualisierte Auflage, Springer Gabler Verlag, Wiesbaden 2018

Kotter, John; Rathgeber, Holger: *Das Pinguin-Prinzip*. Droemer Verlag, München 2017 Leffingwell, Dean: *SAFe 4.5 Reference Guide*. 2. Auflage, Addison-Wesley Professional, Boston 2018

Larmann, Craig; Vodde, Bas: *Large-Scale Scrum. Scrum erfolgreich skalieren mit LeSS*. dpunkt.verlag, Heidelberg 2017

Steinbauer, Friedrich: *Melanesische Cargo-Kulte. Religiöse Heilsbewegungen in der Südsee.* Delp Verlag, München 1971

18 Zur Psychologie der Veränderung – eine Streitschrift für Praktiker und Entscheider

BERNHARD KRESSIN, STEFANIE NEUBECK

Veränderungen erfolgreich anzustoßen und zu lenken ist eine Hauptaufgabe von Entscheidern und Führungskräften. Viele Unternehmens- oder Organisationstransformationen scheitern daran, dass es Entscheidern nicht gelingt, notwendige Veränderungen zum Fliegen zu bringen und die ganze Mannschaft mitzunehmen. Viele großartige innovative Unternehmenslenker können zwar wettbewerbsentscheidende Geschäftsinnovationen entwickeln, es fehlt ihnen aber die Fähigkeit, eigene narzisstische Tendenzen zu überwinden und so zu kommunizieren, dass sie das Vertrauen ihrer Mannschaft gewinnen, sie zum Teil der Lösung zu machen und sie in eine attraktive Zukunft mitzunehmen. Es entsteht ein Gap zwischen Unternehmensleitung und Mannschaft, zwischen Teams und ganzen Organisationsbereichen. Die Lokomotive hat den Bahnhof schon verlassen und der Zug steht noch am Bahnsteig. Die Glaubwürdigkeit von Führungskräften muss nicht verloren gehen, die Besten müssen nicht die Organisation verlassen. Oft über Jahre gewachsene und sozialisierte, psychologisch dysfunktionale Verhaltensmuster können sich positiv entwickeln. Wenn der Markt entscheidet, werden Veränderungen oft auf dem Rücken der Mitarbeiter ausgetragen. Aktuell kommt hinzu, dass in einigen Branchen starke makroökonomische Kräfte wirken und extremen Veränderungsdruck auslösen, der Unternehmen zwingt, Kosten zu reduzieren und gleichzeitig die Qualität der Produkte und Dienstleistungen zu erhöhen bzw. in innovativen Bereichen gleichzeitig zu wachsen.

Um zu verstehen, wie Entscheider in diesen extrem dynamischen, widersprüchlichen Herausforderungen für sich selbst stabil bleiben, welche Anreize sie setzen sollten, welche Selbstkonzepte zu besseren Entscheidungen für die Organisation führen, welches Verhalten Mitarbeiter bindet und welche Veränderungskommunikation es braucht, ist es sinnvoll, Grundlagen der Psychologie der Veränderung zu kennen.

Denn es wird von Unternehmensleitern erwartet, psychologisches Wissen zu haben, um Veränderungen anzustoßen – nicht nur auf dem Papier, sondern spürbar und wirksam für alle Teile der Organisation, um die Beweglichkeit und das Überleben der Organisation sicherzustellen.

Dieser Artikel gibt einen Einblick, der auf unserer Expertise aus mehr als 15 Jahren Erfahrung in der Linie und als Berater basiert.

In diesem Beitrag erfahren Sie,

- welche Bedeutung Vertrauen für Ihren Führungserfolg hat,
- was gute Rahmenbedingungen für Veränderungen sind,
- wie Sie mithilfe von psychologischem und neurowissenschaftlichem Wissen eine gewisse innere Freiheit als Entscheider und Energie als Führungskraft erlangen bzw. behalten können,
- warum das Erleben des Einzelnen, der Gruppe und der Organisation wechselseitig verbunden sind,
- warum Selbstreflexion und Selbstregulation ein Schlüssel für Ihren Erfolg als Entscheider darstellt,
- wie Sie als Entscheider die richtigen Anreize geben können und welches Verhalten hinderlich ist,
- warum Jammern nix nützt,
- Erhellendes aus über 15 Jahren Expertenerfahrung.

18.1 Einleitung

Der Erfolg von Transformationen hängt von vielen Faktoren ab, wie z. B. Entscheidungsfreude, strategischem Scharfsinn der Geschäftsführung, Bindungskraft der Organisation im Sinne von Identität und Verbundenheit zur Marke, Fähigkeit des Managements, eine gute Story für die notwendigen Schritte zu erzählen, und vielem mehr.

Sicher ist eines: Der Veränderungsdruck, die

Komplexität und Geschwindigkeit, mit der Organisationen und Unternehmen sich verändern müssen, um auf Marktveränderungen schlau und wendig zu reagieren, ist extrem gestiegen. Einige Entscheider und Führungskräfte reagieren auf diesen Veränderungsdruck mit massivem Misstrauen in ihre Mannschaft, starkem Druck, kombiniert mit weitgehender Kontrolle, negativer Kommunikation und Optimierungswahn. Dies ist eine valide, allerdings nicht nachhaltige Form »psychologischer Kriegsführung« im Veränderungsdruck. Daher werden Transformationen dieser Art auch von zahlreichen »Leichen« am Wegesrand begleitet. Die Arbeit sucht sich immer den Weg zu denselben Personen. Gute Leute verbrennen sich in kurzer Zeit, wenn sie sich nicht zu schützen wissen, und werden dann ausgetauscht.

Schlechtes Change Management und misslungene Kommunikation bei notwendigen Veränderungen führen zu Opportunitätskosten und erzeugen die Notwendigkeit neuer Wertschöpfungsaktivitäten. Entsprechende Abteilungen oder Bereiche sind nicht immer für die Besten attraktiv. Den »weichen« Faktoren wird häufig eine geringere Bedeutung zugeschrieben als den »harten«. Doch ist es nicht umgekehrt?

Deshalb kommt insbesondere der Psychologie der Veränderung (Bild 18.1) eine strategische Bedeutung zu. Daher gibt es auch zahlreiche Initiativen in Organisationen und Unternehmen, die psychologisches Wissen als eine essenzielle Basis sehen. Immer wichtiger werden Leistungsanforderungen, wie das lebenslange Lernen, das Aushalten von Widersprüchen und die Veränderungsbereitschaft gepaart mit Resilienz. Neue Rollen in Organisationen entstehen, wie die des agilen Coachs, und neue Organisationsformen, um Unternehmen agiler zu machen und Gruppen selbständiger werden zu lassen. All das passiert, um insgesamt beweglicher auf Dynamiken reagieren zu können und als Organisation überlebens- und zukunftsfähiger zu sein.

Bild 18.1 Psychologie der Veränderung

Dieser Beitrag konzentriert sich auf die Beantwortung folgender Fragen:
- Wie setzen Entscheider die richtigen Anreize bei Veränderungsnotwendigkeiten?
- Welche Bedeutung hat Vertrauen den Führungserfolg?
- Was ist hilfreich in Veränderungsprozessen?
- Wonach strebt der Mensch? Und was sind Rahmenbedingungen für Veränderungen?
- Wie hängt das Verhalten Einzelner mit dem in Teams und in den Organisationen zusammen?
- Was sind die zehn wichtigen Transformationskiller? Was können eine Führungskraft, Entscheider, Projektverantwortlicher oder Berater tun, um Transformationen erfolgreich zu gestalten?
- Was ist die psychologische und neurowissenschaftliche Basis von menschlichem Verhalten, Erwartungen und Gewohnheiten?

Im deutschsprachigen Raum leben wir in einer Gesellschaft, die nach vielen Jahren Wohlstand bei einigen dazu führt, dass sie den »Biss« verloren zu haben scheinen, in schwierigen Situationen mit Durchhaltevermögen und Zähigkeit immer wieder neue Herausforderungen zu meistern. Was uns als Gesellschaft stark gemacht hat: Unsere soziale Marktwirtschaft scheint heute unsere Innovationskraft als Land und die Lust einiger Unternehmenslenker, Verantwortung zu übernehmen, zu mindern. Im internationalen Vergleich spüren wir als Berater mit Einblick in viele Länder in deutschen Organisationen, gerade in Konzernen, Veränderungsmüdigkeit und mangelnden Gestaltungswillen oder Perspektivlosigkeit bei gleichzeitig extremem Leistungsdruck, in dem dann Entscheider ihre besten Mitarbeiter und Führungskräfte schnell verbrauchen und die weniger leistungsstarken Mitarbeiter (wir nennen die Nicht-Leister »Bewohner«) aufgrund von Regulierung nicht loswerden können. »Burn-out« ist in aller Munde, und es ist für Entscheider nicht leicht zu erkennen, ob es sich um eine ernst zu nehmende Erkrankung handelt, die es zu vermeiden gilt.

In jedem Fall ist es durch die zunehmende Geschwindigkeit und Veränderungsnotwendigkeit für Entscheider nicht leichter geworden, Unternehmen verantwortlich zu lenken und als Führungskraft verantwortlich zu führen. Alle 14 Tage lesen wir neue Vorwürfe gegen Entscheider in der Zeitung. Einige Entscheider fühlen sich daher selbst machtlos und entscheiden dann noch weniger – ein Teufelskreis. Im gesamtgesellschaftlichen Diskurs könnte man außerdem manchmal den Eindruck bekommen, wir hätten Freude an der eigenen Minimierung unserer Kraft und Energie als Gesellschaft, und das »Jammern« aus verschiedener Perspektive sei eine Art »Nationalsport« geworden.

The problem is not, that we set targets, that are too high and do not reach them. The problem is, that we set targets, that are too low and reach them.

Michelangelo

Die folgende Stellenanzeige nimmt das humorvoll auf (**Bild 18.2**).

Bild 18.2 Stellenanzeige (Quelle: Kitzbühler Anzeiger, Nummer 243, Dienstag 4.9.18, Seite 3)

18.2 Sinn und Grenzen von Methoden

Die meisten Bücher über Change Management bereiten eine Reihe von Modellen zu Tools auf, mit denen »Change Agents« oder Projektleiter versuchen sollen, Veränderungen zu strukturieren, kollektive psychologische Dynamiken zu antizipieren, zu steuern oder auch zu mildern.

Change-Kommunikationsexperten folgen mit Recht einer Reihe von Empfehlungen, kreieren einen »Sense of Urgency« rund um eine große Gelegenheit und Chance (Kotter 2011) oder nutzen Gedanken von Elisabeth Kübler-Ross oder auch Kurt Lewin, um Verhalten von Menschen in Transformationen in einer »Change-Kurve« verständlich zu machen, sie zu antizipieren und möglichst strukturiert mit den Menschen, die die Veränderung betreffen, zu arbeiten. Natürlich geht es in allen unterschiedlichen Rahmenbedingungen von Unternehmen und Organisationen je nach Regulierung, Geschäftsmodell und Organisationskultur darum, der Notwendigkeit »Veränderung« so zu begegnen, dass Überleben und Innovationskraft gesichert sind, Menschen gesund und motiviert bleiben, Qualität und Leistung gesichert und gesteigert werden und sich Organisationen bewusst bewegen und lernen.

Alle diese Ansätze sind sinnvoll, besonders wenn sie in interaktiven Tools und Gruppenformaten verwendet werden, um Menschen zu bewegen und zum Teil der Lösung zu machen. Wir denken, dass solche Reflexionen allerdings nur kombiniert mit ein paar wesentlichen Führungsentscheidungen und ausgerichtetem Führungshandeln funktional sind. Das gilt ebenso für jede Form von agilem Aufsetzen von Transformationsprojekten. Gerade diese rollenbasierten dynamischen Organisationsformen fordern von der Basis viel Reife und Selbstorganisation. Sie werden aus unserer Praxiserfahrung häufig im Sinne einer »Heilsbringermode« eingesetzt. Ohne Führungsorientierung erschweren sie notwendige Transformation auch manchmal.

Der zentrale Erfolgsfaktor

Bild 18.3 Keine Veränderung ohne Persönlichkeitsentwicklung!

Tools aus Change-Management-Büchern können sehr wirksam sein, jedoch auch Symptome verstärken, oder sie überdecken die eigentliche Veränderungsnotwendigkeit. Change-Abteilungen bleiben ein Feigenblatt, wenn sie nicht Hand in Hand mit der Geschäftsleitung und im Vertrauen mit der Führungsmannschaft an den eigentlichen Veränderungsnotwendigkeiten arbeiten. Wir treffen oft auf Methodengläubigkeit, auch wenn wir gute Methoden als gute Vehikel zur Schärfung der Sicht auf ein Problem, zum strukturierten Dialog zwischen Beteiligten und Entscheidern oder auch für strukturierte Entscheidungsfindung empfehlen. Wir kennen Organisationen, in denen jedes Feuerwerk verschossen scheint, Sumo-Ringer und Rugby-Spieler im Zeichen großer Transformationen auf der Bühne standen, die nötige Veränderung es jedoch schwer hat, in die Realität zu kommen.

> Verlangsamen Sie in der Klärung des Auftrags und der Projektziele eher zu Beginn den Prozess. Gehen Sie in ein echtes Verstehen der Veränderungsnotwendigkeiten und deren Priorisierung. Dem verständlichen Wunsch einiger Entscheider nach Schnelligkeit und wenigen, minimalinvasiven Interventionen zu widerstehen und nur mit einem gezielten Prozess für die Transformation ergebnisorientiert und nachhaltig vorzugehen. Wenn nötig in der Sache respektvoll zu widersprechen. Beraten Sie Ihre Entscheider mit Sorgfalt – sie werden es schätzen. Und gehen Sie lieber zu Beginn mal in den Konflikt, denn eine super Change-Theorie oder ein prima Tool oder ein Sumo-Ringer auf der Bühne sind nichts ohne eine gute Auftragsklärung mit den Verantwortlichen, damit nicht Kraut und Rüben mit Change verbunden werden oder mit dem Einsatz weicher Wattebäuschchen.

Denn: Tools und Modelle, sinnvoll und priorisiert eingesetzt, basierend auf einer klaren Analyse der nötigen Veränderung und klaren Zielformulierungen, führen erheblich schneller und nachhaltiger zu den notwendigen Veränderungen der Organisation. Je nach Veränderungsnotwendigkeit können diese manchmal auch in harten Schnitten liegen kann (Heitger/Doujak 2014), mit denen die Menschen in der Organisation klarkommen müssen und verantwortlich umgehen wollen.

Praxistipp für Entscheider

Wenn Sie selbst ein Unternehmen leiten: Suchen Sie sich Partner für das Veränderungsthema, die gleich zu Beginn so wirken, als würden sie mit Ihnen auch mal konstruktiv in den Konflikt gehen und Nein sagen und dies sachlich überzeugend und respektvoll begründen können. Wenn Sie dann noch das Gefühl haben, dass Komplexität nicht ignoriert, aber handhabbar wird, und Sie nicht langfristig am Berater hängen wie an der Nadel … nur dann sind Sie gut beraten.

 Praxistipp für Projektleiter und Change Professionals

Widerstehen Sie dem Wunsch einiger Entscheider, schnell mit Interventionen, ohne einen gezielten Prozess für die Transformation, Ergebnisse erzielen zu wollen. Beraten Sie Ihre Entscheider mit Sorgfalt, respektvoll in der Person und respektlos in der Sache. Achten Sie auf eine gute Auftragsklärung, wenn Sie in der Rolle als Projektleiter oder Change Agent mit der Erwartung schnell wirkender Veränderungsinitiative konfrontiert sind. Nehmen Sie sich zu Beginn lieber etwas mehr Zeit und stellen Sie viele Fragen. Folgen Sie nicht jedem Wunsch einer Leitung oder eines Geschäftsführers und sorgen Sie für eine gute Orientierung und Zielsetzung. Überprüfen Sie die Projektziele und schauen, ob Sie Zwischenschritte im Kontrakt vereinbaren können, in denen Entscheider beteiligt sind … führen Sie Ihre Change-Initiativen als »Möglichmacher« zum gewünschten Ergebnis.

18.3 Was ist Psychologie?

Viele Menschen denken, sie könnten Gruppen und Organisationsphänomene mithilfe von Psychologie erklären. Psychologie ist jedoch eine empirische Wissenschaft mit dem Ziel, menschliches Leben und Verhalten sowie die Entwicklung des Menschen im Laufe des Lebens zu beschreiben und zu erklären. Sie ist also vornehmlich eine Wissenschaft der Beschreibung von inneren Prozessen bei Individuen. Im Gegensatz dazu geht es in der Soziologie um gesellschaftliche oder gruppendynamische Prozesse.

Ein Teilgebiet der Psychologie ist die Sozial- und Organisationspsychologie. Da geht es um die Beschreibung und Erforschung kollektiven Verhaltens. Dort versucht man, sich mit Dynamiken von Gruppen und Organisationen und deren Verhalten und Erleben zu beschäftigen. Man darf aber nicht vergessen, dass Gruppenverhalten und Organisationsverhalten immer aus individuellem Verhalten resultieren. Damit muss der Umkehrschluss erlaubt sein, dass Veränderung IMMER mit Individuen beginnt.

Deshalb kann man nicht einfach sagen: »Ich drehe eine Organisation!« Selbstverständlich machen Prozesse, Projektpläne, Kommunikationskaskade, Town Halls usw. Sinn. Wenn ich als Entscheider aber möchte, dass das Transformationsflugzeug wirklich fliegt – und nicht nur auf dem Papier –, muss ich mich als Entscheider immer mit einzelnen Menschen und deren inneren Motiven und Beweggründen beschäftigen. Es ist die Zeit der Maßschneider und nicht der skalierbaren Lösungen von der Stange, wenn es um wirksame Veränderung geht. Zum Beispiel können Methoden, wie die Arbeit mit PERSONAS, einer synthetisierten Zielgruppe, Entscheidern helfen, gezielt Einfühlung in die Mannschaft zu erlangen, aber auch qualitative Interviews und Systemdiagnosen sind geeignet, zu guten Veränderungsinitiativen zu kommen.

Und es ist wie immer im Leben. Rational mag alles richtig sein, den Unterschied macht eine überzeugende und die Menschen bewegende Geschichte, die das WARUM, das WAS und das WIE in der Sprache der Organisation vereint und Lust macht, Teil der nötigen Veränderung zu sein.

Egal, welche Veränderung ich in einem Unternehmen erreichen will: Die Veränderung beginnt beim Einzelnen. Deshalb brauchen Entscheider und Führungskräfte auch den Blick auf sich selbst und auf Einzelne und nicht nur auf Strukturen und Prozesse, um erfolgreich Veränderungen zu managen.

18.4 Psychologische Rahmenbedingungen für Veränderungen

Wenn wir nun auf den Einzelnen und seine **Grundbedürfnisse** schauen, sagt uns die Psychologie viele Dinge: dass wir gewisse Grundbedürfnisse haben und sie eher in einer Pyramide aufeinander aufbauen (Maslow 2001), wobei existenzielle Bedürfnisse zuerst kommen, was auch bei Transformationen in Organisationen wichtig zu verstehen ist. Die Psychologie erklärt uns auch, dass wir Entwicklungsstufen durchlaufen (Entwicklungspsychologie), dass wir grundsätzlich lernende Wesen sind, die durch Nachahmung und durch Reflexion lernen, dass wir im Unterschied zu anderen Lebewesen fähig sind, zur Abstraktion und zum Denken auf einer Metaebene. Also unsere Impulse, Affekte und Emotionen kontrollieren lernen, Vernunft entwickeln, bei Gefahr mit Stress reagieren, Reaktionsmuster, die zum Teil auf ganz alten Verhaltensweisen unserer Spezies basieren, dass wir Gewohnheiten entwickeln und funktionales und gesundes Verhalten entwickeln können oder auch dysfunktionales und krank machendes Verhalten.

Wir konzentrieren uns auf das Thema **Verhalten** und schauen, welche Konstrukte menschlichem Verhalten zugrunde liegen. Im Hinblick auf Veränderung hat die allgemeine Psychologie und Sozialpsychologie lange Zeit versucht, zu verstehen, was Veränderungen so schwer macht. Es scheint ein grundsätzliches und universelles Problem des Menschen zu sein, dass Lernen, die Aneignung von Wissen durch Aufmerksamkeit und Gedächtnis, nicht unbedingt dazu führt, dass wir unser Verhalten ändern (Marrow 1977).

Also **führt Lernen nicht unbedingt dazu, dass sich Menschen ändern**. Hierzu müssen Menschen motiviert sein. Gerald Hüther spricht von der nötigen »Gießkanne der Begeisterung« (Hüther 2016). Die Motivation zu neuem Verhalten ist jedoch nicht immer gegeben, besonders nicht in größeren Systemen. Daher ist ein großer Faktor, den Entscheider für erfolgreiche Veränderung kennen müssen, die Frage nach der Motivation ihrer Mitarbeiter.

Außerdem scheint es so zu sein, dass wir Menschen in unserer Diskrepanzen zwischen idealen Zuständen (Ideal-Selbst) und dem eigenen aktuellen Selbst zulassen. Wenn man den Menschen auch noch als soziales Wesen versteht und auch die Umwelt mit einbezieht, und wie Kurt Lewin, der Großvater der gruppendynamischen Forschung, kann man das sogar in eine Formel überführen: V = F{P,U} = F{L}: Verhalten und Entwicklung (V) sind demnach eine Funktion von Person (P) und Umwelt (U), die als wechselseitig abhängige Variable betrachtet werden (Lewin 1953). Also ist es sehr wichtig für Menschen und verhaltensbestimmend, welche Merkmale eine Gruppe, z. B. ein Vorstand, hat, wie die Gruppenmitglieder sich verhalten und wie die Situation ist.

Außerdem spielt das **Selbstkonzept** einer Person eine große Rolle bei ihrem Umgang mit Veränderungen. Menschen entwickeln, beschreiben und bewerten sich permanent im Austausch mit der Umwelt und verändern so ihr Selbstbild. Eine kritische Komponente scheint der Selbstwert zu sein. Menschen scheinen allgemein sehr darauf zu achten, dass ihr **Selbstwert** nicht sinkt, sondern zumindest stabil bleibt, wenn nicht sogar steigt (Tesser 1988). Deswegen ist es verständlich, dass Menschen positives Feedback bevorzugen und negatives Feedback vermeiden. Das erschwert allerdings unsere Lernfähigkeit und erklärt, warum Menschen ihr Verhalten beim Lernen nicht automatisch verändern. Wenn wir nun noch auf ein weiteres Grundbedürfnis schauen – das nach Freiheit und Kontrolle –, erklärt uns die Reaktanztheorie (Brehm/Brehm 1981), dass es ebenso ein menschliches Grundbedürfnis ist, frei in seinen Entscheidungen und Meinungen zu sein, insbesondere wenn es sich um wichtige Gebiete, die auch in Zukunft wichtig sein werden, handelt. **Reaktanz** ist ein Zustand motivationaler Erregung, Hindernisse für diese Freiheiten aus dem Weg zu räumen.

Erkenne die Motive der Menschen.

Gebe kritisches Feedback mit Wertschätzung verbunden, damit es wenig Widerstand auslöst.

Beachte den Wunsch nach Freiheit und Kontrolle, besonders, wenn es um grundlegende Veränderungen in der Zukunft geht, wenn Du nicht sehr viel Widerstand auslösen möchtest.

Versuche im Umgang mit Dir selbst, Deinen Selbstwert nicht an Erfolgen oder Misserfolgen allein festzumachen.

 Der Mensch strebt nach 689!

6: Liu (fließend, Erfolg versprechend, problemlos)

8: Fa (Unendlichkeit, Glück, bevorstehender Reichtum)

9: Jiu (für immer, langes Leben, Freundschaft)

Es geht also um innere Prozesse, wenn es um Veränderungen geht. Bleibt also noch die Frage zu beantworten, wonach der Mensch strebt. Ein roter Faden, der uns inspiriert hat und sich auch in Beratungsprojekten bestätigt, kann mit einer chinesischen Zahlenkombination beschrieben werden: 689.

Sehr häufig hantiert man in der Praxis von Veränderungsprojekten mit Begrifflichkeiten wie Mitarbeiterzufriedenheit, Kompetenz-Gap, Entrepreneurship und will diese verändern oder erhöhen. Was wir darunter verstehen und wohin wir genau wollen, ist häufig nicht klar und wird zu wenig hinterfragt. So entstehen »Moving Targets«, und Veränderungsprojekte haben die Tendenz, zwar einen klaren Anfang, aber kein tatsächlich bewertbares Ende zu haben. Der Erfolg hat dann viele Väter und der Misserfolg von Veränderungen nur wenige.

> Ein gemeinsames Verständnis »hin zu« welcher Veränderung die Organisation sich entwickeln soll, ist essenziell. Anderenfalls kann es zu Missverständnis in der Kommunikation kommen, wie man schon im Kindergarten lernen kann, wenn man in eine Kindergartengruppe kommt und sagt: »Die Republik hat Geburtstag.« Dann schaut dich ein Kind an und fragt: »Und wann kommt sie denn nun zu unserer Feier?«

An diesem Beispiel wird ein grundlegendes Dilemma in der Diskussion über den Wertbeitrag der Psychologie in der Veränderung deutlich. Abstrakte Ideen und Unternehmensziele oder strukturelle Veränderungen müssen, um wirklich Realität werden zu können, in konkrete Verhaltensweisen für die Zukunft heruntergebrochen und für die jeweilige Organisation verständlich konkretisiert werden. Der generierte Nutzen für die gesamte Organisation muss mit den Motiven der Menschen zusammenkommen, die mitwirken sollen. Zukünftige Ziele müssen in guten Geschichten erzählt werden, damit Menschen an Bord kommen und diese Zukunft Realität werden lassen.

> Entscheider müssen sich sowohl um das Individuum kümmern als auch und um seine Beziehungen. Um den Eisberg. Die Werte, Tabus, Latenzen. Denn nur wenn diese angesprochen werden, bewegen sich Menschen und entwickeln Motivation, auch ihr Verhalten zu verändern. Ansonsten bleibt Veränderungsmanagement sehr stark auf einer Metaebene, und nicht ohne Grund hat Change Management für viele Entscheider daher den Anstrich von etwas Nebulösem.

Bei einem Gas-Wasser-Installateur oder Sanierungsexperten weiß ich, was er tut. Beim Psychologen oder Change-Experten bin ich mir nicht so sicher, ob da wirklich ein Ergebnis herauskommt. Wir sind überzeugt: Die sogenannten »Soft Facts« sind genauso harte Rahmenbedingungen wie eine Schlauchschelle oder ein Wasserrohr. Deshalb ist es nichts Nebulöses, wenn man von Psychologie der Veränderung spricht, vom Verhalten und Erleben, von Menschen in der Veränderung und davon, worauf man aufbauen kann. Man kann auf ihre Gene, Persönlichkeit und ihre Kompetenzen setzen. Und die gute Nachricht ist: Bis auf die Gene kann man alles entwickeln und verändern.

18.5 Neurowissenschaftliche Erkenntnisse

Bis in die 1990er-Jahre dachten auch Entscheider und Führungskräfte, wenn es im Change einfach nicht weiterging: »Was Hänschen nicht lernt, lernt Hans nimmermehr.« Mit dem Paradigmenwechsel der Neurowissenschaften, die uns erklärten, dass dem eben ganz und gar nicht so ist, wissen wir: Unser menschliches Gehirn ist bis ins hohe Alter veränderbar (Hüther 2001). Für Management und Entscheider ist dies eine gute Nachricht, denn sie sagt uns: Veränderung ist möglich!

Neurowissenschaftlich gesehen, basieren Verhalten, Gedanken und Gefühle von Individuen auf neuronalen Prozessen. Wir entwickeln Verhaltensgewohnheiten, Denkgewohnheiten und Gefühlsgewohnheiten in unserem Streben, unser Leben ganz individuell zu gestalten. Auch Gefühle basieren auf neuronalen Prozessen, und es besteht die Möglichkeit, sie zu verändern, ebenso wie Gedanken und Verhalten. Unser Gehirn entwickelt sich gebrauchsabhängig weiter (daher können wir verschiedene Sprachen sprechen, wenn wir sie praktizieren, oder immer wieder eine neue Software erlernen). **Wir lernen dabei in Mustern** (Spitzer 2006). Also ist Musterbildung die neurophysiologische Grundlage von komplexem Verhalten und Entscheidungen, und das gilt auch für Menschen in Veränderungssituationen.

Die neurowissenschaftliche Forschung beschreibt auch, dass wir eine sehr große Anzahl an Wiederholungen brauchen, damit ein durch Willen und Reflexion neu gesetztes Verhalten zu einer neuen Gewohnheit wird. Sie erzählt uns, dass 80 % aller Menschen gern Dinge wiederholen (z. B. die Weingläser immer rechts oben in der Spülmaschine einräumen), sie lässt uns wissen, dass wir im Körper eine leichte Ausschüttung von Glückshormonen haben, wenn wir sowohl positives als auch negatives Verhalten wiederholen. Das bedeutet: Es gibt physiologische

Anreize in unserem Körper, auch wenig hilfreiches Verhalten und Gewohnheiten beizubehalten, auch wenn uns rational klar ist, dass wir uns ändern sollten. Die Neurowissenschaften lehren uns, dass unser Hirn kein Muskel ist, den wir einfach trainieren. Lernen funktioniert nicht nur durch Üben, sondern **nachhaltiges Lernen ist positiv emotional aufgeladen** (Hüther 2016). Daher erklärt sich auch, dass Menschen in Transformationen ungleich viel mehr Wertschätzung, Kommunikation und positive Emotionen als Zusatzanreize brauchen, um kollektive Verhaltensgewohnheiten zu verändern, was auch die Change-Management-Theorie fordert (Kotter 2011).

Was sich Entscheider und Change-Experten zunutze machen können, wenn sie Veränderungen wirksam umsetzen wollen: Menschen lernen häufig nicht eine neue Sache, weil sie wollen, sondern sie lernen es, weil sie einen Menschen mögen oder von einem gemeinsamen Ziel überzeugt sind. Das heißt:

Auch bei harten Veränderungen müssen Entscheider und Führungskräfte wirklich begeistern, überzeugen, Vertrauen schaffen, integer sein und chancenbezogene positive Botschaften wiederholen. Das kreiert Motivation und Hoffnung und ermöglicht auch im Sinne der Neurowissenschaften eine Öffnung zum Neuen und macht erfolgreiche Veränderungen wahrscheinlicher.

Denn hinzu kommt: **Unser Gehirn**, und dessen Fähigkeit, zu lernen, **wird vollständig blockiert, wenn wir Stress haben**. Dann greifen andere viel ältere Teile unseres Gehirns, die aus einer stammesgeschichtlich anderen Entwicklungszeit des Menschen kommen, und lösen Flucht oder Angriffsverhalten und Reflexe aus. Druck und Dressuranreize sind aber aus unserer Erfahrung eher die in Organisationen häufig gelebten Mechanismen in Transformationen, was bei Beachtung von neurowissenschaftlichem und psychologischem Sachwissen eine völlig dysfunktionale Vorgehensweise darstellt.

Wer in Transformationen nachhaltige Veränderungen anstoßen will, braucht eine andere Sprache als wer kurzfristig mobilisieren oder Überleben sichern will. Der psychologisch und neurowissenschaftlich gebildete Entscheider wird also aus Vernunftgründen nur in Droh- und Angriffssprache wechseln, wenn dies der Transformationsnotwendigkeit und kurzfristigen Mobilisierung entspricht. Wenn dann z. B. im Anschluss eine nachhaltige Veränderung angestrebt wird, z. B. in der Art und Weise, bereichsübergreifend Daten und Informationen zu teilen und nicht in Silos zu horten (wie in der notwendigen Data Culture, die mit digitaler Transformation einhergeht), braucht man eine andere Sprache und Story, um Mindset, Herz, Verstand, Willen und Vertrauen vieler Beteiligter für die neue Zukunft zu öffnen. Denn: Nachhaltiges Lernen und Verhaltensveränderung bei der Mannschaft wird wahrscheinlicher, wenn sich die Beziehungen zwischen Menschen verändern, Menschen sich nicht mehr als Objekte behandeln und Begeisterte mit der Gießkanne der Begeisterung andere Begeisterte anstecken (Hüther 2016).

- Unser Gehirn entwickelt sich gebrauchsabhängig weiter.
- Schmerz, Stress, Druck und Drohung sind Anreize, die kurzfristiges Überleben sichern und im professionellen Kontext ist genau zu überlegen, ob sie durch das Management und Führung einzusetzen sind. Sie erzeugen kurzfristige Flucht- oder Angriffsreaktionen, die zu unterscheiden sind von langfristig wirksamen Transformationen.
- Wir lernen in Mustern und brauchen positive Emotionen, um nachhaltig zu lernen. Nachhaltige Veränderung sollte ebenso auf einer größeren Anzahl an positiven Emotionen basieren.
- Für nachhaltiges Lernen und nachhaltige Veränderung braucht es individuelle und kollektive positive emotionale Aufladung.

18.6 Fehleranfälliges individuelles Einschätzungsvermögen

Mithilfe von Statistiken können neue Methoden der Bewertung von Strategien oder Themen entwickelt werden, um z. B. die richtigen Talente einzustellen, um den »Skill Gap« zur Zukunft der Organisation zu füllen oder auf die richtigen mathematischen Modelle zu setzen, um die Risiken von morgen kontrollieren zu können. Im Rahmen der Psychologie ist hier vor allem Daniel Kahneman zu nennen, der gemeinsam mit Vernon L. Smith 2002 den Nobelpreis für Wirtschaftswissenschaften erhielt für seine »Prospect Theory« oder Verhaltensökonomie, in der es um menschliche Urteile bei wirtschaftlichen Entscheidungen geht. Die Forscher wollten untersuchen, welches realistische Verhalten jenseits der Vorstellung vom Kosten-Nutzen-Modell vorzufinden ist. Dabei fanden sie heraus, dass menschliches Verhalten von Ungewissheit beeinflusst wird. Insbesondere fanden sie heraus, dass Menschen stärker durch Verluste als durch Gewinne motiviert werden und demnach mehr Energie in die Vermeidung von Verlusten als in die Erzielung von Gewinnen investieren (Lewis 2017).

Die beiden israelischen Psychologen Daniel Kahneman und Amos Tversky haben jahrelang als Psychologen untersucht, wie Menschen ihre Entscheidungen treffen (mithilfe von pragmatischen Fragestellungen, statistischen Berechnungen, Experimenten und quantitativen Studien/wissenschaftlich prüfbaren Methoden). Kahneman interessierte dabei vor allem, wie Menschen aus Sinneseindrücken einen Sinn zusammensetzen, wie menschliches Einschätzungsvermögen funktioniert und welche Grenzen es hat (Lewis 2017). Dabei wurde deutlich, dass **das menschliche Einschätzungsvermögen enorm fehleranfällig** ist, Menschen ihre Urteile stets nach Faustregeln fällen und mit ihren Erfahrungen abgleichen, frische Eindrücke sehr stark Entscheidungen beeinflussen, Stichproben überschätzen und intuitive Fehlannahmen entwickeln (Lewis 2017). Zur Untersuchung des menschlichen Einschätzungsvermögens haben die beiden auch statistische Erwägungen und direkte Anwendungen ihrer wissenschaftlichen Erkenntnisse (die häufig Fehlannahmen aufdecken) in Teilen der israelischen Gesellschaft bewirkt (z. B. in der Gewinnung von Talenten oder in Erziehungs- oder Qualifizierungsmethoden). Es wurde klar, dass **das eigene Bauchgefühl keine gute Entscheidungsgrundlage für Urteile** ist. Dies sollte für den Entscheider und Strategieentwickler vielleicht ebenso eine gute und wichtige Information sein. Ebenso wie die Erkenntnis, dass **Menschen sich durch das richtige »Framing« gezielt beeinflussen lassen**, daher spielt dieser Rahmen, in den eine Veränderungsbotschaft gestellt wird, auch so eine große Rolle in der Change-Kommunikation (Kotter 2011).

Ebenso helfen die Erkenntnisse von Kahneman, wenn es darum geht, wie wesentlich die Metareflexion bei der Veränderung von menschlichem Verhalten ist. Denn er fand heraus, dass es anscheinend **zwei Arten kognitiver Vorgänge** gibt: Vorgänge der ersten und der zweiten Ordnung (Kahneman 2014). Die Denkordnung erster Ordnung sind die Gewohnheiten, die der zweiten Ordnung sind unsere Metaprozesse. Das Denken darüber. Die Vogelperspektive und Reflexion. Wir sind vernunftbegabt und können zu neuen Entscheidungen durch Reflexion kommen – eine Empfehlung, sich genau diese Zeit für die Vogelperspektive und die Metareflexion zu nehmen in Veränderungsprojekten, denn sie stellen die Grundlage für echte Veränderung von Verhalten und zu einer gelebt veränderten Zukunft dar.

 Lesen Sie Kahneman, wenn Sie sich weiter mit der Irrationalität menschlichen Verhaltens und der Fehleranfälligkeit menschlichen Einschätzungsvermögens beschäftigen möchten, mit Spielfehlerschluss, warum Menschen nach Faustregeln ihre Beobachtungen stets mit ihrer Erfahrung abgleichen, warum Stichproben oft überschätzt werden, der Tatsache, dass frische Eindrücke unsere Entscheidungen sehr beeinflussen und wie sich Menschen mit Framing gezielt beeinflussen lassen.

18.7 Fehleranfälliges kollektives Einschätzungsvermögen

Und auch Gruppen irren sich. Typische Gründe für falsche Einschätzungen und Entscheidungen in Gruppen sind z. B. folgende: In der Interaktion werden Informationssignale falsch interpretiert. Je schneller ein Argument Anhänger findet, desto leichter sind weitere Menschen davon zu überzeugen. Oder haben Sie nicht auch schon einmal beim Einkauf im Internet nachgeschaut, was andere, die dieses Produkt angesehen haben, gekauft haben? Ein weiterer wesentlicher Grund für das Irren von Gruppen ist der Reputationsdruck oder auch der Wunsch, zu gefallen und nicht als Außenseiter zu gelten (Sunstein/Hastie 2006).

Informations- und Reputationskaskaden führen dazu, dass Gruppenmitglieder Informationen aus Respekt nicht ausreichend hinterfragen. Irrtümer nicht aufgedeckt werden, weil Gruppenmitglieder sich nicht trauen, ihre Meinung zu sagen. Durch die Sorge, mit einer abweichenden Meinung als nicht mehr dazugehörig zu gelten, wird häufig geschwiegen, wo eine zuspitzende Frage nützlich wäre. Hinzu kommen noch Verfügbarkeitsheuristiken. Besondere Ereignisse, Skandale, prägnante Ideen und Erfolge oder Misserfolge sprechen sich herum wie ein Lauffeuer. Schnell wird das Bewusstsein von Gruppen davon geprägt. Das Verhalten von Gruppen kann sich dahin gehend ändern, dass sich die Behandlung dieser Themen in Bezug auf das Hinterfragen, den Prozess oder auch nötige Aktivitäten gravierend verändert.

Dinge, die am häufigsten genannt werden, werden für das Beste gehalten. Falsche Interpretationen setzen sich durch und bestimmen die Gruppeneinschätzung, alle im Team oder Einzelne folgen ihren Wünschen, anderen zu gefallen, die Gruppe hat einen polarisierenden Diskussionsstil, alle folgen der stärksten Meinung. Oder aber die Gruppe schafft es nicht, Irrtümer einzelner Mitglieder als solche zu identifizieren und zur Sprache zu bringen. Und auch hier gilt es in Kenntnis der Psychologie der Veränderung, sich nicht klein zu machen, sondern dieses Wissen aktiv zum Nutzen von Gruppen einzusetzen.

Um den Herausforderungen der ständigen Problemlösung und Veränderungsnotwendigkeit nachhaltig zu begegnen, empfehlen wir daher, intelligente Gruppen und Teams zuzulassen, zu fördern und anzustreben.

Strategien für eine intelligente Gruppe

- Bringt den Anführer zum Schweigen … lassen Sie es nicht zu, dass Einzelne die Meinungsvielfalt schnell im Keim ersticken und sich die »Stilleren« mit ihrer wertvollen Meinung zurückziehen.
- Machen Sie Mut zur Meinungsäußerung, auch wenn diese dem allgemeinen Trend widerspricht, »Primen« Sie für kritisches Denken.
- Belohnen von Gruppenerfolgen sowohl öffentlich als auch im individuellen Führungshandeln. Das Einbringen von Wissen Einzelner als Basis für den Gruppenerfolg muss sich lohnen.
- Teilen Sie individuelle Rollen zu. Installieren Sie z. B. in Lösungsfindungsprozessen einen Advocatus Diaboli, der auf echte Widersprüche hinweisen soll. Auch die klare Verteilung von Expertenrollen in der Gruppenarbeit (Controller, Sales, Production …) bringt einen hohen Fokus auf diese Wertbeiträge.
- Wie kommt man zu Höchstleistungen? Gruppen kommen zu Höchstleistungen, wenn sie sich im »sportlichen« Wettbewerb zu andern sehen. Mit Respekt für die Leistung der anderen Gruppe/n wird versucht, die Fehler anderer zu vermeiden, daraus zu lernen und zu einem besseren Ergebnis zu kommen. ACHTUNG! Das ist eine gute Methode für die Arbeit mit Gruppen. Rufen Sie keinen umfassenden Wettbewerb in der Organisation aus. Wenn Sie mehr dazu wissen wollen, empfehlen wir die wunderbaren »8 Regeln für den totalen Stillstand« von Prof. Peter Kruse, Stichwort »Krabbenkörbe«.

18.8 Erfolgsfaktoren und Problembereiche

Im Folgenden haben wir einmal ein paar ganz grundlegende Themen zusammengestellt, die auf unseren Beobachtungen aus 15 Jahren Veränderungsbegleitung basieren. Dabei kommt auch eine wichtige systemische Grundannahme zum Tragen, die bei der Begleitung vieler Veränderungsprojekte immer wieder praktische Bestätigung gefunden hat: Wenn es um erfolgreiche Umsetzung von Veränderungsvorhaben geht, erweist sich die in der systemischen Beratung angenommene Interdependenz zwischen persönlicher Reife (besonders von mächtigen Playern und Entscheidern), der Reife der Teamkultur und der Reife der Gesamtorganisation als richtige Grundannahme. Wir haben diesen Zusammenhang über viele Jahre oft beobachten können. Es gibt eine Interdependenz zwischen diesen Ebenen: Individuum – Gruppe – Organisation. Siehe auch **Bild 18.3** sowie **18.4**.

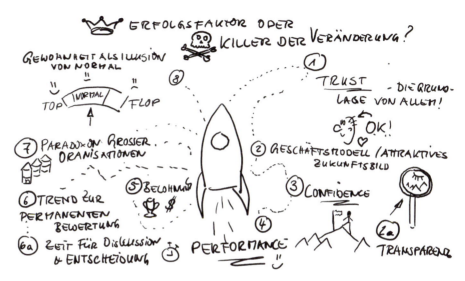

Bild 18.4 Landkarte der Veränderung

Vertrauenskultur implementieren

Viele ethisch motivierte Führungsleitbilder und Unternehmenskulturleitlinien postulieren gegenseitiges Vertrauen als wesentliche Komponente und streben eine Vertrauenskultur an. Dabei macht es für den erfahrenen Entscheider oder auch Change-Projektleiter Sinn, genau auf die Grammatik zu schauen, die Vertrauen ermöglicht oder verhindert. Es ist die Konzentration auf die Gemeinsamkeiten und gleichen Interessen. Vertrauen entsteht im Zwischenraum zwischen Menschen, also dort, wo Bindung entsteht, wo Begegnung und Einfühlung passiert.

Schwierig wird es, wenn eine von der Tendenz her narzisstische Verhaltenskultur mit wenig Empathiefähigkeit von mächtigen Entscheidern auf das Postulat einer Vertrauenskultur stößt. Da es Managern mit narzisstischen Tendenzen eher schwerfällt, sich in andere einzufühlen und sie ernst zu nehmen und sie häufig eher das Gefühl haben, von Idioten umgeben zu sein und im Grunde auch in der Einfühlung in sich selbst nicht so ganz gut sind, bleiben dann viele von HR-Abteilungen und Change-Experten gewünschte Unternehmensleitwerte, in denen Vertrauen oder auch Integrität eine Rolle spielt, eher auf dem Papier und unerklärlich schwer nur fühlbar. Der narzisstische Manager ist aber ein verbreitetes Phänomen (Eidenschink 2004).

Vertrauenskultur geht aber eben nicht einher mit Kontrollkultur, manipulativen Tendenzen und wenig Ansätzen zum Austausch auf Augenhöhe. Wer Kontrolle als Maßstab der Führung lebt, erntet daher in der Logik der Psychologie meist Misstrauen, und damit ist dann das Verhalten der Entscheider, die so führen, Teil des Problems. Übrigens ist Führung durch enge Kontrolle genau genommen nicht mit Entrepreneurship zusammen zu denken. Hinzu kommt, dass mit der Einführung von Maschine-Mensch Kommunikationen und das zunehmende Ausmaß an Komplexität in der Strukturierung von Entscheidungsprozessen Vertrauensbildung zunehmend schwieriger wird.

Wollen Sie lieber gefürchtet oder lieber für Ihr Veränderungsvorhaben geliebt werden? Sie müssen sich für einen Weg entscheiden. Denn Menschen schauen im Hinblick auf ihre Entscheider: Wie liebenswert oder fürchtenswert sind sie und wie kompetent sind sie (= können sie mir gefährlich werden?) (Cuddy/Kohut/Neffinger 2013). Daher gilt: Erst in Verbindung treten mit meiner Zielgruppe, hier in echten Kontakt kommen und dann in eine Richtung führen.

Falls Sie sich für den Weg des Vertrauens entscheiden, empfehlen wir in der Selbstreflexion einfach mal zu schauen, wann Sie im Leben wirklich schon mal vertraut haben und wie sich dieser Zustand angefühlt hat. Ebenso empfehlen wir, zu schauen, welches Bild und welche Bindung an Themen, Menschen, Kommunikation und Selbstbild Sie durch die Art und Weise der Kommunikation erzeugen wollen.

- Vertrauen ist die Grundlage von allem.
- Nicht der Feind schafft das Misstrauen. Das Misstrauen schafft den Feind.
- Kontrolle schafft Misstrauen. Totale Kontrolle tötet Unternehmertum.

Gewohnheiten hinterfragen

Vielleicht ist die bekannte oft wiederholte Aussage von Leonid Breschnew »Das Land ist stabil, friedlich und in gutem Zustand. Ich freue mich, dass bei uns alles normal vonstattengeht« eine Empfehlung, als Entscheider vorsichtig mit Gewohnheiten und der Beschreibung der Normalität zu sein. Breschnew zeigt, wie es gelingen kann, 18 lange Jahre ein Imperium in Stagnation zu führen und doch so sicher zu sein, dass alles »normal« und gut ist. Es ist bekannt, dass der Generalsekretär Breschnew selbst so gut wie nichts las, außer Zirkushefte und Autojournale. Vertrauten gegenüber rühmte sich der Chef der KPdSU, weder Marxens *Kapital* noch Lenins Werke je genau gelesen zu haben (Kogelfranz 2007).

Es empfiehlt sich ein Blick in den Spiegel: Habe ich einen persönlichen Gewinn aus den jeweiligen Geschäft? Stellen Sie Ihre Normalitätsvorstellungen in Frage. Welche Normalität haben wir konstruiert, habe ich konstruiert?

Gewohnheiten erzeugen die Illusion von Normalität. Daher halten wir gerne an Gewohnheiten fest, auch wenn sich der Sinn nicht mehr so richtig erschließt.

Die Überprüfung der eigenen Gewohnheiten und der Gewohnheiten der Organisation sind die Kernerfolgsfaktoren für die Überlebensfähigkeit von Entscheidern, Führungskräften, Politikern und Organisationen!

Belohnungssystem anpassen

Wie funktioniert in Ihrer Organisation das Belohnungssystem? Welche Anreize gibt es real für Ihre Führungskräfte, Mitarbeiter und Hochleister? Zahlen diese Anreize auf den Unternehmenswert ein? Oder liegen die Anreize deutlicher im Bereich der persönlichen Ziele Einzelner? Dies sind Fragen, die Sie sich stellen sollten. Die Wirtschaftskrise 2009 wurde dadurch ausgelöst, dass Banker Milliarden daran verdienten, anderen Risiken zu verkaufen.

Menschen aller Hierarchieebenen sind findig und flexibel, zu schauen, wie sie sich innerhalb eines Systems so bewegen können, dass der eigene Wert zur Geltung kommt (Campbell 2014). Daher finden Mitarbeiter immer Wege, sich selbst innerhalb der geltenden Systemlogik zu belohnen. Manchmal sind es dann Rachegedanken oder Verhalten gegen die geltende Ordnung, in die am meisten Energie investiert wird.

Mangelnde Wertschätzung durch die Führung und verletztes Selbstwertgefühl sind die wichtigsten Auslöser für Rachegedanken, die in korruptes Verhalten und Nicht-Compliance mit Regeln der Unternehmung führen (Campbell 2014).

Attraktive Geschäftsmodelle sind verschieden. Wichtig für Entscheider ist, eines zu finden, das passt. Möchte ich nur Profit machen, sollte ich dieses Zukunftsbild so zuschneiden, dass es die besten »Sales«-Leute anzieht. Ist mein Purpose ein anderer, ziehe ich andere Menschen und anderes Verhalten an etc.

Daher sind jedes Geschäftsmodell und die damit verbundene offiziell strukturierte und latente Anreizstruktur unmittelbar mit Verhalten, Werten und Unternehmenskultur und individuellem Verhalten verbunden. Geschäftsmodell schafft Kultur und beeinflusst individuelles Verhalten.

Auf Ähnlichkeiten konzentrieren

Es scheint eine psychologische Grundkonstitution des Menschen zu sein, eher Schwierigkeiten mit Unterschieden zu haben. Gleichzeitig ist Unterschiedlichkeit ein Asset und funktional in der Zusammenstellung von Teams. Das heißt: Es gilt in der zwischenmenschlichen Kommunikation und Herstellung von guten tragenden Bindungen mit den Menschen, mit denen wir als verantwortliche Entscheider, Führungskräfte, Projektleiter oder Experten arbeiten, eher Ähnlichkeiten anzusprechen, gemeinsame Interessen, gemeinsamen Humor oder geteilte Werte zu betonen und nach ihnen zu suchen. Wenn wir so unbewusst eher die wahrnehmbaren Unterschiede reduzieren, mündet dies in vertrauensvollere Kommunikation.

Im Hinblick auf die eigene Kommunikation im Führungsalltag von Entscheidern, Führungskräften und Projektleitern sollte daher die Konzentration auf Ähnlichkeiten im Vordergrund stehen. Der Blick auf andere und das Interesse an dem, was Menschen gemeinsam haben, was sie verbindet, und nicht, was sie trennt und unterscheidet, hilft, Bindung und Vertrauen zu entwickeln (Fröhlich 2010). Die Neuropsychologie hat entsprechend spezialisierte Gehirnstrukturen gefunden, die sogenannten Spiegelneuronen. Gleichzeitig trägt Unterschiedlichkeit in Teams und Organisationsteilen zu Qualität bei und es gilt, sie wertzuschätzen.

- In der Herstellung von funktionalen Beziehungen sollte ich mich auf das konzentrieren, was ich mit den anderen Menschen gemeinsam habe.
- Bei der Zusammenstellung von intelligenten Teams und im Zulassen von Diskursen tragen Unterschiede zu Qualität bei.

Optimismus verbreiten

Unser Sprachwortschatz für Pathologien und negative Themen ist deutlich größer als für Positives und gute Zuschreibungen. Wenn ich mich nur auf das Problem konzentriere, zahle ich auf Hilflosigkeit ein. Nicht kalkulierbare und wiederholt und erwartet auftretende Situationen, in denen Menschen das Gefühl haben, Kontrolle zu verlieren, führen zu struktureller Hilflosigkeit, so hat es schon Martin Seligman in seinem Grundlagenwerk beschrieben (Seligman 1995). Daran schloss sich eine lange Forschung und Pionierarbeit zur positiven Psychologie an, die heute in vielen Führungshandbüchern Eingang gefunden hat (u. a. Seliger 2014). Seligman hatte sich nach langer Zeit in der Forschung zu Depression und deren Grundbedingungen der positiven Aspekte der Psychologie zugewandt und als Pionier den Grundstein zur Forschung nach Lebenszufriedenheit und Charakterstärken gelegt und eine Theorie des guten Lebens vorgelegt (Positivität als Mindset im Unterschied zu Glück als Gefühlszustand, womit sich eher die Glücksforschung beschäftigt hatte, wie z. B. Mihály Csíkszentmihályi, der über »Flow« forschte). Im Zentrum stehen hier eher positive Gefühle, Engagement, positive Beziehungen, Sinn und Leistung.

In der Übersetzung für den Alltag von Entscheidern und Führungskräften bringt es Ruth Seliger auf den Punkt: Positivität kann trainiert werden. Als Führungskräfte können wir stärken, was schon da ist. Es geht wie in einer Landkarte darum, sich selbst zu führen, Menschen zu führen und die Organisation zu führen. So ist positive Leadership ein Führungsansatz, der durch systematische Konzentration auf menschliche Stärken freudvoll herausragende Resultate erreichen will, durch diese Haltung der Positivität selbst angesichts großer Herausforderungen nach gegenseitiger Unterstützung und persönlichem Wachstum strebt, um Unternehmensziele zu erreichen (Seliger 2014).

> Der Fokus auf Lösungen und positive psychische Konstellation ist einer der wichtigsten Erfolgsfaktoren für Veränderung bei Einzelnen, in Gruppen und Organisationen.

> Ein alter Mann und sein Sohn bestellten gemeinsam ihren kleinen Hof. Sie hatten nur ein Pferd, das den Pflug zog. Eines Tages lief das Pferd fort. »Wie schrecklich«, sagten die Nachbarn, »welch ein Unglück.« »Wer weiß«, erwiderte der alte Bauer, »ob Glück oder Unglück.« Eine Woche später kehrte das Pferd aus den Bergen zurück, es brachte fünf wilde Pferde mit in den Stall. »Wie wunderbar«, sagten die Nachbarn, »welch ein Glück.« »Glück oder Unglück. Wer weiß«, sagte der Alte. Am nächsten Morgen wollte der Sohn eines der wilden Pferde zähmen. Er stürzte und brach sich ein Bein. »Wie schrecklich. Welch ein Unglück!« »Glück? Unglück?« Die Soldaten kamen ins Dorf und holten alle jungen Männer in den Krieg. Den Sohn des Bauern konnten sie nicht brauchen, darum blieb er als Einziger verschont. »Glück? Unglück?«
>
> *Zen-Geschichte nacherzählt von Roswita Königswieser*

Richtig dosieren

Zu viel von etwas führt immer zu Widerstand. Mehr als 100 % ist nicht positiv. Erstaunlicherweise gelten auch hier im Sinne der psychologischen Erkenntnisse keinesfalls statistische Regeln. Was führt zu Dissonanz? »Zu wenig« oder »zu viel »von etwas – egal ob zu viel Strategie oder zu viele Worte um Werte, Verhalten und Unternehmenskultur oder zu viel Führung – erzeugen Systemalternativen und Widerstand. Daher ist die Frage der rechten Balance zentral.

Bewertungen vermeiden

Der allgemeine gesellschaftliche Trend zur permanenten Bewertung ist nicht funktional als »Leithaltung« in Unternehmen. Teams und Organisationen spiegeln immer Themen der Gesellschaft, wie sie aktuell in Trend und Ausrichtung gelebt wird, wider (Königswieser 2008). Dass »der Trend zum Jammern« wenig hilfreich ist, leuchtet dem Entscheider sicher gleich ein. Allerdings ist auch der Trend zur permanenten Bewertung dysfunktional für gute Zusammenarbeit besonders unter Innovations- und Veränderungsdruck.

Bewertung bringt Menschen in einen geschlossenen Denkmodus und führt eher zur Abgrenzung als zur Öffnung. Sowohl für den Umgang mit Veränderung als auch für das Entwickeln von Vertrauen und sich weiterentwickelnden Gruppen braucht es die Fähigkeit, Bewertung als kognitive Denkgewohnheit auch einmal lassen zu können. Otto Scharmer spricht von der Öffnung des Denkens und übt Zuhören, um das Hören im Sinne von »Downloading« (Hören unter dem Paradigma des Abhakens im Sinne von Richtig und Falsch) zu lassen, um sich im Denken wirklich zu öffnen für etwas Neues (Scharmer 2017). Dies gilt auch für Gefühle oder Verhalten. Wer permanent bewertet, ist nicht beteiligt und in Bewegung, sondern denkt, er stehe über den Dingen.

Auf Paradoxien achten

Die Weisheit »Wissen ist Macht« gilt auch in Zeiten von digitaler Transformation. Allerdings nützt in der alten Welt großer Organisationen Wissen vor allem dem Einzelnen. In großen Organisationen entsteht so eine dysfunktionale Wechselwirkung zwischen Gemeinschaft und individuellen Karrierepfaden, die ein Paradox für den Unternehmenswert bedeutet. Wenn ich als Entscheider eine Kultur schaffe, die Wissen als Macht setzt, kann ich keinen Unternehmenswert schaffen. Individuelles Verhalten wird dann auf den Eigennutz einzahlen und den Unternehmenswert latent schwächen, statt ihn zu vergrößern. Beschwerden über das Arbeiten in Silos erklären sich von selbst. Und der Apfel fällt auf der Erde eben doch vom Baum auf die Erde und nicht umgekehrt. Übrigens: Ohne Veränderung dieses Paradoxes durch mächtige Entscheider gibt es keine sinnvolle Datenkultur und damit keine digitale Transformation.

Ebenso wird oft angenommen, dass Macht von oben kommt, also Hierarchien massiv von oben geprägt und geführt werden. Paradoxerweise ist es aber psychologisch so, dass Macht von unten verliehen wird und vielmehr unsere Erwartungen aus Erfahrungen der Kindheit, unsere Autoritätserwartungen, Ängste und Hoffnungen die Erwartungen prägen, mit denen wir Menschen in vermeintlich höheren Hierarchieebenen Macht verleihen. Jeder Mensch verleiht Macht und lässt das Gefühl von Ohnmacht zu in dem Moment, wo er sich von etwas abhängig macht. Daher kommt der Selbstreflexion zu diesem Thema für denjenigen eine so wesentliche Bedeutung zu, der sich unabhängig halten will, mitten in Zeiten von Wandeln und besonders in großen Organisationen, wie Konzernen und den mit ihnen verbundenen Abhängigkeiten und Systemlogiken.

Als weiteres Paradox mag man neben schlechter Vertrauenskultur auch noch den oft systemimmanenten Anreiz zum »Nicht-Entscheiden«, zu geringer Accountability und gering ausgeprägter Fehlerkultur sehen. So üben Mitarbeiter in großen Organisationen über Jahre dysfunktionales Verhalten ein. Erleben auch wiederholt nicht erfolgreiche Veränderungsinitiativen, die nicht zu Ende geführt werden, ohne Konsequenzen bleiben und verlieren ihre Fähigkeit, zu spüren oder sich auf etwas neu einzulassen. Die Vermeidung, zu fühlen, ist dabei ein im Sinne des Überlebens innerhalb dieses Systems funktionaler psychologischer Überlebensmodus.

Ein guter Gradmesser, wie massiv die Organisation abgestumpft und nicht mehr berührbar ist, ist der Grad des gelebten Zynismus in der Kommunikation. Zynismus als Organisationskulturgewohnheit in der Sprache zeigt den Versuch, so zu denken und zu kommunizieren, dass ich als Einzelner nicht fühlen muss.

Gefahren des Sicherheitsbedürfnisses kennen
Sicherheit ist ein von Menschen angestrebter Zustand. In unseren jahrelangen Beobachtungen von individuellem und kollektivem Verhalten in Krisensituationen haben wir oft erlebt, dass der große Teil der Menschen im »Delivery-Modus« sehr stark tätig ist und gleichzeitig den Eindruck erweckt, im Hinblick auf klare Entscheidungen oder auch Haftungsthemen alle Zeit der Welt zu haben. Ebenso sichern sich viele Menschen in Veränderungen ab und sammeln Daten oder Informationen, auch für den Fall, dass sie die Organisation verlassen und vielleicht in neuer Stelle diese Information gebrauchen könnten. Und schon befinden sie sich unbemerkt im Feld der Kriminalität, weil sie nicht mehr compliant handeln.

Nicht ohne Grund werden in den sich radikal verändernden Regulierungen in der Kontrolle von Risiken z. B. im Bankenbereich (MaRisk) in den kommenden Jahren auch für weiche Themen, wie den Tonfall durch die Topführung und deren Glaubwürdigkeit/Integrität (z. B. »tone from the top« in MaRisk), in Zukunft neue Haftungsregelungen gesetzt. So werden in Zukunft nach den Regulierungen der MaRisk Verantwortlichkeit der Mitarbeiter (Accountability), angemessene Anreizstruktur, offene Kommunikation und kritischer Dialog sowie Leitungskultur (tone from the top) kontrolliert und sind haftungsrelevant (Schmidt/Reuse 2018). Im Nachgang dazu erwarten wir weitere Veränderungen der Anforderungen an Compliance-orientierte Unternehmenssteuerung für alle Organisationen. Auch wenn der Mittelstand eher »hands-on« steuert und seine Compliance-Regeln aufstellt und umsetzt: Der zukünftige CEO, der nicht mit einem Bein im Gefängnis stehen will, tut gut daran, schon heute den »tone from the top« ernsthaft steuern zu können und nicht nur auf dem Papier und damit nachhaltiger gegen Korruption und deren Ursachen zu kämpfen. Besonders in Veränderungen neigen nämlich Menschen, die es schon zuvor nicht so genau genommen haben mit der Integrität, dazu, großen Schaden anzurichten. Vielleicht gibt es immer so etwas wie eine »Normalverteilung des Bösen« im Sinne einer gaußschen Kurve – aber Sie als Entscheider können Standards setzen.

If Change is happening on the outside faster than on the inside. The end is inside.

Jack Welch

Auf Performance setzen

Leistung lässt sich nicht ersetzen! Zu Beginn ist Talent immer gut. Um Erfolg zu haben, ist eins klar: Fleiß schlägt Talent. Die Illusion unserer modernen Gesellschaft, in noch kürzerer Zeit und mit mehr Effizienz zum Hochleister zu werden, führt zu häufigen Trugschlüssen und falschen Erwartungen bei jungen Talenten (Generation X, Y, Z) oder auch älteren Leuten. Daraus folgen falsches Selbstbewusstsein und Übermotivation. Vielleicht erklärt sich daher auch die schnelle Tendenz zur »Selbst-Viktimisierung« (andere sind schuld, ich bin ein Opfer …).

Performance bedeutet auch, leistungsbereit sein zu wollen, lernen zu wollen, einen Weg beschreiten zu wollen, bei Fehlern und Rückschlägen wieder aufzustehen und nicht zu erwarten, dass das gebratene Huhn nach kurzer Zeit durch das Fenster geflogen kommt und noch den Zettel mit der tollen höheren Position im Schnabel hält …

18.9 Prinzipien der systemischen Organisationsberatung

Aus unserer Perspektive gibt es einige nachhaltige Prinzipien der systemischen Organisationsberatung für Transformationen:

- **Von Intrapersonalität hin zu Interpersonalität**
  Interpersonelle Ansätze sind die Grundlage von organisatorischem Lernen auf Basis von Multiperspektivität und Dialog. Häufig treffen wir in Organisationen personenzentrierte (intrapersonalisierte) Kommunikationsformen, die bewertend, wenig Neugier und Austausch erzeugend wirken und so die Intelligenz und Agilität der Gruppe wenig nutzen.
- **Von Kausalität hin zu Funktionalität und Zirkularität**
  Dahinter steckt die Idee, dass die eindimensionale Suche nach Ursachen zwar auch eine häufig angewandte Analysemethodik ist, aber wenig erfolgreich. Organisationen sind komplex, arbeiten funktional und zirkulär. Diese Kom-

plexität ist zu akzeptieren und nutzbar zu machen für die nötige Transformation.

- **Von Vergangenheitsorientierung hin zu Zukunftsorientierung**
Getragen von einer stark sozialisierten, sicherheitsbezogenen Vergangenheitsorientierung, die in vielen Organisationen auf einem vergangenheitsorientierten Berichtswesen und »Reporting« beruht, wird häufig bei zukunftsorientierten Themen wie Lösungsfindungen oder auch Strategiefragen zunächst lange und sehr analytisch in die Vergangenheit geschaut. Die Hoffnung, aus der Vergangenheit valide Aussagen für die Zukunft abzuleiten, gestaltet sich nach wie vor schwierig. In Zeiten der Digitalisierung ist das Wissen prinzipiell verfügbar, und die Geschwindigkeit und die Zeit sind ein wesentlicher Erfolgsfaktor für viele Organisationen. Häufig scheitern Organisationen also eher nicht an der analytischen Vergangenheitsbetrachtung, sondern am Mangel an guten Zielbildern für die Zukunft und den »Storys«, die Sinn geben und Antworten zum Was und Wie parat haben und damit der Mannschaft Zuversicht für den zukünftigen Erfolg vermitteln.

- **Von Problemorientierung hin zu Lösungsorientierung**
Sinngemäß nach Steve de Shazer interessiert es die Lösung nicht, was das Problem war. Problemgespräche führen zu Problemen und Lösungsgespräche führen zu Lösungen. Wir beobachten in der Praxis das Phänomen, dass Innovationsprozesse schwer durch »Bedenkenträger«, die immer einen Grund kennen, warum etwas nicht funktioniert, erschwert werden. Im Sinne der intelligenten Gruppe sind Rollen wie der »Realisierer« oder auch der »Risikodenker« klar zu vergeben. Dominant bleibt als Erfolgsfaktor die Lösungsorientierung, Risiken nicht leugnend, aber integrierend.

- **Von negativer Konnotation hin zu positiver Konnotation**
Eng mit der Lösungsorientierung ist die positive Konnotation verbunden. Im Sinne der Positiven Psychologie ist eine Haltung hin zu einer Ressourcenorientierung immer hilfreich. In unserer Zeit kann man den Eindruck gewinnen, dass die Defizitorientierung ein echter Energiefresser ist, unser Wortschatz zur Beschreibung negativer Sachverhalte fast prosaisch groß ist und Jammern als Begründung, warum etwas nicht funktioniert, gern akzep-

tiert wird. Selten begünstigt das alles Lösungsfindungen. Also, es ist eine echte Beraterempfehlung: Achten Sie darauf, dass das Glas halb voll ist, und fördern Sie die Fähigkeit der Selbstreflexion und gutes Feedback in Organisationen.

- **Von Dekontextualisierung hin zu Rekontextualisierung**

Ein weiteres Zeichen der Zeit ist, aus einer Situation heraus Informationen aus dem Kontext herauszunehmen und zu verallgemeinern. Aussagen wie »völlig aus dem Zusammenhang gerissen« sind typisch. Ein systemischer Blick auf die Situation mit der Einordnung einzelner Ereignisse in das Ganze führt unterschiedliche Perspektiven sinnvoll zusammen und ist erfolgsrelevant.

- **Von Eindimensionalität hin zu Multidimensionalität**

An dieser Stelle seien zwei Erfolgsmodelle zitiert. Mit dem systemischen Integrationsmodell (nach Königswieser) ist ein hervorragendes Modell für die erfolgreiche Betrachtung von Transformationsprozessen vorhanden. Hier werden wie in einem Mobile nicht die Schmetterlinge über dem Wickeltisch eines Babys, sondern die Strategie, die Struktur und Prozesse und die Kultur einer Organisation verbunden. Bewegt sich eine Dimension, bewegen sich die anderen mit. Über die Zeit einer Veränderung hin zu einer attraktiven Vision oder auch eines attraktiven Zukunftsbildes werden immer wieder unterschiedliche Perspektiven eingenommen, und eine sinnvolle Steuerung von Veränderungsmaßnahmen kann stattfinden.

Eine zweite Betrachtungsebene und wesentlicher Erfolgsfaktor für die Begleitung auch schwierigster, konfliktärer und komplexer Veränderungsprozesse ist die Multiperspektivität in der Zusammenarbeit. Wenn es gelingt, unterschiedliche Expertisen, wie z. B. Fachberatung und Prozessberatung, oder auch Fachbereiche und verschiedene Firmen (z. B. Juristen, Finanzer, Change-Management-Beratung) kollaborativ und damit nicht konkurrenzierend zusammenzubringen, steigt der Nutzen für den Kunden gewaltig und es wird möglich, sehr genau in den Stellen der Organisation eine nachhaltige Veränderung zu erreichen, wo es sinnvoll ist, und gegebenenfalls andere Teile außen vor zu lassen.

Die Grundlage unserer systemischen Haltung und Werte und auch für alle Werkzeuge ist dabei die Wertschätzung: Egal wie ausgeklügelt die Modelle oder gut durchdachte Techniken auch sein mögen, sie werden niemanden überzeugen oder einen signifikanten Effekt haben, wenn die Einstellung der Berater oder Moderatoren nicht den Zielen ihrer zugrunde liegenden Beratungsphilosophie entspricht.

Weitere Prinzipien unserer Arbeit sind (nach Königswieser 2014 etc.):

- **Es gibt keine Objektivität**
  Wenn es keine Objektivität gibt, muss ich mir den Kontext genau ansehen. Alles, was ein Mensch tut, gewinnt Bedeutung, wenn er im Kontext betrachtet wird. Deshalb ist es wichtig, verschiedenen Perspektiven Raum zu geben und Hypothesen zu entwickeln. Diese geben die notwendige Orientierung – denn alle Beobachtungen sind subjektiv und nur Teil eines Ganzen.
- **Reframing**
  Wenn wir die Parameter unseres Blickfeldes verändern, ändern sich oft auch unsere wahrgenommenen Zusammenhänge und Bedeutungen.
- **Widersprüchliche Meinungen sind Teil des Lebens.**
  Unterschiede bringen Reichtum und Vielfalt. Wichtig ist es, eine Balance zu finden und den Schwerpunkt auf die oft dunklen Themen zu legen, die zur Seite geschoben wurden. Konflikte können wehtun, aber sie sind auch eine Chance zur Entwicklung. Widerstand ist Energie, die genutzt werden muss.
- **Die Dinge sind so, wie sie sind.**
  Zunächst einmal sollten wir den Zweck und die Bedeutung hinter typischen Mustern im System verstehen. Die richtige Einstellung hilft, das Drama zu mildern, das Gute im Schlechten zu erkennen (wenn der Fokus auf Defiziten liegt) oder das Schlechte im Guten (wenn die Tendenz zur Idealisierung besteht).
- **Entwicklungsprozesse brauchen Zeit**
  Lebende Systeme haben biologische Reaktionszeiten. Ein tiefgreifender mentaler Wandel geschieht nicht einfach auf Knopfdruck.

Diese Prinzipien sind hilfreich für alle Teile des Beratungsprozesses, und wir wollen sie hier auch Entscheidern und Change-Experten als hilfreiche Begleiter in komplexen Prozessen empfehlen.

Fazit: Jammere nicht, überlege noch mal gut, und wenn du dich entschieden hast, wo es hingehen soll, sei positiv und klar!

Zusammenfassend will unser Beitrag weg vom Jammern und dem pragmatischen Entscheider kleine Leitplanken aufzeigen. Wir haben die Bedeutung von Vertrauen für Ihren Führungserfolg betont und benannt, warum Sie als Entscheider für gute Rahmenbedingungen bei Veränderungen sorgen müssen, weil dies niemand anderes für Sie tun wird. Wir empfehlen, sich zu Beginn etwas mehr Zeit für die Analyse zu nehmen, um dann, nachdem die Entscheidungen klar sind, umso klarer und mit viel positiven Verstärkungen zu kommunizieren und in die Führung zu gehen.

Und: Weil alles ganzheitlich verbunden ist, empfehlen wir eben auch den Blick auf die eigene Person verbunden mit der Frage: Wie realistisch ist mein Selbstbild? Erzeuge ich eher Angst oder Vertrauen? Ist dies in welchem Kontext und zu der gegebenen Veränderungsherausforderung funktional oder nicht? Welche Gewohnheiten habe ich selbst? Welche Gewohnheiten hat mein Managementteam oder Vorstand? Sind diese im Kontext unserer Veränderungsherausforderung sinnvoll? Wie kann ich sie gegebenenfalls verändern, um auf die Herausforderungen der Zukunft nicht nur vom Business her die rechten Antworten zu haben, sondern durch mein vorgelebtes Führungsverhalten diese Zukunft bereits vorwegzunehmen. Wir freuen uns, wenn Ihnen durch die Lektüre klarer geworden ist, welche Personen und Dynamiken nicht zu dieser Zukunft gehören, damit Sie diese umso schneller unschädlich machen können.

Wir haben beschrieben, wie uns die Neurowissenschaften helfen können, zu verstehen, welche psychologischen Rahmenbedingungen nachhaltige Veränderung wahrscheinlich machen, dass sich kollektive Veränderungen von Systemen nicht mechanisch und funktional steuern lassen. Wir haben die Interdependenz zwischen der individuellen Ebene, der Ebene von Gruppen und Teams und der Ebene der Organisation angesprochen und beschrieben, warum das Erleben des Einzelnen, der Gruppe und der Organisation wechselseitig verbunden sind. Daraus ergibt sich die logische Konsequenz, dass es sich lohnt, die Rahmenbedingungen für Veränderungen mitzudenken und sich selbst als persönlich wirksames Element in diesem Prozess auch für Veränderung zu öffnen und zur Verfügung zu stellen. Ebenso wurde deutlich, warum daher Selbstreflexion und Selbstregulation ein Schlüssel für Ihren Erfolg als Entscheider darstellen. Mit Kahneman haben wir auf Tücken der Irrationalität in der Entscheidungsfindung hingewiesen, auf Gruppenfehler und warum eben nicht immer die Mehrheit zur besseren Entscheidung führt.

Stoßen Sie nachhaltiges Lernen an, indem Sie die angestrebte Zukunft positiv emotional aufladen; selbst bei radikalen Veränderungen, Sanierungen und Sicherungen des Überlebens geht dies kommunikationspsychologisch mit etwas Geschick. Auch in solchen Fällen ist es möglich, Wertschätzung, positive Kommunikation, Fokus auf Lösungen und positive Ergebnisse zu lenken, Teams an Erfolgen zu beteiligen und so positive Emotionen als Zusatzanreize zu setzen, um kollektive Verhaltensgewohnheiten zu verändern.

Erzeugen Sie ein gutes Framing für die angestrebte Veränderung und geben Sie positive Anreize auch in Krisen oder Restrukturierungen. Finden Sie Gründe, um für die neue Zukunft persönlich aktiv zu werden, das Warum für die neue Zukunft klar vor Augen zu sehen und nicht nur an die individuelle Karriere dabei zu denken.

Widerstehen Sie dem Trend zur permanenten Bewertung und erkennen Sie dysfunktionale Anreizstrukturen und narzisstische Dynamiken bei sich selbst und anderen. Widerstehen Sie dem Impuls, Frust an Ihre Leute weiterzugeben und damit Gefühle anderer unnötig zu verletzen und Ihre Themen ohne Wertschätzung der Leistung anderer durchzusetzen. Kollektiver Widerstand und das Risiko zu Rachegedanken bei vielen Mitarbeitern werden sonst viel wahrscheinlicher.

> Wir bewegen uns als Berater in einem Spannungsfeld zwischen wirkungsvollem Bewegen und Stabilisieren. Immer persönlich aus der Komfortzone heraus, allein, um mit so viel Volatilität, Vernetzung und Geschwindigkeit umgehen zu können. Die Kraft und Energie hier jeweils die klaren positiven Empfehlungen auszusprechen und mit unseren internen Experten und Kunden maßgeschneidert zu erarbeiten, holen wir allerdings aus der persönlichen stabilen Mitte. Und da wird, wenn wir Glück haben, nicht gejammert.

Wie viel Erde braucht der Mensch?

Zwei Bauern werden gefragt: Sie könnten Ihr Land vergrößern. Einer sagt: Was ich heute umlaufe, gehört mir. Der eine läuft los und schaut, was noch so da ist, genießt die Wiesen und den Wald, liegt am Bach, kommt nicht so weit, aber ist zufrieden. Der anderen rennt und rennt und rennt. Und die Sonne geht und geht und geht, und er überanstrengt sich und stirbt am Ende und bekommt einen 30 mal 30 Zentimeter großen Grabstein.

Nach Tolstoi

18.10 Literatur

Brehm, Sharon S.; Brehm, Jack W.: *Psychological Reactance. A Theory of Freedom and Control.* Academic Press, New York 1981

Campbell, Jamee-Lee: »›Ich bin doch nicht blöd‹, wie Mitarbeiter von Führungskräften Korruption lernen«. In: *Scheinwerfer* 63, Mai 2014

Cuddy, Amy; Kohut, Matthew; Neffinger, John: »Connect, then lead«. In: *Harvard Business Review* Juli/August 2013

Eidenschink, Klaus: »Mann, bin ich gut – die Not narzisstischer Manager«. In: *Wirtschaft und Weiterbildung* November/Dezember 2004

Eidenschink, Klaus: »Was narzisstische Manager bewirken können«. In: *Wirtschaft und Weiterbildung* Januar 2005

Fröhlich, Werner: *Wörterbuch Psychologie.* 27. Auflage, dtv Verlag, München 2010

Goldsmith, Marshall: *Was Sie hierher gebracht hat, wird sie nicht weiter bringen*, Riemann Verlag, München 2017

Heitger, Barbara; Doujak, Alexander: *Harte Schnitte – Neues Wachstum. Wandel in volatilen Zeiten. Die Macht der Zahlen und die Logik der Gefühle im Change Management*. mi-Wirtschaftsbuch Verlag, München 2014

Higgins, E. Tory: »Self-discrepancy: A theory relating self and affect«. *Psychological Review* 94(3) 1987, S. 319–340.

Hüther, Gerald: *Bedienungsanleitung für ein menschliches Gehirn*. Vandenhoeck & Ruprecht Verlag, Göttingen 2001

Hüther, Gerald: *Mit Freude lernen, ein Leben lang*. Vandenhoeck & Ruprecht Verlag, Göttingen 2016

Hüther, Gerald: *Würde. Was uns stark macht – als Einzelne und als Gesellschaft*. Albrecht Knaus Verlag, München 2018

Kahneman, Daniel: *Schnelles Denken, langsames Denken*. Phanteon Verlag, München 2014

Kogelfranz, Siegfried: »Herrschaft der Greise«. In: *Spiegel Special Geschichte* 4/2007

Königswieser, Roswita: »Gruppen und Teams spiegeln die gesellschaftliche und wirtschaftliche Entwicklung«. In: *GDI Impulse* März 2008

Königswieser, Roswita: »Systemisches Integrationsmanagement – Das SIM-Modell zur Gestaltung komplexer Entwicklungsprozesse«. In: Bartscher, Thomas; Wittkuhn, Klaus (Hrsg.): *Improving Performance. Leistungspotentiale in Organisationen entfalten*. Luchterhand Verlag, Kriftel 2001

Königswieser, Roswita: »Überbringung schlechter Nachrichten«. In: *Hernsteiner* 2/2003

Königswieser, Roswita; Cichy, Uwe; Jochum, Gerd (Hrsg.), *SIMsalabim. Veränderung ist keine Zauberei. Systemisches IntegrationsManagement*. Klett-Cotta Verlag, Stuttgart 2001

Königswieser, Roswita; Hillebrand, Martin: *Einführung in die systemische Organisationsberatung*. Carl-Auer Verlag, Heidelberg 2007

Königswieser, Ulrich; Keil, Marion: *Komplementärberatung in der Praxis. Schnelle Optimierung bei nachhaltiger Entwicklung*. Schäffer-Poeschel Verlag, Stuttgart 2012

Kotter, John P.: *Leading Change. Wie Sie Ihr Unternehmen in acht Schritten erfolgreich verändern*. Verlag Franz Vahlen, München 2011

Lencioni, Patrick: *Die 5 Dysfunktionen eines Teams überwinden. Ein Wegweiser für die Praxis*. Wiley-VCH Verlag, Weinheim 2005

Lewin, Kurt: *Die Lösung sozialer Konflikte. Ausgewählte Abhandlungen über Gruppendynamik*. Christian Verlag, Bad Nauheim 1953

Lewis, Michael: *Aus der Welt. Grenzen der Entscheidung. Oder eine Freundschaft, die unser Denken verändert hat*. Campus Verlag, Frankfurt am Main 2017

Marrow, Alfred J.: *Kurt Lewin. Leben und Werk*. Ernst Klett Verlag, Stuttgart 1977

Maslow, Abraham: *Motivation und Persönlichkeit*. Rowohlt Verlag, Hamburg 2001

Riemann, Fritz: *Grundformen der Angst. Eine tiefenpsychologische Studie*. Ernst Reinhardt Verlag, München 1975

Scharmer, Otto: *Von der Zukunft her führen, von der Egosystem- zur Ökosystem-Wirtschaft*. Carl-Auer Verlag, Heidelberg 2017

Schmidt, Christoph; Reuse, Svend: »MaRisk 6.0.: Ausgestaltung und Quantifizierung einer adäquaten Risikokultur«. In: *Zeitschrift für das gesamte Kreditwesen* 71. Jahrgang 2018

Seliger, Ruth: *Das Dschungelbuch der Führung. Ein Navigationssystem für Führungskräfte*. Carl-Auer Verlag, Heidelberg 2014

Seligman, Martin E. P.: *Erlernte Hilflosigkeit*. 5. veränderte Auflage, Beltz Verlag, Weinheim 1995

Sinek, Simon: *Frag immer erst: Warum. Wie Top-Firmen und Führungskräfte zum Erfolg inspirieren*. Redline Verlag, München 2014

Spitzer, Manfred: *Lernen. Gehirnforschung und die Schule des Lebens*. 3. Auflage, Spektrum Verlag, Heidelberg 2006

Sunstein, Cass R.; Hastie, Reid: »Die intelligente Gruppe«. Harvard Business Manager September 2006

Tesser, Abraham: »Toward a self-evaluation maintenance model of social behavior«. In: Berkowitz, Leonard (Ed.): *Advances in Experimental Social Psychology* Vol. 21 1988, S. 181–227

19 Index

19 Index

Symbole

3M *296*

A

Achtsamkeit *114*
ADKAR *28, 359*
Agile Center of Excellence (ACE) *372*
Agile Change Navigation *103 f.*
Agile Skalierung *362*
– Ansätze *365*
– Change Management *371*
– Fallstricke *368*
– Grundpfeiler *372*
– Infrastruktur *372*
– Klärung des Warum *368*
– Umsetzungsdauer *370*
– unvorbereitete Organisation *369*
– Vision, Mission *371*
Ähnlichkeiten *402*
ALDI *298*
Amazon *300, 303*
Ansatz, systemischer *408*
Anschlussfähigkeit *262*
Apple *233*
Audi *300*

B

BASF *297*
Beitrag *296, 298*
Belohnungssystem *401*
Beteiligung, persönliche *266*
Bewerbungsgespräch *64*
Bewertung, permanente *405*
Bewusstseinsentwicklung *114*
Beziehungsdichte *85*
Business Systemics *224 f., 245*

C

Change *17*
– als Flippen *87*
– Architektur *339, 344*
– Auslöser *319*
– Beteiligte *132*
– Dimensionen *320*
– Erfolgsfaktoren *16, 22*
– Grundlagen *16*
– Kommunikation *22*
– Monitoring *345*
– Organisation *132*
– Prozess *339, 343 f.*
– Rollen *339, 341*
– Schlüsselkonzepte *78*
– Sponsor *25*
– und Projekte *126*
Change Agent *274, 383*
Change Management *18, 320*
– als Führungskompetenz *23*
– als strategische Unternehmensdisziplin *20*
– Grundannahmen *6*
– Grundlagen, Erfolgsfaktoren *16*
– Kurve *30*
– Mindset *10*
– Performance *360*
– und Projekte *136*
– Vorgehen *29*
Change Management Office *176, 372*
–, Abgrenzung zum PMO *191*
– Aufbau, Weiterentwicklung *194*
– Aufgaben *181*
–, Befugnisse, Rollen im *188*
– Definition *178*
– Distribution *184*
– Einbindung in lokale funktionale Organisation *186*
– Einbindung in Organisation, Projekt *184*

– Einbindung in Veränderungsprojekt 187
– Nutzen 179
– und Unternehmensentwicklung 183
Change Manager
– Aufgaben 68
– Eigenschaften 69
– Haltung 60, 69, 73, 75
– Kompetenzen 31, 69
– Rolle 60, 68
Change Professional 386
Claas 257
Coca-Cola 301
Connectivity 339
Continental 297
Corporate Journey 339
Customer Journey 229

D

Diagnostic Change 40
Dialogic Change 40
Diversität 261
dm 299

E

Einschätzungsvermögen 395
Entscheider 386
Entscheidungsfindung 265
Entwicklungslinien, integrale 112
Event Storming 229

F

Flight-Level-Konzept 234
Führung 259
–, Rolle der 115
Führungskonzepte 326
Führungskräfteentwicklung 261
Führungskultur 260

G

Gehirn 392
Geschichte 295
Gewohnheit 401
Google 301
Grundbedürfnisse 388
Gruppe 399
–, Irren von 397

H

Handlungsfelder 337
Haribo 301
Hebel 337
Hilflosigkeit 403

I

Individuum 399
Innovationskultur 261
Integraler Ansatz 106
Intervention 86

K

Key Performance Indicator (KPI) 350, 354
– Measurement Framework 355
– Measurement Framework Connections 356
Kommunikation 200, 248, 252, 258, 306
– Design 212
–, fehlende, falsche 202
–, Verständnis von 204
Kommunikationskultur 263
Kompetenz 296, 298

Konzern-Macht-Paradox *405*
Kreativität *262*
Kultur *142*
– Analogien *152*
– analysieren *159*
–, Elemente der *148*
–, Soll- *166, 168*
– und Arbeitgeberattraktivität *150*
– und Glaubwürdigkeit *172*
Kulturentfaltung *117*
Kulturentwicklung *146, 155*
–, Methoden der *170*
–, Prozess der *158*
Kulturkern *164*
Kundenkontext *228*

L

Landkarte, integrale *106*
Leadership Development *115*
LeSS *364*

M

Maschinenmodell der Organisation *323*
McDonald's *298*

Mensch *252*
Mindful Transformation *114*
Mindset *253*
Mindset-Entfaltung *117*
Mission *300*

N

Nachhaltigkeitskultur *266*
Netzwerkorganisation *265*
Nutzenlandkarte, strategische *311*

O

Optimismus *403*
Organisation *399*
–, lernende *155, 253*
Organisationsentwicklung *118*
Organisationsformen *326*

P

Partizipation *258*
PEP. Siehe Produktentstehungsprozess
Performance *408*
–, individual *358*
–, organizational *356*

Personal- und Organisationsentwicklung (PE/OE) *270, 271*
– in Veränderungsprozessen *272*
– Veränderungskompetenz *276*
Persönlichkeitsentwicklung *114*
Plan, strategischer *301*
POT. Siehe Produkt-Owner-Team
Priorisierung *313*
Projekt *126*
– Beteiligte *138*
– Organisation *138*
Projektleiter *386*
Projektmanagement *131, 136*
Projektportfolio *182*
Prosci Change Scorecard *356*
Psychologie *387*

R

Raum *252, 254, 255*
Readiness Check *373*
Reaktanz *389*
Reality Check *333*
Recruiting *260*
Roche *299*

S

SAFe *364, 370*
Selbstkonzept *389*
Selbstwert *389*
Sicherheit *407*
Siemens *254*
Skalierung
–, horizontale *365 f.*
–, vertikale *365 f.*
Skalierungsframeworks *364*
Skillset *253*
Spiral Dynamics *110*
Stakeholder, Umgang mit *206*
Standortbestimmung *330*
Strategie
– Begriffsklärung *294*
– im Unternehmenskontext *295*
Strategieanpassung *305*
Strategieumsetzung *308*
Sunrise *297*
Syngenta *299*
System, soziales *323*

T

Talentmanagement *270 f.*
Taylorismus *226*
Teamentwicklung *117*
Technik *252, 254*
Theory U *327*
Toolset *253 f.*
Toyota *298*
Transformation *18*
– agiles Vorgehen *101*
–, Besonderes an *95*
–, Fokus, Handlungsfelder der *112*
– integral-agile Gestaltung *92, 96*
– integral gestalten *106*
– klassische Gestaltung *96*
– Roadmap *112*
– Vorgehen *99*
Typologie *261*

U

Umfeldveränderungen *95*
Ungleichzeitigkeit *309*
Unternehmenskultur *148*
Unternehmenszweck *257, 298*

V

Veränderung
– 90er-Jahre *250*
– Bedarf *281*
–, emergente *311*
– Ergebnis *288*
– Führung *52*
– Führungsaspekte *43*
– Führungskraft *36*
– für den gesamten Unternehmenskontext *305*
– in geschlossenen Systemen *314*
– Kompetenz *276, 281*
– lernen durch *48*
– Manager *24*
– Prozess *287*
–, Psychologie der *378*
– psychologische Rahmenbedingungen *388*
– Typen der *2*
– und Kultur *142*
– und Strategie *292*
– unternehmerischer Bedarf *162*
– Werkzeuge, Methoden, Vorgehensmodelle *248*
– Widerstand *81, 83*

– Ziele *284*
Veränderungen
– in Form von Projekten *128*
Veränderungsprojekt
–, Begleitung von *273*
– Förderung neuer Skills *279*
Verhalten *388*
Vertrauen *402*
Viable System Model (VSM) *236*

Vision *300*
Vorschlagswesen *267*
VSM Canvas *242*

W

Wandel, organisationaler *85*
Werte *259, 296*
Widerstand *405*

Widerstandsmanagement *26*
Wikimedia *300*
WWF *301, 302*

Z

Ziel *301*
Zielbestimmung *331*

20 Die Herausgeber und Autoren

Die Herausgeber

PROF. DR. MICHAEL LANG ist Professor für Wirtschaftsinformatik an der Technischen Hochschule Nürnberg. Seine Forschungs- und Lehrschwerpunkte liegen in den Bereichen Digitale Transformation, Business Analytics und IT-Management. Zu diesen Themen hat er zudem 25 Fachbücher veröffentlicht. Vor seiner aktuellen Tätigkeit war Herr Prof. Dr. Lang in diversen Fach- und Führungspositionen beschäftigt und zugleich Lehrbeauftragter für Projekt- und IT-Management an verschiedenen Hochschulen. Zuletzt war er als Führungskraft bei einem der größten IT-Dienstleistungsunternehmen Europas tätig.

DR. REINHARD WAGNER unterstützt projektorientierte Unternehmen auf Basis von mehr als drei Jahrzehnten Führungs- und Projekterfahrung bei ihrer Weiterentwicklung. Im Rahmen seines ehrenamtlichen Engagements hat er maßgeblich zur Entwicklung und Verbreitung des Projektmanagements beigetragen. Er ist Geschäftsführer der Tiba Managementberatung GmbH (E-Mail: reinhard.wagner@tiba.de) und kümmert sich um Business Development mit Schwerpunkt Transformationsberatung.

Die Autoren

BETTINA ALMBERGER, Dipl. Ing. der Systemanalyse (FH), Leiterin Competence Center Change Management der Tiba Managementberatung GmbH, arbeitet seit über 19 Jahren als Unternehmensberaterin und Change Coach. Neben der fachlichen Entwicklung der Change Management Kompetenz der Tiba Managementberatung begleitet sie als Change Management Consultant vorangig die Führungskräfte ihrer Kunden in Veränderungsprojekten. Sie unterstützt Unternehmen hin zu einer höheren Changefähigkeit. Als Trainerin und Coach qualifiziert Bettina Almberger Führungskräfte in ihrer Kompetenz zum Change Leader seit über 10 Jahren.

DR. ROSCOE ARAUJO ist Psychologe und bei der thyssenkrupp AG tätig. Als Global HR Business Partner und zuvor als Program Director bei der thyssenkrupp Academy GmbH etablierte er eine Change Community mit 200 Personen, verantwortete Top-Führungskräftetrainings und begleitet und berät derzeit große Transformationsprojekte. Vorher arbeitete er als Management Consultant bei McKinsey & Company und ist zertifizierter Trainer und Coach.

Die Autoren

MANFRED BAUMANN studierte Sozialpsychologie, Soziologie und Volkswirtschaft. An das Studium schloss sich die Ausbildung zum Fernsehredakteur im ZDF an. Arbeit bei ZDF, ARD Deutsche Welle als Reporter und Redaktionsleiter. Danach Ausbildung zum Projekt- und Changemanager. Gründung der Unternehmensberatung contactu.solutions. Heute arbeitet Manfred Baumann als selbständiger Berater für Unternehmen für Kommunikationsfragen in Veränderungsprozessen.

DAGMAR BRÄUTIGAM ist Diplom-Übersetzerin und seit über 25 Jahren in den Bereichen Training, Beratung, Projektmanagement sowie Personal- und Organisationsentwicklung tätig. Ihre beruflichen Stationen umfassen u. a. SAS Institute EMEA und die Heidelberger Druckmaschinen AG. Sie ist zertifizierter Coach und zertifizierte Beraterin für Organisationsentwicklung und Change Management (SHB). Derzeit ist sie als Director Talent & Culture bei Thales Deutschland beschäftigt. Ihre Schwerpunkte dort umfassen Veränderungs-, Talent- und Skill Management sowie Führungskräfteentwicklung und Diversity & Inclusion.

CONNY DETHLOFF ist im Jahr 1974 geboren und hat sein Studium als diplomierter Mathematiker 1999 abgeschlossen. Direkt im Anschluss ist er in die Wirtschaft aktiv eingestiegen, bis 2011 als Unternehmensberater bei PwC und IBM Deutschland GmbH und ab dem Jahre 2012 als Senior Manager bei der OTTO GmbH & Co KG. Dort ist seine Aufgabe OTTO im Kontext BI, Big Data und Kultur in das digitale Zeitalter zu führen.

Global business leader **MARK DORSETT** is in tune with the idea of overcoming odds to go the distance. As a corporate executive who has worked with companies in over 40 countries in Africa, Asia, Australia, Europe and South America he brings a wealth of diverse insights to the nature of business across diverse and distinct global markets. As a running enthusiast who has completed several marathons, he knows personally what grit and resilience means in the pursuit of difficult goals and brings this experience and insight to his work as an influencer and changemaker. In his current role as Executive Vice President for Global Business and ICT with Prosci, Mark works with individuals and organizations to help them achieve greater value from their investments by navigating Change and leveraging the disruption it brings. Whether Change means accepting the idea of a new strategy, thinking differently about attaining value from various initiatives or helping leaders better prepare their people to deliver results and outcomes during periods of change, Mark is committed to help companies towards maximizing Change for good.

DR. HANS-JOACHIM GERGS Lehrbeauftragter an der TUM School of Business, der Universität Heidelberg, der University of London und Senior Consultant für Veränderungsmanagement bei der Audi AG. Studium der Soziologie, Volkswirtschaftslehre, Psychologie an den Universitäten Freiburg und Erlangen-Nürnberg. Promotion an der Universität Jena am Lehrstuhl für Arbeits-, Betriebs- und Wirtschaftssoziologie im Jahr 2000. Seit 2018 Miteigentümer der Gesellschaft für empirische Organisationsforschung (*www.GfeO.eu*), einer Ausgründung der Universität Regensburg.

ALOIS KAUER hat seit vielen Jahren international als Führungskraft, Change-Berater, Dozent, Autor, Organisationsentwickler und Akademieleiter am Thema Kultur gearbeitet und zahlreiche Kulturentwicklungsmaßnahmen im VW-Konzern verantwortet. Zurzeit leitet er die Škoda Academy und ist dort verantwortlich für Aus- und Weiterbildung, Karrieremanagement, Kultur- und Leadership-Programme der Marke Škoda weltweit.

SABINE KLUGE ist Ökonomin mit den Schwerpunkten Strategie und Unternehmensführung, systemische Organisationsentwicklerin und Autorin. Für das größte deutsche HR-Magazin (Personalmagazin) gehörte sie 2019 zu den 40 führenden HR-Köpfen und 2020 zu den 20 wichtigsten HR-Influencern im deutschsprachigen Raum. Sie begleitet mit der Kluge + Konsorten GmbH Unternehmen bei der digitalen sowie kulturellen Transformation in Fragestellungen von Strategie-, Personal-, Führungs- und Organisationsentwicklung. Gemeinsam mit ihrem Partner Alexander Kluge hat sie 2020 die erste Praxisstudie über Graswurzelinitiativen in deutschen Unternehmen vorgelegt.

BERNHARD KRESSIN ist Psychologe und Restrukturierungsexperte und hat über 15 Jahre als Personal- und Linienverantwortlicher, zuletzt als Bankmanager. 2010 gründete er Kressin.consulting. Er konzentriert sich mit einem systemischen Blick auf die nachhaltige Begleitung komplexer Veränderungssituationen (E-Mail: Bernhard.Kressin@kressin-consulting.com).

20 Die Herausgeber und Autoren

DR. PETRA KRING-KARDOŠ ist diplomierte Maschinenbauingenieurin und promovierte zum Thema »Designing International Production« an der Universität Siegen und der Aston Business School in Birmingham. Aktuell arbeitet sie als selbständige Beraterin und Trainerin zu den Themen Internationalisierung, Projekt-, Prozess- und Changemanagement – am liebsten im internationalen Umfeld. Ihre besondere Leidenschaft gilt dabei der Zusammenarbeit mit interkulturellen Teams sowie, als Prosci® Certified Advanced Instructor, dem Nutzen der Neurowissenschaften in Veränderungsprozessen. (E-Mail: petra.kringkardos@icloud.com)

DR. FRANK KÜHN, Arbeitswissenschaftler, Managementberater und Autor, unterstützt seit über 25 Jahren Change-Projekte. Leitende Positionen, Partner zuletzt bei ICG in Berlin und Graz, heute selbständig, Netzwerker u. a. bei metisleadership.

MICHAEL MANSS ist diplomierter Maschinenbauingenieur und Leiter des Project Management Campus der thyssenkrupp Academy GmbH. Zuvor war er in unterschiedlichen Funktionen des Chemieanlagenbaus tätig. Des Weiteren leitete er unterschiedliche interne Projekte von der Planung bis zur Umsetzung. Er ist zertifizierter Trainer und führt aktuell u. a. internationale Workshops für Großprojekte durch.

CHRISTIAN MENGEL ist Expert Agile Consultant und Trainer bei der Tiba Managemenberatung GmbH. Als langjähriger Apple Mitarbeiter und erfahrener Projektmanager ist er in die Beratung gewechselt, um mit passendem Veränderungsmanagement Agile Skalierungen im Konzernumfeld zu begleiten (E-Mail: christian.mengel@tiba.de).

DR. ELVIRA MOLITOR hat Erfahrung im Life-Science- und Non-Profit-Sektor. Nach Jahren als Projekt- und Portfoliomanagerin in Forschung & Entwicklung hat sie erfolgreiche strategische PMOs aufgebaut und die 3PM Akademie gegründet. Sie beschäftigte sich mit Veränderungsprojekten und Agilität im Bereich Produktion & Lieferung. Ihre Erfahrung gibt sie als Berater und Coach weiter. Neben der Talentförderung gilt ihr besonderes Interesse den kulturellen und organisatorischen Rahmenbedingungen für erfolgreiches Projektportfolio- und Veränderungsmanagement (www.linkedin.com/in/elvira-molitor-basel).

STEFANIE NEUBECK ist Umsetzungsexpertin und arbeitet seit mehr als 15 Jahren als Organisationsberaterin, Management-Coach sowie Führungstrainerin vor allem im Bereich Internationalisierung. Ihr Arbeitsschwerpunkt liegt in der Begleitung von mehrdimensionalen komplexen Veränderungsprojekten (E-Mail: Stefanie.Neubeck@kressin-consulting.com).

Die Autoren

NIELS PFLÄGING ist Unternehmer und Autor mit Wohnsitz in Wiesbaden. Er ist Gründer des BetaCodex Network, einem internationalen Open-Source-Netzwerk, sowie Mitbegründer der Red42 GmbH. Fünf Jahre lang war er Direktor des renommierten Beyond Budgeting Round Table BBRT. Pflägings Bücher – darunter Organisation für Komplexität und Komplexithoden – wurden von der Kritik gelobt und entwickelten sich zu Bestsellern. (E-Mail: Niels.Pflaeging@RedForty2.com)

DR. KLAUS WAGENHALS, Soziologe, Psychologe, Berater, Coach, Autor. Gründer des Netzwerks metisleadership. Arbeitet in Technologie- und Organisationsprojekten mit dem Focus auf Excellence, Innovation – auch methodisch – und Agilität. Coach von Projektmanagern und Führungskräften. Mitglied in der Fachgruppe »Führen im Projekt« bei der GPM.

MARKUS F. WANNER ist Gründer und Geschäftsführer von evolving, einer selbstorganisierten Beratergruppe von erfahrenen Beratern, Trainern, Coaches, um Unternehmen menschlich & sinnstiftend, wirkungsvoll & nachhaltig zu gestalten durch achtsame, integral-agile Transformation/Entwicklung von Bewusstsein/Persönlichkeit, Leadership, Kultur, Organisation auf den 4 Ebenen Individuum, Team, Organisation, Gesellschaft. Er begleitet seit über 30 Jahren Changes als Berater, Trainer, Coach, Facilitator und Mindful Leadership Trainer, u. a. als Search Inside Yourself Teacher (E-Mail: markus.wanner @evolving.de).

PATRICK WANNER ist Change Manager, Coach und Trainer der Tiba Managementberatung GmbH. Nach seinem Studium der Internationalen Betriebswirtschaftslehre an der HFU Business School in Villingen-Schwenningen hat er verschiedene Rollen auf diversen Führungsebenen der IBM Deutschland und Oracle Deutschland im internationalen Umfeld begleitet. Er ist nach der Prosci® Methode im Change Management ausgebildet und einer der wenigen Trainer die im DACH Bereich die Prosci® Methodik zertifizieren dürfen. (E-Mail: pat.wanner@gmail.com)

DR. DAGMAR WÖTZEL vereint langjährige praktische Erfahrung in der Organisationsentwicklung bei Siemens mit fundierten wissenschaftlichen Erkenntnissen in ihrem Fachgebiet der anpassungsfähigen Organisationen. Sie unterstützt heute als systemische Beraterin Executives, Führungskräfte und Teams weltweit in ihrer Weiterentwicklung in der digitalen Transformation für sich exponentiell verändernde Märkte. Dr. Wötzel verbindet die zukunftsorientierten wissenschaftlichen Erkenntnisse nahtlos mit praxistauglichen Beispielen der vielen kleinen Schritte, die eine Organisation und ihre Menschen brauchen, um dauerhaft anpassungsfähig zu sein. Denn diese Anpassungsfähigkeit der Organisation ist der einzige nachhaltige Wettbewerbsvorteil.

Zusatzmaterial zum Download

Sie erhalten zu diesem Buch kostenlos Zusatzmaterialien zum Download. Diese finden Sie auf dem Download-Portal des Verlags: *plus.hanser-fachbuch.de*

Geben Sie bitte nachfolgenden Code ein:
`plus-yd9f3-jkp7b`

Es stehen zum Download einige inhaltlich zum Buch passenden Checklisten zur Verfügung. Nachfolgende Tabelle zeigt diese im Überblick:

Beschreibung der Datei	Dateiname
Checkliste Aktivitäten	Checkliste_ChangeManagement_Aktivitäten.pdf
Checkliste allgemein	Checkliste_ChangeManagement_allgemein.pdf
Checkliste erforderliche Kompetenzen	Checkliste_erforderlicheKompetenzen.pdf
Checkliste Herausforderungen	Checkliste_Herausforderungen.pdf
Checkliste Readiness Check	Checkliste_Readiness Check.pdf
Checkliste Strategie	Checkliste_Strategie.pdf
Checkliste Umsetzungstipps	Checkliste_Umsetzungstipps.pdf

20 Zusatzmaterial zum Download

Beschreibung der Datei	Dateiname
Reflexionsfragen (aus Buch)	Reflexionsfragen_Kapitel_03.pdf
	Reflexionsfragen_Kapitel_04.pdf
	Reflexionsfragen_Kapitel_06.pdf
	Reflexionsfragen_Kapitel_07.pdf
	Reflexionsfragen_Kapitel_08.pdf
	Reflexionsfragen_Kapitel_10.pdf
	Reflexionsfragen_Kapitel_12.pdf
	Reflexionsfragen_Kapitel_13.pdf
	Reflexionsfragen_Kapitel_15.pdf
	Reflexionsfragen_Kapitel_17.pdf